JN444674

현대사의 비극들

잊혀진 자를 위한 기록

현대사의 비극들

잊혀진 자를 위한 기록

노영민 씀

장백

추천의 글

윤 구 병(철학자 · 전 충북대 교수)

노영민은 시인이다. 시집 ≪바람 지나간 자리에 꽃이 핀다≫에 이런 시가 실려 있다.

이상한 나라

아가야
이 땅은 너희보다
어른들이 더 잘 우는
이상한 나라란다.

어금니를 꽉 물고
숨을 삼켜도
너무너무 아프고 슬퍼서
자꾸만 눈물이 나오는구나.

아가야

이 땅은 너희보다
어른들이 더 잘 우는
이상한 나라란다.

—〈이상한 나라〉 전문

이 시집의 추천사에 해당하는 〈서문〉을 시인 도종환이 썼다. 이번 추천사 부탁을 받고 망설였다. 〈추천사〉는 쓰는 사람에게나 받는 사람에게나 씁쓸한 앙금이 될 수 있다. 사람됨은 보지 않고 글만 잘 쓰면 그만이라는 기준으로 추천하는 글을 쓴다면야 홀가분할 수 있다. 이를테면 친일파에서 친미파로 돌아선 미당 서정주의 시는 그 나름으로 탁월하고, 그 가운데 어떤 것은 적극 추천받을 만하다. 그러나 '작품' 보다 '작품' 을 빚은 사람됨을 먼저 눈여겨보는 사람에게는 망설임이 클 수밖에 없다.

이 추천사를 쓰기 전에 노영민의 시를 읽고, 다음으로 노영민이 엮고 쓴 ≪싯다르타에서 빌 게이츠까지≫를 보았다. 나는 도종환이 노영민에게 바라는, '큰 바람 지나간 자리에 / 큰 꽃이 피고' 만 그의 몫이 아니라고 본다. '작은 바람 지나간 자리에 작은 꽃이 핀다' 는 마음

가짐도 퍽 소중하다. 크고 작은 온갖 꽃들이 열매를 맺으면 모든 바람에 씨를 뿌리지 않는가?

≪싯다르타에서 빌 게이츠까지≫에 실린 글들 가운데 〈아메리카 인디언의 수난사〉, 〈스페인 내전과 반파시즘 투쟁〉같은 글이 오래 마음에 남았다. '그래, 노영민은 이런 글을 쓴 사람이다.' 그러고 나서 방대한 원고 묶음 《현대사의 비극들—잊혀진 자를 위한 기록》을 보기 시작했다. 분량이 엄청나다. A4용지로 자그마치 239쪽. 〈아르메니아 대학살〉에서 〈가라앉는 섬나라〉까지를 훑어보는 동안 나는 노영민이 이 땅에서는 드물게 이데올로기에 감염되지 않은 원초적 아픔에 민감한 사람이라는 느낌을 받았다.

사람이 죽고 다치고 병들어 앓는 곳은 그것이 어느 때 어느 곳이든 노영민의 눈길을 벗어나지 않는다. 그 아픔의 파장은 아무리 멀리 떨어져 있더라도 언제나 예민한 전도체인 그이의 마음에 밀려와 '어금니를 꽉 물고/숨을 삼켜도/너무너무 아프고 슬퍼서/자꾸만 눈물이 나오는…' 고칠 수 없는 울보로 바꾸어 놓는다.

나는 노영민이 두고두고 울보로 남기 바란다. 내가 듣기로 노영민은 벗들에게 신실한 사람이다. 좋은 벗들을 끝까지 믿고, 그 벗들에게 믿음을 주는 사람은 제 길을 벗어나지 않는다.

어떤 사람에게는 자기가 알게 모르게 지니게 된 이런저런 이념적인 편향 때문에 이 책에 실린 글 가운데 어떤 대목이 마음에 걸릴지도 모르겠다. 그러나 이 모든 것을 슬픔으로 녹여내는 저자의 눈물은 이런 이념의 편향까지도 눅여주는 치료 효과가 있다.

노영민 시집 저자 후기에 실린 글 한 대목을 다시 읽어본다.

“유신 체제는 공고해보였고 우리 국민은 현실과 상식에서 벗어나 눈을 감든지 아니면 싸울 수밖에 없었다. 현실적이고 상식적이었던 나는 당연히 싸울 수밖에 없었다. 너무 현실적이었기에 민족과 역사에로 눈을 돌리게 되었고 너무 상식적이었기에 민주주의와 인권을 거론하게 되었다.”

노영민은 이런 사람이다.

2011. 9. 19

서(序)

인류의 역사는 전쟁의 역사이고, 비극의 역사라고 해도 크게 틀리지 않을 정도로 전쟁과 비극은 인간에게 일상이었다. 영웅은 전쟁을 통해 태어났고, 시인은 그런 영웅을 노래했다. 전쟁의 명분이 제창되고, 영웅의 활약상이 노래될수록 그와 비례해서 비극도 깊게, 그리고 넓게 역사에 흔적을 남겼다. 그렇지만 영웅의 활약상에 비해 비극은 잊혀지기 일쑤였다. 비극은 강물처럼 흘렀지만 망각은 바다보다 깊었다. 이치피 역사는 승자의 기록이고 남은 자의 기록이기 때문인지 패자의 비극은 거의 완벽하게 잊혀졌으며, 약자의 비극은 무시되곤 했다. 역사를 대화라고 하지만 그 대화는 살아남은 자의 몫이다. 잊혀진 자, 사라진 자는 그 누군가가 대신 대화하지 않으면 기억되지 않는다.

고대에는 전쟁을 '도시국가의 생명력을 시험하는 건강한 시련' (플라톤), '인간사회에서의 자연스러운 현상' (아리스토텔레스)이라고 생각했다. 이러한 입장에 대해 최초로 이의를 제기한 것이 원시기독교의 절대평화주의였다. 그러나 이러한 원시기독교의 입장도 기독교가 로마의 국교가 된 이후 전 세계인을 기독교에 교화시킬 때까지 전쟁을 계속 수행해야 한다는 명분으로 변형되었다. 즉 '정의로운 전쟁' 론이다. 이러한 전쟁관은 도덕적 호전주의로 전락했으며, 30년 전쟁에서 '야만인도 부끄러워할' 살육행위가 기독교의 이름으로 자행된 것에 대한 심각한 반성이 나올 때까지 역사를 관통했다. 이 시기를 암흑시대라고 부른다.

근대로 넘어오면서 평화의 실현을 위한 이론적, 철학적 모색이 시도되었다. A. 생피에르와 J. J. 루소를 거쳐 I. 칸트에 이르러 영구평화론이 주장되었다. 칸트는 각국이 자신의 주권 중 일부를 양도한 국제조직 즉 평화연맹의 창설로 전쟁을 방지할 수 있다고 믿었으며, 영구평화의 조건으로 공화정을 꼽았다. 공화정이야말로 평화적인 서민의 의사가 국정에 반영되는 최상의 제도라고 생각했기 때문이다.

소수의 선각자에 의한 노력에도 불구하고 20세기 들어 이전과는 비교할 수 없는 규모의 분쟁과 전쟁이 발생했다. 비극의 규모도 참극에서 대학살까지 무한 확대되었다. 이른바 비극의 세기가 시작된 것이다. 왜 20세기를 비극의 세기라고 부르는지 책을 기획하면서 곧 알게 되었다. 전 세계에 걸친 비극을 수집하니 그 목록만 해도 노트 한 권 분량이었다. 그 일부만 추려낸 것이 이 책이다. 절대 잊혀져서는 안 된다는 것을 기준으로 모든 비극은 수준의 차이가 있을 뿐 다 잊혀진 비극이다.

20세기의 비극이 왜 이전과는 비교할 수 없는 규모일까?

필자가 내린 결론은 '파시즘과 제국주의' 그리고 '과학기술의 발전에 따른 대량 살상무기와 거리의 소멸', '사명감에 불타는 철인(哲人)(?)과 이를 제어하지 못한 성숙되지 못한 민주주의' 였다.

제1, 2차 세계대전을 통해 파시즘과 제국주의가 인류평화에 최대의 장애라는 것은 실증되었고, 그 영향은 최근까지도 아프리카와 아시아 등 제3세계에서 맹위를 떨쳤다. 어떤 목적의 전쟁이든 전쟁은 그 목적에 위배되는 자살적 수단임이 밝혀진 이후에도 정치적 실체 상호간의 분쟁은 항상 전쟁에 의해서만 해결되었다. 그런 배후에는 '군산 복합체' 유지를 목적으로 하는 거대 자본의 입김이 있었을 것이다. '거리의 소멸' 은 원래 인터넷 혁명을 나타내는 용어이지만 여기서는 도로망의 정비, 이동수단의 혁명 등을 포함한 포괄적 개념으로 썼다.

소동파(蘇東坡)가 약관 22세 때 과거시험에 응시했는데, 그 답안을 보고 당시 문단의 영수로서 시험관이었던 구양수(歐陽修)는 '이 늙은이는 이제 이 사람에게 자리를 내주지 않을 수가 없소' 라며 극구

칭찬하는 말을 남겼다. 그를 감탄케 한 답안내용이다.

“인자함은 지나쳐도 군자로서 문제가 없지만 정의로움이 지나치면 그것이 발전하여 잔인한 사람이 된다. 그러므로 인자함은 지나쳐도 되지만 정의로움이 지나쳐서는 안 된다.”

‘사명감에 불타는 철인’ 이 지배하는 체제는 과연 정의로운 나라일까? 그 철인은 항상 옳은가? 어떤 경우에는 오류에 빠질 수도 있는 것 아닌가? 아니 적어도 인간으로서의 한계는 있을 것 아닌가? 권력을 장악한 철인이 그 나라에서 가장 현명한 사람이라면 최선을 보장하겠으나, 만약 그 반대라면 최악 아닌가? 그렇구나. 그래서 민주주의는 비효율처럼 보이고 답답한 듯하지만 최악을 방지하는 제도구나! 최선을 보장하지는 못하지만 최악만은 방지하는 제도구나! 혹시 있을지도 모르는 최선을 포기하더라도 견제와 균형, 소수자 보호를 통해 최악의 길로 가는 것을 막는 제도… 이것이 인간의 존엄성을 실현하는 길이로구나. 중우정치에 빠지더라도 철인정치를 포기한 이유!

평화, 환경, 인권, 민주주의 등 인류가 직면한 모든 문제는 상호의 존적이다. 그리고 모든 것은 인간과 연계되어 있다. 질병도, 지진 등의 자연재해도, 가라앉는 섬나라로 상징되는 기후변화도, 그 자체로는 대재앙까지 가지 않는다. 인간과 연계되었을 때 문제가 증폭된다. 제1차 세계대전이라는 상황이 스페인 독감의 피해를 키웠으며, 관동대지진의 피해는 지진 피해만이 아니다. 저 우스꽝스러운 매카시즘은 무엇이며, 인민사원 집단자살은 또 무엇인가? 폴포트는 정말 킬링필드를 농민천국으로 가는 길이라 믿었을까? 그렇다면 도대체 이러한 인간의 광기(狂氣)는 어디서 오는 것일까? 본성인가? 무지인가? 탐욕인가? 아니, 어떻게 이 광기를 제어해야 하는가? 제어할 수는 있는 것인가? 현대사의 비극들을 보면서 그 절대적 상황에 맞닿아 희생된 사람들을 생각하면 가슴이 먹먹하다. 설사 현재의 평화가 정의에 반하는 것이더라도 지금처럼 힘의 균형체계를 유지하면서 정의를 기다리는 것이 그나마 참극보다는 훨씬 나으리라. '애통하는 자는 복이 있나니 그들이 위로를 받을 것' 이라지만 도저히 위로가 되지 않는다.

평화가 없으면 미래가 없다.
평화로 가는 길은 없다.
평화가 곧 길이다.
결국 민주주의다.

사이먼 & 가펑클의 노래 〈지난 밤 나는 이상한 꿈을 꾸었네〉로 서(序)를 맺는다.

지난 밤 나는 이전에 한 번도 꾼 적 없는
이상한 꿈을 꾸었네
세상 모든 사람이 전쟁을 끝내는 데
동의하는 꿈이었네

꿈에서 나는 거대한 방을 보았네
사람들이 가득한 방
그리고 그들이 서명하는 서류에는
다시는 싸우지 않겠다고 써 있었네

서명이 끝나고
수백만의 복사본이 만들어졌네
그들은 모두 손을 맞잡으며 인사하고
감사의 기도를 드렸네

거리의 사람들은
둥글게 춤을 추었네
총과 칼과 군복들은
바닥에 널부러졌네

지난 밤 나는 이전에 한 번도 꾼 적 없는
이상한 꿈을 꾸었네
세상 모든 사람이 전쟁을 끝내는 데
동의하는 꿈이었네

차 례

현대사의 비극들

잊혀진 자를 위한 기록

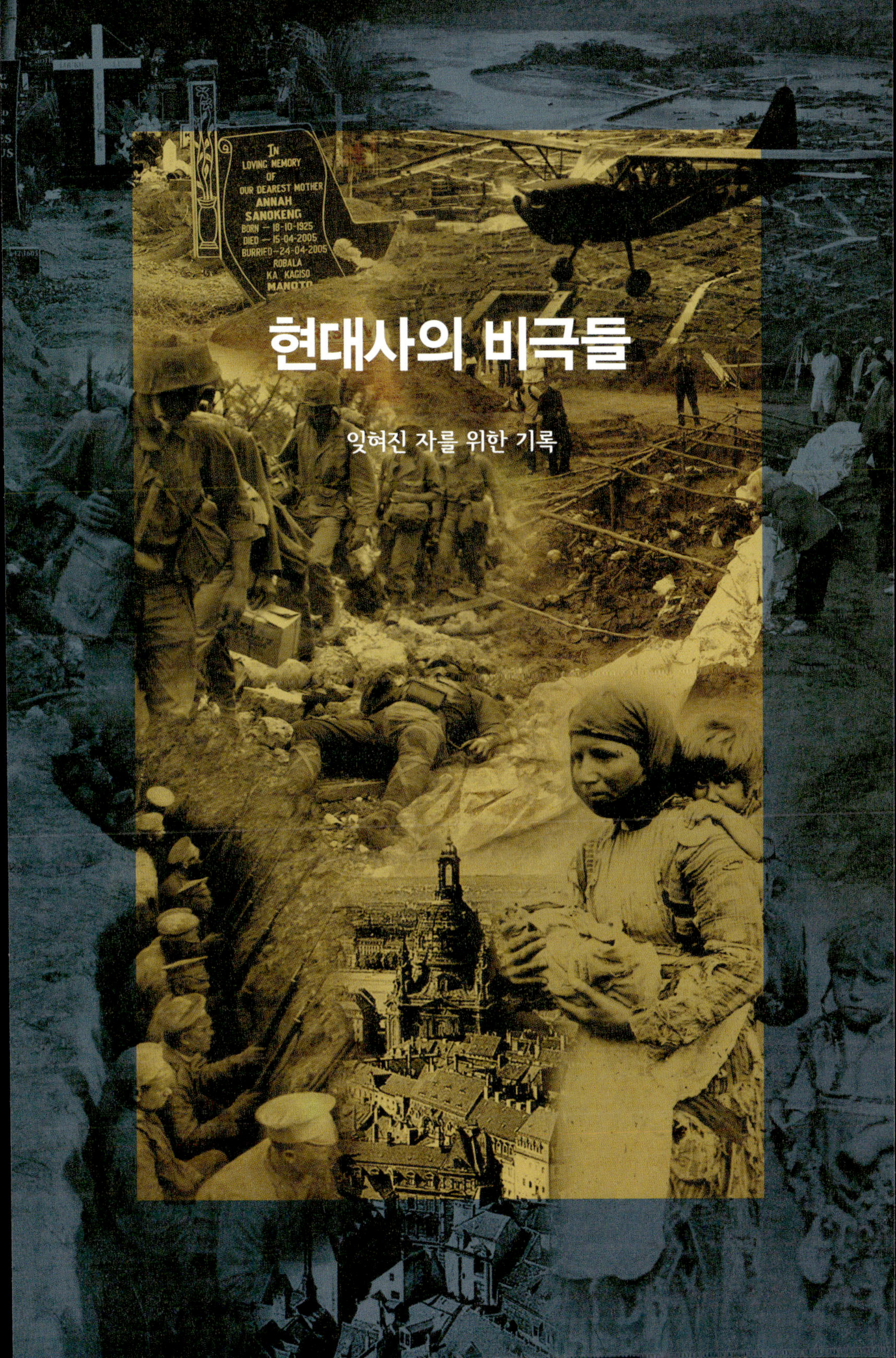

1

아르메니아 대학살

제1차 세계대전에 휘말린 오스만 제국

인류 역사의 시계추가 근대에서 현대로 넘어오던 20세기 초, 제국주의 단계에 들어선 유럽의 열강들은 선발 주자와 후발 주자로 나뉘어 세계 곳곳에서 치열한 각축을 벌이고 있었다. 이미 거대한 식민제국을 건설하고 있었던 영국과 프랑스는 러시아를 끌어들여 '삼국협상'을 맺고 블록을 형성했으며, 새로운 식민지를 찾아 나선 독일은 같은 게르만족 국가인 오스트리아와 이탈리아와 함께 '삼국동맹'을 맺어 이에 대항했다.

주로 외교적인 수단을 이용해 치열한 각축을 벌이던 두 진영이 직접 충돌한 지역은 유럽 동남부에 위치한 발칸 반도에서였다. 19세기까지만 해도 오스만 제국 영토였던 발칸 반도는 다양한 민족·종교 · 언어의 구성 요소들이 밀집해 있는 '유럽의 화약고' 였다. 오스만 제국이 쇠락해 가는 틈을 타 게르만족의 오스트리아와 슬라브족의 러시아가 이 지역에서 충돌하고 있었고, 영국과 프랑스는 러시아의 남하를 저지하는 데 이해가 일치했다.

제1차 세계대전의 도화선이 된 오스트리아 황태자 페르디난트 부부의 피살 현장이 바로 발칸 반도에 위치한 보스니아의 사라예보였다. 1914년 7월 28일 오스트리아가 세르비아에게 선전포고를 하면서 세계대전이 시작되었을 때, 슬라브족의 일원인 세르비아인의 거주지인 보스니아는 오스트리아의 점령 아래 있었다.

이처럼 유럽 대륙이 급격하게 전쟁의 소용돌이로 빠져들어 가던 때, 지중해 일대에서는 며칠 후면 교전국이 될 영국의 지중해함대와 독일의 지중해함대 사이에 숨막히는 추격전이 벌어지고 있었다. 순양전함 괴벤(Goeben)호와 경순양함 브레슬라우(Breslau)호로 구성된 소함대인 독일 지중해함대의 임무는 유사시 프랑스의 알제리 식민지 주둔군의 수송을 타격하고 대서양으로 진출해 대양함대와 합류하는 것이었다. 이에 비해 영국 해군의 지중해함대는 3척의 전투순양함과 4척의 장갑순양함, 4척의 경순양함, 14척의 구축함으로 편성된 대함대였다. 전쟁이 발발하면 알제리에 주둔한 프랑스군의 본토 수송을 엄호하고 오스트리아 해군을 제압하는 임무를 부여받고 있었다.

이런 상황에서 독일의 지중해함대가 월등한 전력을 갖춘 영국의 대함대를 뚫고 지중해를 탈출하는 것은 불가능에 가까웠다. 선택의 기로에 선 독일 지중해함대 사령관인 빌헬름 수숀(Wilhelm Souchon)은 항로를 대서양 방향인 서쪽이 아닌 오스만 제국이 있는 동쪽으로 잡았다. 친독일 성향을 보이던 당시 오스만 제국은 아직까지 외형상 중립을 지키고 있었다. 수숀의 동진 목적은 러시아와 숙적 관계인 오스만 제국을 압박해 러시아와 맞서도록 하려는 것이었다.

객관적인 전력 열세와 기관 고장, 연료(석탄) 공급의 난관을 뚫고, 독일의 지중해함대는 마침내 8월 10일, 오스만 제국령 다르다넬스(Dardanelles)해협에 도착했다. 지중해의 동북쪽에 위치한, 에게해에서 흑해로 통하는 바닷길의 서쪽 출입구 역할을 하는 곳이었다.

독일 전함의 출현을 계기로 중립을 유지하던 오스만 제국은 독일 · 오스트리아편에 서서 참전을 결정하게 되고, 유럽 대륙에 국한되었던 전장이 중동지역으로까지 확대되면서 전쟁의 양상은 세계대전으로 변모하게 되었다. 당시 영국 해군장관이었던 윈스턴 처칠의 표현에 따르면, '이전에 군함의 나침반 범위 안에서 일어났던 그 어떤 경우보다 심한 학살과 참상, 폐허' 를 불러오는 가공할 결과를 초래했던 것이다.

그런데 괴벤호와 브레슬라우호의 도래, 오스만의 참전 및 전쟁 확대가 불러온 끔찍한 재앙은 비단 전투 행위에 의한 대량 살상과 파괴에만 그친 것이 아니었다. 전쟁 기간 중 오스만 제국 집권 세력에 의해 저질러진 20세기 최초의 제노사이드(genocide), 자국 내에 거주하던 기독교도 아르메니아인 대학살이라는 암울한 그림자가 감춰져 있었다. 종교적 갈등이라는 오랜 배경에다 아르메니아인의 분리 독립 움직임 및 숙적 러시아에 대한 협조 등이 복합적으로 작용해 벌어진 일이었다. 이 아르메니아 대학살은 뒤이은 제2차 세계대전 시기에 히틀러가 자행한 '홀로코스트' 의 선례가 되기도 했던 참극으로서, 현대사의 첫 장을 장식한 비극이었다.

캅카스 전투가 불러온 비극

독일의 지중해함대가 천신만고 끝에 도착한 지점은 유럽의 갈리폴리(Gallipoli)반도와 소아시아반도 사이, 곧 다르다넬스 해협에서 마르마라(Marmara)해, 보스포루스(Bosporus) 해협으로 이어지는 좁다란 바닷길의 서쪽 출입구였다. 이곳은 오스만 제국의 유럽 영토와 아시아 영토를 가르는 경계선이긴 했지만, 동서 교류의 중심지로서 유럽과 아시아, 지중해와 흑해를 잇는 전략적 중요성 때문에 국제조약으로 통항이 관리되는 지역이기도 했다. 특히 러시아로서는 무역 물량 대부분이 수송되는 사활적 이해관계가 걸린 지역이었다. 그렇기에 상선 자유통행은 가능했지만, 군함 통항은 예외적인 경우를 제외하고는 엄격히 통제되고 있었다.

당시 국제조약에 따르면, 중립국 항구에 정박한 교전국의 전함이 머무를 수 있는 시한은 24시간이었다. 따라서 그때까지 중립을 표방하고 있던 오스만 제국으로서는 독일군함의 해협 통과를 저지할 의무가 있었다. 그렇지만 수숀의 함대는 느긋하게 오스만 제국의 수도인 콘스탄티노플(오늘날의 이스탄불)로 향하는 바닷길이 열리기를 기다리고 있었다.

당시 '유럽의 환자' 로 전락한 오스만 제국의 실권을 장악하고 있던 세력은 혁명을 통해 제국의 근대화를 추진하던 친독 성향의 청년투르크당 '진보통일위원회' 였다. 오스만과 독일은 제1차 세계대전의 발발 이전부터 경제적, 군사적 유대를 강화해 오고 있던 중이었다. 독일은 오스만 황실의 동의 아래 파리에서 콘스탄티노플까지 운행되던 오리엔트 특급의 노선을 소아시아(아나톨리아) 지역까지 연장하는 계획을 추진하고 있었고, 오스만 육군은 독일 군사 고문단장인 리만 폰 산더스(Otto Liman von Sanders)의 통제 아래 있었다. 또한 독일이 러시아에 선전포고한 다음날인 8월 2일 오스만 제국과 독일 제국은 오스만 제국의 동맹 가담과 오스만의 영토 보전을 약속한 밀약을 체결한 상태였다. 이 비밀동맹은 오스만 집권세력 다수에 의해 비준되긴 했지만, 명목상 군대 총사령관이자 국가 원수인 술탄 메흐메드 5세(Mehmed V)의 서명이 빠진 불완전한 것이었다. 그렇기에 아직은 오스만이 대외적으로 중립국 지위를 유지할 수 있었다.

결국 '진보통일위원회' 지도부는 독일 함대의 해협 통과를 허용하는 대신, 괴벤호와 브레슬라우호를 오스만 제국의 해군에 편입시켜 국제적 마찰을 피해가려 했다. 두 전함은 독일군 승무원을 그대로 유지한 채 각각 야우즈 술탄 셀림(Yavuz Sultan Selim)호와 미디리(Midilli)호로 이름을 바꿔 오스만 해군의 일원이 되었다. 이어 독일의 함대 사령관이었던 빌헬름 수숑(Wilhelm Souchon) 소장은 오스만 해군 함대 사령관이 되어 사실상 오스만 해군의 지휘권을 장악하게 된다.

결국 1914년 10월 말 사실상 독일군의 통제 아래 놓인 오스만 함대가 흑해 연안의 러시아 도시를 선제공격한 것을 계기로 제1차 세계대전의 전역중 가장 넓은 영역을 아우르는 중동 전선이 펼쳐지게 되었다. 숙적인 러시아와 오스만의 첫 접전 장소는 흑해와 카스피해 사이의 캅카스 지역이었다. 소연방 붕괴 과정에서 독립한 아르메니아 · 그루지아 · 아제르바이잔이 오늘날 러시아 · 터키 · 이란과 국경을 맞대고 있는 지역으로, 남하하던 러시아와 거대 제국의 잔명을 유지하려던 오스만이 필연적으로 충돌할 수밖에 없는 전략적 요충이었다.

제1차 세계대전 당시 숙적 러시아와의 전투에서 참패한 오스만 집권 세력은 영내 기독교도 아르메니아인들을 희생양으로 삼아 정권의 위기를 모면하려 했다. 사진은 아르메니아인들을 몰살의 위기에서 구하자는 미국의 모금 포스터.

러시아는 이 지역으로 10만에 이르는 대병력을 이동시켰고, 오스만 또한 이에 버금가는 9만의 병력을 이 지역에 집결시켜 대비했다. 이 전선에는 양측 정규군 외에도 지역 내 비대칭적 전력도 가세했는데, 아르메니아의 분리 독립을 꾀하면서 러시아군을 지원한 아르메니아인 의용부대와 민병대도 그 중의 하나였다.

겉으로 드러난 양측 전력이 백중세인 상황에서 전쟁 승패는 캅카스 산맥 일대를 누가 먼저 선점하느냐에 달려 있었다. 1914년 12월 29일부터 이듬해 1월 2일까지 4일 동안 진행된 캅카스 전투에서 오스만군은 뜻밖에도 궤멸에 가까운 참패를 당해야 했다. 겨울이라는 계절적 요인을 잘 활용한 러시아군이 탁월한 전술 운용을 한 결과였다. 매서운 겨울 한파 속에서 오스만군은 얼어 죽는 병사가 속출했고, 반오스만 감정을 지닌 아르메니아인들은 집단으로 러시아군에 지원하거나 게릴라 활동을 벌이며 오스만군에 타격을 입혔다.

전투에 패한 오스만 집권 세력의 입장에서는 아르메니아인 일부가 러시아군을 지원한 사실은 정권의 위기를 모면할 좋은 구실이 되었다. 청년투르크당의 지도부는 러시아와 결탁했다는 구실을 내세워 영내의 아르메니아인들에 대한 대대적인 추방과 학살에 착수했다.

무슬림에 포위된 기독교도에게 행해진 1차 학살

오스만 제국은 전성기 시절 아시아·아프리카·유럽 3개 대륙에 걸친 광대한 영토를 거느리고 이슬람 세계의 종교적 지도권인 칼리프와 세속 지도권인 술탄을 통합한 절대 강자로 군림해 왔다. 따라서 영내에 다양한 인종과 민족과 언어를 품고 있었다. 제국 동북부에 거주하던 아르메니아인 공동체도 그 중 하나로, 당시까지 오스만 제국 영내에 남아 있던 하나뿐인 기독교도 사회였다. 아르메니아인들은 이미 고대 국가 시절 로마에 앞서 세계 최초로 기독교를 국교로 정한 민족으로, 주변 국가들이 이슬람 세력의 말발굽 아래 이슬람으로 개종할 때도 꿋꿋이 종교적 정체성을 지켜 오고 있었다. 오스만에 점령당한 이후에도 19세기까지는 비교적 평화적으로 무슬림들과 공존해 오고 있던 터였다. 오스만 제국 영내의 아르메니아인 사회는 아나톨리아 동부 농촌 공동체와 도시 지역 상인 집단인 '교역 디아스포라(trading diaspora; 교역 이산공동체)'로 대별할 수 있는데, 전자는 고립적인 성격의 농촌 사회 특성상, 후자는 후자대로 현지인들과 거래하면서 큰 무리 없이 공존공영할 수 있었다.

그러던 중 19세기 들어 러시아가 아르메니아인 거주 지역 일부인 남캅카스로 남하하면서부터 아르메니아인들과 이슬람교도 사이에 갈등이 생겨나기 시작했다. 1877년의 러시아-오스만 전쟁에서 승리한 러시아가 아나톨리아 동부의 에르주룸(Erzurum), 디야르바키(Diyarbakir), 시바스(Sivas) 등지의 아르메니아인들에게 권리 확대를 약속한 것을 계기로, 오스만 제국 내 아르메니아인들의 민족 운동이 싹트기 시작했다. 제국 밖의 지역에서는 아르메니아 분리 독립을 목표로 한 민족주의 정당들이 출현했다. 이 과정에서 오스만 제국 내 이슬람교도와 아르메니아인 사이에는 적대감이 쌓여갔고, 아르메니아인들이 러시아 군대와 내통해 자신들에게 위해를 가할지 모른다는 의구심이 이슬람교도 사이에서 번져갔다.

마침내 청년투르크당 집권 이전인 1894년, 아나톨리아 동부의 비트리스(Bitlis) 주에서 우려하던 일이 벌어졌다. 이슬람교도와 아르메니아인 사이에 대규모 충돌이 빚어진 것이다. 오스만 정부는 군대를 동원해 충돌을 진압하는 과정에서 2만 명 이상의 아르메니아인을 학살한 것으로 알려졌다. 이어 1896년에는 아르메니아인 무장 조직이 콘스탄티노플의 한 은행을 습격한 사건을 기화로 무슬림과 기독교도의 충돌이 재연되기도 했다. 이 시기의 학살은 주로 제국 서부의 대도시를 중심으로 진행되었는데, 인종 청소에 가까웠던 제1차 세계대전 중의 2차 대학살에 비하면 그래도 피해 규모는 상대적으로 작은 편이었다.

4월 24일은 전세계 아르메니아인들의 학살 추모일

무슬림의 바다에 갇힌 기독교도의 섬인 아르메니아 민족 구성원 일부가 분리 독립을 추구했다는 이유만으로 겪었던 시련은 처참했다. 학살과 추방은 캅카스 전투의 패배가 있은 지 몇 개월 뒤인 1915년 4월 24일에 시작되었다. 제국의 혼란과 붕괴를 꾀하고 독립민족국가를 건설하려 했다는 이유로 정치인·작가·의사 등 아르메니아 지식인 235명이 집단 처형되는 것을 신호탄으로 영내 아르메니아 민족을 절멸시키기 위한 피의 보복이 전개되었다. 비록 19세기 말의 습격과 학살에 이은 두 번째의 대참사였지만, 당시까지만 해도 러시아와 오스만 접경지대에 낀 소수민족으로 취급받던 아르메니아인 문제는 발등에 떨어진 세계대전에 묻혀 별다른 국제적 조명도 받지 못하고 있는 상태였다.

오스만 정부의 아르메니아 민족 말살 정책은 치밀하고 조직적으로 진행됐다. 먼저 18세 이상 50세 이하 아르메니아의 건장한 남자들은

대규모 학살과 추방에서 구사일생으로 살아남은 사람들은 이국땅에서 난민 생활을 해야 했다. 1915년~1916년경 시리아 안의 난민촌.

예외 없이 군대로 징집됐다. 이렇게 징집된 사람들은 오스만군에서 시늉뿐인 훈련을 받다가 모두 무장 해제된 뒤, 50명~100명 단위로 나뉘어 강제 노역 현장에 투입됐다. 그로부터 얼마 지나지 않아 이들은 현장에서 학살당하거나, 아니면 살인적인 노동과 배고픔에 시달리다 생을 마감해야 했다. 이렇게 희생된 아르메니아 남성들의 숫자는 수십만 명으로 추정된다.

이렇게 오스만 영내 아르메니아 민족의 중추가 뿌리 뽑히고 있는 사이, 거주 지역에 남아 있던 어린이와 부녀자, 노인들에게는 강제 추방령이 떨어졌다. 남겨졌던 이들은 원 거주지인 아나톨리아 동부를 떠나 거칠고 메마른 시리아 혹은 메소포타미아 사막으로 내쫓겼다.

이들 노약자들에게 사막은 죽음의 땅이었다. 일례로 시리아쪽 사막으로 강제 추방된 이들이 35만 명이었는데, 막상 시리아에 도착한 인원은 극소수에 불과했다.

오스만 정부는 아르메니아 성인 남자들을 군대로 강제 징집한 이후, 남아 있던 어린이와 부녀자, 노인들을 사막으로 내몰았다.

이 같은 일련의 박해로 희생된 아르메니아인은 오스만 영내에 거주하던 아르메니아 인구 중 2/3에 해당하는 것으로 추정된다. 학살 대부분이 시작된 지 6개월 만에 신속하게 이뤄졌다.

사망자 숫자는 관련국에 따라 큰 편차를 보이는데, 가장 적게 잡은 터키 측 추산으로는 20만 명, 가장 많은 아르메니아 측 집계로는 200만 명에 이른다. 이와 관련해서는 19세기 말 오스만 제국령 아나톨리아 동부에 거주하던 아르메니아인 인구가 약 150만 명이었다는 통계가 현재로선 가장 유력하게 인정되고 있다. 이 중에서 러시아령으로 도피한 자, 기독교나 이슬람교로 개종하여 강제 이주의 대상에서 벗어난 자를 1/3 정도로 추정했을 때, 실제 강제 이주 대상자는 약 80만 명에서 100만 명으로 추정할 수 있고 그 중 대부분이 유명을 달리한 것으로 보인다. 제3국의 연구자들은 실제 희생자 숫자가 60만~80만 명에 이를 것이라는 견해를 피력하고 있다.

대학살은 가까스로 살아남은 아르메니아인들의 대규모 디아스포라를 초래했다. 오스만의 박해를 계기로 대부분의 아르메니아인들은 조상 때부터 살아오던 땅을 떠나 전 세계로 뿔뿔이 흩어졌고, 현재의 터키 영토인 원거주지였던 아나톨리아의 아르메니아인 공동체는 완전히 소멸했다. 최근의 통계에 따르면 러시아에 200만 명, 미국에 100만 명을 비롯해 전 세계 107개국에 모두 900만 명의 아르메니아인들이 뿔뿔이 흩어져 살고 있는 것으로 알려졌다. 지금도 첫 학살이 자행됐던 4월 24일을 기념하는 아르메니아인의 추모 행사가 세계 각지에서 열리고 있다.

오스만 제국의 아르메니아 대학살은 뒤이은 제2차 세계대전 중 나치에 의해 저질러진 '홀로코스트'에도 적지 않은 영향을 끼쳤다. 나치 독일의 영수였던 아돌프 히틀러는 자신의 저서인 《나의 투쟁》을 통해 "누가 지금 아르메니아 대학살을 기억하는가?" 라고 강변하면서 유대인 대학살을 공공연히 자행했다.

오늘날에 이르러서는 아르메니아 대학살의 망령이 1923년 멸망한 오스만 제국을 계승해 유럽 일부와 아나톨리아 지방으로 영토가 축소된 채 건국된 터키 정부의 앞길을 가로막고 있다. 유럽연합(EU) 가입을 원하는 터키 정부의 뜻이 상당수 회원국들의 반대로 받아들여지지 않고 있는 실정이다. 아르메니아 대학살을 오스만 정부에 의한 조직적인 제노사이드로 인정한 대부분의 회원국들이 터키가 유럽연합에 가입하는 전제 조건의 하나로 사과와 배상을 요구하고 있기 때문이다.

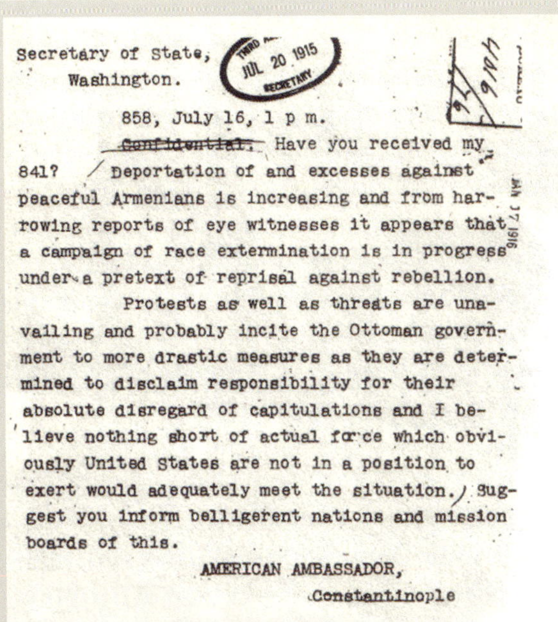
Secretary of State,
Washington.

858, July 16, 1 p m.

~~Confidential.~~ Have you received my 841? Deportation of and excesses against peaceful Armenians is increasing and from harrowing reports of eye witnesses it appears that a campaign of race extermination is in progress under a pretext of reprisal against rebellion.

Protests as well as threats are unavailing and probably incite the Ottoman government to more drastic measures as they are determined to disclaim responsibility for their absolute disregard of capitulations and I believe nothing short of actual force which obviously United States are not in a position to exert would adequately meet the situation. Suggest you inform belligerent nations and mission boards of this.

AMERICAN AMBASSADOR,
Constantinople

아르메니아인 대학살을 묘사한 미국 외교관 헨리 모겐소(Henry Morgenthau Jr)의 1915년 7월 16일자 전문.

이에 대해 학살을 부정하는 터키 측에서는 아르메니아인의 비극이 혼란한 전시 상황에서 비롯된 불행일 뿐이라는 입장을 견지하고 있다. 곧 아르메니아 민족에 대한 조직적인 탄압의 결과가 아니라, 아르메니아인의 희생은 전쟁의 와중에서 발생한 희생의 일부일 뿐이라고 주장하고 있는 것이다. 전투원이나 러시아와 내통한 스파이들만 살해당했을 뿐, 나머지 대부분은 전시하의 강제 이주에 수반한 간접적인 희생일 뿐이라는 논리였다.

가해자인 터키 정부의 집요한 압력과 체계적인 로비 속에서 아르메니아 대학살에 대한 진정한 실체는 국제무대에서 아직 공인받지 못하고 있는 실정이다. 피해자인 아르메니아인들로서는 국제적인 역학관계라는 냉혹한 현실 속에서 지금까지도 과거의 처절한 기억 때문에 고통받고 있는 셈이다.

그나마 다행스럽게도 지난 2010년 3월 4일 미 하원 외교위원회는 터키에 의해 자행된 아르메니아인 학살을 계획적 대량학살로 규정한 비난 결의안을 채택하였다. 또한 2011년 4월 24일 대학살 96주년 기념일에는 오바마 대통령이 터키의 전신인 오스만 제국에 의해 이루어진 아르메니아 지식인 학살사건을—나토 회원국인 터키의 입장을 고려하여 대량학살이라는 용어를 쓰지는 않았지만— '참혹한 사건'이라고 언급하면서 이를 터키가 전면적으로 인정할 것을 촉구하였다.

교황 요한 바오로 2세가 아르메니아 수도 예레반의 추모탑을 방문하여 '영원히 꺼지지 않는 추모의 불꽃' 앞에서 바친 추모기도문을 소개한다. 이 불꽃은 꺼트릴 수 없는 아르메니아의 정신을 나타낸다. '제비들의 요새' 라는 뜻의 추모탑은 둥지가 파괴되어도 반드시 되돌

아르메니아 수도 예레반에 있는 추모탑. 오른쪽 바늘 모양의 기둥은 아르메니아인들의 부활을 의미한다.

아오는 새를 따서 명명되었다. 추모탑 옆에 서있는 바늘 모양의 기둥은 아르메니아인들의 부활을 의미한다. 요한 바오로 2세는 한 송이 붉은 장미를 영원한 불꽃 앞에 헌화했다.

"산 자와 죽은 자를 심판하시는 주님,

저희에게 자비를 베푸소서!

하느님,

이 곳에서 나오는 탄식과 저 깊은 대죄(Metz Yeghern)에서 나오는 망자들의 외침에 귀 기울이시고,

자녀를 위한 라헬의 흐느낌 같은 울음소리와 아벨의 피처럼 기뻐하시는 순결한 피의 울음소리에 귀 기울이소서.

하느님,

1915년 '전멸의 위기에 몰린 고통받는 아르메니아인들' 을 옹호하는 목소리를 내었던 베네딕토 15세의 호소를 반복하는 로마 주교의 목소리에 귀 기울이소서.

엄청난 고초를 겪으면서도 결코 당신에 대한 믿음을 저버리지 않았던 아주 오래 전부터 당신을 믿었던 이 땅의 사람들을 굽어 살피소서.

이들의 눈물을 닦아 주시고, 이들이 20세기에 겪었던 고통이 영원히 지속될 생명의 수확을 낳게 허락하소서.

저희는 아르메니아인들에게 가해진 끔찍한 폭력에 경악하며, 여전히 그러한 비인간성이 자행되고 있음에 아연실색합니다.

그러나 당신의 약속에 대한 새로운 희망을 품으며 저희는 하느님께 간구합니다. 망자들에게 영원한 안식을 허락하시고, 여전히 아파

하는 자에게는 당신의 사랑의 힘으로 치유의 은총을 내려주소서.

하느님,

저희의 영혼은 파수꾼이 아침을 기다리는 것보다 더 간절히 당신을 바랍니다. 이는 저희가 십자가 위에서 이루셨던 온전한 속죄를 기다리고, 불굴의 생명을 연 부활절의 빛을 기다리며, 더 이상 죽음이 없는 새로운 예루살렘의 영광을 기다림과 같습니다.

산 자와 죽은 자를 심판하시는 주님,

저희 모두에게 자비를 베푸소서!"

캅카스

지금은 잘 쓰이지 않지만, 전에는 전체 백인을 통칭하는 '코카서스 인종(Caucasoids)' 이란 말이 쓰였다. 코카서스(Caucasus)에서 발원한 인종이란 뜻인데, 코카서스는 캅카스(Kavkaz) 또는 카프카즈의 영어식 표현이다.

캅카스는 인류 발상지의 한 곳으로 꼽히는 유서 깊은 지역이다. 유럽의 동쪽과 만나는 아시아 서북부 지역으로, 러시아 남부와 카스피해 및 흑해(黑海) 사이에 위치해 있다. 이 지역은 지구상에서 가장 다양한 언어와 문화가 존재하는 곳으로 유명하다. 50개가 넘는 민족, 200개가 넘는 부족이 모여 있는 '세계의 인종 전시장' 과 같은 곳이다. 골짜기 하나를 사이에 두고 종족과 언어가 다른 경우가 있을 정도이다. 고립된 고산 지대가 많은 지형 조건 탓에 이런 일이 가능했다. 캅카스가 다양하고 복잡한 종족 구성을 가졌던 이유는 여러 방향에 걸친 민족의 이동·이주로 많은 수의 소수 민족이 거주하고 있기 때문이다. 뿐만 아니라 그리스·이란·아라비아·몽골·터키 등이 번갈아 지배하면서 원주민과 외래 정복민족이 뒤섞이면서 민족 구성이 복잡해졌다.

이 지역은 유럽에서 가장 높은 산인 엘브루스산(5,633m)을 비롯한 5천 미터 안팎의 높은 산이 즐비한 대캅카스 산맥을 기준으로 남북으로 확연히 구분된다. '프레트카프카지에(영어명 시스코카서스)' 라 불리는 산맥의 북부 지방은 러시아 영토이고, '자카프카지에(영어명 트랜스코카서스)' 라 불리는 남부에는 구소련 해체 과정에서 독립한 아르메니아 · 아제르바이잔 · 조지아(그루지아의 새 이름)가 자리를 잡고 있다. 비교적 인구가 많은 종족들은 각각의 독립국 영내에서 자치공화국을 형성하고 있는 경우가 많다. 러시아령인 프레트카프카지에는 체첸 · 인구시 · 다게스탄 · 아디게야 · 카바르디노발카르 · 카라차예보체르케스카야 · 세베로오세티야 등이 분리 독립을 꾀하거나 상호 대립하고 있고, 남부의 자카프카지에에는 아제르바이잔에 '나고르노카라바흐' 가, 조지아에 압하지아와 남오세티아라는 이질적인 요소가 섞여 있어 분쟁의 원인이 되고 있다. 그 밖에 인구가 적은 종족은 자치주(自治州)나 자치구를 구성하고 있는데, 그 내부에서도 여러 부족이 섞여 있는 것이 일반적이다. 높은 산맥이 가로막혀 있는 탓에 북부와 남부는 서로 다른 역사적 과정을 걷기도 했지만, 크게 보아서는 이란계 제국의 통치 아래 있는 경우가 많았다.

캅카스는 성경과 그리스 신화에도 등장하는 유서 깊은 신화의 고장이기도 하다. '노아의 방주' 주인공 노아의 셋째 아들 야벳의 증손자인 '카우카스' 는 바벨탑이 무너진 후 터키의 동쪽 끝 아라라트 산에서 엘브루스 산으로 추정되는 접근하기 어려운 산 사이에 정착했는데, 그가 바로 북캅카스인들의 조상이 되었다고 한다. 그리스 신화에서 캅카스는 세계를 떠받치는 기둥 중의 하나로, 신에게서 불을 훔쳐 온 프로메테우스가 제우스에 의해 사슬에 묶여 독수리에게 간을 쪼아 먹히던 곳이었다.

2

스페인 독감

제1차 세계대전에 가려진 인류 최대의 질병 재앙

"사람들은 그것을 '3일 열병' 이라고 부르기 시작했다. 병은 갑자기 찾아오는데 수은이 체온계의 맨 꼭대기에 오르도록 열이 펄펄 끓고…… 나는 환자가 병이 생긴 지 18시간 만에, 그리고 병상에 누운 지 12시간 만에 죽는 것을 보았다. 수많은 환자들이 이 질병에 걸린 처음 48시간 동안 죽음의 문턱을 넘나드는 것을 목격했다."

뉴욕타임스의 과학전문 저널리스트 지나 콜라타(Gina Kolata)가 쓴《독감 (Flu : the story of the great influenza pandemic of 1918 and the search for the virus that caused it)》에 실린 스페인 독감의 참상을 전하는 글이다.

막바지에 들어선 제1차 세계대전으로 많은 나라들이 전쟁에 여념이 없던 1918년 3월, 겨울의 끝자락에 계절의 불청객이 소리 없이 찾아왔다. 찬바람 부는 겨울철이면 으레 찾아오곤 하는 독감(influenza)이었다. 발생 초기 몇 달 동안만 해도 여느 해의 독감과 다를 바가 없는 것으로 여겨져 별다른 주목을 받지 못했다. 독감 자체가 대부분의 사람들이 한두 번은 걸려본 경험이 있을 정도로 흔한 질환인 데다, 그 중 절대 다수가 별다른 후유증 없이 완치될 정도로 치명적이지도 않았기 때문이었다. 전시란 특수 상황이 성가신 계절의 불청객쯤에 눈 돌릴 여유를 앗아간 이유도 있었다.

보통의 감기에 비한다면, 독감이 훨씬 위험한 질환이긴 했다. 독감으로 번역되는 '인플루엔자(influenza)'가 '추위의 영향(influenza del freddo)'을 뜻하는 이탈리아어에서 유래한 것에서 알 수 있듯, 독감은 겨울에 집중적으로 발생했다. 겨울이라면 인체의 저항력이나 면역력이 최저로 떨어지는 시기였다. 또한 감기와는 달리 고열이나 몸살, 두통 등 전신 증상을 수반하고, 합병증을 유발해 목숨을 잃는 경우도 적지 않았다. 게다가 빠른 속도로 다중에게 전염되는 특성이 있었다.

당시까지만 해도 독감 피해는 면역력이 약한 어린이나 노약자들에게 집중되는 것이 일반적이었다. 그런데 1918년 독감의 양상은 판이했다. 피해자 대부분은 뜻밖에도 건강하고 혈기왕성한 어른들이었다. 수많은 사망자가 발생했지만, 전체 사망자의 99%가 65세 이하 청장년층이었다. 이 중 절반 정도가 20세~40세 청년이었다. 물론 당시로서는 알 길이 없었지만, 이는 독감 바이러스가 인체의 면역 체계에 과민 반응을 일으켜 신체조직을 파괴하는 '사이토킨 발작(Cytokine

Storm)' 때문인 것으로 밝혀졌다. 세계대전의 소용돌이에 빠져 있던 유럽 교전국들로서는 전투력에 막대한 손실을 입는 것이 불가피했다.

가공할 사실은 청장년층에 집중된 전례 없는 피해 양상만이 아니었다. 이 해 독감은 50% 안팎의 전염율과 5% 내외의 치사율이라는 경악할 만한 수치를 기록하면서 빠르게 세계 곳곳으로 퍼져갔다. 독감의 대유행, 이른바 판데믹(pandemic)이 도래한 것이다. 이 해 초여름 프랑스에 주둔 중인 미군 병영에서 많은 독감 환자가 발생했을 때만 해도, 일반 독감과 구분되는 특이 동향은 보이지 않았다. 그러다가 8월 들어 첫 사망자가 나오면서 상황은 돌변했다. 고병원성으로 발전한 독감이 치명적인 마수를 펼치기 시작했던 것이다.

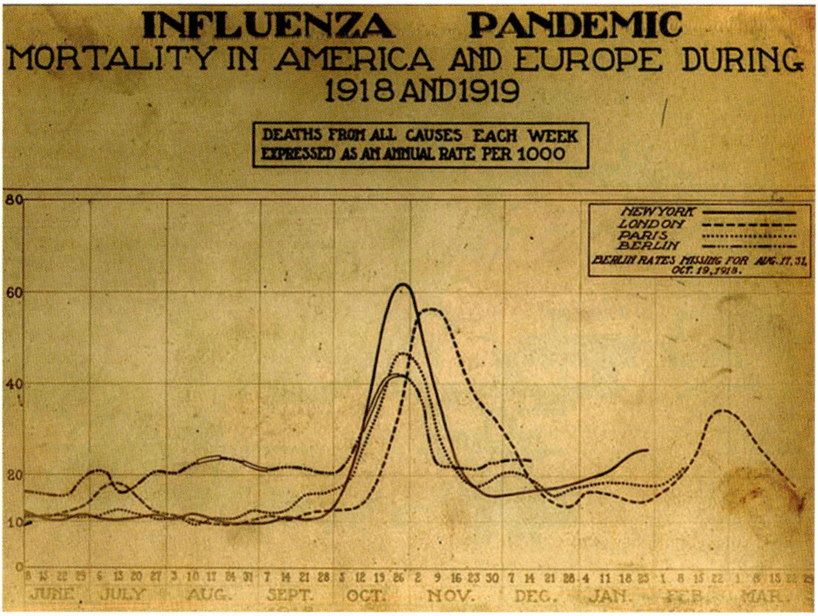

1918년과 1919년 사이 미국과 유럽의 스페인 독감 사망자 숫자를 보여주는 도표. 가을에서 겨울로 접어든 1918년 10월 말과 11월 초에 뉴욕, 런던, 파리, 베를린 등지에서 사망자가 폭발적으로 증가했음을 보여주고 있다.

미국 캔자스 주의 한 병영에 설치된
응급 군병원의 광경.
운동장 크기만한 병실이 독감 환자들로
꽉 차 있다.

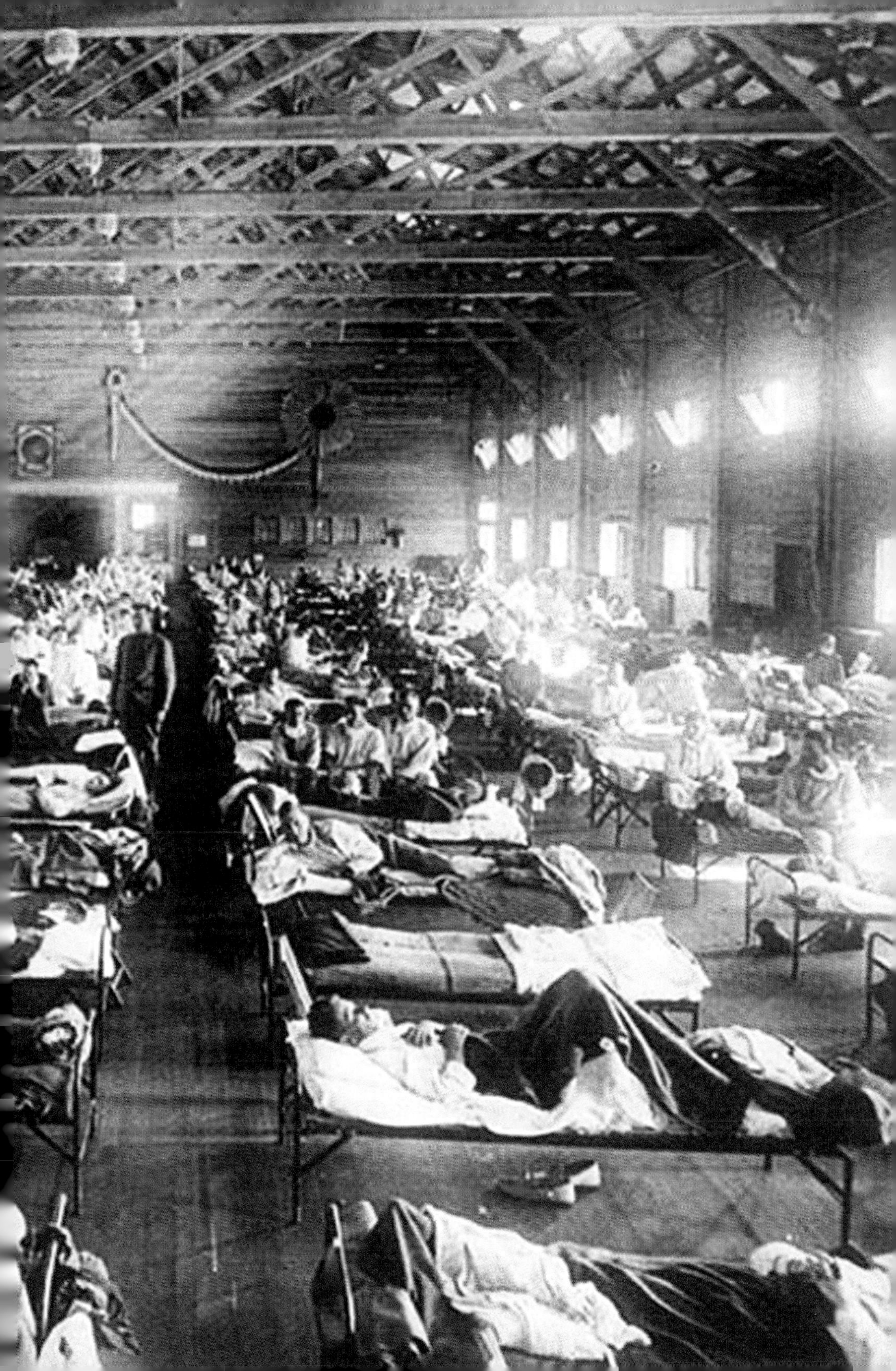

9월에는 유럽 전쟁에 참전했던 미군들이 귀환하면서 미국으로 확산되었다. 이어 유럽 각지와 중남미는 물론, 아시아 · 호주 · 아프리카 등 그야말로 5대양 6대주를 가릴 것 없이 독감의 마수가 뻗쳤다. 대륙에서 멀리 떨어진 태평양 외딴 섬과 외부인들의 출입이 거의 없던 북극권도 예외는 아니었다. 남태평양 피지 섬에선 불과 2주 만에 인구의 14%가 죽었고, 서사모아에선 22%가 떼죽음을 당했다. 알라스카나 아프리카 오지 마을이 독감 때문에 유령촌이 된 곳도 있었다.

제1차 세계대전이라는 전대미문의 전쟁에 가려 제대로 조명받지 못했지만, 인류 역사상 인간이 이처럼 단기간에 그토록 많이 죽어간 적은 없었다. 유럽 인구의 1/3이 희생됐던 중세의 흑사병도 이 정도는 아니었다.

보도통제가 빚어낸 '스페인 독감' 이라는 이름

1918년 3월 제1차 세계대전 중에 발생한 독감은 전쟁이 끝난 직후인 이 해 겨울에 들어서면서 더욱 맹위를 떨쳤고, 1920년 6월까지 잔명을 유지하며 전 세계를 끔찍한 공포로 몰아넣었다. 그리고는 수수께끼처럼 홀연히 사라졌다. 현대사 한 귀퉁이에 기록된 이른바 '스페인 독감' 이었다. 나중에 밝혀진 바에 따르면, 발병 원인은 인플루엔자 바이러스 A형의 변형인 H1N1 바이러스였다. 2000년대 초부터 아시아를 중심으로 번졌던 조류독감의 원인 바이러스와 거의 같은 구조를 가진 바이러스였다. 또한 2009년에 대유행했던 신종 플루(신종 인플루엔자A, 한때 '돼지 독감' 이라고 잘못 지칭되기도 했음)도 같은 계열에 속한다.

이 바이러스로 인한 사망자는 제1차 세계대전의 전체 사망자 수보다 3배나 많았다. 특히 발병하기 시작한 첫 25주 동안 2천5백만 명의 사망자가 집중됐다. 당시에는 전체 약 4천만~5천만 명 정도의 사망자가 발생한 것으로 추정했지만, 오늘날에는 최소 5천만 명에서 최대 1억 명이 사망한 것으로 추산하는 인류 역사상 최대 피해를 기록한 질병이었다. 당시 20억 명이었던 세계 인구의 50%인 10억 명 안팎이 감염되고, 그 중 5%인 5천만 명이 사망했다는 통계도 있다. 희생자 목록에는 〈미라보 다리〉의 시인 기욤 아폴리네르(Guillaume Apollinaire), 새로운 시각예술을 추구하던 구스타프 클림트(Gustav Klimt), 에곤 실레(Egon Schiele) 등 '비엔나 분리파'의 성원들, 《프로테스탄트 윤리와 자본주의 정신》의 저자 막스 베버(Max Weber) 같은 유명인도 포함된다.

세계대전이라는 특수 상황이 이 공포스러운 전염병을 세계적인 대재앙으로 만드는 데 단단히 한몫했다. 스페인 독감 발병 당시 초유의 세계대전은 5년째 지루한 공방을 이어가고 있었다. 동부전선, 서부전선, 중동전선으로 나누어진 전상에서는 어느 쪽도 일방적인 승기를 잡지 못한 채 교착 상태가 계속되고 있었다. 오랜 기간 전쟁은 참호전 양상을 띨 수밖에 없었는데, 전시의 참호는 독감이 창궐할 수 있는 최적의 환경을 제공하고 있었다.

"스페인 독감이 창궐한 것은 제1차 세계대전의 참호전 탓이 컸다. 스위스 국경에서 영국해협까지 1,000여㎞에 걸쳐 조성된 서부전선 참호는 뻘밭이나 다름 없었다. 장병들은 피범벅의 진창 속에서 몇 달씩 지내야 했다. 전우의 떨어져나간 사지는 곳곳에 널브러져 부패했고, 그들의 발 역시 족창으로 썩어나갔다. 살판난 쥐들은 얼마나 영양상태가 좋았는지 그 크기가 강아지만했다고 한다. 지독한 공포와 스트레스, 최악의 영양상태와 부패한 환경은 독감 바이러스의 치명성을 높여, 이들은 총탄만큼이나 바이러스에 의해 죽어갔다."

—[곽병찬 칼럼] 존재의 무덤, 별일 없이 산다(한겨레신문, 2011년 1월 25일자)

독감처럼 호흡기로 전염되는 질환은 사람이 얼마나 모여 있느냐에 따라 그 전파 속도와 확산 범위가 결정되기 마련이다. 단체 생활이 필수인 병사들이야말로 독감에게는 훌륭한 매개 수단이었다. 일단 집단 내에 감염자가 생기면 확산은 시간문제였다. 게다가 장기간 전투로 인한 부실한 영양 공급과 체력 고갈은 혈기왕성한 병사들의 면역력을 극도로 약화시켜 놓고 있었다.

전장으로 떠나거나 돌아오는 병사들의 몸을 타고 인플루엔자 바이러스는 세계 곳곳으로 퍼져 갔다. 독감이 역수입된 미국에서는 전 인구의 28%가 감염되어, 한 달 만에 24,000명의 미군을 포함 총 50~60만 명이 목숨을 잃었다. 1919년 봄에 이르러 영국에서만 15만 명이 유명을 달리했고, 영국의 식민지였던 인도에서는 무려 1,700만 명의 희생자를 기록했다. 스페인 독감을 '무오년(戊午年) 독감'이라고 부른 한국도 예외가 아니어서 740만여 명이 감염되어 14만여 명이 희생되었다는 기록이 남아 있다. 독감에 의한 피해는 제1차 대전 승전국인 연합국 쪽보다 패전국인 동맹국(독일과 오스트리아 등) 쪽이 훨씬 더 컸던 것으로, 동맹국의 패배를 이 독감 피해에서 찾는 시각도 없지 않다.

스페인에 문제의 독감이 상륙한 것은 그해 11월이었다. 교전 상태

스페인 독감이 창궐한 것은 제1차 세계대전의 참호전 탓이 컸다.

에 있던 유럽의 다른 나라에서는 이 위험천만한 전염병의 존재에 대한 보도를 엄격하게 통제하고 있었지만, 제1차 세계대전 비교전국이었던 스페인의 언론은 상대적으로 자유로운 입장이었다. 스페인 언론은 치명적인 독감 대유행을 대대적으로 보도하기 시작했다. 이를 통해 비로소 독감 대유행이 세상에 알려지게 되었고, 1918년 독감은 '스페인 독감' 이라는 발병원이나 발병 원인과 상관없는 엉뚱한 속명을 얻게 되었다.

의학도 손을 놓은 전대미문의 '괴질'

스페인 독감이 정확히 언제 어디서부터 시작되었는지는 밝혀지지 않았지만, 발생원은 미국 중부 시카고 부근 또는 캔자스(Kansas) 시내의 신병훈련소였던 것으로 알려지고 있다. 독감은 유럽 전선으로 떠난 미군을 통해 대서양 너머로 번졌는데, 1918년 초여름 프랑스 주둔 미군 병영에서 첫 독감 환자가 보고되었다. 그해 8월에는 아프리카 서해안의 영국 보호령 시에라리온의 수도 프리타운(Freetown)과 프랑스 서부 항구 도시 브레스트(Brest)에서 환자가 발생했는데, 인체에 감염되는 고병원성으로 발전한 것은 이 시기로 추정된다.

전시라는 사정이 스페인 독감의 전파와 확산에 지대한 공헌(?)을 했다면, 당시 의학 수준 또한 이 무시무시한 괴질과 싸우기에는 턱없이 나약했다. 발병 원인이 무엇인지, 감염 경로는 어떻게 되는지 알 길이 전혀 없었다. 독감을 일으키는 병원체가 인플루엔자 바이러스라는 사실이 밝혀진 것은 발병 후 십수 년이 지난 1933년이었고, 스페인 독감의 근원이 인플루엔자 A형 중 H1N1형에 있음을 규명한 것은 최근인 2005년의 일이었다.

당시 의학도 속수무책인 가운데, 민간요법 수준의 예방 및 치료 방법이 유행할 수밖에 없었다. 마스크가 거의 유일한 예방 수단으로 여겨져, 미국 시애틀(Seattle)의 전차는 마스크를 쓰지 않은 탑승객의 승차를 거부했다. 의사들이 할 수 있는 치료는 창문을 자주 열어 실내 공기를 환기시키거나 교외의 맑은 공기를 호흡하도록 권장하는 정도였다. 이 지침에 따라 미국 국방성 직원들에게 하루에 두 번씩 15분 동안 실외 산책을 하라는 지시가 떨어지기도 했다.

스페인 독감이라는 전무후무한 괴질에 대처할 수 있는 예방 수단은 마스크 착용뿐이었다. 미국의 신문 배달 소년들이 마스크를 쓰고 신문 배급을 기다리고 있다.

백약이 무효인 상태에서 독감의 유행을 신의 심판으로 받아들인 사람들은 교회로 몰려들었다. 신앙의 힘으로라도 '괴질'을 물리쳐 보려는 절박함의 표현이었다. 인간의 눈으로는 볼 수도 없는 극미한 바이러스에 의한 것이라는 사실을 알 리 없었던 당대인들로서는 어찌 보면 당연한 일이었다.

스페인 독감의 마수는 극동의 한반도에까지 뻗쳐 목불인견의 참상을 기록했다. 당시 일본의 식민지였던 한국에서는 758만 8,400명의 환자가 발생해, 14만 518명이 사망한 것으로 조선총독부 연감은 기록하고 있다. 한국에서는 이를 '무오년 독감(戊午年毒感)' 이라고 불렀는데, 사망자 숫자만 놓고 봐도 한국전쟁 전사자와 엇비슷한 규모의 대형 참사였다. 당시 한국 인구는 1,800만 명 정도로 추정되는데, 이를 인구 대비로 환산하면 발병률은 38%, 환자 대비 사망률은 0.8%를 기록하고 있다. 이마저도 세계 수준과 비교하면 다행인 수준으로, 특히 사망률은 아주 저조한 편이었다.

그러나 이 숫자는 상대적으로 피해 정도가 경미했다는 사실을 나타낼 뿐, 사건의 비극성이 질적으로 가벼웠다는 의미는 아니었다. 한반도에서는 유사 이래 최대의 비극인 한국전쟁에 버금가는 비극임이 분명했다. 당시의 신문은 그 참상을 다음과 같이 전하고 있다.

"평양에서는 인구의 반 이상이 감기로 고생하며 죽은 자가 백 여 명이 되는데 11월 들어 더욱 번져가서 거의 업을 쉬는 형편이며…"

–매일신보, 1918년 11월 13일

"(평양에서는) 감기가 없어지는 듯하더니 형세가 돌변하여 사망자가 속출하는데 11월 13일부터 19일까지 사망자가 6백여 명이나 된다더라…. 심한 데는 한 촌이 모두 병에 걸린 사람들 때문에 죽는 사람을 어떻게 처리할 사람이 없는 참혹한 광경이라는데…"

–매일신보, 1918년 11월 22일

비단 신문에 거론된 평양뿐이 아니었다. 전국적으로 집집마다 독감으로 인해 환자 및 사망자가 속출해 벼의 수확을 포기하는 경우가 부지기수였으며, 상여 행렬이 끊이질 않아 조선 팔도의 민심이 흉흉

했다. 또한 우편국의 배달 업무가 중단되는 지역도 많았다고 당시 신문들은 전하고 있다.

신의 저주가 아닌 바이러스의 소행

1918년 당시는 전염병은 세균에 의해 전파된다는 매균설(媒菌說)이 정설로 받아들여지던 시대였다. 바이러스의 존재는 어둠 속에 가려져 있었다. 최근에 들어서야 의학 및 과학의 발전성과에 힘입어 독감을 비롯한 전염병의 정체가 속속 드러나고 있다.

2005년 10월 7일, 미국 질병통제센터(CDC)는 근래의 첨단 과학 기술을 바탕으로 스페인 독감 바이러스를 87년 만에 재생시키는 데 성공했다. 미육군병리학연구소의 제프리 토벤버거(Jeffery Taubenberger) 박사가 연구소에서 보관하고 있던 스페인 독감 사망자의 조직 표본을 통해 밝혀낸 유전자 정보와 병리학자 오한 헐틴이 알라스카에 묻힌 한 여성 독감환자의 폐 조직에서 추출한 바이러스 샘플을 토대로 해서 였다. 뉴욕의 한 대학이 스페인 독감 바이러스 유전자를 CDC로 보냈고, CDC는 이를 인간의 신장 세포에 넣어 87년간 동면 상태에 있던 스페인 독감 바이러스를 되살려낸 것이다.

87년 만에 첨단유전자 기술로 되살려낸 스페인 독감 바이러스의 실체는 놀라웠다. 2000년대 들어 인류를 공포에 떨게 했던 조류 독감 바이러스(H5N1)와 유전자 구조가 대단히 유사했는데, 스페인 독감의 바이러스는 조류에서 유래되어 H5N1 특유의 강한 전염성을 유지한 채 인간에게 감염이 가능한 상태로 빠르게 진화했음이 밝혀졌다. 인류가 이전에는 이런 바이러스를 접해 본 적이 없는 상태로 무방비로 노출돼, 되돌리기 어려운 치명적인 결과를 나타냈던 것이다.

이 사실은 아직까지는 조류에서 인간으로만 감염되는 H5N1이 스페인 독감 바이러스처럼 인간 대 인간의 전염이 가능한 메가톤급 재앙으로 발전할 수 있음을 시사한다. 전문가들은 만일 H5N1이 인간 사이에서 전염이 가능한 바이러스로 변형된다면, 세계 인구 60억 가운데 약 30%인 18억 명이 감염되고 5천만~1억 명이 사망하리라고 추산하고 있다. 한 마디로, 21세기 버전 스페인 독감이 되는 셈이다. 인류에게 다가올 종말이 핵이 아닌 바이러스에 의한 것일 수 있다는 전문가들의 경고를 흘려들을 수 없는 이유다.

이후에 진척된 연구를 통해 학자들은 스페인 독감이 어떻게 건강하고 젊은 사람들에게 더 심각한 피해를 입혔는지를 밝혀냈다. 이는 '사이토킨 발작(Cytokine Storm)' 이라는 증상 때문이었다. 학자들의 설명에 따르면, 인체에 침투한 독감 바이러스는 인간의 육체가 감당할 수 없을 정도로 폭발적인 반응을 일으키도록 면역 체계를 자극하는데, 젊고 건강한 사람일수록 이런 반응이 더 심하고 격렬하게 일어나 죽음에 이르기가 쉽다. 그러나 아직까지는 스페인 독감 바이러스가 어떤 기제를 통해 이런 비정상적인 반응을 일으키는지는 최첨단 의학도 속시원히 밝혀내지 못하고 있다.

스페인 독감은 당대 사람들이 우려했던 것처럼 초자연적인 힘의 징벌이나 저주에 의해 일어난 불가사의한 재앙은 아니었다. 바이러스라는 병원성 미생물들이 인간이라는 숙주를 감염시켜 일어났던 새로운 질병의 하나였을 뿐이었다. 그렇지만 질병을 전세계적으로 확산시키고 천문학적인 희생자를 초래한 데는 전쟁이라는 엄연한 인간의 선택이 개재되어 있음은 분명했다.

판데믹

인간은 바이러스나 세균 같은 병원성 미생물에 둘러싸여 살아가야 하는, 늘 질병의 위험에 노출되어 살아가야 할 존재이다. 그럼에도 불구하고 질병에 걸렸을 때보다 건강한 상태로 지내는 기간이 훨씬 길 수 있는 이유는 인체가 지닌 방어기제 때문이다. 1차적으로 인체의 피부가 이런 발병원의 침투를 차단해 낸다. 그리고 호흡기관을 통한 2차 침투에 대해서는 인체 안의 면역체계가 작동해 질병 발생을 억제한다.

그렇지만 세균이나 바이러스의 공격은 집요하다. 발병원 스스로 생존과 번성에 적합하도록 진화하면서, 인체의 면역 방어체계를 돌파하기 위한 노력을 부단하게 전개한다. 이례적으로 인체와 발병원 사이의 치열한 투쟁에서 발병원이 승리하는 경우, 인체는 질병을 앓게 되는 것이다. 그리고 그 질병이 전염병일 경우, 새로운 전염병의 유행으로 이어지기도 한다.

인류의 역사가 기록된 이후, 지구상에는 수많은 감염성 또는 전염성 질병들이 유행해 왔다. 이 중 상당수는 자연 소멸 또는 의학의 발전으로 극복되어 왔지만, 새로운 전염병의 출현도 끊임없이 이어지고 있다.

판데믹(pandemic)이란 예기치 않은 전염병의 창궐에 대비해 세계보건기구(WHO)가 발동하는 경보단계 중 최고 위험 등급이다. 감염성 또는 전염성 질환이 2개 대륙 이상에 걸쳐 광범위하게 유행한 경우를 지칭하는 역사적 용어로도 쓰인다. 그리스어로 'pan' 은 '모두', 'demic' 은 '사람' 이라는 뜻으로, 전염병이 세계적으로 전파되어 모든 사람이 감염된다는 의미이다.

역사적으로 가장 대표적인 판데믹을 꼽자면, 유럽 인구 1/3의 생명을 앗아간 중세의 흑사병과 20세기의 스페인 독감이 있다. 이 밖에도 약 100만 명의 사망자를 낸 1957년의 아시아 독감과 약 80만 명의 희생자 수를 기록한 1968년의 홍콩 독감을 판데믹의 범주에 포함시킬 수 있다. 최근 들어서는 신종플루로 불린 인플루엔자A(H1N1)에 대해 2009년 6월 세계보건기구(WHO)가 판데믹을 선언한 바 있다.

WHO는 전염병의 위험도에 따라 경보단계를 다음의 6단계로 나누어 발동하고 있다.

1단계 : 동물 사이에서만 전염되는 단계로, 사람에게는 안전한 상태.

2단계 : 동물 사이에서의 전염을 넘어 소수의 사람들에게도 전염된 상태.

3단계 : 사람들 사이의 전염이 증가한 상태.

4단계 : 사람들 사이의 전염이 급속히 퍼지기 시작한, 세계적 유행병의 발생이 우려되는 초기 상태.

5단계 : 세계 동일 권역(대륙)의 최소 2개국에서 병이 유행해, 전염병의 대유행이 임박한 상태.

6단계 : 제5단계를 넘어 다른 권역의 국가에서도 추가로 전염이 발생한 상태. 이른바 '전염병의 대유행' 단계.

이중 1~3단계는 주로 대비책을 준비하는 단계이고, 4단계 이후부터는 각국이 여행 자제 조치 등의 구체적 전염병 확산 방지 지침을 내리고 철저한 예방사업에 돌입해야 하는 단계이다.

3

암리차르 학살

인도 내부 분열을 획책하는 영국 식민지 정책

프랑스와의 경쟁에서 승리하고 '황금의 땅' 인도 대륙을 독차지한 영국이 동인도 회사를 내세운 간접 지배를 종식시키고 직접 식민지 경영에 나선 것은 19세기 중반이었다. 1857년 동인도 회사의 용병으로 고용된 인도인들인 '세포이(Sepoy)' 들을 중심으로 반영 항쟁이 일어나자, 허수아비 신세였던 무굴 제국의 황제 바하두르 샤 2세(Bahadur Shah II)가 이를 지원하고 나선 것이 영국으로서는 좋은 기회였다. 영국군은 바하두르 샤 2세를 체포해 퇴위시켜, 인도의 마지막 이슬람 왕조인 무굴 제국의 숨통을 끊어 놓았다. 그리고는 1877년 동인도 회사를 해산하고 영국령 인도 제국(British Raj, Indian Empire)을 세워 빅토리아 여왕을 황제로 등극시켰다. 거대한 인도 반도를 영국 정부의 직접 통치 아래 둔 것이다.

영국 입장에서 볼 때, 인도는 여왕을 대신한 '부왕(Vice King; 副王, 총독)' 이 온전한 행정력을 행사하기에는 지나치게 복잡하고 넓은 땅이었다. 영국은 인도 행정 구역을 총독이 직접 통치하는 주(洲)와 부분적인 자치가 허용되는 토호국인 번왕국(藩王國)으로 나누어 관리했다. 옛 동인도 회사의 거점이었던 벵골·마드라스·봄베이 등의 3대 관구를 포함한 주와 '마하라자(maharaja)' 라고 불리는 토호국 왕의 번왕국이 모자이크처럼 뒤섞인 구조였다. 당시 인도에는 무굴 제국의 쇠퇴를 틈 타 생겨난 크고 작은 번왕국의 수가 500개가 넘었고 인도 전체 면적의 45%를 차지하고 있었다. 영국은 그때그때 필요에 따라 이런 번왕국들을 병합시키기도 했고 온존시키기도 했다.

영국 제국주의는 인도 식민지를 수탈하면서 초과 이윤을 실현해 가기에 여념이 없었다. 철도를 선설해 온갖 자원들을 본국으로 실어 날랐으며, 가혹한 세금을 징수하고 세금을 내지 못하는 사람들의 토지를 빼앗았다. 그에 발맞춰 인도인들 사이에서 민족주의 의식이 싹트고 반제 · 반영의 움직임이 고조되어 가는 것은 필연적이었다. 식민지 관리 차원에서 식민 당국의 주선 아래 결성되었던 인도 국민회의나 인도 무슬림연맹이 대표적인 반영 조직으로 변모해 갔던 사정에는 이런 시대적 배경이 있었다.

영국 식민 당국은 고조되는 인도의 반영 민족운동을 일상적인 탄압과 함께 분열 정책을 양날의 칼로 삼아 억제하려 했다. 대표적인 사례가 1905년에 발표된 '벵골(Bengal) 분할안' 이었다. 인도 북동부에 위치한 벵골 지방은 당시 인도인들의 민족주의 운동을 선도하는 지역이었다. 당시의 인도 총독 조지 커즌(George Nathaniel Curzon)

이 발표한 안에 따르면, 벵골 지방을 힌두교도가 많은 지역과 무슬림이 많은 지역을 동서로 분리해 별도의 주로 삼는다는 것이었다. 겉으로는 행정 능률을 내세웠지만, 인도인들을 분열시켜 민족적 결집을 방해하려는 의도가 노골적으로 드러난 계획이었다.

'벵골 분할령'은 온건 성향의 인도 국민회의마저 흔들어 놓았다. 원래 인도 국민회의는 1885년 인도 총독의 측근이었던 영국인 관료의 주선 아래, 식민지 통치를 개선하려는 목적으로 결성된 단체였다. 1905년 말에 열린 국민회의 대회는 영국 제품의 배척을 결의하면서 벵골 분할 반대 운동에 돌입했다. 이 운동을 앞장선 사람은 펀자브 출신 L.라지파트 라이(Lālā Lājpat Rāi), 벵골 출신 B.C.팔, 봄베이의 B.로크만야 티라크 등 급진파였다. 이듬해 캘커타 대회에서는 인도 독립을 내거는 등 반영 민족운동 성향을 강화했다. 벵골 분할 반대 운동은 1908년까지 이어지다가, 온건파의 방해와 영국측 탄압으로 급진파 지도부가 국외로 추방되거나 도피하면서 막을 내렸다.

예기치 못한 반발과 저항에 직면한 영국의 식민 당국은 1911년 벵골 분할령을 철회했다. 그러는 사이에도 1906년 전인도 무슬림연맹을 발족시키고 무슬림 중간층을 겨냥해 부분적으로 참정권을 확대하는 등 인도인 분열 정책을 이어갔다.

자치를 약속받고 전쟁에 협력했지만…

제1차 세계대전이 발발했을 때, 인도의 정치 지도자들은 대체로 영국을 지지하는 입장을 취하고 있었다. 전쟁 초반에 결정적 승기를 잡지 못하고 있던 영국은 인도 국민회의에 인도인 부대의 파병을 요청했다. 국민회의 지도부는 전후 '인도의 자치'를 조건으로 내걸었고, 인도인들의 협력이 절실했던 영국 정부는 이를 수락했다.

바수(Basu), 진나(M.A. Jinnaj) 등 국민회의 지도부는 인도인들에게 영국에 적극 협력할 것을 호소하였다. 남아프리카에서 나탈 인도국민회의를 이끌다가 귀국한 마하트마 간디도 같은 입장이었지만, 아직은 전면에 나서지 않고 있을 때였다. 정치 지도자들의 호소에 호응한 인도의 젊은이들이 의용군으로 입대해 유럽, 아프리카, 중동의 전선으로 떠났다. 이렇게 자원한 인도 병사가 120만 명을 넘었고, 그 중 직접 전투요원만 80만 명일 정도로 인도인들의 전쟁 협력은 능동적이고 적극적이었다. 이 모두가 전후 인도의 자치를 보장받기 위함이었다.

인도인들의 자치 운동은 1917년 들어 절정을 이루었는데, 창립 이래 온건파가 장악해 온 국민회의는 이 시기에 간디 등의 진보파에 의해 완전히 장악된 상태였다. 이 해에 영국 내각의 인도 담당 국무장관 E.S.몬터규(Edwin Samuel Montagu)는 인도인들에게 더 많은 참정권을 주겠다는 내용을 담은 의견서를 영국 하원에 제출했다. 인도의 정치 지도자들은 이를 자치를 향한 긍정적인 진전으로 받아들여 환영했다. 이어 몬터규는 직접 인도로 건너와 6개월 동안 머물면서 총독 첼름포드(Baron Chelmsford)와 힘을 합쳐 개혁안을 만들어 의회의 승인을 받고, 1918년 1월 이를 발표했다. 세금을 내는 남성의 10%에게만 참정권이 보장되는 실망스러운 자치안이었지만, 아직은 전쟁이 진행중인 시기의 일이었다.

그런데, 1919년 막상 이 개혁안을 기초로 한 새 인도 통치법이 공포되었을 때의 상황은 크게 변해 있었다. 이미 전쟁은 끝난 상태였고,

법 내용은 인도인들이 요구해 온 진정한 자치와는 거리가 멀었다. 피 흘려 전쟁에 협력한 인도인들로서는 지나치게 형편없는 대접을 받은 셈이었다.

영국은 애초부터 인도인들에게 자치를 허용할 생각이 없었다. 영국은 시늉뿐인 자치안으로 인도인들을 기만한 데 그치지 않고, 1919년 2월 인도 민족 운동 탄압 의도를 노골적으로 드러낸 '롤래트법(Rowlatt Act)' 제정에 착수했다. 법 제정을 권고한 위원회의 대표인 영국인 판사 S. 롤래트(Sidney Rowlatt)의 이름을 딴 이 법은 테러 행위가 의심되는 자를 최대 2년까지 재판 없이 구금할 수 있도록 규정한 예비 구금법이었다. 재판 절차가 생략되는 만큼 항소나 변호도 인정되지 않았다. 반영 운동 용의자를 체포 영장이나 정식 재판 없이도 쉽게 구금할 수 있게 함으로써, 인도 민족 운동을 탄압하려는 강압적인 치안 유지법이었다.

제1차 세계대전 기간 동안 인도의 식민 당국은 위급한 전시상황임을 내세워 이전의 법 절차를 잠정적으로 중단시키고, 일종의 전시 통제법인 '인도 방위법(The Defence of India Acts)'을 제정해 시행했다. 롤래트법은 이 인도 방위법의 독소 조항인 '비상 조치' 조항을 무기한 연장하자는 내용을 담은 법이었다. 전쟁은 끝났지만, 당국의 관료들은 사회 불안 요소의 잔존을 명분으로 법의 즉각적인 연장을 요구했고, 이 요구의 타당성을 검증하는 작업을 맡은 것이 롤래트위원회였다. 위원장인 대법원 판사 롤래트는, 영국이 전쟁에서 승리한 것은 사실이지만 인도에는 영국의 통치를 위협하는 불안 요소가 상존하고 있다고 주장하며, 자신의 이름을 딴 치안 유지법의 제정을 권고했던 것이다.

인도의 모든 정파는 강 · 온을 가리지 않고 일제히 롤래트법 제정에 반대하고 나섰다. 영국 식민 당국은 인도인들의 반대에 아랑곳하지 않고 이 해 3월에 정식으로 법을 제정했고, 인도 민족 운동 진영은 이에 맞서 반대 투쟁에 돌입했다. 그 선두에는 다시 정치운동에 나선 마하트마 간디가 서 있었다.

그는 이 법을 '부당하고 자유의 원칙을 파괴하며 개인의 기본적 권리를 말살하는 검은 법(Black Act)' 으로 규정하고, 남아프리카에 이어 두번째로 '사티아그라하(Satyagraha; 진실에의 헌신, 진리의 힘 등으로 번역된다. 진실 관철운동을 뜻한다)' 를 선언했다. 비폭력적인 방법으로 영국정부에 대한 시민 불복종, 비협력 운동을 실천하는 것이 핵심이었다.

"시민에게 봉사하겠다는 허울 아래 우리의 목을 계속 조를 수 있다는 놀라운 증거를 이 법안은 잘 보여주고 있습니다. 만일 우리가 굴복한다면 파멸을 면치 못할 것입니다. 따라서 시민 불복종은 우리 모두의 자유를 성취하기 위해 우리에게 부과된 의무에 가까울 것입니다."

간디의 주도 아래 3월 30일에는 수도인 델리에서, 그리고 4월 6일에는 그 밖의 지역에서 '하르탈(Hartal)' 이라 불리는 철시와 파업이 전개되었다. 간디가 예비 구금법에 따라 경찰에 체포되어 행동의 제약을 받고 있는 가운데, 4월 13일에는 펀자브 지방의 암리차르(Amritsar)에서 롤래트법 반대 집회가 예고되어 있었다. 암리차르의 민족 운동 지도자들은 '선동 교사' 혐의로 추방당했고, 근처에 주둔 중이던 레지널드 다이어(Reginald Dyer) 준장 휘하의 영국군 부대가 암리차르로 파견되었다.

인도 펀자브 지방 최대의 봄 명절인 4월 13일. 명절 풍습에 따라 사원 순례에 나섰던 시크교도나 농부들이 암리차르에 모여 들었다가 영국군의 무차별 총격으로 학살당했다. 그림은 추모 기념관에 전시된 학살도.

인도의 종교 명절에 가해진 영국군의 무차별 총격

오늘날의 인도와 파키스탄 국경 지대를 두루 포괄하고 있던 인도 반도의 서북부 펀자브 지방에서 이 해 4월 13일은 지역 최대의 봄 축제인 '바이사키(Baisakhi)'가 열리는 날이었다. 바이사키는 힌두력에 따른 설 명절 축제였다. 롤래트법 반대 시위가 예고된 암리차르시는 인도 제3의 종교인 시크교 총본산이 위치한 곳이기도 했다.

이날 다이어는 모든 집회를 금지하는 포고를 발표했지만, 롤래트법 반대 집회 소식을 접한 수많은 인파가 시내 잘리안왈라 바그

암리차르시 잘리안왈라 바그 공원 벽에 남겨진 무차별 총격의 흔적.

(Jallianwala Bag) 공원으로 모여들었다. 담장으로 둘러싸인 공원은 시크교 성지인 '황금사원'이 한눈에 들어오는 곳에 자리잡고 있었다. 황금사원은 영국 BBC가 2006년 1월 선정한 '죽기 전에 꼭 가봐야 할 50곳' 중 6위에 올라 있는 곳으로, 물위에 떠있는 듯한 모습을 한 인도 최고의 시크교 사원이다. 참석자 대부분은 명절 풍습에 따라 목욕을 한 후 사원 방문에 나섰다가 호기심으로 참석한 시크교도 순례객들이거나 이웃 마을 농부들이었다. 당연히 참석자 모두는 비무장이었다.

군중들이 모여 불법 집회를 열고 있다는 보고를 접한 다이어는 즉각 네팔계 구르카(Gurkhas) 및 이란계 발루치(Baluch) 용병으로 구성된 자신의 부대를 현장으로 출동시켰다. 그리고는 처음부터 군중들을 학살하겠다고 마음먹은 듯, 아무런 사전 경고 없이 부하들에게 발포를 명령했다. 잘리안왈라는 담장으로 둘러싸인 데다 출입구가 한 곳뿐이어서 몸을 숨길 곳도 도망칠 곳도 없었다.

이윽고 공포에 질리고 절망에 빠진 군중들을 향해 '영국 인도인 부대(Britsh Indian Army)' 라 불리는 용병 부대원들의 총구가 일제히 불을 뿜었다. 50여 명의 병사들이 장전했던 탄약을 다 쏟아내는 데는 10여 분밖에 걸리지 않았다. 다이어는 병사들에게 탄약을 재장전한 다음 몇 분간 더 학살을 계속하도록 지시했다. 이렇게 총 1,650발의 총탄이 광장에 갇힌 인간 목표물을 향해 쏟아졌다. 그런 후에야 다이어는 병사들에게 병영 복귀를 명령했다.

영국군 병사들이 철수하고 난 뒤의 잘리안왈라 공원 광장은 처참했다. 피 비린내 나는 수백 구의 시신과 1,000명이 넘는 부상자들의 신음 소리가 뒤섞여 목불인견의 참상을 연출하고 있었다. 공원 한 켠에 있는 우물에는 총탄을 피해 뛰어들었다가 압사한 120여 명의 시신이 쌓여 있었다. 영국령 인도 제국의 공식 자료에는 이 사건의 사상자 수를 사망자 379명, 부상자 1,526명으로 기록하고 있다.

암리차르에서의 대량 학살 이후에도 영국은 탄압의 채찍질을 멈추지 않았다. 사건 직후 영국은 인도 전역에 계엄령을 선포하고 공개 태형 등 야만적인 형벌을 도입하는 등 탄압의 강도를 높여갔다.

이 사건은 식민 당국의 철저한 보도 통제로 4개월 동안 은폐되었다가, 1920년 국민회의 측의 진상 조사 보고서에 의해 세상에 알려졌다. 국민회의 지도자 중의 한 사람으로 독립 후 첫 인도 수상을 지낸

자와할랄 네루(Jawaharlal Neru)는 저간의 사정을 이렇게 전하고 있다.

"펀자브는 고립되었고, 나머지 인도로부터 차단되었다. 그 위에 두꺼운 베일이 덮여 바깥 사람들의 눈에 보이지 않는 것처럼… 지옥의 불꽃으로부터 가까스로 빠져나온 사람들은 잔뜩 겁에 질려 대체 무슨 일이 벌어졌는지조차 모르고 있다."

동양인으로는 최초로 1913년 노벨문학상을 받았던 인도의 시성 R. 타고르(Rabindranath Tagor)는 이 사건에 항의해 영국 왕실로부터 받은 작위를 반납했다.

그렇지만, 학살의 책임선상에 있던 영국의 식민 당국자들에게는 아무런 도덕적·법적 제재도 가해지지 않았다. 발포 명령자인 다이어 준장은 영국에서 영웅 대접을 받았다. 학살에 대한 조사를 담당한 내각의 헌터위원회(Hunter Commission)에 의해 일시적으로 유죄 판결을 받긴 했지만, 영국 상원은 오히려 그의 행동을 치하했다.

'당신의 행동은 정당했다' 며 다이어를 옹호했던 펀자브 주의 총독대리 M. 오드와이어(Michael O'Dwyer) 경도 비난의 대상이 되지 않기는 마찬가지였다. 오드와이어는 1940년, 암리차르 학살사건이 벌어졌던 바로 그 날에 한 인도 독립 운동가의 손에 암살당했다.

'죽은 이들보다 더한 모욕을 감수한 채 지금까지 살아 있는 이들에게도 경의를 표해야 마땅하다.' -모틸랄 네루. 사진은 학살 현장에 세워진 추모탑.

비폭력 독립 운동의 기폭제가 된 암리차르의 비극

"우리는 펀자브의 암리차르나 그 밖의 지역에서 살해당한 사람들에게 신성한 기억으로 경의를 표해야 할 것입니다. 그리고 어쩌면 죽은 이들보다 더한 모욕을 감수한 채 지금까지 살아 있는 사람들에게도 아울러 경의를 표해야 할 것입니다."

—영국령 인도제국의 의회 의장이자 자와할랄 네루의 아버지인 모틸랄 네루(Motilal Nehru)

암리차르 학살은 영국 식민 통치의 폭압성을 그대로 드러내면서, 인도와 영국 사이를 결정적으로 벌려놓았다. 영국의 식민지 지배는 복잡한 종족 구성과 천차만별의 종교, 언어, 신분으로 나뉘어져 살아가던 인도 반도의 주민들에세 역설석이게도 '인도 민족주의'라는 의식을 형성시켜 주었다. 영국의 식민지 수탈과 억압이 심해지면 질수록 하나의 틀 속에 결속하려는 인도인들의 지향은 날로 강해지고 있었다.

암리차르 학살 사건과 연이은 인도인 탄압은 오히려 간디를 중심으로 한 비폭력·불복종 운동의 도화선에 불을 붙이면서 인도인의 독립 열망을 고양시키고 있었다. 남아프리카에서 귀국한 이후 한동안 종교적인 실천에 주력하던 간디는 롤래트법 제정을 기점으로 '사티아그라하' 투쟁을 선언하고 다시 정치운동 전면에 나서게 되었다. 1920년 국민회의 대회에서 간디는 평화롭고 비폭력적인 방법으로 불복종 운동을 전개할 것을 주창했다. 이 불복종 운동은 영국 정부가 제정한 법률과 규정을 지키지 말자는 것으로, 적극적인 의미의 반영

운동에 가까웠다. 전국적으로 영국 상품의 불매, 파업, 납세 거부 등의 불복종 운동이 전개되었다.

간디는 불복종 운동을 힌두교도 중심의 국민회의를 통해서뿐만 아니라 이슬람교도들의 킬라파트 운동(Khilafat Movement)과 제휴해 진행해 나갔다. 무굴제국의 멸망 이후 칼리프의 지위를 지켜온 오스만 황제를 정신적 지주로 여겨온 인도의 무슬림들은 1차 대전 종전 직후부터 전인도킬라파트회의를 조직해 패전국 오스만 왕조의 칼리프를 지키자는 운동을 전개해 오고 있었다. 영국의 식민 당국은 향후 분리 통치를 약속하며 이슬람연맹을 통해 무슬림들을 회유하려 했으나, 킬라파트 운동 진영은 오히려 간디가 지도하는 불복종 운동에 합류하여 반영운동의 선두에 섰다.

힌두-이슬람교 제휴 투쟁의 파괴력은 1921년 8월 인도 남부 멜라바르 해안의 이슬람 농민집단이 일으킨 모플라(Moplah)반란에서 입증되었다. '대영 비협력'과 '킬라파트의 옹호'라는 M. 간디의 격려에 고무된 해당 지역 무슬림 농민들이 소작료 인하와 토지 집중의 해소를 내걸고 봉기하였다. 이들은 자신들의 요구가 받아들여지지 않자 지주·고리대금업자, 정부 창고 및 관공서 등을 습격하거나 약탈하는 등 폭력을 수반한 행동에 돌입하였다. 이들의 반란은 점차 고립되어 가다가 군대에 의해 진압되었다.

1922년 2월 간디의 제1차 비폭력 불복종 운동은 막을 내리고, 1929년에 '완전한 자치'에 입각한 제2차 불복종 운동이 전개되었다. 이후에도 인도인들의 반영 민족 운동은 계속되어, 1935년에 영국으로부터 군사·외교권을 제외한 자치권을, 1947년에 인도의 완전 독립을 실현시켰다.

시크교

터번 두른 머리에다 긴 수염, 손목에는 철제 팔찌를 끼고 허리에는 단검을 찬 남자들.

세계 어디서나 쉽게 알아볼 수 있는 시크교도 남성들의 특징이다.

'종교의 나라' 인도에서 시크교도는 전체 인구의 2% 미만에 불과한 소수파지만, 힌두교도와 무슬림에 이어 제3의 정치 · 경제적 영향력을 가진 종교 집단이다. 지금의 인도 총리인 만모한 싱(Manmohan Singh)도 시크교도이다. 대부분의 신자가 펀자브 지방, 그것도 파키스탄과의 접경 지역에 모여 살며 큰 세력을 형성하고 있다. 파키스탄에 속한 펀자브 지역에도 수백만 명이 거주한다. 역사적으로는 이슬람 세력의 탄압에 맞서 전사 집단의 양상을 띠기도 했고, 19세기에는 일시적이나마 교단을 기반으로 왕국을 건설했던 경험도 있다.

시크교(Sikhism)는 15세기 말에 교조 나나크(Guru Nanak Dev, 1469~1538)가 힌두교 윤회 사상과 이슬람교 유일신 신앙을 결합해 만든 종교이다. 종교의 지도자를 구루(Guru), 따르는 제자들을 시크(Sikh)라고 불렀기 때문에 시크교로 불리게 되었다. 신자수가 2,300만 명에 이르는 세계 5대 종교 중의 하나이다.

교조 나나크(Nanak)와 초기 구루들의 가르침을 정리한 《그란스 사힙(Guru Granth Sahib)》이 경전이고, 예배 장소는 '구르드와라(Gurudwara)' 라고 불리는데, 암리차르에 있는 속칭 '황금사원' 하리만디르(Harmandir)가 본산 격이다.

제5대 구루인 아르준 데브(Arjan Dev; 1563~1606) 시대에 이르러 경전이 편찬되고 암리차르에 본산이 건설되는 등 교단이 정비됐다. 그러나 그가 무굴 제국의 탄압으로 옥중에서 사망하자, 시크교도 집단은 이슬람 지배자들에 대항하는 전사 집단으로 변모해 갔다. 이런 양상은 제10대 구루이자 마지막 구루인 고빈드 싱(Gobind Singh; 1666~1708)에 이르러 절정을 이뤘는데, 그는 '할사(Khalsa; 순수한 자)'라는 전투적인 결사를 조직해 무굴 제국에 저항했다. 오늘날의 시크교도들도 대부분 할사 소속인데, 이름에 싱(Singh; '사자')을 붙이고 깎지 않은 머리털(kes)·작은 머리빗(kangha)·둥근 팔찌(kara)·단검(kirpan)·짧은 속옷(kaccha)의 5k를 착용하는 전통은 이때부터 시작된 것이다.

무굴 제국이 쇠퇴하면서 안전 지대에 있던 시크교도들은 각각 독립적인 영역을 가진 12개의 군단을 조직해 외적의 침입에 대비했는데, 란지트 싱(Ranjit Singh; 1780~1839)이 이들을 통합해 19세기 초에 시크 왕국을 건설했다. 그러나 란지트 싱이 죽고 이 지역이 무정부 상태에 빠지자, 영국은 두 차례(1845~46, 1848~49년)의 시크 전쟁을 일으켜 펀자브를 영국령 인도에 병합시켰다.

영국이 인도 반도 지배를 포기한 후, 펀자브는 시크교도의 거주지를 중심으로 동쪽의 인도와 서쪽의 파키스탄으로 양분되었다. 시크교도들은 인도 잔류를 선택했고, 파키스탄령에 살던 약 250만 명의 시크교도들이 인도령으로 옮겨왔다. 이 과정에서 힌두교도, 시크교도와 무슬림 사이의 충돌이 곳곳에서 벌어져 수많은 인명 피해가 발생했다.

인도에 귀속된 펀자브 주는 1966년 다시 힌두교도가 다수인 하리아나 주가 분리되면서, 종래 면적의 1/3로 축소되었다. 시크교도들은 이전부터 자신들만의 영역인 '칼리스탄(Khalistan)' 건설을 추구해 오

시크교의 총본산 암리차르 황금사원과 시크교도 순례자.

고 있는데, 이는 인도 중앙 정부와의 이해가 충돌할 수밖에 없는 부분이었다. 양측의 대립은 1984년 인도군이 시크교의 성전인 암리차르의 하리만디르를 급습하고 이에 반발한 시크교도가 인디라 간디(Indira Gandhi) 인도 총리를 암살하는 비극으로 연결되기도 했다.

4

홀로도모르

'유럽의 곡창' 에 찾아온 대기근

봄이면 살랑거리는 붉은 양귀비꽃과 해바라기, 황금 겨자의 물결이 끝없이 펼쳐지는 나라.

유럽에서는 러시아 다음으로 큰 나라로, '유럽의 빵바구니' 라 불리는 우크라이나. 동유럽의 폴란드와 러시아 사이에 위치한 이 나라의 국기는 위가 파랑, 아래가 노랑으로 양분된 2색기이다. 파랑은 하늘과 산과 물결을, 노랑은 황금빛 대지를 나타내는데, 파란 하늘 아래 펼쳐진 드넓은 밀밭이 자연스럽게 연상되는 국기이다.

국토의 대부분이 광활한 스텝 대평원 지대에 속하고 무려 3,000개의 강이 거미줄처럼 퍼져 있는 우크라이나는 유럽의 대표적인 곡창지대였다. 세계에서 가장 비옥한 지역 중에 하나로 꼽히는 부식토 지대가 국토의 2/3를 차지한다. 오죽했으면, 히틀러가 그의 저서 《나의 투쟁》에서 '독일은 인구는 많고 땅이 좁기 때문에 우크라이나 곡창 지대로 쳐들어가서 슬라브족 시베리아인을 쫓아내고 노예로 만들어야 한다' 고 썼을 정도다.

다른 나라의 부러움과 시샘을 불러일으키기에 충분할 만큼 비옥한 농토를 보유한 우크라이나인들에게도 명암은 존재한다. 농지가 인간에게 필요한 식량을 제공해 주기 위해서는 기상 이변이 없어야 한다는 전제가 있다. 오랜 가뭄이나 이상 한파 등으로 작물이 정상적으로 생육할 수 없는 조건이 되면 사정은 급변한다. 많은 인구를 먹여 살렸던 곡창 지대가 참혹한 기근의 현장으로 바뀌는 것이다. 농경지 비율이 국토의 약 70%에 이를 정도로 농업의 비중이 절대적이었던 우크라이나도 그런 경우였다.

자연재해는 예고가 없다. 미리 안다고 해도 임박해서이고, 대응할 수 있는 수단도 제한적이다. 간헐적으로 찾아오는 한해와 같은 기상 이변은 농업 중심 국가의 숙명이었다. 우크라이나도 예외는 아니어서, 20세기 들어서만도 역사적으로 기억될 만한 세 차례의 대규모 기근이 휩쓸고 지나갔다.

세 차례의 대기근 중 1921~1922년 1차 대기근과 1947년 3차 대기근은 천재지변이 상대적으로 큰 영향을 끼친 재앙이었다. 예기치 못한 가뭄과 전쟁의 후유증이 복합적으로 작용해 대규모 기근과 아사를 초래한 경우다.

10월 혁명에 뒤이은 적백내전 직후에 벌어진 1차 대기근에서는 우크라이나를 포함한 러시아 남부 지역에서 수만 명의 아사자가 발생한 것으로 알려졌다. 그런데 정작 이 시기 기근에서 유명한 것은 아사자의 규모보다는 끔찍한 식인(食人)의 사례였다. 한 중국인이 이 시기로 추정되는 식인의 증거 사진을 남긴 것으로 알려졌다.

제2차 세계대전 직후인 1946~1947년 3차 기근 기간 중에는 수십만에 이르는 희생자가 발생했다. 가뭄과 전시의 혼란이 겹쳐지면서 방치된 농경지가 속출해 식량 절대 부족 사태에 직면했던 것이다. 곡물 징발을 피해 탈출하다가 압송되거나 처형된 사례가 있긴 했지만, 역시 주된 피해 요인은 자연재해였다.

1932~1933년의 제2차 대기근은 앞의 두 경우와는 사정이 크게 달랐다. 피해 규모도 훨씬 컸을 뿐만 아니라, 피해 요인도 자연재해보다는 국가 정책의 오류가 빚어낸 인재의 성격이 강했다. 소비에트 권력에 의한 과도한 곡물 징발이 인류 역사상 전무후무한 대재앙을 초

한해와 같은 기상이변은 농업 중심 국가의 숙명이었다. 사진은 홀로도모르 전후의 우크라이나 농촌의 모습.

래했던 것이다.

당시 우크라이나 지역을 통치 영역 안에 두고 있던 스탈린의 공산당은 농업 국가였던 소련의 급격한 공업화를 추진하면서 농촌 지역에서 무리한 곡물 징발을 강행했다. 도시 지역에 공급할 식량의 확보와 곡물 수출을 위해서였다. 러시아 전체 식량의 25%를 공급하는 곡창 지대인 우크라이나가 주요 타깃이 되는 것은 피할 수 없는 수순이었다.

화근이 된 스탈린의 집단 농장 정책

1929년 레닌의 뒤를 이어 소련 공산당의 최고 지도자 자리를 차지한 스탈린은 전통적인 농업 국가였던 소련을 단기간 내에 공업 국가로 탈바꿈시키기 위해 무리한 수단을 동원하기를 주저하지 않았다. 장차 있을지 모르는 자본주의 제국의 침략에 대비해 군수산업 등 중화학 공업을 육성해야 한다는 취지였다.

인민의 복지를 등한시한 중공업 중심의 공업화였다는 비판에도 불구하고, 단기간에 이룩한 소련의 공업화는 스탈린 치세 최대 업적으로 꼽힌다. 그가 전권을 장악한 지 10년 만인 1937년 소련 공업 총생산고는 미국에 버금가는 수준으로 끌어올려졌다. 이런 중화학 공업 육성이 스탈린의 또 다른 치적으로 꼽히는 제2차 세계대전 승리의 원동력이 되었음은 물론이다.

스탈린이 급격한 공업화를 달성하기 위해 절체절명의 과제로 추진한 것이 농업 집단화 정책이었다. 부농 계층인 쿨라크(kulak)를 제외한 대다수 농업 인구를 콜호즈(kolkoz)와 소호즈(sovkhoz)라는 집단

농장으로 편입시키는 정책이었다. 농민 계급에 대한 통제를 강화하고 영농의 기계화를 통해 잉여 노동력을 창출하기 위함이었다. 아울러 이 제도가 정착되면 곡물 징발이 용이해져 농산물 수출을 통한 공업화 재원 마련에도 박차를 가할 수 있었다.

1930년 1월 소련 공산당이 농업 집단화의 강행을 결의한 이후, 가장 강력하게 반발한 것은 우크라이나 지역 농민들이었다. 우크라이나는 러시아와 같은 슬라브계로 역사적으로 오랜 시기를 같이해 왔지만, 농업 경영 방식에서는 러시아 농민들과 다른 길을 걸어오고 있었다. 러시아 농민들이 오랫동안 '미르(mir)' 라는 농촌 공동체를 통해 토지를 공유해 왔다면, 우크라이나 농촌은 전통적으로 토지의 개인 소유와 개별 영농의 성향이 지배적이었다. 그랬기에 러시아의 농업 집단화 정책이 전반적으로 커다란 반발 없이 수용되었던 것에 비해, 우크라이나 농촌에서는 격렬한 반발이 뒤따랐다.

당내에서도 탁월한 이론가로 스탈린의 '일국사회주의론' 을 이론적으로 뒷받침했던 부하린(N.I.Bukharin)이 반대하고 나섰지만, 스탈린은 농업 집단화를 그대로 밀어붙였다. 부하린이 강제적인 농업 집단화 정책이 빈농에 대한 '군사적, 봉건적인 착취' 로 이어질 수 있음을 경고했지만 역부족이었다. 공산당은 모든 수단을 동원해 소련의 농촌 사회에 집단화를 강요했다. 소부르주아적인 농민 계급을 통제하는 데는 집단 농장만큼 적절한 수단이 달리 없었기 때문이다.

대표적인 곡창 지대인 우크라이나의 농민들은 농업 사보타주로 이에 저항했다. 예를 들면 징발당할 바에야 곡식을 추수하지 않고 내버려 둔다든지, 어차피 징발 대상이 될 가축들을 도살하고 마는 식이었다. 이 과정에서 식량 부족 사태까지 겹쳐, 소비에트 소의 45%, 양과

염소의 2/3가 도축되었다는 통계도 있다.

아직 기계화 영농이 발전하지 못했던 당시로서는 말이나 소 같은 가축은 필수적인 농사 수단일 수밖에 없었다. 가축수의 절대 부족은 바로 농업 생산량 격감으로 이어져, 식량 부족 사태를 더욱 악화시켰다.

여기에다 1932년의 경우에는 농작물 작황 또한 좋지 않았다. 고르지 못한 날씨와 농업 사보타주가 겹친 결과였다. 이런 지경에서 국가에서 할당한 징발량을 억지로 채우고 나면 당장 끼니를 때울 식량마저 없는 경우가 허다했다. 이런 사태가 가장 집중적으로 나타났던 지역이 바로 우크라이나였다.

식량 사정이 날로 악화되고 있었음에도 불구하고, 스탈린은 도시 공급용과 수출용 식량을 확보하기 위한 식량 징발을 멈추지 않았다. 무장한 공산당원과 보안대원으로 구성된 식량 징발대는 반강제적으로 식량을 거둬들이기 시작했다. 그 속에서 폐허로 변해 가는 농촌 사회가 나날이 늘어났다.

반면에 징발을 회피하거나 방해하는 농민들에 대해서는 가혹한 법적 제재가 가해졌다. 1932년 8월 스탈린이 내린 포고령에 따르면, 한 줌의 식량을 훔쳐도 사형이나 최하 10년의 징역에 처해졌다. 실제로 들판에서 떨어진 낟알을 줍다가 총살당한 농민도 있었다고 한다. 그 해 11월에는 식량 징발을 방해하는 자에 대해서는 생사를 장담할 수 없다는 공포스러운 포고령이 이어졌다. 반발이 특히 심한 마을은 아예 통째로 강제 이주시키기도 했다.

전대미문의 대기근이 현실화되고 있었지만, 스탈린의 소비에트 당국은 징발량을 줄이거나 긴급 구호에 나서는 등의 적극적인 조치를

'기아로 인한 제노사이드' 홀로도모르. 호주의 미술가 레오니드 데니센코(Leonid Denysenko)의 2009년 포스터.

취하지 않고 있었다. 오히려 우크라이나 지역을 봉쇄해 주민들이 탈출하거나 다른 지역 곡물이 유입되는 것을 막음으로써 사태를 더욱 심각하게 만들었다. 농업 집단화에 대한 반발이 격렬했고 불복종 기운이 유독 강했던 이 지역의 움직임이 민족주의 운동으로 발전할 수 있는 소지를 미리 차단하려는 의도였다. 이를 통해 스탈린은 소련을 구성하고 있는 다른 공화국에도 무언의 경고를 보내려 했던 것이다.

역사상 최악의 기근 사태, 홀로도모르

"공산주의자들은 마을에 들어와 애완동물을 총으로 쏘아 죽이고 그 사체를 자루에 넣어 짊어지거나 트럭에 실어서 가지고 갔다. 그들은 가축을 모두 징발했고, 집집마다 식량을 뒤졌으며 테이블 위에 놓인 따뜻한 빵까지 빼앗아 갔다. 그들은 마을 사람들이 새를 잡아먹는다는 것을 알게 되자, 다시 마을에 와서 나무에 앉아 있는 새를 모두 쏘아 떨어뜨려 자루에 담아 갔다.

그들은 빅토르의 집에서 긴 막대기로 집 밖의 마당을 쑤시고 돌아다니며 숨겨 둔 식량을 찾았다.

그들은 빅토르의 어머니가 훗날 심으려고 펌프 옆에 숨겨 둔 종자까지도 찾아내어 약탈해 갔다."

—미국의 저명한 국제정치학자 러멜(R. J. Rummel)이 쓴 사이언스 팩션(SCIENCE FACTION) 《데모사이드 (Never Again Series)》 중에서

"열차 유리창을 통해 풀을 뜯어먹고 있는 어린이들의 모습이 보였다. 엄청나게 배가 나온 어린아이들의 모습은 아프리카나 다른 열대 지역 국가에서는 결코 비정상적인 일이 아니었지만, 백인 어린이들이 그런 모습을 하고 있는 것을 본 것은 생전 처음이었다."

—1932년 우크라이나와 캅카스를 여행했던 미국인 카베스 웰스(Carveth Wells)의 증언

스탈린의 농업 집단화 정책은 부하린이 예상한 대로 재앙적이었

다. 농업 사보타주에 의해 농업 생산량이 급감한 것은 물론이고, 식량 사정이 극도로 악화되어 수백만 명이 굶어 죽는 대재앙이 초래되었다. 우크라이나, 북캅카스, 볼가강 유역, 카자흐스탄, 남우랄과 서시베리아를 포함한 광범위한 농촌 지역에 기근이 찾아왔지만, 최대·최악의 피해 지역은 우크라이나인들이 거주하던 우크라이나와 캅카스 북부였다.

이런 상황에서도 식량 수출은 증가 추세에 있었다. 동독과 폴란드 등 신생 위성국에 대한 영향력을 확보하고자 곡물을 원조했고, 100만 톤 이상의 곡물을 수출해 번 돈으로 공장을 짓고 무기를 생산했다.

1932~33년 대기근은 우크라이나에서는 '기아로 인한 죽음'을 뜻하는 '홀로도모르(Holodomor)'로 부른다. 대기근의 피해를 우크라이나에 국한해서 설명하기 위해 사용하는 용어이다. 홀로도모르는 사망자만 해도 최소 5백만 명에서 최대 1천만 명까지로 추정되는 인류 역사상 최대·최악의 기근 사태였다. 두 해에 걸쳐 우크라이나 인구의 근 1/4에 가까운 인명이 굶주림으로 목숨을 잃었다.

그것은 단순히 자연재해가 빚어낸 재앙이 아니었다. 볼셰비키 권력의 살인적인 곡물 징발과 의도적인 방치·봉쇄가 빚어낸, 다분히 인위적으로 조장된 대참사였다. 러시아를 맹주로 한 15개 공화국 구성체인 소비에트연방에서 우크라이나는 분리 독립의 원심력이 가장 강하게 작용할 수 있는 지역이었다. 유독 격렬한 양상을 보였던 농업 집단화에 대한 반발이 이 가능성을 잘 말해 주고 있었다. 모스크바의 집권 세력으로서는 농업 집단화 완수와 혹시 있을 수 있는 각지의 분리주의 움직임에 쐐기를 박기 위해서라도 본보기가 필요했다.

1932년 우크라이나 농촌에는 기록적인 곡물 생산 목표량이 할당되었다. 생존에 필요한 최소한의 식량과 종자용을 제외한 대부분의 수확량을 징발해, 중공업 건설을 위한 재원으로 사용할 예정이었다. 그렇지만 그 해의 작황이 좋지 않아 수확량이 목표치에 못 미쳤다. 징발 목표량을 채우기 위해 무장한 징발대원들이 동분서주했다. 이들은 부농인 쿨라크(kulak)들이 생산한 곡물을 내놓지 않고 있다는 이유로 농장을 습격해, 곡물들을 모조리 쓸어 갔다. 이렇게 그 해 추수기에 우크라이나 전체 농산물 수확량의 52%가 징발되었다. 그리고 새해가 되기도 전에 또 다시 추가 할당량이 배정되었고, 이번에는 대부분의 농가가 최소한의 식량과 종자까지 내놓아야 했다.

1933년 1월 초, 우크라이나와 접경한 몰도바의 7개 지역에서 기근이 찾아오기 시작했다. 최초의 보고 기록에 따르면, 우크라이나에서는 중부 체르카시(Cherkassy)와 수도 키예프(Kiev)를 중심으로 집단적인 영양부족 사태와 기근이 발생했다. 이어 2월과 3월에는 한겨울임에도 불구하고 중동부 드니프로페트로프스크(Dnipropetrovsk)주와 키예프에서 장티푸스와 말라리아가 창궐하였다. 최초 발생일로부터 6개월 만에 기근은 상대적으로 피해가 덜했던 북부 체르니히우(Chernihiv)까지 확대되었다.

1933년 3월 우크라이나 집단농장의 50%는 곡물배급이 중단되면서, 우크라이나 전역이 굶주림에 허덕이는 대기근에 휩싸였다. 농민들은 자신의 식량, 동물사료 등이 부족해지자 남은 가축을 도살하면서 버텼지만, 이마저도 형편이 나은 편이었다. 배를 곯다가 굶어죽거나 질병에 걸려 쓰러지는 숫자가 기하급수적으로 늘어났다.

그 해 연말까지 우크라이나 전체 인구의 10~25%가 사망한 것으로 알려졌는데, 1932년 1월의 통계는 우크라이나의 총인구를 3,268만

700명으로 기록하고 있다. 사태 직후 현지의 한 조사에 따르면 제2차 대기근의 희생자는 482만 1,600명이었는데, 최근에는 일반적으로 그 숫자를 500만~1000만 명으로 추산하고 있다. 우크라이나 1천여 개 지역 단위 중에서 심한 지역은 하루에 분당 17명씩 약 25,000명이 죽어간 경우도 있었다. 그리고 극히 일부지만 33개 지역에서 식인 사례가 발견된 것으로 알려졌다.

뒤늦게 사태의 심각성을 보고받은 스탈린이 구호 식량을 공급할 것을 지시했지만, 이미 수많은 인명이 희생된 뒤였다. 그마저도 낙후된 운송수단과 비효율적인 관료체제 때문에 실제 농민들에게 전달된 양은 극히 일부였다.

소비에트 측은 대기근의 존재를 대외적으로 비밀에 부쳤다. 그리고 대기근의 정황이 외부 세계로 알려지는 것을 막기 위해 기근 피해가 극심한 우크라이나, 북캅카스, 돈강 유역에 대한 출입을 봉쇄했다. 외부 인사가 이 지역으로 들어오는 것뿐만 아니라, 굶주린 농민들이 외부로 나가는 것도 통제되었다. 이들의 이주나 탈출을 용인할 경우 지역이 공동화돼 식량 생산에 심각한 차질을 빚을 것을 우려해서였다. 또한 목격자들의 증언에 따르면, 기차를 타고 외부로 탈출하려던 다수의 어린이들이 당국에 체포되어 고아원에 보내지거나 농촌으로 되돌아갔다. 이들 중 대다수는 영양실조로 곧 사망했다.

홀로도모르의 불행은 같은 슬라브족으로서 오랜 역사를 공유했던 우크라이나와 러시아 사이를 결정적으로 갈라놓았다. 두 나라 국민들의 불화는 1941년 독소전쟁 초기에 우크라이나인들이 게르만족의 독일군을 자신들의 '해방자'로 맞아들이는 해프닝으로 연결되기도 했다.

소련 몰락 후에야 밝혀진 대기근의 실체

소련이 건재하던 시절, '홀로도모르'는 금기어였다. 사태의 전반적인 진상이 드러날 수 있었던 것은 소련이 몰락한 1990년대 들어서였다. 그동안은 극소수 언론인이나 외국으로 이주한 대기근 생존자들에 의해 진상이 부분적으로 공개되었을 뿐이다.

Friday, March 31, 1933 THE EVENING

FAMINE RULES RUSSIA

The 5-year Plan Has Killed the Bread Supply

By GARETH JONES

Mr. Jones is one of Mr. Lloyd George's private secretaries. He has just returned from an extensive tour on foot in Soviet Russia. He speaks Russian fluently—and here is the terrible story the peasants told him.

MR. GARETH JONES.

A FEW days ago I stood in a worker's cottage outside Moscow. A father and a son, the father a Russian skilled worker in a Moscow factory, and the son a member of the Young Communist League, stood glaring at one another.

The father, trembling with excitement, lost control of himself and shouted at his Communist son: "It's terrible now. We workers are starving. Look at Chelyabinsk, where I once worked. Disease there is carrying away numbers of us workers and the little food there is is uneatable. That is what you have done to our Mother Russia."

The son cried back: "But look at the giants of industry which we have built. Look at the new tractor works. Look at the Dnieprostroy. That construction has been worth suffering for."

"Construction indeed!" was the father's reply. "What's the use of construction when you have destroyed all that's best in Russia?"

What that worker said at least 96 per cent.

"*The cattle have nearly all died. How can we feed the cattle when we have only fodder to eat ourselves?*"

"And your horses?" was the question I asked in every village I visited. The horse is now a question of life and death, for without a horse how can one plough? And if one cannot plough, how can one sow for the next harvest? And if one cannot sow for the next harvest, then death is the only prospect in the future.

The reply spelled doom for most of the villages. The peasants said: "Most of our horses have died and we have so little fodder that the remaining ones are scraggy and ill."

If it is grave now and if millions are dying in the villages, as they are, for I did not visit a single village where many had not died, what will it be like in a month's time? The potatoes left are being counted one by one, but in so many homes the potatoes have long run out. The beet, once used as cattle fodder, may run out in many huts before the new food comes in June, July and August, and many have not even beet!

The situation is graver than in 1921, as all peasants stated emphatically. In that year there was famine in several great regions, but in most parts the peasants could live. It was a localised famine, which had many millions of victims, especially along the Volga. But to-day the famine is everywhere, in the formerly rich Ukraine, in West Russia, in Central Asia, in North Caucasia—everywhere.

What of the towns? Moscow as yet does not look so stricken, and no one staying in Moscow would have an inkling of wh[illegible]

CHILD BEGGARS IN MOSCOW

'기아가 소련을 지배한다' -홀로도모르의 참상을 외부 세계에 알린 영국 출신 개리스 존스 기자의 신문 보도.

홀로도모르를 처음 외부 세계에 알린 것은 영국 출신 개리스 존스(Gareth Jones) 기자였다. 존스는 대기근이 한창이던 1933년 3월 우크라이나에 들어가 대기근의 참상을 취재하고 이를 몇몇 영국과 미국 신문의 지면을 통해 보도했다. 그렇지만 존스의 보도는 소비에트 당국의 부인과 상당수가 친소 성향을 보였던 모스크바 주재 외국특파원들의 동조 속에 국제 사회에서 별다른 주목을 받지 못하고 잊혀지고 말았다.

홀로도모르의 실상은 외국으로 이주한 생존자들에 의해 조금씩 세상 밖으로 드러나기 시작했다. 1986년에는 미국 정부가 구성한 '우크라이나 대기근 조사위원회' 가 오랜 조사와 생존자 57명의 증언을 바탕으로 '대기근은 자연적인 가뭄에 의한 것' 이라는 소련 정부의 입장을 정면으로 반박하는 보고서를 냈다. 이 보고서는 그 근거로 우크라이나 대기근 한 해 전에 발생한 다른 지역의 기근에 대해서는 소련 정부가 신속하게 대응 조치를 취했던 사실을 들었다.

소련 영내에서는 '홀로도모르' 를 포함한 1932~1933년 기근에 대한 일체 정보는 1990년대 초반 페레스트로이카(perestroika)에 의한 개혁·개방으로 소련이 종말을 고하는 시기까지 소비에트 당국에 의해 철저히 은폐되어 왔다. 1991년 소련의 몰락 과정에서 우크라이나가 독립하면서부터는 '홀로도모르' 문제는 국제적인 조명을 받는 이슈로 변모해 갔다. 특히 우크라이나와 러시아 사이에서는 대기근의 성격과 피해 규모를 둘러싸고 치열한 논쟁이 진행중이다.

비록 제노사이드까지는 아니어도 홀로도모르에 대한 구 소련의 책임을 인정하고, 이를 추모하고 개탄하며, 재발 방지를 위해 교훈으로 삼을 것을 선언한 다음과 같은 2003년 11월 10일의 25개국 합동성명은 큰 의미가 있다. 미국과 러시아, 우크라이나를 포함했기 때문이다.

"구 소련에서 전체주의 정권의 잔혹한 행동 및 정책으로 인해 수백만 명의 남자, 여자, 아이들이 희생되었다. 1932~1933년의 우크라이나 대기근(홀로도모르)은 700만~1000만 명의 무고한 희생자들을 낳았고 우크라이나 사람들의 국가적 비극이 되었다. 이에 우리는 대기

매년 11월 네째 주 토요일이 되면 우크라이나 사람들은 곡물을 뿌리며 굶주림으로 죽어간 넋들을 위로한다. 키예프 추모공원의 굶주린 소녀상.

근 70주년을 기리는 행사들, 특히 우크라이나 정부에 의해 진행되는 행사를 되새긴다.

우크라이나 비극 70주년을 기리며 수백만 명의 러시아인, 카자크인, 그리고 각국의 국민들이 볼가강, 북코카서스, 카자흐스탄 및 구소련 각지에서 내전과 강제 기아로 사망하여 미래세대의 의식에 깊은 상처를 남겼음을 추모한다.

대기근의 희생자들에게 조의를 표하며, 모든 회원국, 유엔, 유엔 특

별기구, 국제 및 국내기구, 비정부기구, 재단 및 협회가 그 역사의 비극적인 기간에 희생된 사람들을 기릴 것을 촉구한다.

재발 방지를 위해 인류사의 비극적인 사건에 대한 대중의 인식 고취의 중요성을 인정하며, 대규모 기아와 수백만 명의 사망을 불러온 행동과 정책을 개탄한다. 이제는 돌이킬 수 없는 과거를 복수하고 싶지는 않지만 인권 침해 폭로, 사료 보존, 그리고 희생자들의 고통 인정을 통한 그들의 존엄성 회복이 미래의 인간 사회를 비슷한 비극으로부터 방지하는 길로 인도하고 그에 도움이 되리라 믿는다.

가능한 많은 사람들이 이 비극에 대해 배울 필요가 있으며, 이 지식이 법치의 효율성을 강화하고 인권과 기본적 자유에 대한 존중을 향상시킬 것으로 여긴다."

2003년 우크라이나 의회는 이 문제를 국제법상의 집단 학살, 곧 제노사이드(genocide)로 규정하는 법을 통과시켰다. 2010년에는 우크라이나 법원이 홀로도모르가 볼셰비키 지도자들이 우크라이나 민족에게 가한 학살 범죄라는 판결을 내려, 의회와 보조를 맞췄다. 이에 대응해 러시아 정부는 2009년 그동안 공개되지 않았던 대기근 관련 문서들을 기밀 해제하면서, 1932~1933년의 대기근이 정책상의 오류로 인해 우크라이나뿐만 아니라 구소련의 농촌 지역에서 공통으로 발생한 비극임을 입증하려 애쓰고 있다. 곧 우크라이나 민족 단위를 겨냥한 제노사이드가 아니라는 입장이다.

우크라이나에서는 매년 11월 네번째 토요일을 홀로도모르 추도 기념일로 삼고 있다. 이 날이 되면, 사람들은 추모비에 곡물을 뿌리며 굶주림으로 죽어간 넋을 기린다.

제노사이드

홀로도모르를 둘러싼 우크라이나와 러시아 두 나라 사이의 불꽃 튀는 논전에서 다툼의 핵심은 1932~1933년의 대기근이 제노사이드이냐 아니냐이다.

국제법상 제노사이드는 일반적으로 특정 집단을 절멸시킬 목적으로 그 구성원을 대량 학살하는 행위를 일컫는다. 1948년 유엔 총회에서 채택된 관련 협약에 따르면, 특정 국가·종족·인종 또는 종교집단을 전부 또는 부분적으로 파괴할 의사를 갖고 자행하는 행동을 제노사이드 범죄라고 정의하고 있다. 나치의 홀로코스트, 유고 내전의 인종청소 등이 대표적인데, 세계사에서 제노사이드에 해당하는 사례는 의외로 드물지 않게 발견된다.

피해자 측인 우크라이나인의 대부분은 홀로도모르가 소련 체제에 순종적이지 않았던 우크라이나 민족의 단위 전체를 말살하기 위해 의도적으로 조장된 '인종 학살'이라고 주장한다. 엄연한 국제법상 제노사이드라는 것이다. 이 주장이 해당국의 법원에서 인정되면 유엔이 정한 '집단살해범죄의 방지 및 처벌에 관한 조약'에 따라 언제라도 가해 관련자들을 처벌할 수 있다. 오스트레일리아·헝가리·리투아니아·미국·바티칸 시티의 정부가 이 입장을 지지하고 있다.

이에 반해 구소련의 적통을 이은 러시아는 당시의 대기근 사태가 우크라이나 민족 또는 지역에 한정된 문제가 아니었다는 입장이다.

카자흐스탄 · 벨라루스 등 구소련의 다른 곡창지대 농민들도 함께 겪은 고통이었고, 집중 표적이 된 집단도 민족 단위가 아닌 부농 계급인 쿨라크였다는 논리였다. 러시아 측이 주장하는 논리에 입각하면 대기근 사태는 제노사이드가 아닌 '계급살인(Klassenmord)' 이다. 계급살인에 대해서는 국제법상 그 어떤 처벌 규정도 없다.

피해 숫자에 대한 양측의 대립도 팽팽하다. 우크라이나 측에서는 홀로도모르의 희생자가 최대 1,000만 명에 이른다고 주장하고 있지만, 실제로는 700만 명 정도를 적정 피해자수로 받아들이는 듯하다. 그것도 홀로도모르 이전과 이후의 희생자 숫자까지 포함했을 가능성이 크다. 반면에 러시아 학자들은 우크라이나 대기근 희생자 숫자를 250만~350만 명 정도로 추산하는데, 러시아 지역에서도 비슷한 규모의 희생자가 나왔음을 강조하고 있다.

5

대숙청

스탈린, 권력의 정점에 서다

1924년 1월 러시아 혁명의 아버지 블라디미르 레닌(Vladimir Il'ich Lenin)이 모스크바 근교의 요양지 고리끼(Gor'kii; 지금의 니즈니 노브고로드 Nizhni Novgorod)에서 숨을 거뒀다. 그는 죽기 전 미리 작성해둔 유서에서 자신이 임명한 스탈린(Iosif Stalin)을 공산당 서기장직에서 해임하고 집단지도체제를 갖춰 소련을 이끌 것을 주문했다. 스탈린의 성정이 지나치게 무자비하므로, 그에게 권력을 독점하게 해서는 안된다는 게 이유였다.

그렇지만 결국 레닌의 유언은 지켜지지 않았다. 스탈린은 레닌의 유서를 공개하지 않은 채, 소비에트 최고 지도부인 공산당 정치국의 핵심 멤버 지노비예프(G.Y. Zinovyev)와 카메네프(L.B. Kamenev)와 손을 잡고 삼두체제를 형성해 위기를 모면했다. 그리고 서서히 소비에트의 실권을 장악해 나갔다. 서기장인 그의 휘하에는 게페우(GPU, 체카의 후신인 소비에트의 비밀경찰)라는 비장의 무기가 있었다.

최고 권력자 3인의 연대는 한시적이었다. 지노비예프와 카메네프는 급진 좌파인 트로츠키(Leon Trotskii)가 레닌의 후계자가 되는 것을 막기 위해 스탈린과 손을 잡았으나, 갈수록 권력이 스탈린 한 사람에게 집중되는 것에 놀라 입장을 바꿨다. 그들은 트로츠키에게 접근하여 반스탈린 전선을 형성했다.

스탈린의 최대 정적이었던 트로츠키는 당내외에서 포스트 레닌 시대를 담당할 인물군 중 단연 선두 주자로 받아들여지고 있었다. 서유럽의 사회주의 혁명 유발을 중요시하는 동시 혁명론인 '영구혁명론'의 주창자인 그는 당내에 적지 않은 추종자를 거느린 트로츠키파의 리더였다. 그는 또한 잉여 농산물의 판매를 허용하고 있던 '신경제정책(NEP)' 을 사회주의의 타락이라며 반대하고 있었다. NEP는 세계대전과 내전으로 피폐해진 경제를 살리기 위해 레닌이 자본주의적 요소를 부분적으로 도입하여 실시한 정책이었다.

이에 비해 스탈린은 소련의 국력을 키우는 일이 먼저라는 '일국사회주의론' 을 견지하고 있었다. 그리고 피폐해진 경제를 재건하고 농민들을 다독이기 위해서는 NEP의 실시가 당분간 불가피하다는 입장이었다. 레닌은 트로츠키를 견제하는 대항마로 쓰기 위해 충성심 강한 그를 당 서기장에 발탁했다. 그루지아 출신으로 중앙 정계의 이방인이었던 스탈린은 라이벌인 트로츠키에 비해 무명에 가깝고 당내 기반도 일천했다. 그렇지만 그는 정보와 경찰력을 기반으로 권력의 정점을 차지할 수 있었다.

러시아 혁명이 발발 10주년을 맞은 1927년, 당 중앙위원회는 반 스탈린 진영의 트로츠키, 지노비예프, 카메네프 3인의 제명을 결정했다. 이듬해에는 자신의 '일국사회주의론'을 이론적으로 뒷받침하고 트로츠키 축출에 대오를 함께했던 부하린(N. I. Bukharin)마저 내치고 소비에트의 전권을 장악하였다. 탄압과 숙청, 개인숭배로 얼룩진 스탈린식 철권통치, 공포 정치의 개막을 알리는 순간이었다.

농민의 피로 얼룩진 중공업 육성 정책

"소비에트에서는 1000만의 쿨라크가 제거되었다."

스탈린이 영국의 윈스턴 처칠(Winston Churchill)을 만나 자랑했다는 말이다. 수치의 객관성에는 의문의 여지가 있지만, 스탈린의 치세 동안 숱한 농민들이 고통받고 희생당했다는 사실만큼은 스탈린의 공언과 다르지 않다.

소련의 일인자로 등극한 스탈린은 후진 농업국인 러시아를 자신의 구상대로 개조하고 싶어했다. 무리한 방법을 동원해서라도 소비에트의 경제력과 군사력을 급격하게 끌어올려 견실한 사회주의 국가를 실현하겠다는 구상이었다. 이 구상은 자신이 숙청했던 트로츠키의 평소 지론과 닮은꼴이었지만, 대적할 세력이 없던 이 시기의 스탈린에게는 아무런 문제가 되지 않았다. 스탈린은 자신의 구상을 추진하기 위해서 두 가지 방침을 정해 당의 추인을 받았다.

첫째, 부농 계층인 쿨라크를 박멸하고 농업의 집단화를 추진한다.

둘째, 소비에트를 신속히 공업화하되, 중화학 공업 및 군수 산업을 집중적으로 육성한다.

스탈린의 의지에 따라 NEP는 폐기되고 1928년부터 신속한 공업화를 위해 '제1차 5개년 계획'이 실시되었다. 1929년부터는 농업 집단화 정책을 병행하였는데, 이는 토지개혁을 통해 농민에게 분배했던 토지를 환수해 집단농장으로 수용하는 것을 뜻했다.

공업화를 위해서는 어느 정도는 농업의 희생이 불가피하다는 것이 세계사의 일반적인 경험이지만, 스탈린 시대의 그것은 지나치게 단기간에 강압적으로 진행되었다는 점에서 비극이었다. 스탈린 집권 초기에 소련 농민 계급은 권력의 정책 목표에 따라 집중적인 탄압의 표적이 되었다. 이 중에서도 부농인 쿨라크들은 계급투쟁 대상으로서 타도해야 할 적으로 취급되었다. 이들은 인구의 12.3%로 상품으로 유통되는 곡물의 50%를 생산하는 막강한 세력이었다.

1929년 말부터 '계급으로서의 쿨라크 청산'을 목표로 한 반쿨라크 캠페인이 일제히 전개되었다. 쿨라크로 분류된 가구에는 어느 날 갑자기 비밀경찰인 내무인민위원부(NKVD; 엔카베데) 보안대원들이 들이닥쳐, 가족 전부를 시베리아나 중앙아시아의 오지에 자리잡은 강제 수용소로 끌고 갔다. 이들은 토지와 재산을 몰수당한 채 '굴라그(Gulag)'라 불리는 수용 시설에 수용되어 운하·댐·공장·광산 등의 현장에서 강제 노동에 시달렸다. 소비에트에는 최소한 476개의 굴라그 집단이 있었고, 각각의 집단 산하에는 수백 개(심지어는 수천 개)의 개별 수용소들이 있었다. 그리고 굴라그 수용자 중 매년 평균 10% 정도가 가혹한 노동과 혹한, 질병 등으로 목숨을 잃었다. 1930년 7월까지의 32만 가구를 포함하여 1930년~1931년 사이에만 수백만 명의 쿨라크 구성원들이 농촌에서 사라졌다.

그렇다고 농민들의 희생이 부농들에게만 국한된 것은 아니었다.

시베리아 강제수용소의 수용자 숙소인 '굴라그'.

가혹한 곡물 징발이 문제의 근원이었다. 1928년 들어 악천후 등이 겹쳐 도시 지역에 식량 공급이 부족해진 것을 기화로, 스탈린은 적백 내전의 '전시 공산주의 시기'에 이어 다시 농촌에서 식량을 징발하기 시작했다. 이번에는 쿨라크만을 표적으로 삼은 것이 아니었다. 곡식을 숨기는 자, 식량 징발에 응하지 않거나 방해하는 자는 빈부를 막론하고 탄압의 대상이 되었다.

체포와 연행, 테러와 총살 같은 직접적인 탄압으로 인한 피해가 오히려 약소해 보이는 경우도 있었다. 작황마저 좋지 않아 징발 목표량을 채우기 위해서는 식량과 종자마저 내놓고 굶주려야 했던 '1932년~1933년 대기근' 이 극명한 예였다.

쿨라크들에게서 몰수하거나 굶주림에 시달리던 일반 농민들에게서 징발한 양식은 고스란히 공업화 추진을 위한 밑천으로 들어갔다. 도시 노동자들에게는 일용할 양식이 되었고, 나라 밖으로 내다 판 곡물은 기자재가 되어 돌아왔다.

믿는 이들을 조사하라

믿되 조사하라.

스탈린의 이 말은 다음과 같이 해석된다.

믿는 이들을 조사하라.

믿음직스러운 사람이나 의심스런 사람이나 똑같이 철저하게 조사하기 때문에 일종의 평등이 존재한다는 논리다.

—스탈린 시대의 실상을 고발한 톰 롭 스미스(Tom Rob Smith)의 소설 《차일드44(Child 44)》 중에서

소비에트 역사에서 1930년대는 대숙청의 시대였다. 물론 정치적 탄압과 추방 대상이 농민들뿐만은 아니었다. 사회 각 분야에 걸쳐, 당 내외를 넘어, 인텔리로부터 인민 대중에 이르기까지 피바람이 불지 않은 곳이 드물었다. 심지어는 친스탈린파의 혁명 동지에서부터 충실한 추종자에 이르기까지, 스탈린의 편집증적 의심은 끝이 없었다.

스탈린의 의중을 십분 반영해 숙청 작업의 집행을 담당한 것은 체카(Cheka)의 후신이자 KGB 전신인 비밀경찰 게페우(GPU) 또는 오게페우(OGPU)를 산하에 흡수한 NKVD였다. 대숙청 기간 동안 NKVD의 수장들은 후임자가 전임자를 숙청하는 먹이사슬을 형성하며 피의 명성을 이어갔다.

스탈린이 쿨라크 제거에 이어 의심의 눈초리를 보낸 집단은 기술자 같은 산업 전문직들이었다. 이들 사이에 서방 세력과 연계된 반동분자들이 많을 것이라고 생각한 것이다. 그래서 탄생한 첫 작품이 1928년 5월의 '샤흐티(Shakhty) 사건'이었다. 겐리흐 야고다(Genrikh Yagoda)가 이끄는 OGPU는 돈강 유역의 샤흐티에서 여러 산업직 전문가들을 체포해 고문한 끝에, 이들이 서방과 연계해 소비에트를 전복하고자 파괴 활동을 벌였다는 허위 자백을 받아냈다. 이들에 대한 유죄 판결은 곧 이어질 대숙청 기간 중 전시(展示) 재판인 반혁명 재판의 첫 사례였다.

지식인들도 스탈린의 의심을 받는 주요한 대상이었는데, 비밀경찰은 이들을 옭아매기 위해 그럴 듯한 창의성을 발휘해 존재하지도 않는 조직명과 사건을 만들어냈다. 1929년 7월의 저명한 역사가 세르게이 플라토노프(Sergey Platonov)를 중심으로 한 '러시아 부흥을 위해 투쟁하는 전인민 동맹'(이른바 '학술원 사건'), 1930년 11월 과학기술자 중심의 '산업당', 경제학자들의 '노동자 농민당' 등이 줄을 이었다. 정치인들은 '멘셰비키 연합 사무국'이라는 유령 조직을 만들었다는 죄로 유죄 판결을 받았다.

한때의 혁명 동지였던 당내 반대파들은 말할 것도 없었다. 스탈린은 트로츠키를 제거할 수 있을 때 제거하지 못했던 뼈아픈 과거를 교훈 삼아, 자신을 반대하는 당내 고급 당원들을 그냥 두지 않았다. OGPU가 기민하게 움직이며 반동 행위를 했다는 죄목으로 그들을 체포해 숙청했다. 여기에는 1930년 스탈린을 공개적으로 비난했던 정치국원 후보 시르초프(S. I. Syrtsov)와 중앙위원 로미나제(V. Lominadze), 그리고 당내의 농업노동자 세력을 대표하는 류틴(M. Ryutin) 등이 포함되어 있었다. 그러나 이 단계까지만 해도 숙청은 산발적으로 진행되었을 뿐이다. 그리고 숙청 범위 또한 어느 독재국가에서나 있을 법할 수준에 지나지 않았다.

스탈린이 대대적인 숙청의 칼날을 빼어든 것은 1934년 12월의 키로프(S. M. Kirov) 암살 사건을 기점으로 해서였다. 스탈린파 일원으로서 대중적인 명망이 높던 레닌그라드(오늘날의 상트페테르부르크; Saint Petersburg) 시당의 지도자였던 키로프가 암살당하자, 스탈린측은 이를 트로츠키파의 거대한 음모로 몰아가며 대숙청의 막을 열었다(키로프 암살 사건과 관련해서는 스탈린 사후인 1956년 흐루시초프가 비밀 연설을 통해 사건의 조작 가능성을 언급한 바 있다). 때마침 다양한 계층에서 스탈린식 경제 정책과 폭압 통치에 대한 불만이 고조되고 있던 시점이었다.

숙청의 악역을 담당한 것은 OGPU를 산하로 흡수한 NKVD였다. 조직의 새로운 수장은 OGPU 시절부터 탁월한 공작 솜씨를 발휘해 온 야고다였다.

바야흐로 숙청은 이전과는 다른 양상으로 전개되기 시작했다. 지금까지는 탄압의 칼날이 주로 사회주의의 회색 지대에 위치한 농민 계급이나 인텔리겐차를 겨냥한 정책적 선택의 성격이 강했다면, 이후로는 스탈린의 통치 체제를 위협하거나 위협할 소지가 있는 모든 개인과 집단으로 대상이 무차별적으로 확대되었다. 당내 숙청의 경우 이전에는 주로 해당 인물의 당직을 해임하거나 당적을 박탈하는 정도에 그쳤다면, 이제부터 대상자는 고문과 처형을 감수해야만 했다.

먼저 옛 3두체제의 동지였던 지노비예프와 카메네프가 체포되어 재판을 받고 강제 수용소로 유배당했다가 훗날 총살당했다. 그 다음은 일국사회주의론의 혁명동지였다가 농업 집단화에 반대했던 전력이 있는 부하린의 차례였다. 그는 자본주의적인 퇴폐적인 생활을 하고 자본주의 부활을 기도했다는 등 130개 항목의 죄명으로 기소당했는데, 시베리아 오지로 유배해 달라는 탄원에도 불구하고 공개 총살당하였다.

'믿는 이들을 조사하라' —1934년 스탈린과 함께 한 세르게이 키로프(사진 가운데). 그가 암살당하자 스탈린은 이를 트로츠키파의 음모로 선전하며 대숙청을 본격화했다.

1937년부터 숙청은 점차 모스크바에서 추방당한 트로츠키를 포함한 원로 혁명가 그룹에서 그들의 지지자까지로 확대되었다. 1934년 제17차 당 대회에서 선출된 중앙위원과 후보위원 139명 중 98명을 처형하고 17명을 강제 수용소로 유배했으며, 제17차 당 대회 대의원 1,961명 중 1,108명이 감옥에 갇혔다.

대숙청 기간 중 가장 큰 타격을 입은 조직은 뭐니뭐니 해도 군부였다. 적백 내전 폴란드 전역의 영웅 투하체프스키(M. N. Tukhachevskii) 원수를 비롯, 스탈린의 입장에서 볼 때 조금이라도 사상이나 충성심이 의문의 여지가 있는 사람들은 어김없이 숙청의 된서리를 맞았다. 스탈린은 '붉은 군대'의 고위 장교 1,500명 가량을 숙청했는데, 여기에는 최고 군사회의 멤버의 75%, 대령 이상 고급 장교의 65%가 포함됐다. 원수 5명 중 3명, 군사령관 15명 중 13명, 군단장급 85명 중 62명, 사단장급 195명 중 110명, 여단장급 406명 중 220명이 숙청됐는데, 이들 중 1/4은 총살되고 나머지는 강제 수용소로 유배되었다. 유사시 군 지도부의 공백은 피할 길이 없었다.

대숙청의 절정기, '예조프시나'

"(스탈린에 대한) 정치적 반대는 필연적으로 폭력과 테러로 귀착된다."

—니콜라이 예조프(Nikolay Yezhov)의 1935년 논문 중에서

1930년대 소비에트 대숙청에서 절정기는 예조프가 NKVD의 수장으로 재직하던 1936년~1938년이었다. 151cm 단신으로 '독 품은 난

모스크바 인근의 내무인민위원회 사격장에서 총살당한 대숙청의 희생자 중 일부.

장이' 또는 '피의 난장이'라 불린 니콜라이 예조프의 재직 시기는 그의 이름을 따 '예조프시나(Yezhovschina)'라는 별칭으로 불릴 정도였다. '한 명의 인민의 적이 도망가는 것보단 무고한 열 명이 고생하는 게 낫다'고 공언할 정도로 그는 무자비한 숙청의 행동대장이었다.

이 시기에는 과거에 스탈린에 충성했거나 현재 조용히 지낸다고 해서 안심할 처지가 아니었는데, 대표적인 예가 부하린이었다. 새로이 숙청 대상이 된 인물 중 가장 의외는 전임 NKVD의 수장인 야고다였다. 그는 변함없이 스탈린에 충성하고 있었지만, 후임인 예조프에 의해 숙청되어 사형을 선고받았다.

숙청의 달인이라 불리는 예조프의 수법은 많은 사람들을 트로츠키파나 서방 국가의 간첩으로 몰아 숙청하는 식이었다. 대부분이 이런 이유로 총살당하거나 굴라그로 끌려갔다. 굴라그로 간다고 해서 목숨이 부지되는 것도 아니었다. 기밀 해제된 구소련 기록에 따르면, 1937년~1938년 사이 NKVD에 의해 체포된 150만 명 중 총살을 면하고 굴라그로 끌려간 인원이 절반이었는데, 이 중에 살아서 풀려난 사람은 22,000명에 불과했다.

스탈린은 이 모든 숙청 과정의 감독자이자 지시자였다. 그의 지시는 매우 구체적이고 상세했다. 1937년 7월의 예조프와의 회합에서는 268,950명을 체포해 이중 193,000명은 수용소로 보내도록 지시했고, '체포된 자 열 명당 세 명은 죽일 것' ('명령 00447호')을 명령하기도 했다. 또한 '명령 00439호' 를 통해서 독일인과 사이에 태어난 혼혈이나 독일에서 온 소련인들을 숙청하라는 인종 차별적인 지시가 내려가기도 했다.

예조프에 의한 피의 숙청은 NKVD 내부라고 해서 비껴가지 않았다. 그리고 그 종착역은 바로 예조프 자신이 숙청되는 일이었다. 예조프의 마구잡이식 숙청이 소비에트에 심각한 인재 유실과 국력 손실을 초래했음을 실감한 스탈린은 1939년부터 숙청을 완화했다. 그리고 고향인 그루지아에서 '음모의 달인' 베리아(Lavrentiy Beria)를 불러들였다. 결국 예조프는 자신이 행했던 그대로 후임인 베리아의 손에 의해 숙청되어 형장의 이슬로 사라졌다.

대숙청 기간 동안 수백만 명이 정치적 이유로 기소되어 총살당하거나 강제 수용소로 끌려간 것으로 추정된다. 물론 이 숫자는 쿨라크 제거와 홀로도모르 과정에서 발생한 더 많은 희생자는 제외한 수치다. NKVD의 공식 기록만 보더라도, 1937~1938년에만도 154만 8,367명이 구속되어, 이중 681,692명이 총살되었다. 하루 평균 1,000명꼴인데, 이 수치는 기아, 질병, 과로로 목숨을 잃은 사람들은 제외한 것이다.

스탈린은 역사상 어느 독재자도 구축하지 못한 완벽한 1인 독재 체제를 구축했다. 대숙청과 같은 철저한 공포정치의 기반 위에 세워진 독재 체제였다. 견제가 실종된 스탈린 독재는 이후 개인숭배라는 우상화의 길로 치달아갔다.

"공포는 필요하다. 공포가 혁명을 지켜주었다. 공포가 없었다면 레닌은 무너졌을 것이다. 공포가 없었다면 스탈린도 무너졌을 것이다."

—톰 롭 스미스, 《차일드44(Child 44)》

'공포가 혁명을 지켜주었다' 사진은 대숙청 당시 희생당한 사람들을 추모하는 한 마을의 추모비.

그러나 스탈린의 30년 철권통치도 그의 사후 3년 만에 부정되었다. 1956년 2월 25일 소련공산당 20차대회에서 흐루시초프는 스탈린 격하연설로 역사에 기록된 용기 있는 행동을 보여주었다.

"인민의 적들을 반드시 죽여야 할 이유는 없었다. 투옥시키거나 유형을 보낼 수도 있었다. 카메네프와 지노비에프의 예를 들어보자. 그들은 혁명을 배신했지만 레닌은 그들을 총살시키지 않았다….

어떻게 자백을 받아왔는가? 단지 하나의 방법만이 존재했었다. 구타하고 고문하고 의식을 빼앗고, 분별력을 잃게 하고… 물리적인 탄압과 강제를 동원하여 인간의 존엄성을 박탈함으로써….

스미르노프는 스탈린을 치료했다. 그리고 그는 체포당했다. 그런 일이 끊임없이 되풀이되었다….

정치국원들은 각자 다른 시기에 다른 관점에서 스탈린을 바라보았다. 처음 시기에는 의식적으로 스탈린을 찬양했다. 왜냐하면 스탈린은 실제로 위대했고 능력이 있었기 때문이다. 그는 가장 투철한 마르크스주의자였으며 그의 논리성과 힘, 그리고 의지는 당을 위해 긍정적인 역할을 수행했다. 그러나 숙청의 시대를 거치면서 이 사람은 사상적으로 육체적으로 쇠약해졌다…."

소련의 비밀경찰 조직

냉전 시절, 소련의 KGB(Komitet Gosudarstvennoy Bezopasnosti ; Committee for State Security, 국가보안위원회)는 CIA(Central Intelligence Agency, 중앙정보국)와 함께 세계를 좌우하는 정보기관의 양대축이었다. 스탈린 시대 대숙청 실행 기구였던 NKVD(Narodny Komissariat Vnutrennikn Del; People's Commissariat of Internal Affairs, 내무인민위원부)의 후신 격이었던 KGB는 소련 권력의 중핵인 당서기국과 직접 연결되고 수백만 명의 협력자를 가진 방대한 조직으로, 정치 사찰을 담당하는 비밀경찰 성격이 강했다.

경쟁 조직인 CIA에 비해 역사가 오래되고 포괄하는 업무 범위도 훨씬 넓었다. 1947년 설립된 CIA가 해외 정보 수집과 해외 공작을 전담했던 반면, KGB의 임무는 그에 그치지 않았다. 첩보·방첩 활동은 물론이고 국경 경비, 요인 경호, 군대 내 보안 활동, 주요 시설 경비 등 국가안보에 관련된 모든 분야가 활동 영역이었다.

모태는 러시아혁명 6주 후인 1917년 12월 설치된 체카(Cheka; 반혁명·사보타주 단속을 위한 전러시아 비상위원회)이다. 각지에서 창궐하는 반혁명세력을 제압할 공안기관이 없는 것을 깨달은 레닌이 폴란드 출신의 펠릭스 제르진스키(Feliks Dzerzhinsky)를 수장으로 하여 탄생시킨 비밀경찰이 체카였다. 반혁명 분자들을 찾아내 숙청하는 게 주요 임무였는데, 혁명 수호를 명분으로 즉결 처분의 권리를 부여받은 특권 조직이었다. 내전 기간(1918~1920년) 동안에 수만의 반혁명 세력을 색출해 숙청한 것으로 알려졌다.

이후 GPU(국가정치보안부)로 이름을 바꿔 혁명 정부의 내무부 격인 NKVD(내무인민위원회) 산하 조직으로 재편되었다가, 소비에트 연방이 출범하면서부터는 OGPU(연방국가정치보안부)로 다시 이름이 바뀌면서 내각 격인 인민위원회의 직속 기관이 되었다. 스탈린 치하인 1934년 7월에 다시 NKVD 산하 조직으로 환원되면서 GBGU(국가안보총국)으로 명칭이 바뀌는데, 이 시기에는 NKVD 전체가 공포정치와 억압통치의 직접적인 실행기관이 되면서 공안기관화하였다. 이후 GBGU는 다시 NKGB(국가안보인민위원부)로 이름을 바꿔 NKVD에서 분리되었다가 통합되고, 다시 재분리되는 등 몇 차례의 조직상의 변화를 겪었다.

1946년에 이르러 NKVD는 MVD(내무부)로, NKGB는 MGB(국가안보부)로 명칭이 바뀌어 나뉘어졌다가, 그후 다시 합쳐졌다. 소련 정보기관의 기능이 최종적으로 정리된 것은 스탈린의 심복으로 정보기관을 장악하고 있던 베리아가 체포되어 처형된 이후였다. 이때부터 MVD가 경찰 업무와 교정시설 관리를, 새로 분리된 KGB(국가안보위원회)가 정치사찰·요인경호·해외첩보 등의 임무를 맡는 체제가 정착되었다.

소련 체제의 주요 버팀목의 하나였던 KGB는 1991년 8월 소련연방의 붕괴와 부침을 함께했다. 이후 러시아 치하에서 연방안전사무소(AFB), 러시아안전부(MBR), 연방방첩국(FSK)의 이름으로 기능이 축소된 채 존속하다가 해체되었다. 1995년 러시아연방안전국(FSB)으로 부활했지만, 비밀경찰이라는 어두운 과거 대신 정보기관으로서의 성격이 보다 강화되었다. 러시아의 대통령을 역임하고 실세 총리로 재직중인 블라디미르 푸틴(Vladimir V. Putin)도 KGB 요원 출신이다.

6

게르니카 폭격

스페인 내전 전야의 유럽

#**장면** 1

1922년 10월 28일 검은 셔츠로 복장을 통일한 준군사 조직 '검은 셔츠단'이 이탈리아 수도 로마에 입성하였다. 나폴리를 출발한 파시스트들의 이른바 '로마 진군'이 성공하는 순간이었다. 제1차 세계대전에 참전하였던 예비역 병사들이 주축인 '검은 셔츠단'은 1919년 밀라노에서 결성된 이탈리아 파쇼 전투단(Fasci Italiani di Combattimento)이 이름을 바꾼 원외 극우 정당 '국가 파시스트당'의 전위 부대였다. 그 지도자는 사회주의자에서 국가주의자로 변신한 베니토 무솔리니(Benito Mussolini)였다.

이날 이탈리아 국왕인 비토리오 에마누엘레 3세(Victor Emmanuel

III)는 무솔리니의 무혈 쿠데타를 인정하고, 그를 총리로 임명하였다. 일 년 뒤 무솔리니는 이탈리아 헌법에 따른 합법적 독재자의 지위를 획득하고 권력을 강화해 나갔다. 1925년부터는 수령을 뜻하는 '두체(Duce)'라 불렸으며, 1936년 이후부터는 '정부 수반이자 파시즘의 두체이며 제국의 설립자이신 불세출의 베니토 무솔리니'로 호칭되며 장기간 독재 권력을 휘둘렀다.

장면 2

1933년 1월 독일 바이마르공화국의 대통령 힌덴부르크(Paul von Hindenburg)는 바로 전 해의 대통령 선거에서 자신의 당선을 위협했던 나치당(정식 명칭 '민족사회주의 독일 노동자당')의 지도자 아돌프 히틀러(Adolf Hitler)를 총리에 임명하였다. 제1차 세계대전의 패전 책임을 규정한 베르사유 조약의 이행과 엄습한 세계 대공황이 야기한 혼란을 수습하기 위해서였다. 베르사유 조약 타도와 게르만 민족주의와 반유태주의 등의 강령을 내건 극우정당 나치당은 대공황의 혼란을 틈타 이미 바이마르의 제1당으로 부상해 있었다.

집권에 성공한 히틀러는 보수파와 군부의 협력 속에 좌파 및 민주파를 탄압하는 한편, 탁월한 웅변술로 대중을 휘어잡으며 일당독재 체제를 확립해 나갔다. 1934년 8월 고령의 힌덴부르크가 사망하자 국민투표를 통해 대통령의 지위를 겸하는 총통(Fuhrer) 자리에 올랐다. 제1차 세계대전 직후 독일 최초의 공화국으로 수립되었던 바이마르 공화국은 해체되고, 나치 독일의 제3제국의 막이 올랐다.

유럽 중부의 독일과 이탈리아에서 파시즘이 득세하고 유럽 동부의 소련에서 공산당 권력이 뿌리 내리고 있는 동안, 유럽 대륙 서쪽의 스페인에서는 제2공화국 시대가 열리고 있었다. 세계를 휩쓴 대공황의 위기 속에서 군사 독재를 펼치던 프리모 데 리베라(Primo de Rivera)가 사임하고 1931년 4월 총선에서 공화파가 대대적인 승리를 거두자, 리베라의 독재를 용인했던 스페인 국왕 알폰소 13세(Alfonso XIII)는 망명의 길을 택했다. 이로써 1년간의 짧은 공백(1873년의 제1공화국)을 거쳐 부활했던 왕정복고 시대는 종말을 고하였다.

1930년대 제2공화국의 문을 연 공화파는 좌파와 온건 우파의 연합 세력이었다. 이들은 민주주의 공화국 실현을 목표로 스페인 사회의 적폐를 해소하는 제반 개혁에 착수했다. 교회의 영향력을 제한하고, 군대의 규모를 축소하며, 대토지 소유를 제한하고, 지방자치를 폭넓게 허용하는 것이 그 골자였다. 그렇지만 온건 우파인 니세토 알칼라 사모라(Niceto Alcala-Zamora) 대통령과 사회주의자 마누엘 아사냐 디아스(Manuel Azana Diaz) 총리가 이끄는 공화파의 개혁 작업은 지지부진했다. 대지주 · 로마 가톨릭 교회 등 소수 기득권층의 저항이 강력했고, 대공황의 와중에서 심화된 양극화가 스페인 내부의 계급 갈등을 격화시키고 있는 사정도 문제였다. 결국 좌우 어느 쪽도 만족시키지 못했던 아사냐 내각은 1933년 퇴진할 수밖에 없었다.

이어 치러진 총선을 통해 이번에는 극우 가톨릭 정당인 CEDA를 제1당으로 하는 우파 연립 정권이 집권하였다. 그런데 1934년 10월 개각을 통해 권력의 보수화가 한층 강화되면서 이를 파시즘의 개시로 간주한 좌파 세력이 반발하였다. 특히 아스투리아스(Asturias) 지방의 광부들은 봉기를 일으켜 코뮌을 선포하는 등 격렬하게 저항하였다. 우파 정부는 군대를 동원해 3천여 명을 살해하고 3만여 명을 수감하는 등 봉기를 무자비하게 진압하였다. 당시 진압책임자 중 한 사람이 모로코 식민지에서 반란 진압으로 명성을 떨친 스페인의 최연소 장군 프란시스코 프랑코(Francisco Franco)였다.

인민전선 정부의 출범과 군부의 반란

우파 연립 정권의 무자비한 노동운동 탄압에 위기감을 느낀 공화파 및 좌파 정당들은 1936년 2월 총선에서 연합하여 인민전선 정부를 탄생시켰다. 278석 대 134석, 진보좌파의 압승이었다. 그러나 강경우파 세력들은 패배를 받아들이는 대신 공공연하게 분위기를 반전시킬 기회를 노리고 있었다. 인민전선 정부가 토지 개혁을 재추진하고 아스투리아스 봉기 관련자들을 원상회복시키는 등 본격적인 개혁 조치에 착수하면서 강경우파의 위기감은 고조되었다. 이들은 반란 모의를 구체화시켰고, 그 중심에는 산 후르호(Jose Sanjurjo)와 몰라(Emilio Mola), 케이포 데 야노(Queipo de Llano), 프랑코 등의 왕당파 및 파시스트 군부 지도자들이 있었다. 또한 군사 독재자 리베라의 아들 호세 안토니오(Jose Antonio)가 조직한 친나치 성향의 팔랑헤(Falange)당이 동조했고, 일부 자본가 계급이 자금을 제공했다. 이들에게 거사 명분을 제공한 것은 군부를 향해 '스페인을 구출하라'며 노골적으로 쿠데타를 선동하던 리베라 독재 정권의 전 재무장관 칼보 소텔로(J. Calvo Sotelo) 살해 사건이었다.

D-day 하루 전인 1936년 7월 16일, 프랑코는 임지인 대서양의 카나리아군도를 이탈했다. 반란 공모자들로부터 반란의 시작을 알리는 '스페인 전 지역 쾌청함'이라는 암호를 타전받은 직후였다. 당시 그

는 쿠데타를 우려한 정부에 의해 카나리아군도 수비사령관으로 좌천된 처지였다. 예인선과 전세 비행기를 갈아타며 그가 도착한 곳은 모로코에 있는 아프리카 군단 병영이었다. 반란의 주력군이 될 아프리카 주둔군의 지휘권을 장악하기 위해서였다.

다음날 오후부터 모로코 아프리카 군단은 물론이고 스페인의 거의 대부분 부대가 일제히 반란에 돌입했다. 식민지 모로코에서는 반란군이 손쉽게 대세를 장악했고, 스페인 본토에서는 수도 마드리드 공격의 주요 거점이 될 수 있는 남부의 세비야(Sevilla) 등이 반란군의 수중에 떨어졌다. 그렇지만 일거에 마드리드와 주요 도시를 점령하고 권력을 장악하려던 반란군의 계획은 벽에 부딪치고 만다. 무엇보다도 반란군의 주력인 아프리카 군단이 본토에 상륙해 대세를 장악해야 했지만, 병력 수송 단계에서부터 난관에 봉착하고 말았다. 지브롤터 해협을 지키는 수병들이 쿠데타를 지지하는 장교들을 감금시키고 반란군 수송을 저지하고 있었기 때문이다.

반란 초기, 스페인 국토의 2/3와 인구의 3/4을 장악하고 있던 인민전선 정부 역시 제대로 대처하지 못하고 있기는 마찬가지였다. 먼저 장교 대부분과 사병의 75%가 반란군에 가담한 상황에서 반란 진압에 동원할 수 있는 병력이 거의 없었다. 자발적으로 나선 시민과 노동자들이 민병대를 조직해 대도시를 중심으로 방어선을 구축했다. 또한 본토에 있는 일부 반란군 요새가 무장한 민병대에 의해 제압당하기도 했다. 사태는 장기화하고 있었다.

초조해진 프랑코의 반란군에게 구원의 손길을 내민 것은 나치 독일과 무솔리니의 이탈리아였다. 가장 먼저 달려온 것은 독일의 Ju-52기 20대와 이탈리아의 SM-81기 11대였다. 이들 수송기들은 하루에

스페인 내전 기간중의 공습 장면.

3~4회씩 지브롤터 해협을 왕복하며, 14,000명의 병력과 500톤의 군수품을 스페인의 남부지방 세르빌(Serville)로 옮겨 놓았다. 이처럼 대규모 병력이 항공기를 이용해 수송된 것은 역사상 최초였다고 한다.

여기에 그치지 않고 히틀러와 무솔리니는 최신 무기와 대규모 병력을 스페인으로 보냈다. 당시 유럽 열강들은 스페인 내전이 세계대전으로 비화하는 것을 막기 위해 '불간섭 협정'을 맺고 있었지만, 독일과 이탈리아는 노골적으로 스페인의 파시스트 반란군을 지원했다.

반면에 영국과 프랑스 등 이른바 '민주주의 정부'는 충실하게 불간섭 협정을 준수하며 인민전선 정부를 수세로 내몰았다. 보다 못한 스탈린의 소련이 뒤늦게 지원에 나섰지만, 지원 물자가 프랑스의 국경

봉쇄나 영국의 해상 봉쇄로 억류되는 경우가 다반사였다. 무기 판매를 거절하는 등 유럽 열강들의 편향된 '불간섭의 간섭' 덕분에, 스페인 공화파는 내전 기간 내내 인력과 무기가 1/3~1/4로 열세인 상태에서 힘겨운 전투를 벌여야 했다. 프랑코 진영에 대한 파시스트 국가의 지원이 절정에 이르렀을 때는 이탈리아가 10만 대군, 최신예 항공기와 기갑 부대를 갖춘 독일 콘도르 군단이 7,000명 규모에 이르렀다. 반면에 소련의 지원 병력은 700명을 넘은 적이 없을 것으로 추정되고, 그나마도 공산당을 통해 인민전선 정부에 영향력을 행사하는 수단이 되고 말았다.

반파시즘 진영에 대한 외부의 지원은 오히려 정부 차원이 아닌 민간 차원에서 활발하게 이뤄졌다. 스페인을 지켜내지 못하면 다음은 우리 차례가 될 것이라고 생각한 세계 각국의 지식인들과 사회주의자들, 진보적인 청년들이 의용병으로 스페인 내전에 참전했다. '세계의 양심'으로 불리던 이들은 국제여단 산하 11연대와 12연대를 구성했는데, 평균 17,000명, 53개국에서 총 3~4만 명 정도가 참여한 것으로 알려졌다. 제1차 세계대전 등에서 전투 경험을 쌓았던 예비역들이 다수 포함된 이들은 공화파 진영에서 중요한 역할을 했는데, 1936년 11월의 마드리드 공방전에서 파시스트 군대를 저지하는 전과를 올리기도 했다. 미국인 의용군 부대는 '에이브러햄 링컨 여단'으로, 캐나다 의용군은 '메켄지-파피뉴 여단'으로, 독일의 망명 사회주의자들로 구성된 부대는 '탤만(Thaelmann) 여단'으로 불렸다.

권력을 장악하기 위해 벌였던 파시스트들의 반란은 이제 주동자들의 계산과는 달리, 국내외의 이목이 집중된 가운데 33개월 간의 장기 내전으로 비화하고 있었다.

독일 공군의 전술 시험장이 된 게르니카

스페인과 프랑스의 국경을 이루는 피레네산맥 양쪽 지방에는 유럽에서 가장 오래된 민족이자 용감한 산악 민족인 바스크인들이 산다. 바스크인들은 스페인인이나 프랑스인들과는 인종과 언어가 다른 인도 게르만 계통의 소수 민족으로, 80%가 스페인 북부의 바스크 지방(오늘날의 알라바, 기푸스코아, 비스카야 주)에 모여 산다. 바스크 지방 최대 도시 빌바오 외곽에 위치한 게르니카는 바스크인들에게는 성스러운 곳이었다. 바스크인들의 첫 의회가 열렸던 옛 수도와 같은 곳이었기 때문이다.

제2공화국 들어 바스크 지방은 독립된 군 통제권을 행사하고 있었지만, 내전이 발발하면서 인민전선 정부와 파시스트 진영의 세력 다툼이 빌바오(Bilbao)를 중심으로 산발적으로 벌어지고 있었다. 이런 바스크 지방에 프랑코군의 공세가 시작된 것은 1937년 3월말이었다. 반란군 부사령관 에밀리오 몰라 장군의 참모장 후안 비곤(Juan Vigon) 대령은 공화파에 대한 기선 제압 차원에서 공습이 필요하다고 생각하고 콘도르 군단 지휘관 볼프강 폰 리히트호펜(Wolfgang von Richthofen) 대령에 지원을 요청했다. 독일군 지도부가 '독일 공군력을 기술적 차원에서 시험해보기 위해서' 이 공습을 승인함으로써 게르니카 공습 계획이 세워졌다.

공습 직전 게르니카로부터 16km 떨어진 지점에 프랑코 측의 23개 부대가 배치되었다. 이에 비해 공화파 측의 바스크 지역 전력은 육군 2개 부대뿐이었다. 그때까지 공습을 받아본 적이 없는 게르니카에는 아무런 대공 방위 시설이 없었다. 바스크 자치 정부는 말할 것도 없고, 중앙의 인민전선 정부도 훈련된 공군 병력을 보유하고 있지 못할 때였다.

1937년 4월 26일, 때마침 게르니카에서는 시장이 열려 사람들이 붐비고 있었다. 이날 오후 4시 반경부터 리히트호펜 대령이 이끄는 독일 '콘도르 군단' 이 주축인 43대의 폭격기가 게르니카 상공에 나타나, 인구 7,000여 명에 불과한 소읍을 유린하기 시작했다. 융커52 폭격기 3개 대대, 하인켈3 중형 폭격기 1개 시험 대대, 하인켈51 전투기 3개 대대, 메서슈미트109기 2개 중대로 구성된 공군기들은 신형 소이탄과 고성능 폭탄을 무차별적으로 투하했다. 이른바 '융단폭격' 이라고 이름 붙여진 새 전술이 세상에 처음 모습을 드러낸 순간이었다. 또한 이탈리아 공군의 사보이아 마르체티 폭격기, 피아트CR32 전투기들이 공격 부대를 지원했다. 세 시간 반 동안 진행된 폭격에서 사용된 폭탄의 총량은 24톤에 이른 것으로 추정된다.

폭격의 결과는 처참하기 짝이 없었다. 게르니카 중심지가 불길에 휩싸인 채 폐허로 변하면서 건물의 80%가 파괴되었다. 또한 인구의 1/3 이상인 1,654명의 사망자와 889명의 부상자가 발생했다. 사상자 대다수는 어린이와 노인, 여성이었다.

게르니카 폭격을 통해 '본보기를 보여 적에게 공포를 불러일으키고', '독일 공군의 새로운 전술과 무기를 기술적 차원에서 시험' 하겠다는 파시스트 진영의 목표는 100% 이상 달성됐지만, 지나친 성공은 오히려 그들을 곤경에 빠지게 했다. 끔찍한 학살 현장이 조지 스티어(George Steer) 기자의 '더 타임스' 와 '뉴욕 타임스' 기사를 통해 보도되었을 때, 전 세계인들의 공분을 불러일으켰다. 프랑코 진영은 게르니카의 파괴가 '적색분자들의 고의적인 방화에 의한 것' 이라 발뺌

'독일 공군력을 기술적 차원에서 시험해 보기 위해서'. 파시스트 진영을 지원하는 독일 공군의 게르니카 폭격의 이유였다. 야만적인 게르니카 폭격을 고발하는 포스터.

했고, 독일은 공습지역을 잘못 판단해 빚어진 실수라며 변명을 늘어놓기에 바빴다.

게르니카 비극은 빙산의 일각

파시스트의 반란으로부터 합법적인 민주주의 정부를 지키겠다는 공화파 민병대와 의용군의 열정은 드높았지만, 전쟁은 현실이었다. 최신 무기로 무장하고 훨씬 많은 병력을 보유한 프랑코 정규군을 민병대만으로 막아내기에는 역부족이었다.

1939년 들어 내전은 막바지로 치닫고 있었다. 2월에는 인민전선 정부 최후의 수도인 바르셀로나가 함락되었고, 3월 말에는 공화파의 마지막 보루였던 마드리드마저 프랑코군에 점령당했다. 4월 1일 인민전선 정부는 공식적으로 항복했고, 이로써 스페인 내전은 프랑코 측의 승리로 막을 내렸다. 그러는 와중에 영국과 프랑스, 포르투갈, 미국은 발 빠르게 프랑코 체제를 스페인 정식 정부로 인정했다. 파시스트 치하에서 살 수 없다고 판단한 공화파 인사들의 국외 탈출이 줄을 이었고, 이 중 프랑스로 망명한 사람만 50만 명에 달했다. 남아 있는 사람들 중 숱한 사람들이 투옥되었고, 3~5만여 명이 처형되었다.

3년 여를 끈 스페인 내전의 피해는 비단 게르니카의 비극에만 그친 게 아니었다. 100만여 명에 이르는 인명이 살상되었고, 스페인 전역이 황폐화되어 엄청난 재산 피해를 초래했다.

스페인 내전에서는 파시스트 진영과 반파시트 진영 모두에서 피의 살육이 진행된 상태였다. 사실 단순한 피해 규모만 놓고 봤을 때, 게르니카 학살은 빙산의 일각이라고 할 수 있을 정도였다. 파시스트들은 초기의 점령지에서 반란군에 반대하는 사람들을 무자비하게 학살했다.

일례로 케이포 데 야노 부대는 남부 안달루시아(Andalucia) 지방의 세비야를 근거로 산 훌리안(San Xulian), 산 베르나르도(San Bernardo) 등 노동자 구역을 공격하면서 상부의 독려 아래 9천 명 이상을 살해하고 거리낌 없이 부녀자를 겁탈했다. 분노한 공화파들도 일부 특권층 구성원들에게 테러를 가했는데, 수구 가톨릭교회가 주요 타깃이었다. 수많은 교회가 파괴되었고, 5,000여 명의 성직자들이 살해되었다. 내전이 격화되면서 스페인의 국민들은 목숨을 보전하기 위해서라도 한 편을 선택해야 했다.

공화파 내부의 갈등이 무력 충돌로 이어진 경우도 없지 않았다. 애초에 인민전선 정부 안에는 공화주의자, 사회주의자, 공산주의자, 무정부주의자 등 다양한 정파들이 혼재해 주도권 다툼을 벌이고 있었다. 특히 소련 공산당의 노선을 따르는 스페인 공산당(PCE)과 무정부주의적 성향의 마르크스주의 통일노동자당(POUM)의 대립이 대표적인데, 소련의 군사적 지원의 확대와 함께 소련 공산당의 영향력이 증대되면서 POUM과 POUM의 정치적 기반인 전국노동자연맹(CNT; 별칭 '무정부 생디칼리스트들')은 내전 기간 동안 독자적인 행보를 취하곤 했다. 두 정파 사이의 내분은 1937년 5월 공화파 내부끼리의 바르셀로나 시가전에서 극명하게 드러났는데, 전투에서 양측은 1,000명의 사망자를 내는 희생을 치러야 했다.

스페인 내전은 제2차 세계대전의 전초전이자 서막이었다. 스페인 내전에서 보여준 국제적인 대결 구도가 그대로 제2차 세계대전으로 이어져 쟁투를 벌였다. 독일과 이탈리아는 머지 않아 다가올 세계대전에 대비해 스페인 내전을 전쟁의 연습장으로 십분 활용했다. 특히 독일은 게르니카에서 행한 신무기와 새로운 전술 실험의 성공에 만족해 전쟁을 선제 도발했다.

스페인 입장에서 그나마 다행인 것은 파시스트 프랑코가 제2차 세계대전에 참전하지 않았다는 사실이다. 자신의 집권을 도운 히틀러와 무솔리니의 기대를 저버린 처사이긴 했지만, 덕분에 스페인은 전쟁의 참화를 피할 수 있었다. 아울러 프랑코 자신도 1975년까지 천수를 누리면서 스페인의 통치자로 군림할 수 있었다.

게르니카와 '게르니카'

"인류여! 인류여! 당신에게 호소합니다. 미국의 시민이여! 유럽의 시민이여! 여러분에게 호소합니다. 우리를 구해주십시오! 아니 여러분 자신을 구하십시오! 왜냐하면 위태로운 것은 여러분 자신이며 동시에 우리이기 때문입니다."

—프랑스의 소설가 로맹 롤랑(Romain Rolland)

스페인 내전은 '스페인 다음은 우리 차례' 라고 생각한 수많은 지식인들의 투쟁 현장이기도 했다. 반파시즘 열정에 사로잡힌 세계 각국의 작가와 예술가들이 직접 스페인 내전에 참전하거나 외부에서 반대 활동을 펼치며 공화파를 지원했다. 이들 중 상당수가 당시의 경험을 작품으로 남겼는데, 게르니카 폭격의 참상을 처절하게 표현한 파블로 피카소(Pablo Ruiz Picasso)의 '게르니카' 가 대표적이다.

스페인 출신의 입체파 화가 피카소가 고국에서 들려온 게르니카의 참상을 접한 것은 폭격 직후 프랑스 파리에 머물 때였다. 때마침 파리 만국박람회 스페인관에 걸릴 벽화를 구상하고 있던 그는 붓을 잡은 지 한 달 만에 자신의 분노를 쏟아 부어 가로 7.8m, 세로 3.5m의 대작 '게르니카' 를 완성한다.

이 작품은 광기로 가득 찬 말에 올라탄 사람이 여러 사람을 짓밟는 모습을 일그러진 대상의 표현과 괴기스러운 분위기, 단색에 가까운

고국에서 들려온 게르니카의 참상을 접한 피카소는 자신의 분노를 쏟아부어 20세기 최고의 회화 걸작으로 평가받는 대작 '게르니카'를 완성했다.

배색을 통해 비극적으로 묘사하고 있다. 극적인 구도와 치밀한 대비 효과 등의 표현 방식으로 스페인 내전의 야만성과 폭력성을 고발한 이 작품은 20세기 최고의 회화 걸작으로 평가받고 있다. 이 그림에서 말은 나치의 히틀러를, 말 위의 사람들은 프랑코의 군부세력을 상징한다. 피카소의 '게르니카'를 통해 게르니카 참극은 세계인의 뇌리에 생생하게 각인될 수 있었다.

파시즘에 반대했던 피카소는 자신의 작품 '게르니카'가 프랑코 치하의 스페인으로 반입되는 것을 거부했다. 그의 뜻에 따라 그림은 박람회가 끝난 후 스페인에 민주주의가 회복되면 되돌려준다는 조건으로 뉴욕 근대미술관에 무기한 대여되었다. 프랑코 사후인 1981년에야 고국으로 돌아와 마드리드의 프라도(Prado) 미술관에 소장됐던 '게르니카'는 1992년 보관상의 문제로 다시 소피아왕비 미술센터로 옮겨져 오늘에 이르고 있다.

스페인 내전은 피카소의 '게르니카' 외에도 수많은 예술 및 문학 작품의 소재가 되었다. 국제의용비행대를 조직해 스페인으로 날아갔던 프랑스의 행동주의 작가 앙드레 말로(Andre Georges Malraux)는 전투 도중 틈틈이 쓴 〈희망〉을 내놨다. 미국의 어니스트 헤밍웨이(Ernest Hemingway)는 1937년 5월의 세고비아(Segovia)전투를 무대로 한 참전 작품 〈누구를 위하여 종은 울리나〉를 썼다. 영국인 조지

오웰(George Orwell)의 〈카탈루냐 찬가〉는 무정부주의의 실험무대였던 1936년 바르셀로나에서의 경험을 기록한 작품이다. 이 밖에도 생텍쥐페리 (Saint Exupery), 파블로 네루다(Pablo Neruda), 시몬느 베이유(Simone Weil) 등의 작가들이 열정에 찬 스페인 내전의 경험들을 직간접적으로 자신들의 작품 세계에 투영했다.

7

난징 대학살

국공내전의 와중에 방치된 만주

제1차 세계대전 직후인 1920년대 극동의 일본은 경제적 호황과 정치적 자유가 만개해 있었다. 메이지 유신을 통해 천황 중심의 강력한 중앙 집권 체제를 구축하고 근대화 및 부국강병의 길로 나섰던 일본은 이미 경쟁국 중국과 러시아를 물리치고 한반도를 식민 지배하고 있던 터였다. 연합국 진영의 리스트에 이름을 올려놓았을 뿐 이렇다 할 전투를 치른 바 없는 일본이었지만, 승전국 일원으로서 톡톡히 그 과실을 챙길 수 있었다. 구 독일제국령 태평양 식민지들을 접수해 영토를 확장했고, 국제적으로 아시아의 유일 패권국으로 인정받는 외교적 성과도 올렸다. 내부적으로는 '다이쇼(大正) 데모크라시' 라 불리는 민주주의, 자유주의적 운동이 전개되면서 보통선거제가 실시되는 등 입헌 의회정치가 실시되었다.

그러나 1920년대 말에 엄습한 세계 대공황의 여파는 일본에서 극우 군부세력들이 준동할 토양을 제공했다. 경제 침체와 사회 불안 속에 일본 사회의 민주주의와 자유주의에 관한 열망은 급속도로 식어갔고, 군부의 요인 암살과 쿠데타로 민간의 의회 정부는 전복되었다. 군부가 실권을 장악한 일본제국은 군국주의화로 치달으면서 더 많은 식민지를 확보해 경제 위기를 타개할 목적으로 본격적인 침략 전쟁의 길에 나서게 된다.

주요 타깃은 동양의 병든 대국 중국이었다. 자원이 풍부한 만주 지역을 얻기 위해 일본 군부는 전쟁 구실을 만들기 위해 동분서주했다. 만주에서는 열차 폭파 사건을 일으켜 군벌 장쭤린(張作霖)을 암살하였고, 국내에서는 만주 지배에 반대하던 내각 수상 이누카이 쓰요시(犬養毅)를 암살하였다. 그리고 1931년 9월 펑텐(奉天, 선양의 옛 이름) 외곽의 남만주 철도 선로를 폭파하고 이를 중국 측의 소행이라 몰아붙이면서 '만주사변' 을 일으켰다. 선전포고는 없었지만 사실상의 전쟁이었다. 남만주 철도는 러일전쟁(1904~1905년)에서 승리한 일본이 러시아로부터 양도받아 경영해온 만주 침략의 거점이었다. 만주 전역을 점령한 일본군은 이듬해 3월 청나라 마지막 황제였던 푸이(溥儀)를 수반으로 하는 괴뢰 만주국을 수립했다. 중국의 동북지방을 자원 공급지이자 상품 판매 시장, 전쟁의 병참기지로 만들었던 것이다.

이 무렵 중국에선 국공 내전이 한창이었다. 1912년 신해혁명으로 중국의 마지막 왕조인 청나라가 멸망한 이후 중국 대륙에선 혁명파인 국민당 세력과 공산당 세력, 수구파인 군벌 세력이 각축을 벌이고 있었다. '중국혁명의 아버지' 쑨원(孫文)의 뒤를 이어 난징(南京) 국민정부 주석으로 취임한 국민당의 장제스(蔣介石)는 1924년 '제1차 국공합작'을 성립시키고 북벌운동을 전개해 각지에 할거하는 군벌 세력을 제압했다. 이를 통해 장제스는 사실상 중국을 장악할 수 있었다. 그런데 1927년 장제스는 돌연 반공산당 쿠데타를 일으켜 국공 합작을 무산시켰다. 그리고는 공산당을 탄압하기 시작하더니, 1930년부터는 5회에 걸쳐 대대적인 공산당 토벌작전을 전개해 나갔다.

그러는 사이 만주사변이 발생했고, 장제스는 국공내전에 몰두하느라 일제의 침략에 제대로 대처할 틈이 없었다. 일본의 군사 행동이 시작되었을 때는 장제스의 난징 정부가 제3차 공산군 토벌작전에 병력을 집중시키고 있을 시기였다. 일본과 전쟁을 피하고 싶었던 장제스는 장쭤린의 아들로서 만주의 지배권을 행사하고 있던 장쉐량(張學良)에게 밀령을 내려 22만 명에 이르는 동북군의 무저항 철수를 지시했다. 이 덕분에 일본군은 별다른 저항을 받지 않은 채 수월하게 만주 전역을 장악할 수 있었다.

일본군의 진격은 만주를 벗어나 오늘날의 허베이성(河北省), 랴오닝성(遼寧省) 및 내몽골 자치구의 교차 지역에 존재하던 러허성(熱河省)에까지 이르렀다. 장제스의 중국 정부는 일본의 침략에 군사적으로 대응하는 대신, 외교적인 수단을 통해 이를 해결하려 했다. 중국 정부는 일본을 국제연맹(League of Nations)에 제소했고, 국제연맹은 조사단을 파견해 조사한 끝에 일본의 군사 행동을 불법 침략으로 규정하고 일본군의 철수를 촉구하는 결의안을 통과시켰다. 그렇지만 일본측은 국제 사회의 결의를 따르지 않고 1933년 3월 국제연맹을 탈퇴하는 것으로 맞대응했다. 국제연합(UN) 전신으로 제1차 세계대전 직후 국가간 분쟁 관리 기구로 출발했던 국제연맹은 1930년대에 이르러 이미 집단적인 제재 능력을 상실하고 있었다.

장제스 정부의 요청으로 이뤄진 1933년 5월 정전협정에서는 일본군의 만주국으로의 철수와 만리장성 이남의 비무장지대 설치를 규정했다. 난징의 국민당 정부가 만주국이 중국 영역에서 분리되었음을 공식적으로 인정한 꼴이었다. 반면, 국민당군 공세에 밀려 서진했던 공산당의 홍군은 1934~1936년의 대장정을 통해 서쪽의 산시성(陝西省) 북부에 새 근거지를 마련하고 전열을 재정비하고 있었다.

중일전쟁 발발과 일본군의 난징 진격

1937년 7월 7일 밤, 베이징(北京) 중심가에서 서쪽으로 약 15km 떨어진 펑타이(豊台) 지구에 주둔중인 일본군 부대는 야간 전투훈련 중이었다. 갑자기 일본군 중대의 머리 위로 10여 발의 총탄이 날아왔고, 직후 일본군 병사 한 명의 모습이 보이지 않았다. 당시 이 병사는 용변을 보는 중이었고, 해당 병사는 20분 후에 무사히 대열에 복귀하였다.

그럼에도 불구하고 일본군은 '중국군이 사격을 하고 일본군 병사를 납치해갔다' 는 주장을 펼치며, 펑타이의 보병연대 주력을 즉각 출동시켰다. 그리고는 이튿날 아침부터 루거우차오(盧溝橋)를 수비하고 있던 중국 29군을 공격해 이를 점령했다. 일본군의 갑작스런 공세에 밀린 중국군은 융딩강(永定河) 우안(右岸)으로 후퇴하였다. 이른바 중일전쟁의 발단이 된 '루거우차오 사건' 의 싱거운 전말이다.

그렇지만 억지로라도 전쟁 도발의 구실을 만들어내고자 했던 일본으로서는 처음부터 사실관계는 그리 중요한 게 아니었다. 일선 부대 사이의 협정에 따라 '루거우차오 사건' 자체는 미봉되었지만, 일본군 상층부는 이 사건을 구실로 만주와 중국의 접경 지역에 병력을 증강했다. 그리고 마침내 7월 28일 중국 화북 지방에 대한 전면적인 침공을 개시함으로써 본격적인 중국 침략 전쟁의 전단을 열었다. 이번에도 선전포고를 생략하고 기습적으로 행한 군사행동이었다. 만주사변의 연장이자 20세기 아시아 최대 규모의 전쟁으로서, 후일 태평양전쟁으로 연결되어 제2차 세계대전의 일부가 되는 중일전쟁이 발발한 것이다.

당초 일본군 참모본부가 '속전속결로 전쟁을 끝낸다'는 목표 아래

일제는 중일전쟁을 일으켜 '병든 대국' 중국을 침략했다. 난징시의 남쪽 출입구인 중화문(中華門)을 공격하는 일본군.

발발한 전쟁이었지만, 이 시기 교전 상대인 중국 측의 상황은 만주사변 때와는 상당히 달라져 있었다. 1936년 12월 장쉐량이 일으킨 시안(西安) 사건으로 장제스가 공산당 토벌을 중지하고 대일항전으로 돌아섰다. 이 사건을 계기로 국민당과 공산당은 제2차 국공합작을 성립시켜 국공 내전을 중지하고 통일된 항일전선 대오를 구축했다. 이에 따라 중국 공산당의 소비에트는 국민당 정부 휘하의 자치 지방 정부로 격하되고, 공산당의 홍군은 국민당군 산하 팔로군(八路軍)과 신사군(新四軍)으로 재편되었다. 팔로군과 신사군은 형식상 국민당 정부의 국민혁명군 소속이긴 했지만, 장제스의 지시를 받지 않고 독자적인 작전권과 지휘권을 가진 사실상의 독립 부대였다. 항일 전쟁 과정에서 양측은 국민당군이 일본군과 정면에서 전투를 벌이고, 공산당군이 유격전을 벌이며 적후방을 위협하는 방식으로 역할을 분담했다.

전쟁 발발 당시 일본군은 잘 훈련되고 기계화된 30만 명 이상의 정규군과 일본군 장교의 지휘를 받는 만주국 부대 15만 명 이상, 세계 3위의 강한 해군력을 갖추고 있었다. 여기에 덧붙여 약 200만 명에 가까운 예비군과 육군 및 해군으로부터 분리된 항공대를 보유하고 있었다.

반면, 중국의 국민당군은 외형상 400만 명 이상으로 추산되는 병력을 갖추고 있었으나, 제대로 현대식 무장을 갖춘 부대는 약 10만 명 이상인 장제스 직속부대뿐이었다. 나머지는 변변한 장비조차 갖추지 못한 지방 군벌들의 무능한 부대가 주축이었다. 더군다나 보급의 대부분을 외부 원조로 충당하고 있었고, 해군력과 공군력도 전무하다시피 했다.

개전 초기 일본군은 기계화 병력을 앞세워 장제스의 국민혁명군에 승승장구했다. 개전 이틀 만에 화북(華北)의 중심인 베이징(北京)과 톈진(天津)을 점령하고, 국민당 정부군의 주력이 포진한 양쯔강(揚子江) 유역으로 향했다. 8월 일본군은 중국 최대 항구 도시인 양쯔강 하구의 상하이에서 상륙작전을 전개해 3개월 동안의 치열한 전투 끝에 이를 점령했다.

그렇지만 이 결과는 '2~3개월 정도면 중국대륙 전역을 점령해 전쟁을 끝낼 수 있을 것' 이라고 호언장담하던 일본군 수뇌부들의 기대와는 다른 것이었다. 상하이 전투를 기점으로 전쟁의 범위가 점차 확대되고 전쟁 기간이 장기화되어 가자, 일본군은 가는 곳마다 태우고, 빼앗고, 죽이는 이른바 '삼광작전(三光作戰)' 의 대살육 작전에 착수한다. 1937년 12월, 일본군은 국민당 정부 수도인 난징으로 진격해 들어갔다.

'삼광작전(三光作戰)' 의 현장이 된 난징

일본군의 난징(南京) 입성이 임박해지자, 국민당 정부는 황급히 난징을 포기하고 수도를 충칭(重慶)으로 옮긴다고 발표를 했다. 그렇지만 난징 위수사령관인 탕성즈(唐生智) 장군은 결사항전으로 수도를 지키겠다며, 휘하 15만 병력을 모두 난징성 안에 집결시켜 농성 채비를 갖췄다. 일본군은 난징을 삼면에서 포위해 좁혀 들어왔고, 이 와중에서 성을 빠져나가려는 정부 관리와 시민들, 그리고 성 안으로 들어오는 피난민들이 뒤엉켜 난징은 아수라장으로 변했다. 전쟁 발발 직전 약 110만 명에 육박했던 난징 인구는 절반 가까이 줄었다.

12월 13일, 난징성을 포위하고 있던 일본군이 난징성 안으로 진격하기 시작했고, 중국군의 '결사항전' 은 말뿐이었다. 위수사령관 탕성즈는 전날 이미 양쯔강을 건너 도망친 상태였고, 국민당군은 전투다운 전투를 치러보지도 못하고 맥없이 무너졌다. 미처 성을 빠져 나가지 못하고 남아 있던 50~60만의 난징 시민들과 중국군들은 이날부터 4~6주간에 걸쳐 살육·방화·강간으로 점철된 일본군 '삼광작전' 의 희생물이 되어야 했다.

최소 5만에서 최대 30만 명의 중국인들이 학살되어 중국인들에 의해 '난징 대도살' 이라 불리는 '아시안 홀로코스트(Asian Holocaust)' 가 시작되었다. 일본군은 먼저 '패잔병을 처리한다' 는 명목으로 항

가는 곳마다 태우고, 빼앗고, 죽이는 '삼광작전' 끝에 중국 국민당 정부의 수도였던 난징을 점령한 일본군 수뇌부.

복한 중국군 포로들을 끌어 모았다. 대상은 중국군복을 입은 포로들만이 아니었다. 젊은 남자들 중에서 '모자를 오래 쓴 흔적' 이 있거나 '손에 굳은살이 박힌' 사람들도 닥치는 대로 색출했다. 그리고는 이들을 적게는 수십 명씩, 많게는 수천 명 단위로 나눠 무차별 학살했다. 이들 중 상당수는 성곽 밖이나 양쯔강 하구로 끌려가 기관총으로 학살당했고, 일부는 일본군의 총검술 훈련용이나 목 베기 시합의 희생물이 되기도 했다. 일본군들은 또한 총알을 아끼기 위해 적지 않은 수의 중국인들을 산 채로 생매장하거나 칼로 찔러 죽였다.

난징의 한 광장에서는 여자들과 어린아이 등 다수의 민간인들도 포함된 천여 명의 사람들을 열 지어 세워 놓고, 이들에게 석유를 쏟아 부은 채 기관총을 난사했다. 광장은 총탄에 쓰러지고 불에 탄 시신들로 산을 이루었다. 전후 발견된 난징 대학살에 참가했던 한 일본군 병사의 일기에는 '(중국인을) 산 채로 묻어버리거나 장작불로 태워 죽이고 몽둥이로 때려죽이기도 했다' 는 대목이 기록되어 있다. 일기는 학살의 동기에 대해 '무료함을 달래기 위해서' 라고 적고 있는데, '강간·강도·살인·방화는 천하가 허락했다' 라는 글도 있었다. 전쟁의 광기가 죄의식을 마비시키고 살인놀이를 조장하고 있었던 것이다.

잔인한 '인간 사냥' 놀이가 극에 달하면서 일본군들의 관심은 중국인 여성에게로 쏠렸다. '집단윤간', '선간후살(先姦後殺)' 의 만행이 도처에서 횡행했다. 연령 구분도, 성속 구분도 없었다. 10살도 채 안 된 아이에서부터 60~70대 노파에 이르기까지, 수녀와 비구니를 포함하여 눈에 보이는 중국인 여성들은 모두 일본군의 능욕 대상이 되었다.

난징대학살 당시, 중국인을 목베는 일본군 사진. 일본 극우 부정파들이 '날조'라고 주장하는 사진들 중 하나이다.

만행의 압권은 대학살 당시에 일본의 일부 신문에 보도된 '100인 참수 경쟁' 기사였다. 1937년 11월 30일자 '오사카마이니치신문(大阪每日新聞)'과 12월 13일자 '도쿄니치니치신문(東京日日新聞)'은 일본군의 무카이 도시아키(向井敏明) 소위와 노다 쓰요시(野田毅) 소위가 일본도로 누가 먼저 100인을 참수시키는지를 겨뤘다는 무용담을 이들의 사진과 함께 게재하였다. 패전 후 이들은 전범 재판에서 사형을 언도받고 총살형을 당했다. 이들은 마지막까지 해당 신문 기사가 기자의 창작에 지나지 않는다고 주장했지만, 최근 유족들이 제기했던 명예 훼손 소송은 일본 대법원에서 패소 판결을 받았다.

난징 함락 이후 6주간에 걸쳐 진행된 대학살은 1938년 봄에야 비로소 종결되었는데, 이 와중에는 많은 중국인들의 목숨을 구하기 위해 노력한 '중국판 쉰들러' 욘 라베(John Rabe)의 선행도 있었다. 독일 나치스당원이자 상사 직원으로 난징에 와 있던 욘 라베는 당시 난징에 머무르던 다른 외국인들과 힘을 합쳐 외국대사관과 난징대학교 주변에 일본군이 함부로 들어올 수 없는 '안전지대'를 설정해 중국인들의 피신을 도왔다. 이 안전지대는 약 20만 명이 대피할 수 있는 규모였다. 욘 라베 자신은 소유지를 650명이 넘는 중국인들이 피신할 수 있도록 개방하고 음식물을 제공하였다.

또한 미국인 선교사 존 마기(John Magee)는 일본군의 학살 만행을 영상으로 기록했다. 존 마기는 아마추어용 16mm 소형 촬영기로 40분간의 필름을 촬영했는데, 필름에는 거리에 널려있는 수많은 시체들과 일본군에 유린당한 난징 대학 병원 환자들의 모습이 생생하게 담겨 있다.

난징 대학살 희생자를 잊지 않기 위한 추모비에는 이런 기원이 쓰여 있다.

"백골이여, 잠드소서.
원혼이여, 편안히 잠드소서.
살육의 칼을 경종으로 만들고
죽은 자의 이름을 역사에 새기리라.
아이들이 다시는 공포에 휩싸이지 않고,
어머니들이 다시는 통곡하지 않도록 하소서.
전쟁이 인류로부터 멀어지고

'강도 · 강간 · 살인 · 방화는 천하가 허락했다' —한 일본군 병사의 일기. 난징 대학살 기념관 추모홀에 전시된 사진들.

평화가 인간세상에 흘러 넘치도록 하소서."

전쟁 확대와 일제의 몰락, 그리고 전범 재판

중국 국민당 정부의 직전 수도였던 난징을 완벽히 제압한 일본군은 1940년 난징에 왕징웨이(汪精衛)를 수반으로 하는 친일 꼭두각시 정부를 세웠다. 그러나 일본군의 압도적인 전력 우세에도 불구하고 전쟁은 일본 군부의 기대만큼 성과를 내지 못하고 있었다. 중국군은 일부 지역을 포기하는 등 넓은 중국 대륙의 지리적 이점을 이용해 지구전 전략을 펼쳐 나갔기 때문에 전쟁은 점점 장기화되었고 전역은 넓어져만 갔다. 그에 비례해 점령지에서 공산당이 주도하는 게릴라의 활동이 날로 왕성해지고 있었고, 이에 따라 일본군은 넓은 전선에서 겨우 점(도시)과 선(도로)을 유지할 수 있을 뿐이었다. 쉽사리 항복할 것으로 판단했던 중국군의 저항은 서쪽의 깊숙한 내륙으로 수도를 옮기면서까지 계속되었고, 중국 국민당을 지원하는 미국의 원조 또한 점점 더 규모가 커지고 있었다.

신속한 승리를 쟁취하는 데 실패한 일본군은 1939년에 접어들면서 이미 점령한 중국 해안지대에 병력을 집결시켜 중국군 보급로를 봉쇄하는 방식으로 전략을 바꿨다. 그러나 넓은 영토를 활용한 중국인들의 끈질긴 저항으로 전쟁은 고착화되어 갔다. 1940년 이후 중국 대륙은 일본군 점령지구, 충칭을 중심으로 하는 국민당 정부, 옌안(延安)을 중심으로 하는 공산당의 산간닝변구(陝甘寧邊區) 등 크게 3개 지역으로 분점되었다.

일본군이 수세적 전술로 변경한 사이에 마오쩌둥(毛澤東)의 공산당은 세력을 크게 확대했다. 팔로군 규모는 40만 명으로 늘어났고, 2만에 불과했던 신사군 병력도 10만으로 급증하였다. 이같은 공산당의 세력 확대는 장제스의 위기감을 자극해, 1941년 10월 장제스의 국민당군이 공산당 계열의 신사군을 기습 공격하는 원난(皖南)전투가 일어나게 되었다. 이 전투에서 신사군은 9천여 명이 전사하는 군사적 타격을 입었고, 이 사건을 계기로 제2차 국공합작은 사실상 결렬의 수순에 돌입했다. 이로 인해 국민당은 항일전선을 깨뜨렸다는 비난에 직면한 반면, 공산당은 항일 영웅으로 인식되면서 인민의 지지라는 값진 정치적 수확을 얻을 수 있었다.

중국에서의 전선이 고착화되어 있던 1941년 12월 8일, 일본은 미국 하와이 진주만을 기습공격해 태평양전쟁을 발발했다. 이로써 중일전쟁은 태평양전쟁으로 연결되었고, 제2차 세계대전 전역은 아시아로 확대되었다. 태평양전쟁 초기에 일본군은 승승장구했지만, 1942년 6월 미드웨이 해전(Battle of Midway)에서 미국 해군에 패한 이후 전세가 역전되기 시작했다. 미국 공군은 중국 전선에서도 제공권을 장악해 일본군을 강타했고, 일본 본토에도 미공군기가 날아와 폭격했다.

1945년에 들어서면서 일본제국의 패배는 점점 명백해졌다. 태평양 전선에서 계속 밀리고 있었지만, 105만 대군이 여전히 중국 전선에 발이 묶여 있었다. 8월 초순 히로시마(廣島)와 나가사키(長崎)에 가공할 신무기인 원자폭탄이 투하되었고, 뒤이어 소련이 일본제국에 선전포고를 하고 진격을 시작했다. 8월 15일 일본제국의 천황 히로히토(裕仁)는 연합군에 무조건 항복을 선언하였다. 이로써 태평양 전쟁과 함께 중일전쟁이 막을 내렸고, 제2차 세계대전 전체가 종결되었다.

일본의 패전에 따라 1946년 8월~1947년 2월에 난징에서 B급 및 C급 전범에 대한 재판이 열려 난징 대학살에 대한 단죄가 시작되었다. 이 재판에서 1천 명이 넘는 중국인들이 460여 건의 살인·강간·방화·약탈에 관해 증언했고, 법의학 전문가들은 책임자를 기소하기 위해 난징 시내 인근의 매장지에서 수천 구의 유골을 발굴했다. 이 재판에서 난징 시내에서 온갖 만행을 저질렀던 일본군 6사단의 사단장 다니 히사오(谷 壽夫)와 '100인 참수 경쟁' 보도의 당사자였던 노다 쓰요시와 무카이 도시아키가 사형을 언도받고 총살형에 처해졌다.

보다 고위급 전범은 도쿄 극동국제군사재판에서 재판을 받았다. 이 재판에서는 28명의 전범이 기소되었는데, 그 중 난징 대학살 관련자는 상하이 파견군 사령관인 마쓰이 이와네(松井石根)와 사령관 대리였던 아사카노미야 야스히코(朝香宮鳩彦王)였다. 이 중 난징 주둔군 최고 책임자였던 마쓰이는 교수형을 당했지만, 와병중이던 마쓰이를 대신해 난징 공략을 지휘하며 '모든 포로를 사살하라' 는 명령을 내려 대학살의 원인을 제공했던 아사카노미야는 무사했다. 일본 황족이란 이유로 처벌이 면제되었던 것이다.

난징의 강간 논란

1997년은 난징 대학살이 60주년을 맞은 해였다. 이 해에 미국에서는 중국계 여류 역사가이자 작가인 아이리스 장(Iris Chang)이 쓴 논픽션《난징의 강간: 제2차 세계대전의 잊혀진 홀로코스트(The Rape of Nanking: The Forgotten Holocaust of World War II)》가 출판되어 50만 부 이상 팔리며 10주간 베스트셀러 목록에 올랐다. 난징 대학살에 대해 영어로 쓴 최초의 중요한 저술로 평가받는 이 책은 그동안 중국과 일본, 그리고 일본 내부에서 산발적으로 진행되던 난징 대학살 논쟁을 본격적으로 재점화시켰다.

그동안 중국 측은 난징 대학살로 인한 희생자 수가 30만 명이라고 주장하고 이를 '일본의 계획적인 침략 행위의 결과'라고 일관되게 주장해 왔다. 반면 일본에는 학살의 희생자 규모에 대해 수만에서 최대 20만 명이라는 다양한 주장이 있어 왔고, 심지어 '난징 대학살은 연합국과 중국이 일본군을 비방하기 위해 정보전·선전용으로 날조한 것'으로 '20세기 최고의 거짓말'이라는 극우 논리도 존재했다. 그동안 일본 조야의 주류는 '난징 대학살'을 '난징 사건'이라고 부르며 사안 자체를 축소하려 했고, '일본은 일부 군부 세력에 의해 전쟁에 끌려들어 갔고 학살도 전쟁 과정에서 발생한 우발적 사건'이라는 수동적인 입장을 견지하고 있었다.

장은 자료조사 과정에서 수많은 중국인들의 목숨을 구한 욘 라베와 미니 보트린(Minnie Vautrin)의 일기를 발견하고, 둘을 각각 '난징의 오스카 쉰들러' 와 '난징의 안네 프랑크' 라 칭하며 비중 있게 다뤘다(미니 보트린은 당시 진링(金陵)여학교 교장으로 있으면서 1만 여 명의 여성들에게 학교를 피난처로 제공해 목숨을 살린 미국의 선교사이다). 또한 장은 난징으로 가서 대학살에서 살아남은 이들을 인터뷰하고 중국인들의 시각을 반영했지만, 정작 일본에서의 인터뷰와 조사는 생략했다.

장의 저술은 그 명성만큼이나 많은 논란을 빚었다. '과거의 어떠한 책보다 일본이 자행한 짓을 분명하게 보여주는 책' 이라는 칭송을 받았는가 하면, '심각하게 결점이 많다', '오해와 경솔한 설명으로 가득하다' 라는 혹평도 있었다.

《난징의 강간》에는 잘못 인용한 사진도 없지 않았는데, 난징이 배경이 아니거나 영화 장면에서 따온 사진의 경우가 그랬다. 일본 극우파는 이런 부분적인 잘못을 근거로 책 내용 전체를 부정하고, 나아가 난징 대학살 자체를 부정하는 근거로 삼고 장을 공격했다. 일본에서는 아직 출판되지도 않은 책을 규탄하는 극우파들의 집회가 잇달아 개최되었고, 아이리스 장은 일본 우익들에게서 수많은 협박 편지를 받는 고통에 시달려야 했다. 정신 질환에 시달리던 그녀는 2004년 11월 자살로 추정되는 죽음을 맞이하였다.

최근 들어 중국은 7만평 규모의 난징 대학살 역사관을 설립했는데, 그 한켠에는 아이리스 장의 동상도 세워져 있다. 기념관에서는 매년 12월 13일 희생자들에 대한 대대적인 추모식이 열리고 있다.

8

카틴 숲 학살

열강의 간섭 속에 수시로 바뀐 폴란드 지도

현존하는 유럽의 국가 가운데 근현대사에 있어 폴란드만큼 심한 국경의 변화를 겪은 나라는 없을 듯하다. 중부 유럽 대평원 지역에 폴인(Poles, 또는 폴라니에족)의 땅이 처음 형성된 10세기 이래, 로마 가톨릭을 받아들인 폴란드인들은 주변의 세력들과 각축하면서 자신들의 역사를 개척해 왔다. 동쪽으로는 같은 슬라브 계통이지만 러시아 정교를 신봉하는 러시아가, 서쪽으로는 게르만족 국가인 독일 및 오스트리아가 버티고 있었다. 이들 나라들과 마찰하고 충돌하는 과정에서 폴란드 영토는 복잡한 변화를 겪어야 했다.

전성기는 결혼동맹으로 성립한 폴란드-리투아니아연합 왕조인 야기에오(Jagiellon) 왕조 시대였다. 야기에오 왕조 치하의 폴란드는 폴란드와 리투아니아는 물론이고, 오늘날의 라트비아 · 우크라이나 · 벨로루시 · 몰도바 및 러시아 서부를 지배 아래 두었다. 별도 왕국으로 존재하면서 공동 왕조를 섬기던 리투아니아를 병합한 16세기 말에는 폴란드 영토가 북으로 발트해, 남으로는 흑해에 이르렀다. 당시 유럽 최대 왕국의 면모였다.

야기에오 왕조 이후는 쇠락과 내분의 시기였다. 왕위 계승자의 부재로 야기에오 왕조가 단절되면서, 폴란드에는 귀족 계급인 슐라흐타(Szlachta)가 국왕을 선출하는 일종의 귀족 공화정이 자리잡았다. 왕권 약화와 내분이 불가피했고, 그 틈을 비집고 주변 열강들이 폴란드의 판도를 뒤흔들기 시작하였다.

대표적인 사례가 프로이센·러시아·오스트리아의 3국에 의한 세 차례의 폴란드 분할이었다. 러시아 예카테리나 2세(Ekaterina II)와 프로이센 왕 프리드리히 2세(Friedrich II), 그리고 오스트리아 여제 마리아 테레지아(Maria Theresia)가 합작한 1772년의 1차 분할에서 폴란드는 벨로루시의 동부, 서(西)프로이센, 우크라이나 북서부로부터 폴란드 남동부에 이르는 갈리치아(Galicia)를 각각 세 나라에 떼어 주었다. 1차 분할을 통해 떨어져 나간 폴란드 국토와 인구는 기존의 약 1/3에 이르렀다. 1793년 2차 분할은 프랑스혁명의 영향 아래서 탄생한 진보적인 '신헌법' 에 반대하는 폴란드 보수파 귀족의 요청으로 이뤄진 간섭의 결과였다. 오스트리아가 프랑스혁명전쟁 때문에 불참한 가운데, 러시아와 프로이센은 다시 폴란드의 일부를 떼어내 나눠 가졌다. 3차 분할은 국토 분할에 항의하는 타데우시 코시치우슈코(A. Tadeusz B. Kościuszko)의 독립 운동을 진압한 후인 1795년에 이뤄졌는데, 이때는 남아 있던 폴란드 영토 전부가 분할 대상이었다.

이로써 폴란드는 유럽 지도상에서 완전히 사라지게 되었고, 3국의 지배는 짧은 나폴레옹 점령기(1807~1815년)를 빼고 제1차 세계대전이 막을 내리는 1918년까지 지속되었다.

제1차 세계대전이 끝난 1918년 폴란드는 베르사유(Versailles) 조약에 의거해 123년 만에 다시 독립을 회복할 수 있었다. 이번에는 패전국인 독일에 빼앗겼던 서부 영토뿐만 아니라, 승전국인 러시아가 차지했던 동부 영토도 회복하는 행운이 뒤따랐다. 러시아에서 사회주의 혁명을 성공시킨 소련 정부가 제국주의 유산인 옛 폴란드 영토 일부를 포기한 덕분이었다.

그렇지만 신생 폴란드는 여기서 만족할 수 없었다. 새 독립국의 영토는 분할 이전보다 훨씬 줄어든 상태였다. 소련 정부가 대소간섭전쟁과 적백내전으로 어수선한 틈을 타, 옛 영토였던 우크라이나 일대를 되찾기 위해 1920년 4월 소련폴란드전쟁을 일으켰다. 우크라이나 민족주의자들과 연합한 폴란드군은 순식간에 우크라이나의 수도 키예프(Kiev)를 점령했지만, 소련군의 반격을 받고 7월 다시 바르샤바(Warszawa)로 후퇴해야 했다. 수도가 함락될 절체절명의 순간에 처한 폴란드군은 프랑스의 도움으로 소련군을 퇴각시킬 수 있었다. 그리고 이듬해 체결된 강화조약을 통해 벨로루시 및 우크라이나 서부를 소련으로부터 할양받는 성과를 거뒀다.

새 폴란드의 영내에는 우크라이나인 320만, 유대인 300만, 러시아인 120만, 독일인 70만 명 등이 포함되어 있었다. 다민족 국가인 예전의 면모를 되찾았지만, 그것도 잠시였다. 1939년 독일의 폴란드 침공으로 시작된 제2차 세계대전 기간 동안 폴란드는 나치 독일과 소련에 분할 점령되었다. 뿐만 아니라 1941년 독소전쟁 동안에는 두 나라가 직접 충돌하는 전장으로 변하면서 만신창이가 됐다. 3000만 명의 인구 중 20%에 해당하는 600만 명이 희생당하는 최대 전쟁 피해국 중 하나로 기록됐다.

제2차 세계대전 종전 이후에는 다시 독립했지만 이번에도 어김없이 국경선의 조정이 있었다. 동부 지방의 일부 영토를 잃는 대신, 독일 오데르(Oder) 강 동부지역과 발트해 남안의 포모제(Pomorze, 또는 포메라니아)지방을 새로 얻었다. 이때 확정된 국경선이 현재까지 유지되고 있다.

독일과 소련의 폴란드 침공과 폴란드인 포로 문제

제2차 세계대전 전후 폴란드에는 뛰어난 수학자들이 많았다. 마리안 레예프스키(Marian A. Rejewski), 헨리크 지갈스키(Henryk Zygalski)와 예지 로지키(Jerzy Rozycki) 등이 대표적인데, 이들은 독일군의 암호체계인 에니그마(Enigma)를 푸는 데 큰 역할을 했다. 폴란드 정부는 수학자들로 하여금 독일군이 자국 침공에 나설 시기를 계산해 보도록 했다. 수학자들은 그 시기가 적어도 1940년도 중반 이후가 될 것이라 예측했지만, 실제는 수학자들의 계산과 달랐다.

1939년 9월 1일 히틀러의 나치 독일은 폴란드 독립으로 분리된 독일 본토와 동프로이센을 이어줄 폴란드 회랑을 회복하겠다는 명분을 내세워 폴란드를 침공했다. 제2차 세계대전의 서막이었다. 폴란드 동맹국이었던 영국과 프랑스가 상호 보호 조약을 근거로 9월 3일 독일에 선전 포고를 함으로써, 독일 침공은 제2차 세계대전으로 비화되었다.

독일군이 폴란드 서부를 침공한 2주 뒤, 이번에는 소련군이 폴란드 동부 지역을 점령했다. 독일의 폴란드 침공 직전 독일과 소련이 체결한 비밀 협정인 몰로토프-리벤트로프(Molotov-Ribbentrop) 조약에 따른 분할 점령이었다. 그 이전에 폴란드가 독일, 러시아와 각각 맺은 불가침 협정문은 휴지 조각이 되어 버렸다.

나치 독일과 공산 소련 양쪽으로부터 느닷없는 침공을 받은 폴란드는 맥없이 무너졌다. 특히 폴란드로서는 소련의 침공은 예상 밖이었다. 허를 찔린 폴란드는 수도 바르샤바를 2주 만에 점령당했고, 독일군과 소련군은 한 달 만에 폴란드 전역을 완전히 장악할 수 있었다.

그렇지만 폴란드 정부는 끝까지 항복하지 않고 남아 있는 군대와 함께 루마니아와 헝가리로 탈출했다. 브와디스와프 시코르스키(Władysław E. Sikorski)를 국가수반 겸 사령관으로 하는 임시정부가 영

독소 양국군에게 침공을 당한 폴란드 정부는 끝까지 항복하지 않고 국외로 탈출했다. 사진은 2차대전 중 폴란드 망명 정부를 이끌던 브와디스와프 시코르스키(Władysław Sikorski).

국 런던에 수립되었다. 탈출한 폴란드군 장병 다수는 연합국 측의 '자유 폴란드군' 으로 재편되어 대독 항전에서 의미 있는 역할을 수행했다. 폴란드 국내에서도 망명정부 지휘하의 국내군과 폴란드노동자당의 인민군 등이 레지스탕스 활동을 펼치면서 독일군 후방을 괴롭혔다. 폴란드인들의 비타협적인 저항 정신은 1944년 '바르샤바 봉기' 에서 절정을 맞는다.

한편, 소련군의 점령 아래 놓인 동부에서는 포로가 된 폴란드 군인들이 무장해제된 채 수용소에 수용되었다. 수용된 인원들 중에는 폴란드 사회의 지도층 인사들이 다수 포함되어 있었다. 1940년 9월 17일자 소련군 기관지 '붉은 별' 은 이렇게 수용된 폴란드군 포로의 수를 장군 10명, 대령 52명, 중령 72명, 그 밖의 고급장교 5,131명, 하급사관 4,096명, 일반병사 18만 1,223명으로 명시했다. 얼마 후 이 숫자는 장군 12명, 장교 8,000명을 포함해 23만 672명으로 정정되었다. 폴란드 망명정부는 장교 1만 명을 포함해 군인 25만 명과 일반인 다수가 행방불명이 되었다며 수차례에 걸쳐 소련 측에 해명을 요구했지만, 소련 측으로부터 납득할 만한 답변을 듣지 못하고 있었다.

독일과 소련 사이의 밀월은 1940년 가을부터 발칸반도에서의 이권을 둘러싸고 급격히 식어가기 시작했다. 마침내 1941년 6월 독일이 180만 명의 대병력을 투입하여 소련을 기습 공격함으로써 독소전쟁이 발발하게 되었다. 다급해진 소련은 폴란드 망명 정부와 협정을 체결하고 폴란드인 포로들을 석방하였다. 석방된 포로들은 전투 부대로 재편되었는데, 집결한 숫자가 장교 1,800명, 하사관 및 사병 27,000명에 불과했다. 폴란드 망명 정부가 자체 집계한 행방불명자의 1/10에도 못 미치는 숫자였다.

폴란드 망명 정부는 정식으로 재차 소련 측에 나머지 포로의 전원 석방을 요구했다. 소련 측 답변은 폴란드군 포로 전부를 석방했으나, 사무적인 절차와 수송 문제로 도착이 지연되고 있다는 것이었다. 12월 들어 폴란드 망명 정부의 수반 시코르스키가 직접 스탈린을 만나 따졌으나, 스탈린의 답변은 한결같았다. "분명히 모두 석방했다."

'폴란드 엘리트의 씨를 말려라'

체포된 폴란드 장교단의 절반 이상과 주요 인사들은 코젤스크(Kozelsk), 스타로벨스크(Starobelsk), 오스타시코프(Ostashkov)에 있는 옛 수도원 건물에 별도로 수용되었다. 후일 공개된 소련의 비밀문서에서는 그 숫자를 오스타시코프 6,287명, 코젤스크 4,404명, 스타로벨스크 3,891명으로 기록했다. 이들은 나중에 딴 곳으로 이송된 것으로 기록되어 있는데, 그 장소가 어디인지는 밝혀져 있지 않다.

훗날 발굴된 한 수감자의 일기가 의문 해결의 실마리를 제공했다. 1940년 봄에서 여름 사이에 폴란드 포로들은 소련 비밀경찰 NKVD(내무인민위원부) 관계자에게서 '제군들은 귀국이 허가되어 서쪽으로 가게 된다'는 설명을 듣는다. 그들은 한 역에서 열차에 태워져 '서쪽을 행해 이동'했다. 일기는 다음과 같이 끝을 맺는다.

"저들이 우리를 작은 숲으로 데리고 갔다. 반지, 시계, 허리띠, 칼 따위를 빼앗았다. 저놈들이 우리에게 무슨 짓을 할까?"

그로부터 3년여 후인 1943년 초봄. 소련의 스몰렌스크(Smolensk) 지방을 점령하고 있던 독일 중앙집단군의 한 장교가 카틴(Katyn) 마을 부근의 '산양의 언덕'이라 불리는 숲 속에서 폴란드인 장교들의 시체가 겹겹이 묻혀 있는 것을 발견하고 상부에 보고했다. '세계적인 대사건' 이 될 것임을 직감한 중앙군 참모는 근처의 마을 이름을 딴 '카틴 숲의 학살' 이라는 보고서를 작성해 내각의 제국국민계몽선전부로 보냈다. 당시 현지에는 폴란드 포로 1만 명 이상이 열차로 운반되어 총살당했다는 소문이 파다하게 퍼져 있는 상태였다.

'프로파간다의 천재' 라 불리는 나치 선전부 장관 괴벨스(P. J. Goebbels)가 이를 놓칠 리 없었다. 소련과 망명 폴란드 정부를 갈라놓고 연합국 진영을 이간질할 수 있는 더없는 호재였다. 즉각 대대적이고 철저한 조사를 진행하라는 지시가 떨어졌다. 동시에 괴벨스는 바르샤바, 루블린(Lublin), 크라쿠프(Krakow) 등 폴란드 주요 도시 유지들과 폴란드 적십자사에 조사 참여를 권유했다. 적십자사는 '반소 프로파간다' 라며 처음에는 이를 거부했지만, 도시 대표들은 조사에 입회했다.

그러는 사이에 소문이 퍼져 4월 13일 세계 언론들은 카틴 숲 학살사건을 일제히 보도했다. 소련은 1941년 이래 스몰렌스크 지방을 점령하고 있던 독일군 소행이라고 반박했지만, 후에 시체 발굴 작업에 합류한 폴란드 적십자사는 사체가 소련군에 붙잡힌 폴란드 포로들임을 확인했다. 소련 측은 폴란드 망명정부에 대해 이 사건이 '독일의 음모' 라는 성명을 발표하도록 요구했다가 거부당하자, 망명정부에 단교를 통고했다.

독일 측이 중립 성향 국가 언론들의 현지 취재를 허용한 가운데, 스위스 중심의 의사진과 법의학자로 구성된 국제조사위원회가 파견되어 5월 1일부터 본격적인 진상 조사에 나섰다. 폴란드 적십자사의 조사단도 합류했다. 조사가 진척되면서 소련군에 의한 집단 살해 및 매장이라는 증거가 속속 드러났다. 손이 뒤로 묶인 채 머리를 관통한 총탄의 흔적이 남아 있는 사체들은 묻힌 지 3년이 경과된 것으로 추정되었다. 시신들은 러시아의 침공 시기와 맞아 떨어지는 동계 수용소복을 입고 있었고, 손을 묶은 매듭은 '러시아 방식' 이었다.

날이 갈수록 5월의 기온이 상승하기 시작하면서 작업 현장에는 시

'폴란드 엘리트의 씨를 말려라' -스탈린이 지시하고 소련의 비밀경찰이 실행한 카틴 숲 학살 사건 유해 발굴 현장 (1943년).

체 썩는 냄새가 진동했다. 현지 노동자들이 더 이상의 작업을 거부하는 가운데, 소련군마저 인근까지 진격해 오고 있었다. 이 무렵 8번째의 집단 매장지가 발견됐으나, 조사위원회와 대표단은 신변 안전을 위해 작업 중단과 철수를 결정했다. 마지막 철수 때까지 확인된 시신의 총수는 4,243구였다.

녹슨 버클과 단추엔 독수리가 들어 있고,
방탄모에는 수많은 벌레들이 쌓여있다.
썩은 사진, 소지품, 도시와 마을 지도…
그러나 무기는 없다. 이곳은 싸움터가 아니니다.

모두 같은 병에 걸렸을까?
모두가 같은 곳에 동그란 구멍이 있다.
이 구멍에서 땅으로 주님의 은총이 흘렀다.
그러나, 이곳엔 역병 무덤이란 표시는 없다.

이 사건을 목격한 나무들은 아직 살고 있고,
땅은 구두의 모양과 피의 맛을 아직 기억하고 있고,
하늘은 명령의 언어를 알고 있다.
아직도 들리는 사격이 개시되기 전의 명령을.
(………)

이곳은 죽음이 없는 세상이다. 살인이 없는 죽음의 세상,
명령이 없는 살인의 세상, 목소리가 없는 명령의 세상.

신체가 없는 목소리의 세상, 영혼이 없는 신체의 세상,
이름이 없는 영혼의 세상, 운명이 없는 이름의 세상.

이런 곳은 이 세상에 딱 하나밖에 없다.
(………)

어느 새벽… 카틴 숲에서
소련의 군인들이 우리에게 총을 쏘았다.

—야첵 카취마르스키의 〈카틴〉 부분

소련측이 자행한 폴란드인 포로들의 학살 이유와 인적 사항, 전체 규모가 밝혀진 것은 이 조사로부터 거의 반세기가 지난 후였다. 1989년 소련의 학자들은 이오시프 스탈린이 학살을 지시하고 NKVD의 상관인 라브렌티 베리야 등이 명령서에 서명한 사실을 밝혀냈다. 이 사실은 1992년 구소련 붕괴 후 러시아 정부가 공개한 최고기밀문서 제1호에 의해 구체적으로 입증되었다. 스탈린은 '폴란드가 다시는 소련에 대항할 수 없도록 엘리트들을 모두 처형하라'는 지시를 내렸고, 베리야는 이의 실행을 명령했다. 비밀 해제된 기밀문서에는 폴란드군 장교와 지식인·예술가·노동자·성직자 등 학살된 폴란드 사회 지도층 21,768명의 개인자료를 폐기했다는 내용도 들어 있었다. 이 사이인 1990년에는 당시 소련의 고르바초프(M. S. Gorbachev) 대통령이 카틴에서와 같은 매장이 이루어진 것으로 보이는 메드노에(Mednoe)와 퍄치하키(Pyatikhatki)의 사례를 합쳐, NKVD가 폴란드인을 살해한 것을 정부 차원에서 인정하였다.

은폐와 침묵의 동조와 때늦은 사과

연합국 측의 영국은 런던 교외의 암호도청 및 해독 거점인 브래츨리 파크(Bletchley Park)에서 추축국 간의 통신을 감청하고 해독해 독일군이 카틴 숲에서 대규모 묘지와 구덩이를 발견한 사실을 벌써 파악하고 있었다. 그렇지만 영국 정부는 이런 정보를 다른 연합국들과 공유하지 않은 채 침묵과 무대응으로 일관했다.

미국은 한술 더 떴다. 대통령 프랭클린 루즈벨트(Franklin D. Roosevelt)는 카틴 숲 사건이 세상에 드러나자, 정확한 정보를 수집하기 위해 미 해군의 조지 알(George Howard Earle III) 대위를 밀사로 발칸반도에 파견했다. 알은 추축국 측의 불가리아·루마니아와 접촉한 결과 학살이 소련에 의해 저질러졌다고 결론을 내리고, 이런 사실을 루즈벨트 대통령에게 보고했다. 그렇지만 학살이 소련에 의해 저질러졌다는 확신을 갖지 못한 루즈벨트는 소련과의 관계를 고려해 알의 결론을 승인하지 않았다. 알의 보고서는 대통령의 명령으로 은폐되었다. 알은 자신의 보고서 내용을 공표해 달라고 공식적으로 요청했지만, 루즈벨트는 공표를 금지하는 공문을 그에게 보냈다. 알은 이후 태평양의 사모아(Samoa) 전선으로 좌천되어 중요한 임무에서 제외된 채 남은 전쟁 기간을 그곳에서 보내야 했다.

전후에 열린 뉘른베르크(Nuernberg) 전범 재판에서는 카틴 숲 학살 사건이 단죄의 대상에 포함되지도 않았다. 오히려 소련측 재판관이 '가장 중요한 전쟁범죄 가운데 하나가 독일 파시스트에 의한 폴란드 포로의 대량학살' 이라며 사건의 책임을 독일로 돌리려 했지만, 미국과 영국이 지지하지 않은 탓에 없던 일이 되어 버리고 말았다.

'어느 새벽… 카틴 숲에서/소련의 군인들이 우리에게 총을 쏘았다.' 사진은 폴란드의 카토비체(Katowice)에 세워진 학살자 추모 조형물.

피해 당사자인 폴란드의 전후 집권 세력도 침묵과 은폐에 동조했다. 1947년 선거를 통해 집권을 시작한 폴란드 노동자당 공산 정부는 '소련의 보이지 않는 압력' 을 의식해 동족을 대량 학살한 사건의 진상 규명을 외면했다. 이런 상태는 1989년 폴란드에서 공산주의 정권이 붕괴되기까지 지속되었다.

냉전이 한창이던 1952년 미국 의회가 서방에서는 처음으로 이 사건이 1939년 구소련의 NKVD에 의해 계획되어 적군에 의해 살해가 실행된 것을 인정하는 결의안을 통과시켰다. 러시아에서는 2004년 카틴 숲 학살 사건에 대한 군 검찰의 조사가 있었으나 '피의자 사망' 등의 이유로 간단히 종결되었고, 러시아 군법원은 이듬해 이 사건이 유엔이 규정한 집단 인종학살(제노사이드)에 해당되지 않는다고 판결했다.

소련의 실질적 계승자인 러시아가 밝히는 카틴 숲 사건에 대한 공식 입장은 스탈린의 명령에 의한 학살 행위 자체는 인정하면서도 국가 차원의 공식 책임은 없다는 것이다. 그리고 카틴 사건 관련 문건 183건 가운데 67건을 제외한 116건을 국가기밀이 포함됐다는 이유로 여전히 공개를 꺼리고 있다.

세월의 흐름에도 불구하고 카틴 숲 학살 사건에 대한 폴란드 국민들의 앙금은 여전하다. 사진은 2010년 4월 10일 카틴 숲 학살 희생자 추도식에 참석하려다 비행기 추락 사고로 숨진 카친스키 폴란드 대통령 부부의 장례식(바르샤바 대통령궁).

최근 들어 러시아와 폴란드 양국은 1천 년을 반목해 온 역사에 새로운 화해를 시도하려는 움직임을 보이고 있다. 2010년 4월 러시아의 실세 총리 블라디미르 푸틴(Vladimir V. Putin)은 폴란드의 도널드 터스크(Donald Tusk) 수상과 함께 스몰렌스크 교외의 위령비를 참배하며 잔인한 학살을 공개적으로 인정했고, 11월 26일에는 러시아 하원이 '스탈린과 몇몇 지도자에 의한 명령으로 발생한 학살사건' 이었다는 성명을 채택했다. 또 12월에는 드미트리 메드베데프(Dmitry A. Medvedev) 러시아 대통령이 러시아 최고 지도자로는 17년 만에 폴란드를 방문해 양국 정부간의 협력 문서에 서명했다.

양국간 화해 무드는 2009년 4월 10일 폴란드 주최의 학살 사건 70주년 추도식에 참가하기 위해 스몰렌스크로 향하던 폴란드 레흐 카친스키(Lech A. Kaczynski) 대통령의 전용기가 행사장 인근에 추락하는 비극에 의해 촉진되었다. 이 죽음으로 인기가 바닥이던 카진스키는 국가적 영웅으로 떠올랐다. 다른 한편으로 이 사건은 세월의 흐름에도 불구하고 카틴 숲 학살 사건에 대한 폴란드 국민들의 가시지 않는 앙금을 보여주는 반증이기도 했다.

바르샤바 봉기

3000만 명 인구 중 600만 명 희생이라는 폴란드의 제2차 세계대전 피해 기록은 사망자 숫자로는 소련에 이은 2위, 인구 대비 사망율로는 1위에 해당한다. 전사자 비중이 큰 다른 나라와는 달리 사망자의 95%가 민간인 희생자였는데, 폴란드 전역에서 대규모 살상이 숱하게 벌어졌음을 보여주는 지표이다. 이 중 가장 큰 비중을 차지한 것은 250만에 이르는 폴란드 유대인의 죽음이었다. 당시 폴란드는 유럽에서 가장 많은 유대인이 거주하는 나라였다. 전쟁 막바지의 '바르샤바 봉기' 과정에서도 20만 명 안팎의 희생자가 발생했는데, 독일군의 무차별 살육과 소련군의 수수방관이 빚어낸 대참사였다.

1944년 8월 1일, 볼 코모로브스키(T. Bor-Komorowski) 장군이 이끄는 바르샤바의 레지스탕스 조직원 4만여 명이 일제히 봉기했다. 멀리서 연합군의 대포 소리가 들려오고, 소련군의 진격이 목전에 다다른 상황이었다. 비록 소총과 화염병이 전부인 무장봉기였지만, 초반의 전개는 성공적이었다. 봉기군은 이틀 만에 바르샤바 시내 대부분을 장악했다. 중앙우체국과 조폐창·병원·인쇄소·발전소 등의 중요 시설, 나치친위대(SS)의 식량창고와 군복 저장소 등이 봉기군 수중에 떨어졌다. 허를 찔린 독일군은 여러 곳에 고립 분산되었고, 거리마다 바리게이트가 쳐졌다. 쌍방 간에 치열한 시가전이 벌어지는 가운데, 일반 시민과 여성과 아이들까지 전투에 가세했다.

그렇지만 독일군 전력은 여전히 건재했다. 아직도 곳곳의 요충을 방어하고 있었고, 무엇보다도 봉기군과 비교할 수 없는 무장을 갖추고 있었다. 게다가 임박한 소련군과의 전투에 대비해 병력이 배로 증강되어 있던 참이었다.

나치친위대 총사령관 하인리히 히믈러(Heinrich L. Himmler)는 바르샤바의 봉기 소식을 접하고 이를 다른 점령지 도시에 본보기로 삼고자 했다. 인근에 주둔하던 독일군 부대들이 바르샤바로 출동했고, 바르샤바의 모든 포로와 군관민에 대한 사살 명령이 떨어졌다.

봉기군이 도래를 기대했던 소련군은 8월 2일 바르샤바에서 20여 km 떨어진 지점까지 도착했지만, 무슨 이유인지 더 이상의 진격을 멈췄다. 독일 폭격기가 매일 봉기군에세 포탄을 퍼부어 댔지만, 소련 공군 또한 출격하지 않고 있었다.

8월 5일 잔인하기로 유명한 나치친위대의 디를레방거(Dirlewanger) 사단과 카민스키(Kaminski) 여단을 앞세운 독일군의 반격이 시작되었다. 시민들의 희생이 눈덩이처럼 불어나기 시작했는데, 첫날에만 38,000여 명이 무차별적으로 사살당했다. 볼라 지구의 한 병원에선 1,360명 이상의 환자와 직원들이 집단 희생되었다.

8월 12일에는 기갑부대를 동원한 독일군의 대대적인 소탕 작전이 시작되었다. 봉기군은 필사적인 저항을 벌였지만, 독일군의 압도적인 화력 앞에 저항선은 차례차례 무너져 갔다. 독일군 전차들은 아이들과 여자들을 전차 앞에 묶은 채로 저항군을 공격했다. 9월 2일에 바르샤바 구시가지는 다시 독일군의 수중에 떨어졌고, 봉기군은 미로처럼 얽힌 바르샤바의 하수도로 숨어 들어가 저항을 계속했다.

9월 말에 이르자, 바르샤바의 상황은 최악에 이르렀다. 식량은 떨어진 지 오래였고, 봉기군은 무기와 탄약마저 바닥이 났다. 독일군 진압사령관 에리히 폰 뎀 바흐(Erich von dem Bach)와 협상을 벌인 봉기군은 '항복한 봉기군을 전쟁포로로 대우하고, 비전투원 시민들의 안전을 보장할 것' 등을 조건으로 독일군에 항복했다. 10월 2일, 최후까지 살아남은 봉기군 15,000명은 포로수용소로 당당히 행진함으로써 두 달간의 시민 봉기는 막을 내렸다.

봉기군이 애타게 기다리던 소련군이 바르샤바에 들어온 것은 그로부터 석 달 후인 1945년 1월의 일이었다.

9

홀로코스트

오랜 이산과 박해의 역사

처음에 중세의 기독교 지도자들은 이렇게 말했다.

"너희들이 유대인인 이상, 우리와 함께 살 권리가 없다."

그 다음에, 세속 세계 지도자들은 선언했다.

"너희들은 우리와 함께 살 권리가 없다."

마지막으로 독일 나치는 다음과 같이 주장했다.

"너희들은 살 권리가 없다."

이산과 박해로 점철된 유대인의 역사만큼이나 반유대주의도 뿌리가 깊었다.

유대인들이 조상들의 고향인 팔레스타인을 떠나 세계 각지로 뿔뿔이 흩어져 정착한 것은 오랜 역사적 과정을 통해서였다. 그것도 '바빌론 유수' 와 같은 외침 세력에 의한 강제 이주의 결과만은 아니었다. 오히려 정복자들의 이주정책에 능동적으로 대응하거나 스스로의 개척 정신에 의해 나선 경우가 많았다. 유대인들의 집단 이주는 고대의 이스라엘왕국과 유대왕국이 멸망하면서 시작되었다. 이어 로마제국 치하에서 벌어진 독립 전쟁이 실패로 끝나면서 유대인들의 이주는 더욱 가속화되었는데, 이를 '이산(離散)' 을 뜻하는 '디아스포라(Diaspora)' 라 불렀다. 고대 이후로 계속된 디아스포라의 결과, 19세기 오스만 제국 치하의 팔레스타인에 남은 유대인 인구는 고작 2만여 명에 지나지 않았다.

이렇게 팔레스타인 밖으로 나간 유대인들은 먼저 지중해 일대의 유럽 남부와 아프리카 북부, 서아시아 지역에 정착했다. 이들은 이민족의 영토 안에서 유대교를 공통분모로 하는 정신적 결속과 특유의 상업적 기질을 발휘한 경제적 성공에 힘입어 자신들만의 공동체를 형성해 나갔다. 상업과 교역이 발전함에 따라 유대인들의 디아스포라 공동체는 지중해 연안에서 유럽 각지로 퍼져 나갔다. 중세 말기에 이르러 유럽 서부의 스페인과 동부의 폴란드가 디아스포라 공동체의 양대 거점이 되었다. 근대에 접어들면서부터는 아메리카 신대륙으로 이주하는 유대인들의 숫자도 늘어났다. 이런 와중에서도 유대인들은 팔레스타인에 대한 염원을 잊지 않고 예루살렘을 자신들의 정신적 지주로 삼았다. 디아스포라에서 유대인들의 종교적 회합의 장인 시나고그(Synagogue)가 생겨나 팔레스타인으로 역수입되었다.

팔레스타인 밖에 위치한 유대인 공동체의 존재는 반대로 해당 지역에서 반유대인 풍조가 생겨나는 진원이 되기도 했다. 유대교의 선민의식에 바탕한 민족적 배타성, 경제적 번영에 따른 영향력 확대는 많은 지역에서 유대인에 대한 반감과 혐오를 유발시켰다. 시대와 장소에 상관없이, 유대인 사회가 형성되어 있는 곳이면 어김없이 크고 작은 갈등과 편견이 생겨났다. 배타적이고 고립적인 디아스포라 공동체의 존재는 유럽과 중근동(中近東)에서 2천 년 간 지속되는 여러 형태의 집요하고도 비이성적인 반유대주의와 깊은 연관이 있었다.

십자군전쟁을 기점으로 유럽 유대인들은 기독교도들로부터 이교도로 취급받으면서 박해의 대상이 되기 시작했다. 서구 사회의 정신적 지주인 '메시아' 예수의 존재를 부정하는 태도도 서양인들의 반감을 부추겼다. 때마침 성장하기 시작한 근대 자본에 밀려 유대인들은 유럽 경제의 주류에서도 밀려났다. 이들은 기독교도들이 기피하는 고리대금업이나 세리로 종사하면서 생존을 도모했고, 그들의 직업은 유럽인들의 혐오를 가중시켰다. 15~16세기경부터는 유대인들의 자생적인 거주지였던 디아스포라 공동체가 유럽의 위정자들에 의해 강제 격리된 게토(ghetto)로 수용되기 시작하였다.

15세기 말 스페인에서는 '알함브라 칙령(Alhambra Decree)'이라 불리는 유대인 추방령이 선포되었다. 다른 종교에 관용적인 이슬람 세력에 의해 지배되던 스페인을 통일한 가톨릭교도 공동왕인 이사벨라 1세(Isabella I)와 페르디난드 2세(Ferdinand II)는 4개월의 시한을 주고 유대인들이 스페인을 떠나도록 명령했다. 떠나지 않은 자는 처형됐고, 유대인을 숨겨준 자는 모든 재산을 압수당했다. 그 결과 13만~80만 명으로 추정되는 유대인들이 이웃 포르투갈이나 바다 건너 북아프리카로 떠나야 했다.

19세기 말에서 20세기 초반 러시아와 동유럽에서는 주로 유대인을 겨냥한 포그롬(Pogrom)이라 불리는 대박해가 진행되었다. 반유대법을 펼친 알렉산드르 3세(Aleksandr III) 즉위 직후부터 시작된 포그롬을 통해 약 7만 명의 희생자가 발생한 것으로 알려졌다. 이 과정에서 러시아 거주 유대인 수십만 명이 러시아 밖으로 이주했다.

유대인을 '만악의 근원' 이라 여기는 나치 독일의 부상

제1차 세계대전의 패배는 패전국 독일에 가혹한 책임을 부과했다. 패전국은 배제한 채 승전국만의 결정으로 작성된 베르사유 조약은 독일이 모든 식민지를 포기하고, 알사스-로렌(Alsace-Lorraine) 지방을 프랑스에 반환하는 것을 포함해 전전의 일부 영토를 폴란드 · 벨기에 · 덴마크에 내주도록 했다. 프랑스 접경 자를란트(Saarland)주와 폴란드 접경 단치히(Danzig, 오늘날의 폴란드령 그단스크)도 독일의 영역에서 배제했다. 군대는 육해군을 합쳐 10만 명으로 제한되었고, 1,320억 마르크의 전쟁 보상금도 지불해야 했다.

제1차 세계대전 종전 직전인 1918년 11월 독일에서는 병사들과 노동자들이 주축이 된 독일혁명이 일어났다. 독일제국의 황제 빌헬름 2세(Wilhelm II)는 망명하였고, 사회민주당(SPD)의 프리드리히 에베르트(Friedrich Ebert)를 수반으로 하는 바이마르공화국이 출범하였다.

독일 최초의 공화국인 바이마르공화국의 앞길은 순탄하지 못했다. 베르사유 체제를 굴욕으로 여기는 국민들로부터 조약 체결 당사자로서 비난받아야 했고, 혁명의 진전을 요구하는 스파르타쿠스단(독일공산당; KPD)과 같은 급진주의자들의 봉기에도 대처해야 했다. 전후 혼란 속에서 단명 정권들이 집권과 실각을 거듭하는 가운데, 독일 국민들은 처음 경험해 보는 의회민주주의 제도와 주류 정당들의 행태에 대한 실망을 키워가고 있었다. 막대한 전쟁 배상금을 지불하느라 전 독일이 허덕이는 와중에 이번에는 대공황의 쓰나미가 밀어닥쳤다. 천문학적인 인플레이션이 국민들의 생존을 위협했고, 거리마다 실업자가 넘쳐났다. 이 틈을 비집고 좌우 양쪽에서 극단적 정당들이 영향력을 넓혀가고 있었다.

대공황기의 정치·경제적 혼란은 극우·극좌 정당들이 발호할 수 있는 자양분이 되었는데, 그 중에서도 '독일과 세계가 겪는 모든 고통의 원인은 유대인' 이라고 선동하는 극우 국수주의 정당 나치당의 성장은 눈부셨다. 1932년 연이어 치러진 대선과 총선은 극단적인 정치 세력의 부상을 극명하게 보여준 선거였다. 4월의 대통령 선거에서는 '제1차 세계대전의 영웅' 파울 폰 힌덴부르크가 나치당의 아돌프 히틀러를 힘겹게 누르고 당선되었지만, 7월의 총선에서는 나치당이 전체 득표의 1/3을 차지하고 230석을 얻어 당당히 제1당으로 부상했다. 공산당의 선전도 놀라웠는데, 70여 명의 당선자를 내는 급성장을 이뤄냈다.

1933년 1월 말, 힌덴부르크 대통령은 달리 대안이 없음을 깨닫고 정치·경제적 혼란을 수습하기 위해 히틀러에게 조각을 요청했다. 바야흐로 히틀러 집권 시대가 열린 것이다. 공산당의 부상에 위기감을 느낀 자본가 계급과 군부는 히틀러의 좌파 탄압과 나치당 반대파 제거에 협조했다. 1933년 2월 공산주의자들에 의한 국회의사당 방화 사건이 일어나자, 히틀러는 이를 기화로 시민 기본권을 폐지하고 무제한적인 입법권을 부여받는 '전권법' 을 통과시켜 나치의 일당 독재 체제를 확립했다. 고령의 힌덴부르크가 사망한 다음해에는 국민투표

IIA-19357

를 통해 대통령과 수상 지위를 겸하는 총통의 자리에 올라 1인 독재의 전체주의를 완성했다. 이를 기점으로 짧은 바이마르 공화국 시대는 막을 내리고, 히틀러의 제3제국이 시작되었다.

베르사유 조약 타도와 게르만 민족주의를 내세운 나치 독일의 히틀러는 탁월한 선전선동으로 대중을 휘어잡으며 군비 증강과 대외 침략을 서둘렀다. 거리를 헤매던 실업자들은 군대와 일터로 돌아갔고, 군사 재무장을 목표로 한 산업은 빠르게 재건되어 갔다. 자신감을 되찾은 독일은 1935년 국제연맹 관리하의 자를란트 주를 회복했고, 다음해에는 알사스-로렌이 포함된 라인란트 지방을 군대로 장악하였다. 이어 1938년에는 히틀러의 조국 오스트리아를 합병하고, 1939년에는 독일인이 다수 거주하는 수데텐란트(Sudetenland) 지방을 포함하고 있는 체코슬로바키아를 무력으로 점령하였다.

전쟁 발발을 우려한 영국과 프랑스는 1938년 9월의 뮌헨(Munchen) 협정을 통해 독일의 일련의 침략행위를 용인했다. 독일이 소련 공산주의의 확장을 막는 방패막이 될 것이라는 기대 때문이었다.

인종 말살을 기도한 나치의 가공할 학살 범죄

"독가스로 그 타락한 히브리 민족(유대민족)을 12,000명 내지 15,000명 정도만 죽일 수 있다면, 전선에서 수백만 명이 희생된다고 해도 헛된 일은 아니다."

—아돌프 히틀러, 《나의 투쟁》 중에서

◀ 대공황기의 혼란 속에서 '독일과 세계가 겪는 모든 고통의 원인은 유대인' 이라 선동하는 나치당이 급성장했다. 뉘른베르크에서 나치 친위대의 퍼레이드를 사열하는 히틀러(1935년).

제1차 세계대전 이전부터 이미 독일과 이웃 오스트리아에서는 반유대주의 정치 운동이 싹트고 있었다. 최초의 국제 반유대 회의가 1882년 드레스덴(Dresden)에서 열렸고, 1886년 공공연한 반유대주의를 내건 제국의회 의원이 선출된 이래 차츰 그 숫자를 늘려가고 있었다. 비슷한 시기에 오스트리아에서는 독일 나치당의 모델이 되는 카를 뤼거(Karl Lueger)의 '기독교 사회당(CS)'이 빈 의회를 장악해 가고 있었다. 그렇지만 유럽에서 가장 관용적인 나라인 프랑스에서 일어난 드레퓌스(Dreyfus) 사건이 보여주듯, 그 정도의 반유대 감정은 유럽 대륙에서 흔한 것이었다.

그렇지만 히틀러와 나치당의 반유대주의는 당시 유럽에 만연해 있던 막연한 반감과는 차원이 달랐다. 히틀러는 전쟁 패배와 경제 불안의 원인을 유대인에게로 돌렸다. 그는 교활한 유대인들이 공산주의를 유포하고 자본주의를 조종해 전 세계를 장악하려 한다고 믿었다. 한마디로 열등하고 비열한 유대인들이 세계가 겪고 있는 모든 고통의 근원이라는 식이었다. 히틀러의 이런 주장은 굴욕적인 베르사유 체제 아래서 희생양을 찾고 있던 독일 국민들의 호응을 얻었다. 독일 인구의 5% 미만에 불과하면서도 국가 경제의 85%를 장악한 유대인들이 정치에까지 손길을 뻗치려던 참이었다.

나치의 집권과 함께 강화된 유대인에 대한 박해와 탄압은 인종 말살법인 1935년 9월의 '뉘른베르크(Nuernberg) 법'에 의해 제도화되었다. 독일 내 유대인의 독일 국적과 공무 담임권 박탈을 규정한 이 법에는 심지어 유대인과 독일인의 성관계와 결혼을 금지하는 조항까지 들어 있었다. 독일 내 유대인들이 독일 땅을 떠나기 시작한 것은 당연한 수순이었다. 이후 제2차 세계대전 발발 초기까지 유대인 소유

재산의 강제 매각과 게토 설치 등의 조치가 이어졌다. 게토는 유대인들을 강제 수용소로 끌고 가기 전의 임시 거주 시설로 활용되었는데, 대표적인 바르샤바 게토의 경우 총인구의 30%를 차지하던 유대인들을 시내 면적의 2.4%에 불과한 열악한 시설에 강제로 입주시켰다. 1940년 4월에는 나치의 첫번째 수용소이자 홀로코스트(Holocaust)의 대명사인 아우슈비츠(Auschwitz) 수용소가 폴란드 남부의 오슈비엥침(Oświęcim)에 세워져 가동되기 시작했다. 아우슈비츠는 1941년 히틀러의 명령으로 대량학살시설로 확대돼, 150만 명 이상으로 추정되는 유대인이 살해되었다.

히틀러가 유럽 유대인을 절멸시키기로 결정하고 본격적인 홀로코스트에 착수한 것은 독소전쟁 발발 이후인 1941년 12월부터였다. 치

히틀러와 나치당의 반유대주의는 당시 유럽에 만연해 있던 반감과는 차원이 달랐다. 오스트리아 에벤제(Ebensee) 집중 수용소 수용자들의 피골이 상접한 모습.

안 유지를 명분으로 치안유지군을 동원한 학살이 시작되었는데, 이 과정에서 유대인을 포함해 소련인, 폴란드인 등 총 160만 명이 나치의 직접 공격에 의해 살해되었다. 이 시기부터 체계적인 유대인 학살을 목적으로 한 '학살 수용소'가 세워지기 시작했고, 최초의 것은 이해 12월에 폴란드 서부에 세워진 헤움노(Chelmno)수용소였다. 이 학살 수용소에서는 기존의 강제 수용소나 노동 수용소에서와는 달리 독가스가 살해 도구로 사용되었다. 1942년 초에 이르러서는 '마지막 해결책(Final Solution)'이라는 유대인 절멸 정책이 공식적으로 채택되어 홀로코스트가 전면적으로 실시되었다. 이에 따라 유대인들이 게토에서 학살 수용소로 강제 이주되었고, 학살 수용소는 종전에 이르기까지 본연의 임무인 '학살'에 충실했다. 이 학살 수용소에서만 총 300만 명의 유대인이 학살되었다.

1944년 연합군 진격으로 독일의 패전이 임박해지자, 독일군이 학살 수용소를 파괴하고 수감자들을 이송하는 '죽음의 행진'이 시작되었다. 이 과정에서 수많은 사람들이 기아·구타·질병·추위로 유명을 달리했지만, 정확한 사망 인원 추산은 불가능했다. 종전과 함께 살아남은 사람의 수는 약 6만 명에 불과했고, 이 중 1만 명이 4주 안에 질병 등의 후유증으로 또 사망했다.

'학살의 세기' 20세기를 대표하는 홀로코스트

제2차 세계대전 직전인 1939년 유럽의 유대인 인구는 약 850만 명으로 추정된다. 이 중에서 510만~630만 명에 이르는 유대인이 전쟁 초기 러시아의 볼가(Volga)강에서 대서양에 이르는 유럽을 석권한

'노동이 자유를 만든다' -홀로코스트의 상징인 아우슈비츠 학살 수용소의 입구.

나치 독일에 의해 절멸했다. 짐승을 통채로 구워 신에게 바치는 '전번제(全燔祭)' 를 뜻하는 홀로코스트의 사전적 의미에 걸맞게 유럽 거주 유대인 전체를 통째로 죽음의 신전에 바친 셈이었다.

20세기는 아르메니아 대학살에서 시작되어 스탈린 대숙청, 난징 대학살, 캄보디아의 킬링필드(Killing Field) 등 무수한 집단 학살이 자행된 '학살의 세기' 였다. 그 중에서도 홀로코스트는 학살 규모나 방식, 학살이 자행된 기간이나 지역 범위를 고려할 때 20세기를 대표하는 학살로 인정하는 데 이론의 여지가 없다.

동시에 홀로코스트는 20세기의 다른 학살들과는 구분되는 고유한 특성을 지니고 있다. 아직까지는 세계 유일의 산업적 학살이라는 평가를 받는 점이 그것이다. 산업적 학살이란 쉽게 말하면 학살에 필요한 조직과 시설을 체계적으로 갖춰서 실행했다는 뜻이다. 홀로코스

'야드 바셈(Yad Vashem)'. '기억하라'는 뜻의 히브리어이다. 나치에 의해 희생된 6백만 명의 유대인을 추모하기 위해 이스라엘의 예루살렘에 세워진 홀로코스트 기념관의 '이름의 방(Hall of Names)'.

트는 집단 학살을 목적으로 한 학살 수용소를 건립하고 과학적 발전의 성과가 뒷받침된 설비를 갖춰 학살을 진행했다. 뿐만 아니라 학살 대상을 선별하고 이동시키고 관리하고 살해하는 전 과정에 잘 발달된 조직 체계의 일사불란한 도움이 있었다.

학살의 동기와 대의가 무엇이든 간에, 집단 살인이라는 반인간적인 만행이 적지 않은 관련자들의 유기적인 연관 속에 체계적으로 진행되었다는 사실은 집단 광기로밖에 달리 설명할 길이 없다. 그럼에도 불구하고 그 책임을 히틀러와 나치 광신자들에게 전적으로 돌릴 수 없는 요인이 존재하는 것도 사실이다. 유대인들을 선별하고 격리하는 과정에서 많은 점령지의 주민들은 별다른 죄의식 없이 협조했다. 일부지만 자발적으로 유대인 고발에 나서는 사람들도 있었다. 폴란드 침공과 독소전쟁 과정에서 맹활약한 나치의 이동 학살 부대 '아인자츠그루펜(Einsatzgruppen)' 은 4개의 대대 규모로 구성된 비교적 소규모 부대였음에도 불구하고 100만 명 이상의 유대인을 학살하는 기록을 남겼다. 이들의 임무 수행에서는 무력과 협박이 주요한 수단으로 사용되긴 했지만, 현지 주민들의 자발적인 협조도 한몫을 거들었다. 일례로 발트해 연안 지방과 우크라이나에서는 25,000명에 이르는 현지 주민들이 나치의 인종청소를 도왔다. 그만큼 유대인에 대한 반감과 편견이 유럽 전역에서 뿌리 깊고 광범위했다는 증거가 아닐 수 없다.

동구의 포그롬에 이어 진행된 홀로코스트는 유대인 사회에 집단적 생존의 위기의식을 불러 왔다. 그 결과 동구의 소수 유대인들에 의해 진행되던, 다소 비현실적으로 보이던 시오니즘 운동은 절박한 생존 과제로 떠올랐다. 옛 조상들의 땅인 팔레스타인으로 돌아가 유대인들의 독립 국가를 건설하자는 운동이 유대인 사회에서 세를 넓혀 갔다.

나치의 손에 희생된 이들은 유대인들만이 아니었다. 수백만으로 추정되는 폴란드인과 소련의 전쟁 포로는 논외로 치더라도, 적지 않은 수의 사회적 소수자와 정치적 반대자가 아리안족의 우수성과 게르만족의 위대성을 위해 처단되었다. 처단 목록에는 5만~20만 명의 장애인, 2만 명의 독일 공산주의자와 사회민주주의자들, 7,000명의 동성애자, 1,200명의 여호와의 증인 신도, 숫자 미상의 집시들이 들어 있다. 특히 장애인 살해는 'T-4 프로그램' 이라는 이름 아래 진행되었는데, 이들을 병원 등지에서 아무런 사전 설명 없이 안락사시켰다.

홀로코스트는 인간의 폭력성·잔인성·배타성의 광기가 어디까지 이를 수 있는지를 보였다는 점에서 인류 최대의 치욕적인 사건 중의 하나임이 분명하다. 그런 이유로 홀로코스트 문제는 대량 학살의 대명사로 치부되며 서구인들 사이에서 다양한 방식으로 추모와 반성의 행사가 진행되어 왔다. 그렇지만 그 이면에서는 그들이 서구 밖에서 유색 인종에게 저지른 범죄에 대한 성찰은 배제된 것도 사실이다. 홀로코스트가 인류가 잊지 말아야 할 유일하고도 특별한 과거는 아니었음을 지적한 서인도 제도 마르티니크(Martinique)섬의 사상가 에메 세제르(Aime Cesaire)의 말은 우리에게 많은 것을 생각하게 한다.

"참 사람답고 기독교 정신이 넘치는 유럽 부르주아들이 히틀러를 용서 못하는 것은 인간에 대한 범죄를 저질러서도, 인간을 한없이 비천하게 해서도 아니다. 히틀러가 '백인' 을 능멸했기 때문이다. 알제리의 아랍인들에게나, 인도의 쿨리(coolie, 날품팔이 노동자)들에게나, 아프리카의 흑인들에게나 써 온 식민주의 정책을 감히 유럽에 썼기 때문이다."

시오니즘

"내년에는 예루살렘에서…."

디아스포라 이후 이산 공동체의 유대인들은 유대교의 유월절(逾越節)과 속죄일(贖罪日) 집회에서 이런 말로 기도를 마치는 것을 전통으로 삼아 왔다. 이들의 정신적 지주로서 옛 조상들의 영토 팔레스타인으로의 귀환 의지를 함축적으로 표현한 말이다.

19세기 말 제정 러시아의 영역에서 포그롬이 진행되어 수십만의 유대인들이 러시아를 떠날 때, 유대인 사회 일각에서는 성서에서 약속한 시온(Zion)의 땅으로 돌아가자는 시오니즘 운동이 펼쳐졌다. 예루살렘 서쪽에 위치한 시온산은 유대인들에게 '성지' 예루살렘의 또 다른 상징이었다. 이 운동의 결과로 농민들 및 기술자들을 중심으로 한 소수의 유대인들이 처음으로 팔레스타인으로 이주하였다.

이 시오니즘 운동에 정치 성향을 부여하고 운동 촉진에 기여한 인물이 헝가리 출신의 오스트리아 유대인 작가 T. 헤르츨(Herzl)이었다. 그는 정치소설 〈유대인 국가〉와 〈오래된 새로운 땅〉을 집필해 시오니즘을 보급했고, 1897년 스위스 바젤(Basel)에서 자신의 추종자들을 불러 모아 제1차 시오니스트회의를 개최하였다. 이 시오니스트회의는 1901년까지 네 차례 더 개최되긴 했지만, 어디까지나 러시아 및 동구 유대인 사회의 소수파를 대표할 뿐이었다.

러시아에서는 1905년 제1차 러시아혁명이 실패로 돌아가면서 포그롬이 재개되었고, 젊은 유대인들로 구성된 선구자들이 팔레스타인으로 이주하기 시작하였다. 지난 세기 팔레스타인의 50만 명 인구 중 2만여 명에 불과했던 유대인 숫자는 1914년 9만 명으로 불어나 있었다. 이 중 13,000여 명의 새로운 유대인 이주자들은 43개의 정착촌을 건설해 정착했다.

제1차 세계대전이 발발하면서 정치적 시오니즘이 다시 주창되었고, 이 시기부터 시오니즘 운동은 유럽 중서부의 유대인들이 주도하였다. 시온주의 정치운동의 결실은 1917년 11월의 밸푸어(Balfour)선언으로 나타났다. 당시 팔레스타인을 관할하던 영국이 팔레스타인 안에 유대 민족 국가가 건설되는 것을 지지하겠다고 약속한 내용이었다. 이 선언의 내용은 영국의 외무장관 A. J. 밸푸어가 국제 금융계의 큰손으로서 시오니즘 운동을 재정적으로 후원하던 유대인 거부 로스차일드(M. A. Rothschild)에게 보낸 서한을 통해 밝혀졌다.

문제는 이 팔레스타인 땅에 2천 년 전부터 뿌리박고 살아온 아랍인들이 존재한다는 사실이었다. 팔레스타인 내의 유대인 인구가 급증(1925년 3월 108,000명, 1933년 238,000명)하는 가운데, 팔레스타인이 유대인 국가가 되는 것을 우려한 아랍인들의 강력한 반발이 뒤따랐다. 1929년과 1936~1939년의 반란이 대표적인 경우였다. 히틀러의 집권과 홀로코스트는 유대인들의 팔레스타인 이주를 더욱 촉진시키고 있었다.

1947년 10월 영국의 위임을 받은 국제연합(UN)은 팔레스타인을 아랍 국가 및 유대 국가로 분할하는 방안을 양측에 제안하였다. 아랍인들은 이 분할안이 지나치게 유대인들에게 유리한 편파적인 방안이라 반발하고 나섰지만, 유대인들은 이 분할안에 입각해 1948년 5월 이스라엘 국가 수립을 선포했다. '팔레스타인 내 유대 국가 건설' 이라는 시오니스트들의 오랜 숙원이 달성되는 순간이었다. 동시에 그것은 수차례의 전쟁과 테러와 보복의 악순환으로 얼룩진, 그리고 지금 이 순간에도 진행중인 중동분쟁의 시발점이기도 했다.

10

발트해의 수장

구스틀로프호 · 슈토이벤호 · 고야호 · 카프 아르코나호 · 티엘벡호

'독일의 타이타닉', 세상에 모습을 드러내다

1936년 8월 히틀러의 나치 독일은 '독일의 타이타닉' 이라 불리는 호화 유람선 빌헬름 구스틀로프(Wilhelm Gustloff)호 건조에 착수했다. 대외적으로 국력을 과시하고 나치 독일 체제를 선전하기 위함이었다. 발주자는 독일노동전선(DAF; Deutsche Arbeitsfront), 제작자는 함부르크 소재의 블롬 & 보스 조선소였다.

DAF는 1933년 국회의사당 방화 사건을 빌미로 일당 독재 체제를 구축한 히틀러의 나치당이 좌익 계열의 노동운동 단체인 전독일노동총동맹(ADGB)을 강제로 해산하고 노동계를 장악하기 위해 조직한 나치의 외곽 대중 단체였다. 히틀러의 측근인 로베르트 라이(Robert Ley)가 수장이었다. 계급투쟁을 부정하고 관리직과 자본가까지 구성

원으로 받아들인 DAF는 노동조합 단체를 승계한 재원과 인력을 바탕으로 독자적인 사업을 전개하기도 했는데, 노동자를 위한 유람선 사업을 진행하는 KdF도 산하 조직의 하나였다. 직역하면 '기쁨을 통한 힘(Kraft durch Freude; Strength through Joy)' 이라 표현되는 KdF의 유람선 사업은 국민차인 폭스바겐 비틀(Volkswagen Beetle), 국민 라디오와 맥을 같이하는 나치의 주요 대중 복지 정책의 하나였다.

구스틀로프호 건조는 순조롭게 진행되어 1937년 5월 진수식을 가졌다. 1938년 3월부터 정식 취역했는데, 2,200개의 객실을 갖추고 배수량이 25,500톤에 이르는 초대형 여객선이었다. 소유자는 KdF였지만, 실제 운영은 '함부르크-남아메리카 해운' 이 맡아서 했다.

원래 이 여객선은 총통 히틀러의 이름을 따 명명될 예정이었다. 그런데 막판에 히틀러의 지시로 '빌헬름 구스틀로프' 로 이름이 바뀌었다. 유대 청년에게 암살당한 스위스 나치당 지도자의 이름을 딴 것이었다. 빌헬름 구스틀로프는 독일 출신으로 나치의 청소년 조직인 히틀러유겐트(Hitler Jugend)를 거쳐 나치의 핵심 인물들을 보좌했던 인물로, 그의 부인이 히틀러의 개인 비서를 지낸 인연도 있었다.

구스틀로프호는 제2차 세계대전 발발 전까지, KdF가 소유한 13척의 민간 여객선 중 하나로서 염가로 노동자들에게 휴식과 여흥을 제공하는 본연의 임무에 충실했다. 1939년 5월 한때 스페인 내전 승리에 혁혁한 공을 세운 콘도르 군단의 수송에 차출되기도 했지만, 본령은 대서양·지중해·북해 항로를 오가며 승객들에게 편안한 크루즈 여행을 제공하는 것이었다. 등급 구분이 없는 수많은 객실과 널찍한 수영장을 갖춘 대규모 선상 호텔에 승선한 노동자들에게 이 순간만큼은 계급 차별은 먼 나라 이야기였다. KdF의 유람선 사업은 단순한 대외 홍보용 전시 정책이 아니었다. 실제 200만 명 이상의 노동자들이 혜택을 누렸는데, 여기에는 노동자들에게 달콤한 당근을 제공해 계급의식을 마비시키고 게르만 민족주의를 고취시키려는 나치의 국가사회주의 철학이 있었다.

제2차 세계대전이 발발한 1939년 9월, 구스틀로프호는 민간 여객선의 임무를 마치고 독일 해군에 징발되어 비무장 병원선으로 개조되었다. 호칭도 '병원선(Lazarettschiff) D'로 바뀌었다. 이듬해 11월에는 다시 의료기기가 철거되고 유보트(U-boat) 병사나 해군 수병들의 숙소 역할을 하는 잠수함 전단의 지원함이 되었다. 이후 만 4년 이상을 발트해의 고텐하펜(Gotenhafen, 오늘날의 폴란드 그디니아)에 기항하게 되는데, 1945년 1월까지 단 한 번도 출항하지 않았다. 또한 이때부터 정식 군용함이 되면서 국제법상 공격해도 무방한 목표물이 되었다.

전쟁 말기, 미공군의 맹폭에도 불구하고 구스틀로프호는 별다른 피해를 입지 않고 살아남았다. 그렇게 운명의 1945년을 맞이했다.

소련군의 동프로이센 진격과 독일군의 철수 작전

1941년 6월 22일, 독일측의 '바바로사(Barbarossa, 붉은 수염) 작전'이 개시되었다. 총 300여만 명에 이르는 역사상 최대 규모의 지상 병력을 동원한 독일군의 대규모 기습 침공으로 시작된 독소전쟁의 초반은 독일군의 일방적 승리였다. 소련의 유럽 영역을 일거에 점령하겠다는 나치 수뇌부의 계획은 조기에 달성되는 듯했다. 그렇지만 모스크바 입성을 코앞에 두고 소련군의 결사항전으로 수도 점령에

나치의 계급협조주의 철학에 따라 건조된 '독일의 타이타닉' 빌헬름 구스틀로프호.

실패하면서 전황은 독일군에게 불리해지기 시작했다. 갑자기 엄습한 추위와 길어진 보급선이 독일군의 발목을 잡았다. 1943년 7~8월 모스크바 남쪽의 쿠르스크(Kursk)에서 벌어진 '쿠르스크 전투'는 전세를 뒤집는 분수령이었다. 독일군은 소련의 점령지에서 철수를 거듭했고, 1945년을 앞두고 이제는 도리어 소련군이 독일 영내로 진격해 들어올 태세였다.

기존의 독일 영토 중에서 가장 먼저 소련군의 점령에 직면한 지역은 동프로이센이었다. 독일군 총사령부는 소련군의 역공이 본격화되었을 무렵부터 동프로이센의 독일 시민 400만 명을 피난시킬 체계적인 계획을 수립하려 했지만, 최종 승리에 대한 망상을 버리지 못한 히틀러 측근 참모들의 반대로 실현되지 못했다. 히틀러는 동프로이센의 수도 쾨니히스베르크(Konigsberg, 오늘날의 폴란드 칼리닌그라드) 사수를 명령했다. 소련군이 시시각각으로 다가오고 있었지만, 동프로이센 주민을 포함한 독일 국민에게는 이 사실이 비밀에 부쳐졌다.

소련군 진격에 맞춰, 영국과 미국의 공군은 독일의 주요 군사 및 산업 도시에 대한 공습을 강화했다. 서부 독일의 수많은 주민들이 연합군의 폭격을 피해 쾨니히스베르크로 몰려들었다. 1944년 8월 말에는 쾨니히스베르크에도 영국 공군의 폭격이 집중되었지만, 현대화된 벙커와 요새가 있는 이 도시가 상대적으로 안전하다고 판단했기 때문이다.

1945년 1월 12일, 100만이 넘는 소련군이 쾨니히스베르크에 대한 총공세를 감행했다. 최종 목표는 동프로이센을 포위해 독일 수비군의 서쪽 탈출구를 봉쇄하는 것이었다.

1월 21일 소련군의 점령이 임박한 가운데 쾨니히스베르크 방어사령관 오토 라슈(Otto Lasch) 장군은 '한니발(Hannibal) 작전' 을 개시했다. 군수물자와 교육중인 사관생도, 그리고 피난민을 서쪽의 안전지대로 철수시키는 작전이었다.

먼저 다음날 떠나는 베를린행 기차를 타고 모든 비전투원(여성 · 어린이 · 노인 등)은 도시를 떠날 것을 명령했지만, 그 직후 모든 육로가 소련군에 의해 봉쇄되었다. 남은 탈출구는 바다를 통한 길뿐이었다. 쾨니히스베르크에서 50km 떨어진 필라우(Pillau, 오늘날의 러시아령 발티스크) 항구로 피난민의 행렬이 이어졌지만, 이 탈출구에 이르는 길도 당일 봉쇄되었다.

독일의 방어군을 과대평가한 소련군은 일시적으로 공격을 중지하였고, 약 2개월에 걸쳐 4만 명의 독일군이 도시 방어에 나섰다. 이 틈을 타 소련군의 포위망을 뚫고 필라우의 좁은 회랑을 통해서 탈출하고자 하는 필사적인 피난 행렬이 이어졌다.

독일 피난민들의 필사적인 탈출에는 그럴 만한 이유가 있었다. 소련군이 진주해 왔을 때 당할 보복을 익히 알고 있었기 때문이었다. 히틀러의 나치 수뇌부는 "슬라브족 사람들은 유태인들 다음으로 쓸모가 없는 자들이다. 그들은 우리가 노예로 쓰기 위한 아주 최소한만 남겨두고 모두 전멸시켜야 한다."고 공공연하게 떠들어 왔다. 3년간의 독일군 침공으로 민간인을 포함한 수백만의 인명이 살육당한 소련군은 점령지에서 피비린내 나는 복수를 감행하고 있었다. 여자들은 겁탈한 다음 잔인하게 살해했고, 남자와 아이들을 무차별 살상했다.

이런 와중에서 쾨니히스베르크 외곽 메트게텐(Metgethen)에서 소련군이 행한 학살 사건 소식이 전해졌다. 여성들은 강간당하고 팔다리가 절단된 채 살해당하고, 32명의 무고한 시민들이 테니스장에서 폭탄으로 한꺼번에 살해당한 사건이었다. 이 사건은 스위스의 한 신문기자를 통해 세상에 알려졌고, 나치는 선전 매체를 통해 이 사건을 대대적으로 유포하며 복수를 선동하고 있었다.

세계 5대 해양 참사의 현장이 된 발트해

1945년 1월 26일, 고텐하펜에 정박중인 구스틀로프호에 독일해군 최고 사령관 카를 되니츠(Karl Donitz)로부터 '한니발 작전'의 실행을 지시하는 무선 지령이 하달되었다. 소련군이 진주하기 전에 독일 내의 영토로 후퇴하되, 동프로이센의 항구에서 가능한 한 많은 피난민을 싣고 철수하라는 내용이었다. 구스틀로프와 함께 코펜하겐 잠수함대의 다른 지원함인 한자(Hansa)·도이칠란트(Deutschland)·함부르크(Hamburg) 등 4대의 대형 여객선이 주축이 되어 동프로이센에 고립된 주민과 부상병 441,000명을 수송하는 작전이었다.

1945년 1월 30일 구스틀로프호는 독일 본토의 킬(Kiel)을 목적지로 잡고 고텐하펜을 출발했다. 선실은 물론이고 갑판·수영장·복도·짐칸 등 사람이 들어갈 수 있는 곳이라면 어디든 빈틈없이 피난민을 태

제2차 세계대전 중에 독일 해군에 징발되었던 구스틀로프호는 1945년 1월 1만여 명의 피난민을 싣고 운명의 마지막 항해를 시작했다. 사진은 구스틀로프호의 기항지였던 고텐하펜(오늘날의 폴란드 그다니아).

운 채였다. 공식 기록에는 잠수함 훈련부대원 918명, 승무원 173명, 해군 여성 보조 근무원 373명, 부상병 162명, 피난민 4,424명 등 총 6,050명이 승선하고 있는 것으로 되어 있었지만, 실제 승선 인원은 1만 명을 뛰어 넘었다. 한 승무원은 8,956명의 피난민을 포함해 총 1만 582명이 승선했다고 증언했지만, 빈자리가 생기면 어김없이 피난민들이 들어찼기 때문에 정확한 숫자 파악조차 힘들었다. 원래 2,200명을 태우도록 된 배였기에, 구명조끼 등의 안전 장비가 턱없이 부족한 것은 당연한 일이었다.

구스틀로프호는 어뢰정 뢰베(Löwe)의 호위를 받으며 북서북 방향으로 진로를 정하고 항해했다. 강도 7의 센바람이 부는 가운데 눈마저 내려 시계는 불량했고, 얼음 덩어리가 바다에 떠다니는 수온 섭씨 −10 도 이하의 혹한이었다. 구스틀로프호는 이날 19시경 오늘날의 폴란드 북서부 시비노우이시치에(Świnoujście, 독일명 슈비네뮌데)에서 멀지 않은 슈톨페방크(Stolpebank) 해안구역에서 소련 잠수함 S-13에 포착되었다.

S-13의 함장 알렉산더 마리네스코(Alexander Marinesko)는 이후 약 2시간 동안 구스틀로프를 뒤따라다니며 공격 기회를 노렸다. 마침내 좌표 북 55.7, 동 17.42 부근 지점에서 S-13은 어뢰 네 발을 발사했다. 21시 9분, 이 중 세 발이 구스틀로프호를 강타했다. 선내는 아수라장으로 변했고, 용케 구명보트나 구명조끼를 구한 사람들이 먼저 차디찬 겨울 바다로 뛰어들었다. 통신 장치가 파손된 구스틀로프호를 대신해 어뢰정 뢰베호가 긴급 구조 신고를 보냈고, 22시 10분쯤 구스틀로프호는 수많은 생명을 태운 채 발트해에 수장되었다.

많은 사람들이 혹한의 발트해 바다에서 허우적거리고 있었지만,

구조 선박이 현장에 도착하기까지는 시간이 필요했다. 다음날 1시 30분 순양함 아드미랄 히퍼(Admiral Hipper)가 사고 현장에 도착한 것을 비롯, 어뢰정 네 척(T-36·TF-19·TS-2·M-341)과 초계정 세 척(VP-1703·M-387·M-375), KdF 소속으로 피난민을 수송중이었던 화물 증기선 괴팅겐(Goettingen)호 등이 현장에서 구조 활동을 벌였다. 그렇지만 1만 명이 넘는 승선자 중에서 구조된 사람은 1,200명을 조금 넘을 뿐이었다.

발트해의 비극은 구스틀로프호의 수장으로 끝나지 않았다. 같은 해 2월 10일 자정 무렵, 2,300명의 부상 군인을 포함, 총 5,600명 가량의 승객들을 태우고 필라우에서 슈비네뮌데(Swinemunde)로 향하던 게네랄 슈토이벤(General Steuben)호가 소련 잠수함의 어뢰를 맞고 침몰했다. 추정 사망자는 약 4,500명, 생존자는 거우 659명이었다. 공교롭게도 공격자와 침몰 장소가 구스틀로프호와 같은 마리네스코의 S-13 잠수함, 슈톨페방크 해역이었다.

미국 남북전쟁에 참전해 '미국군의 아버지' 라 불리는 독일 장군의 이름을 딴 슈토이벤호는 1930년대 뮌헨(Muenchen)이라는 이름의 호화유람선으로 취역하다가, 전쟁 발발과 함께 징발되어 독일 해군의 수송선 또는 병원선으로 이용되던 선박이었다. 배의 길이는 168m, 중량 14,600톤, 정원 1,100여명의 대형 선박이었다. '한니발 작전' 에 따라 이미 2차례의 수송을 마쳤던 슈토이벤호는 3번째 임무수행을 위해 전날인 2월 9일 필라우를 떠난 상태였다.

슈토이벤호의 참사가 있은 지 약 두 달 후인 4월 16일 자정 직전, 약 7,500명 정도의 피난민과 부상병을 수송하던 독일의 화물선 고야(Goya)호가 앞선 비극의 현장이었던 슈톨페방크에서 소련 잠수함 L-

발트해의 비극은 구스틀로프호의 수장으로 끝나지 않았다. 침몰 해역 인근에 세워진 대형 추모 십자가.

3의 어뢰 공격에 의해 또다시 격침당했다. 7,500여 명의 승선자 중 생존자로 기록을 남긴 사람은 200명이 채 못 되었다. 호송하던 초계정 M-256과 M-328이 먼저 발견한 소련 잠수함의 종적을 놓친 것이 화근이었다.

구스틀로프호를 비롯한 세 선박의 참사는 종전을 며칠 앞두고 일어난 카프 아르코나(Cap Arcona)호 및 티엘벡(Thielbek)호의 참사와 함께 '세계 5대 해양 참사'의 기록에 올라 있다. 발트해가 최악의 해상 재난 장소라는 불명예를 뒤집어쓰게 된 이유이다.

잊혀져가는 기억을 되살려낸 귄터 그라스의 작품

구스틀로프호 격침 사건을 비롯한 발트해 수장의 비극은 역사상 최대의 해상 재난 사건이었음에도 불구하고, 제대로 부각되지 않았다. 특히 구스틀로프호 사건의 경우 흔히 대형 선박 침몰 사건의 대명사로 알려져 있는 타이타닉(Titanic)호 희생자(1,513명)의 6배가 넘는 희생자를 낸 최대 참사였음을 감안하면, 조금은 의아한 생각이 들 정도다. 무엇 때문에 이 사건들은 잊혀져 가는 역사의 장면이 되어갔던 것일까?

여기에는 크게 두 가지 이유가 있다. 그 첫 번째 이유는 전쟁 중에 일어난 정당한 군사행동의 결과라는 것이다. 군용으로 징발되어 군사 임무를 수행하는 적국 선박을 공격하여 격파하는 것은 국제법상 합법적인 전투 행위로 인정된다. 한마디로 서로 죽고 죽여야 하는 전쟁판에서 정식 교전 상대 사이에서 벌어진 일이기 때문에 문제삼을 수 없다는 입장이다. 두 번째 이유는 사건의 피해 당사자인 독일의

구스틀로프호의 수장 사건은 '파시즘에 동참한 대가이자 원죄'로서 독일의 금기어였다. 구스틀로프호의 비극을 다룬 논픽션 소설을 발표해 다시 세상으로 끄집어낸 독일의 노벨상 수상 작가 귄터 그라스.

침묵이다. 종전 이후 독일의 집권 세력들은 전쟁의 발발과 전쟁으로 인한 살상과 파괴에 대해 책임과 반성을 다한다는 취지에서 구스틀로프호 사건에 대해 거론하지 않았다. 사실 독일이 자행한 홀로코스트 등의 전쟁 범죄에 비한다면 이 사건의 피해는 빙산의 일각에도 미치지 못한다. 독일의 희생을 공론화하기에는 독일의 가해 사례가 너무나 엄중하고 심대했기 때문이다.

사장되다시피 한 구스틀로프호 격침 사건을 다시 세상으로 끄집어낸 사람은 독일의 노벨상 수상 작가 귄터 그라스(Gunter Grass)였다. 대표작인 장편소설 《양철북(Die Blechtrommel)》(1959년)으로 1999년 노벨문학상을 수상했던 그는 2002년 구스틀로프호 사건을 본격적으로 파헤친 소설 《게걸음으로 가다(im Krebsgang)》를 발표했다. 이 작품은 유수한 언론들로부터 57년간 이어진 독일의 '국가적 금기'를 깼다는 평가를 받았다. 그동안 구스틀로프호 사건을 포함해 제2차 세계대전 중 독일인이 당한 희생은 '파시즘에 동참한 대가이자 원죄'라는 시각 때문에 독일에서는 제대로 조명받지 못하고 있었다.

그는 독일의 대표적인 좌파 지식인의 한 사람이자 사건 현장인 (제2차 세계대전 후 폴란드의 영토가 된) 동프로이센의 단치히(그단스크) 출신이다. 그런 그가 뼈아픈 구스틀로프호 사건을 다시 세상 밖으로 끄집어낸 이유는 신나치의 대두와 관련이 깊다. 최근 독일의 신나치주의자들은 드레스덴 폭격이나 구스틀로프호 격침과 같은 독일의 피해 사례를 부각시키면서 히틀러와 나치 독일의 범죄 행위를 희석시키려 하고 있다. 나아가 나치의 행동은 정당했으며, 전범은 오히려 연합국 측이었다는 논리를 펴고 있다.

귄터 그라스는 역사적 사료와 소설적 상상력을 결합해 구스틀로프호 사건의 본질에 다가가면서 신나치의 역사 왜곡에 대해 경계하고 있다. 즉, 제2차 세계대전 중에 입은 독일인의 피해에 대해 거론하려면, 그 피해가 어떠한 맥락과 과정에서 일어난 결과인가를 정확히 파악해서 거론하자는 것이다.

《게걸음으로 가다》라는 제목은 신나치의 발호처럼 '제자리걸음을 하는 듯한' 독일 사회의 양상에 대한 안타까움과 이를 극복하기 위한 노력을 상징한다. 독일이 전쟁의 가해자라는 자괴감을 딛고 또 다른 역사의 현실인 피해자로서의 자신의 입장을 이해하는 진실에 도달하기 위해서는 극단주의가 아니라 게걸음과 같은 좌면우고가 필요하다는 것이 그의 시각이다.

카프 아르코나호와 티엘벡호의 또 다른 비극

"우리는 기관포로 물에 뛰어든 사람도 공격했다. 끔찍한 일이지만, 우리는 그렇게 하라고 명령받았고, 그렇게 했다. 그건 전쟁이었다."

—영국군 조종사 알란 와이즈(Allan Wyse)의 증언

제2차 세계대전 막바지에 발트해가 품은 수장의 비극은 구스틀로프호·슈토이벤호·고야호의 참사만이 아니었다. 유럽전선에서의 2차 대전 종전을 불과 며칠 앞두고 발생한 독일 선박 카프 아르코나호와 티엘벡호의 격침 사건도 있었다. 이번에는 소련 잠수함이 아닌 영국 공군기가 가해자였다.

1945년 5월 3일, 발트해 최대 항구 도시인 북부 독일의 뤼베크(Luebeck)에는 해상 수용소 역할을 하는 대형 선박 세 척이 정박해 있었다. 카프 아르코나(Cap Arcona)호와 도이칠란트(Deutschland)호, 티엘벡(Thielbek)호가 그것이었다. 징발 이전 '당대에서 가장 아름다운 배' 라는 칭송을 들었으며 배수량이 가장 큰 카프 아르코나가 선단의 기함 격이었다. 이 해 4월말부터 세 함선은 강제 수용소의 수감자들을 임시로 수용하는 해상 수용소 역할을 담당하고 있었다.

이미 전날 뤼베크에 무혈 입성한 영국의 11기갑 사단은 정박중인 해상 수용소에 대한 정보를 입수하고, 공군에 폭격을 요청했다. 영국 공군은 83전투기전대 소속의 호커 타이푼(Hawker Typhoon)기 5개

대대를 출격시켰다.

영국군은 이 세 척의 독일 선박들이 아직 나치가 통제하고 있던 노르웨이로 나치 친위 대원들을 실어 나르는 배라고 생각하고 있었다. 실제로 이 배들에 나치 친위 대원들이 전혀 없지는 않았는데, 그들은 수용소 수감자들을 감시하는 소수의 간수들이었다.

영국 공군기의 집중 폭격을 받은 아르코나호와 티엘벡호가 미처 탈출하지 못한 승선자들을 품에 안은 채 발트해에 침몰했다. 도이칠란트호만은 용케 격침을 면할 수 있었다. 침몰 당시 카프 아르코나호에는 약 5,000명의 수감자가, 티엘벡호에는 2,800명의 수감자가 승선해 있었다. 승선자의 대부분은 살아남지 못했다. 두 선박에 승선해 있던 수감자의 다수는 유대인이었는데, 모두 28개국의 국적을 가진 사람들이었다. 그 중에는 전쟁 포로들도 일부 있었다.

이날 격침된 두 선박 중 카프 아르코나호는 원래 27,650톤의 배수량을 자랑하는 독일의 대형 여객선이었다. 영국의 타이타닉호보다는 작았지만, 동급의 배였다. 구스틀로프호를 운영했던 '함부르크-남아메리카 해운' 소속으로, 독일 해군에 징발당해서는 구스틀로프호와 비슷한 임무를 수행했다. 같이 침몰된 티엘벡호는 배기량 2,815톤의 화물선이었다.

11

드레스덴 폭격

처칠의 대독 강경노선과 대규모 공중전의 전개

독일의 폴란드 침공으로 시작된 제2차 세계대전 개전 초기 유럽 서부전선에서는 6개월간 전투가 벌어지지 않는 이상한 전쟁이 벌어지고 있었다. '가짜 전쟁' 또는 '모의 전쟁' 이라 번역되는 '포니 워(Phony War)' 가 그것이다. 이는 영국과 프랑스 정부의 대독 유화정책의 결과였다. 양국 정부는 나치 독일이 소련 공산주의의 유럽 전파를 막아줄 방파제 역할을 하리라 기대하고, 동부전선에서 독일의 군사 행동을 용인하면서 적극적인 전쟁 개입을 유보했다. 영국 체임벌린(A. N. Chamberlain) 내각과 프랑스 제3공화국 정부가 믿고 있었던 것은 프랑스와 독일 접경에 구축한 마지노선(Maginot線)이었다. 현대화된 축성 기술로 축조되고 대전차 방어시설을 갖춘 이 난공불락의 요새에서 독일군 진격을 멈춰 세우고, 해상봉쇄와 경제 제재를 통해서 독일의 힘을 소진시키겠다는 것이 독일 침략에 대비한 두 나라의 전략이었다.

불안하게 유지되던 '가짜 전쟁'은 1940년 봄 독일이 전격적인 서부 진격 작전을 개시하면서 끝이 났다. 영국과 프랑스가 독일 공업에 필수적인 스웨덴 철광석의 반출 창구인 노르웨이의 항구를 장악하려는 움직임을 보이자, 독일군이 선수를 쳐 4월 9일 덴마크를 점령하고 노르웨이를 침공해 양국 연합군을 격퇴했다. 독일군 승리에는 육군장관 V. A. 크비슬링(Quisling) 등 노르웨이 파시스트들의 도움이 한몫했다. 이어 5월 10일 독일이 전격적으로 중립국 벨기에와 네덜란드를 침공함으로써, 본격적으로 서부전선의 전역이 열리게 되었다. 독일군은 벨기에로 우회해 프랑스로 진격, 영국과 프랑스가 믿어 의심치 않았던 마지노선을 간단히 무력화시켰다.

독일의 베네룩스(Benelux) 침공이 있던 당일, 영국에서는 대독 유화정책을 펼치던 체임벌린(A. N. Chamberlain) 내각이 물러나고 윈스턴 처칠(Winston Churchill)의 전시 거국 내각이 들어섰다. 처칠은 나치 독일의 군사력이 영국의 안전에 위협이 될 것이라 보고 군비 증강과 영국·프랑스·소련의 동맹을 주창하던 대독 강경론자였다. 노동당 인사가 포함된 영국의 전시 연립내각을 출범시킨 처칠은 국제적인 연대 속에 결연하게 대독일 전쟁을 수행할 것을 천명했다. 이미 독일군이 마지노선 북단을 가로질러 영국 해협까지 진출해 있는 상황이었지만, 다행히도 북부에 고립되었던 30만 명의 영국-프랑스군이 덩케르크(Dunkerque) 작전으로 기적적으로 영국 본토로 철수할 수 있었다.

그 사이 프랑스에서는 H. P. 페탱(Petain) 내각이 독일에 항복하고 남부의 비시(Vichy)에 괴뢰 정부를 수립했다. 런던으로 탈출한 국방차관 샤를르 드골(Charles A. M. J. De Gaulle)은 비시 정부에 반대해 망명 '자유 프랑스 위원회' 를 세우고 프랑스 국민들에게 대독항전을 호소했다.

단기간의 서유럽 석권으로 기세가 오른 독일은 영국 점령을 서둘렀다. 7월 9일 독일 공군기가 영국 공군기지에 대한 공습을 시작함으로써 영독전쟁의 막이 올랐다. 영국 상륙을 결의한 히틀러는 8월 1일 '바다사자 작전' 준비를 명령했다. 해상 공격과 공수 부대 투입을 통해 영국에 상륙하려는 이 작전이 성공하려면 먼저 영국 공군을 제압해야 했다. 이날부터 영국 해협 제공권을 장악하기 위한 양국 공군간의 '브리튼 전투(Battle of Britain)' 가 치열하게 전개되었다. 독일 공군의 목표는 영국 공군을 무력화시키는 데 있었으므로, 수로 야간에 영국의 공군 기지를 집중 폭격했다. 영국에는 아직 야간 전투기가 없던 시절이라, 이를 막을 뾰족한 방법이 없었다. 영국 공군은 궤멸 직전까지 내몰렸다.

그러던 중 독일 공군의 작은 실수가 영국 공군의 숨통을 터주었다. 야간폭격에 나섰던 독일 폭격기 2대가 방향을 잃고 런던 도심을 오폭하는 사건이 발생했던 것이다. 안개가 짙게 낀 런던의 날씨 탓이었다. 분노한 영국은 즉시 베를린을 보복 공습했고, 독일도 이에 맞서 공격 목표를 런던 등의 대도시로 확대하면서 영국 공군의 전열을 재정비할 시간이 주어졌다.

브리튼 전투에서 독일 공군은 결국 패배했다. 히틀러의 독일이 당한 최초의 패배였다. 영국 상륙이 무리임을 깨달은 독일은 9월 '바다사자 작전' 을 무기한 연기했다. 동쪽의 소련으로 총부리를 돌릴 시간을 벌기 위해서였다.

런던 대공습과 '폭탄 해리스'

독일이 영국 상륙 작전을 잠정적으로 중단했다고 해서 독일 공군의 공격마저 중단된 것은 결코 아니었다. 전력을 동부전선에 집중하는 대신, 독일은 야간 공습으로 작전을 바꿔 런던을 중심으로 영국의 주요 도시들을 맹폭격했다. 폭격의 주요 목적은 영국 국민들의 사기를 떨어뜨려 사회 불안을 조성하는 것이었다.

야간 등화관제가 실시되었음에도 불구하고, 독일 폭격기들은 템스(Thames)강의 물길을 타고 손쉽게 올라와 런던을 집중적으로 타격했다. 아직 정밀 타격 기술이 없을 때라, 폭격은 선도기가 목표 지점 상공에서 소이탄을 투하하면 후속기들이 그것을 조명 삼아 고폭탄을 투하하는 방식으로 진행되었다. 이런 독일 공군의 폭격은 1940년 9월 7일에 시작해서 1941년 5월까지 지속되었다. 런던뿐만 아니라 중부 중공업도시 코벤트리(Coventry), 남서단 항구도시 플리머스(Plymouth), 그리고 맨체스터(Manchester)·글래스고(Glasgow)·리버풀(Liverpool) 등의 도시가 독일 공군의 야간 폭격에 노출되었다. 9개월여에 걸친 독일 공군의 폭격으로 영국 전역에서 140만 명의 이재민이 발생하고 43,000여 명이 목숨을 잃어야 했다.

영국이 본격적인 반격에 나선 것은 1942년이었다. 그동안 베를린 등에 대한 소규모 보복 폭격을 펼쳤지만, 별다른 성과가 없던 터였다. 주간 공습에서는 영국 공군의 피해도 만만치 않게 발생했고, 야간 폭격에서는 소떼나 양떼에 더 큰 피해를 입히고 마는 경우가 많았다. 폭격 전력의 열세를 절감한 수상 처칠은 1941년 11월 폭격군 사령부를 4,000대 규모로 획기적으로 증강하는 방안에 대한 의회의 동의를 얻어냈다. 그리고 이듬해 2월 '폭탄 해리스(Bomber Harris)' 라 불린 아더 해리스(Arthur T. Harris) 장군을 새 사령관에 임명했다.

해리스는 이전까지의 특정 군사 시설이나 군수 공장에 대한 정밀 폭격에 회의를 품고 특정 지역 전체를 타깃으로 삼는 새로운 폭격 전술을 수립했다. 특정 시설에 한정한 집중 공격은 전시 효과에 그치고 쉽게 복구될 수 있는 한계가 있다는 게 그의 논리였다. 그가 수립한 폭격 전술은 한 마디로 '최단 시간에 최대한의 폭격기를 동원해 최대 면적을 초토화시키는' 이른바 '융단 폭격' 전술이었다. 그는 이런 폭격만으로도 상대방의 전쟁수행 능력을 저하시켜 전쟁에서 승리할 수 있다고 믿었다. 1943년 12월의 보고에서 해리스는 폭격 목표로 정한 38개 독일 도시들 가운데 1/4을 파괴했으며, 이듬해 첫 4개월 동안 1/4을 더 파괴해 독일로부터 항복을 받을 계획이라고 밝혔다.

'적국의 민간인도 적' 이라 생각한 그는 '독일의 집을 파괴하여 독일인의 정신을 파괴할 수 있다' 고 믿는 철저한 전쟁 기술자였다. 때마침 실전 배치되기 시작한 '랜카스터(Lancaster) 폭격기' 가 그의 이런 구상을 뒷받침했다. 랜카스터는 폭격기 중에서 가장 많은 10톤의 폭탄을 탑재할 수 있는 영국의 신무기였다.

해리스는 자신의 지역 폭격 전술에 입각한 독일의 주요 도시 폭격 계획을 세우고 그에 걸맞는 '밀레니엄 작전' 이라는 이름을 붙였다. 본격적인 작전 전개에 앞서 그는 새로운 전술의 효과를 시험해 볼 목표를 독일 중소도시 중에서 물색했다. 이렇게 첫 제물로 선택된 곳이

북부 독일의 중세풍 도시 뤼베크(Lubeck)항이었다. 1942년 3월 영국 폭격기의 야간 공격을 받은 뤼베크는 건물의 절반 이상이 쉽게 불길에 휩싸였다. 이어 북해 연안 어촌 마을 바르네뮌데(Warnemunde)와 인접 도시 로스토크(Rostock)가 나흘 밤에 걸친 폭격으로 막대한 손실을 입었다. 이 지역은 독일군 주력 폭격기를 생산하는 '에른스트 하인켈(Ernst Heinkel) 항공기 제작 회사' 가 있는 곳이었다.

이들 지역의 폭격 성공에 고무된 해리스는 '쾰른(Cologne) 대공습' 으로 알려진 전대미문의 작전을 선보였다. 1942년 5월 말, 독일 제4의 도시이자 독일의 문화 중심지로 자부해 온 서부 독일 쾰른 상공에 1,080대의 영국 공군기가 나타났다. 당시까지는 시도된 적이 없는 역사상 최대 규모의 공습이었다. 하늘을 새까맣게 뒤덮은 영국 폭격기가 90분간에 걸쳐 2,000톤의 '폭탄비' 를 뿌려댔다. 가공할 융단 폭격의 실체가 세상에 본격적인 모습을 드러내는 순간이었다. 쾰른 시의 공장 지대는 완전히 폐허로 변했고, 5만 명이 넘는 시민들이 인명 및 재산상의 피해를 입었다(사망자 500명, 부상자 5,000명, 이재민 45,000명).

"히틀러조차도 한 시간에 십만 명을 죽이지는 못했다."

쾰른에서 융단 폭격의 재미를 톡톡히 본 해리스는 1943년 예하 부대에 '폭격군 사령관 명령문 173번' 을 하달했다. 작전명 '고모라(Gomorrah)' , 함부르크(Hamburg) 대공습이 개시된 것이다. 당시 독일 제2의 도시 함부르크는 대규모 선박 건조 시설, 200대 규모의 유보트 정박장, 세계에서 가장 오래된 다이너마이트 공장 등이 있는 군사 및 산업상의 요지였다. 잘 짜인 방공망 덕분에 연합군의 숱한 공습에도 불구하고 그때까지 건재할 수 있었다. 해리스는 열흘 정도 수천 대의 폭격기로 융단 폭격을 가한다면 독일의 방공망이 파괴될 것이라 판단하고 이 작전을 전개했다. 새로 개발된 레이더 교란 장치인 윈도(window, 채프의 다른 이름)라는 신무기가 그의 이런 믿음을 뒷받침했다.

1943년 7월 24일부터 7월 31일까지 영국과 미군의 공군기 1,000여 대가 번갈아 가며 빈틈없이 함부르크 상공에 폭탄을 투하했다. 이렇게 투하된 9,000 톤 가량의 폭탄과 소이탄 등으로 인해 함부르크는 화염 폭풍에 휩싸였다. 최대 순간 시속 240km의 무시무시한 열 폭풍이 몰아치는 가운데, 도심의 온도는 무려 섭씨 800도까지 치솟았다. 아스팔트 도로는 녹아버렸고 지하방공호에 대피했던 사람들은 질식사했다. 5만여 명의 시민이 목숨을 잃고 25만 채의 건물이 파괴되었다. 사망자 중 45,000여 명이 여성과 어린이였다. 성경에 나오는 '소돔과 고모라' 의 화염지옥이 인간의 손에 의해 재연된 것이다.

그나마 여기까지만 해도 전쟁의 와중에서 일어난 불가피한 희생이라고 강변할 수 있는 소지는 있었다. 뒤이은 일본에서의 원폭 투하처럼 종전을 앞당기는 데 기여한 바가 없지 않았기 때문이다.

1945년으로 해가 바뀌기까지 독일 동부의 고도 드레스덴(Dresden)은 연합군 폭격의 무풍 지대였다. 오랫동안 작센(Sachsen) 지방의 수도였던 이곳에는 아무런 군사 시설이나 군수 공장이 존재하지 않았다. 그랬기에 전쟁의 와중에서도 '독일의 피렌체(Firenze)' 라 불리는 아름다운 도시 외관에 손상을 입지 않을 수 있었다.

더구나 당시에는 '오래된 도시는 폭격하지 않는다' 고 믿은 피난민

'독일의 피렌체'라 불리는 동부 독일의 고도 드레스덴은 1945년이 되기까지는 연합군 폭격의 무풍지대였다. 사진은 1910년대의 드레스덴 도심 풍경.

들이 대거 몰려들고 있었다. 당시 64만여 명 인구의 드레스덴에는 추가로 20만 명의 피난민들이 몰려와 있었다. 나치 독일의 패배는 시간문제일 뿐인 상황에서 독일 바로크(baroque) 문화의 본산인 고색창연한 도시에 연합군의 공습이 있으리라고 믿는 사람은 없었다.

그러나 사람들의 기대는 여지없이 빗나갔다. 1945년 2월 13일 한밤중, 영국 공군의 대편대가 느닷없이 드레스덴으로 기수를 돌렸다. 독일의 항복을 하루라도 앞당기기 위해 처칠과 해리스가 선택한 희생물이 바로 드레스덴이었던 것이다.

공습은 2월 13일~15일 3일에 걸쳐 총 4차례로 나뉘어 진행되었다. 영국과 미국 공군 합동작전으로, 총 1,300대의 중폭격기가 동원되어 4,000여 톤의 폭탄을 드레스덴 상공에 쏟아 부었다.

1차로 영국 공군의 랜카스터 등 800여 대의 폭격기가 1,478톤의 폭탄과 1,182톤의 소이탄을 드레스덴 상공에 뿌려댔다. 1차 공습 3시간 뒤에 시작된 2차 공습에서는 역시 영국 폭격기 529대가 180톤 이상의 고폭탄을 추가로 투하했다.

3, 4차 공습을 담당한 것은 미공군이었다. 14일 한밤중에 실시된 3차 공습에서 미군의 B-17 폭격기 311대가 주로 기차역과 철도 시설을 목표로 771톤의 고폭탄과 네이팜(napalm)탄을 투하했는데, 이 과정에서 가장 큰 인명 피해가 발생했다. 전날 밤의 난데없는 폭격으로 혼비백산한 시민들이 피난을 가기 위해 몰려 있던 탓이었다. 특히 이

영국과 미국 공군의 융단폭격으로 초강력 불기둥이 블랙홀처럼 사람들을 빨아들이고 순식간에 드레스덴 시가지가 폐허로 바뀌었다.

날 미군이 선보인 네이팜탄은 기존의 소이탄과는 비교도 안 될 성능을 자랑했는데, 덕분에 미군은 더 적은 양의 폭탄을 투하하고도 더 많은 인명을 살상하는 전과를 올릴 수 있었다. 드레스덴 폭격은 15일 미공군이 466톤의 폭탄을 확인 투하하는 것으로 마무리되었다.

폭격을 당한 드레스덴 도심에선 그야말로 아비규환의 지옥도(地獄道)가 연출되었다. 하늘에서 '검은 양탄자'가 소낙비처럼 떨어지는 가운데 순간 온도 섭씨 800~1,000도의 초강력 불기둥이 사람들을 블랙홀처럼 빨아들였다. 이 불기둥은 97km 떨어진 지역의 상공에서도 관측할 수 있었다.

폭격이 끝났을 때, 84만 명이 북적대던 드레스덴에서 생존해 있는 사람은 고작 37만여 명 정도였다. 공습 직후에 작성된 드레스덴 경찰국의 보고서는 60만여 명의 사상자가 나고, 민간 주택 12,000채 및 8,000여 건물·공공시설이 파괴되었다고 기록하고 있다. 신원이 확인된 시신은 21,271구에 불과했지만, 최소 5만 명 이상이 폭격으로 사망했을 것이라 보는 게 정설이다.

"히틀러조차도 한 시간에 십만 명을 죽이지는 못했다."

1992년 아더 해리스의 동상 건립 문제가 불거졌을 때 한 독일인은 이렇게 절규했다. 적지 않은 논란에도 불구하고, 그의 동상은 영국 여왕에 의해 런던의 한 교회 앞에 세워졌다.

파괴와 학살의 과학화

"나는 사람을 죽이라고 이 자리에 앉혀졌다."

폭격 지역의 민간인 피해에 대한 보고를 받고 아더 해리스가 내뱉었다는 말이다.

해리스가 주도한 제2차 세계대전의 항공전은 전쟁사의 신기원을 연 것으로 평가받고 있다. 먼저 그는 군사적 목표나 산업적 목표에 국한되었던 공중 폭격의 개념을 특정 지역 전체를 포함하는 지역 목표로 확대시켰다. 나치의 게르니카 폭격에서 벤치마킹한 '융단 폭격' 역시 그에 의해서 정착되었다고 할 수 있다. 대편대를 동원해 적국의 전략 거점을 일거에 초토화시키는 '융단 폭격' 전술은 확실히 상대방의 전쟁 수행 능력을 저하시키고 항전 의지를 꺾는 데 유효한 측면이 있었다.

그리고 전투 과정에서 많은 신무기들이 출현해 가공할 위력을 선보였다. 10톤의 폭탄을 탑재할 수 있는 영국의 랜카스터 폭격기, 섭씨 3,000도로 30m 이내를 완전히 불태우는 미국의 네이팜탄, 순항미사일과 단도미사일의 원조로 평가받는 독일의 보복 병기 V1 및 V2가 대표적이다. 오늘날 흥행에서 큰 성공을 거둔 영화를 가리키는 '블록버스터(Blockbuster)' 폭탄도 드레스덴 공습에서 선을 보였다. 영국 공군의 4~5톤짜리 폭탄 '쿠키(Cookey)'의 별칭이 블록버스터였는데, 폭풍 효과로 도시의 한 구역(Block)을 날려(bust)버릴 만큼 엄청난 위력을 자랑했다. 드레스덴 폭격은 과학기술에 의해 뒷받침된 전쟁 기술이 오용될 때 얼마나 파괴적인 결과를 초래할 수 있는가를 극명하게 보여주는 사례였다.

해리스가 주도한 융단 폭격에 의해서 독일 각지에서 발생한 민간인 피해는 사망 60만 명, 건물 파괴 600만 채로 추정된다. 이는 독일의 공습으로 인한 5년간의 영국인 희생자 수 51,909명의 10배를 훌쩍 뛰어넘는 수치였다. 이와는 별도로 위험한 전술에 내몰려 희생당한 영국 공군의 수도 57,143명에 이르렀다.

물론 나치 독일이 자행한 수백만 유대인의 학살과 같은 더 큰 전쟁 범죄는 제쳐두고 공군 전력에 의한 피해만을 단순 비교하는 것은 온당치 않다. 또한 융단 폭격에 의한 모든 희생의 책임을 해리스 혼자에게만 돌릴 수도 없는 일이다. 먼저 해리스의 배경에는 그를 발탁하고 적극 지원해준 최종 결정권자 윈스턴 처칠이 있었다. 미국은 이 작전을 영국과 함께 실행했고, 연합군 지원이 불충분하다고 투덜대던 소련의 스탈린도 이를 사전 승인했다. 전쟁의 본래 속성인 광기와 승리 지상주의도 해리스 같은 전쟁 기술자의 활약을 부추겼을 것이다.

종전 후 해리스는 공군 원수로 진급해 퇴역을 했지만, 폭격의 실상이 속속 드러나면서 많은 비판에 직면해야 했다. 일각에서는 나치 전범과 다름없는 '학살자'로 취급받기도 했다. 그렇지만 그는 자신의 폭격 전술이 종전을 앞당겼다는 신념을 굽히지 않았다. 영국 정부가 그에 걸맞는 대접을 해주지 않는다고 불평하던 그는 영국을 떠나 남아공으로 이주했다. 그곳에서 천수를 다 누리고 1984년 91세를 일기로 생을 마감했다. 전쟁 승리에 기여했다고 굳게 믿었던 그에게 영국이 내려준 보상은 초라했다. 1953년의 준남작(準男爵) 작위와 사후에 세워진 동상이 전부였다.

해리스가 남긴 다음 말은 탁월한 전쟁 기술자다운, 그러면서도 전쟁의 본질을 꿰뚫는 명언이 아닐 수 없다.

"나치 전범들과 나의 차이는 그들은 감옥에 갔거나 교수형을 당한 반면 나는 자유롭다는 것뿐이다."

드레스덴의 어제와 오늘

'영원한 공사장'.

독일의 문호 괴테가 해질녘 엘베강의 풍경에 반해 '유럽의 발코니'라고 불렀던 드레스덴은 '지금 공사중'이다. 드레스덴 폭격이 있은 지 66년이 지난 오늘날까지 시의 중심가 여기저기에 공사장이 널려 있다.

그런데 그 공사 현장의 모습이 여느 현장과는 사뭇 다르다. 다른 공사 현장 대부분이 낡은 건물을 헐어내고 새 건물을 세우는 것이라면, 드레스덴의 경우는 그 반대다. 현내식 건물을 헐어내고 그 자리에 있던 '낡은' 옛 건물을 되살려내는 게 드레스덴 공사장의 특징이다. 그것도 말끔한 새 자재는 최소화하고 파괴된 잔해를 찾아 일일이 맞춰가며 하는 작업이 대부분이다. 도시계획 기준 자체가 아예 전쟁 이전으로 맞춰져 있다. '과거로의 회귀'가 드레스덴 재개발의 키워드이다.

작센지방 중심지였던 드레스덴을 엘베강의 수려한 경관과 어우러진 바로크 궁중 문화로 꽃피운 것은 17세기 후반~18세기 전반에 걸친 아우구스트 2세(또는 프리드리히 아우구스트 1세) 및 3세(또는 프리드리히 아우구스트 2세) 부자 치세였다. 특히 폴란드 왕을 겸임해 '아우구스트 2세 강건왕(August der Starke)'이라 불리기도 했던 아버지 아우구스트는 그 자신이 탁월한 건축 전문가였다. 그는 천재 건축가 마토이스 푀펠만(Matthaus D. Poeppelmann)과 손잡고 드레스덴을 세계적인 도시로 만들어 나갔다. 바로크 건축의 걸작이자 드레스덴의 랜드 마크인 츠빙거(Zwinger)궁과 궁정교회(Hofkirche), 성모

독일 바로크 문화의 본산으로서의 옛 모습을 복원하는 것이 드레스덴 재개발의 키워드이다.

교회(Frauenkirche), 필리츠(Pillnitz)궁 등이 이 시기를 전후해 건축되었다.

설계에서 완공까지 보통 20여 년 안팎이 걸린 바로크 명작들이 파괴되는 데 걸린 시간은 불과 한두 시간이었다. 연합군의 야만적인 융단 폭격 속에 유서 깊은 문화유산들도 순식간에 폐허로 변했다.

제2차 세계대전이 끝난 후, 살아남은 시민들이 직접 팔을 걷어 부치고 복원에 나섰다. 폐허를 뒤져 파편을 모으고 검게 그을린 벽돌을 날랐다. 동독 정부가 들어서면서 복원 작업이 중단되었을 때는 시민들이 주요 유적의 잔해 철거를 막았고, 언젠가 있을 복원에 대비해 벽돌에 숫자를 매겨 보관했다.

독일 통일로 복원 작업이 재개될 수 있었지만, 이번에도 드레스덴 시민들은 서두르지 않았다. 조급한 졸속 복원으로 도시 미관을 망치기보다는 과거의 드레스덴을 완벽히 재현하는 데 심혈을 기울였다. 이런 과정을 거쳐 가장 먼저 작센 왕가의 미술관이었던 츠빙거궁이 20년 만에 복원되었고, 드레스덴 시민들의 신앙 중심지인 루터파 성모교회는 60년 만인 2005년에 제 모습을 찾을 수 있었다.

드레스덴 시민들에게 복원된 옛 건물의 군데군데 끼어 있는 검게 그을린 벽돌은 전쟁이 남긴 아픈 상처이자 동시에 남다른 문화적 자긍심의 표현이었다.

12

오키나와 집단자결

일본에 편입된 해상왕국, 류큐

"류큐는 남해에 있는 나라로 삼한(三韓, 한국)의 빼어남을 모아 놓았고, 대명(大明·중국)과 밀접한 보차(輔車, 광대뼈와 턱)관계에 있으면서 일역(日域·일본)과도 떨어질 수 없는 순치(脣齒, 입술과 치아) 관계이다. 류큐는 이 한가운데 솟아난 봉래도(蓬萊島, 낙원)이다. 선박을 항행하여 만국의 가교가 되고 외국의 산물과 보배는 온 나라에 가득하다."

동중국해 남동부에 위치한 오키나와(沖繩)섬 최대 도시 나하(那覇)에는 옛 류큐왕국의 도성이 있고, 그곳에는 위의 명문(銘文)이 새겨진 '만국진량(萬國津梁)의 종' 이 걸려 있었다. 중개무역의 거점으로 번성했던 류큐의 이상과 기개를 잘 보여주는 글이다.

제주도보다 조금 작은 넓이의 오키나와는 동중국해의 넓은 해역에 점점이 흩어진 약 160개 섬(이 중 유인도는 약 50개)으로 구성된 일본 최남단 및 최서단의 변방지역이다. 19세기 후반에서야 일본 역사에 편입될 정도로, 독자적인 전통과 문화를 형성해 왔던 곳이다. 그전까지 이곳은 450년간 류큐라는 독립 해상 왕국의 영지였다. 허균의 《홍길동전》에 나오는 율도국이 오키나와의 한 섬이라는 설이 나오고, 고려 삼별초와의 연관 가능성을 보여주는 유물이 출토되는 등 우리나라와 역사적 인연도 깊다. 제2차 세계대전 말기에 징병징용으로 끌려간 1만여 명의 한국인들이 총알받이로 내몰린 비극의 현장이기도 하다.

1492년, 오랜 3대 세력의 할거 시대를 끝내고 이 지역을 통일하고 류큐왕국을 세운 것은 쇼(尙)씨 왕조의 쇼하시왕(尙巴志王)이었다. 국토 통일에 성공한 쇼씨 왕조는 국제무역으로 눈을 돌렸다. 동북아시아와 동남아시아를 잇는 해상로에 위치한 지리적 이점을 활용해, 국제무역 중개기지로 번영을 추구했다. 건국과 더불어 중국 명나라와 책봉 관계를 맺고 조공 무역을 시작했고, 조선에도 40여 차례나 사절단을 파견한 기록이 《조선왕조실록》에 남아 있을 정도로 밀접한 연관을 맺었다. 류큐 무역선의 활동 범위는 조선 부산포, 중국 푸젠(福建)과 광둥(廣東), 일본 규슈(九州), 안남(安南, 베트남), 루손(Luzón, 필리핀) 등 동아시아 전역을 망라했다.

독립 해상국 류큐가 일본의 영향 아래로 들어간 직접적 계기는 임진왜란이었다. 도쿠가와 이에야스(德川家康)의 에도 막부(江戶幕府)가 조선과 명나라를 치기 위해 류큐에 식량 제공을 요구했으나 명의 책봉국이었던 류큐는 이를 거절했다. 결국 1609년 막부의 사쓰마번(薩摩藩) 군대가 류큐를 점령했다. 임진왜란 패전에 따른 경제적 손실을 채우려는 목적이 강한 침략이었다. 이때부터 류큐는 사쓰마번의 조공국으로 전락했다. 사쓰마번은 일종의 총독 기관을 설치하고 20여 명을 상주시켜 류큐의 내정에 간섭하였고, 류큐는 북쪽의 아마미군도(奄美群島)를 일본에 할양해야 했다.

19세기 후반에 일본에 편입되기 전까지 오키나와 일대에는 독립 해상 왕국이 존재했다. 그림은 옛 류큐 왕국의 외교 사절도.

사쓰마번에 예속된 이후에도 류큐의 대중국 조공은 그대로 유지되었는데, 이로써 '류큐의 양속(兩屬) 관계'가 시작되었다. 류큐 측은 '중국은 우리의 아버지이고 일본은 우리의 어머니이다'라는 식의 외교 노선을 설정해 양쪽에 조공을 바치면서 독립을 유지해 나갈 수 있었다.

사쓰마번이 주축이 된 메이지 유신(明治維新) 와중에서 류큐의 양

속 관계는 끝이 났다. 1872년 일본은 류큐국을 류큐번으로, 류큐 국왕은 류큐 번왕으로 격하시키고 자국의 지방 정부로 삼았다. 이어 1879년에는 군대와 경찰을 동원한 '류큐 처분'을 단행했다. 류큐 국왕을 강제로 폐위시키고 이름을 오키나와현(沖繩縣)으로 바꿔 정식으로 일본 영토에 편입시킨 것이다. 이로써 '배를 저어나가 세계의 가교가 되려(以舟楫 爲萬國之津梁)' 한 평화로운 해상 국가 류큐의 이름은 역사에서 사라졌다.

일본에 편입된 오키나와현의 정황은 평화롭지 못했다. 일본은 이질적인 문화를 갖고 있는 오키나와를 일본화하기 위해 철저한 동화 정책을 강행했다. 오키나와인들을 '충용한 신민'으로 만들기 위한 황민화 교육을 강도 있게 실시하고, 창씨개명과 오키나와말 사용 금지 등 오키나와의 전통과 문화를 억압하였다. 그런 기운데시도 오키나와인들은 일본 본토인들로부터 '류큐진(琉球人)'이라 불리며 '조센진(朝鮮人)'과 다름없는 식민지인 취급을 받아야 했다.

태평양전쟁의 승패를 가른 '미드웨이 해전'과 '과달카날 전투'

1941년 12월 7일 아침, 일본 연합 함대에서 발진한 해군기들이 하와이 진주만에 있는 미군 기지에 기습 공격을 단행했다. 미국 태평양 함대와 지원 부대를 타격하기 위해서였다. 태평양전쟁이 발발하는 순간이었다. 일본의 선제공격은 '지원은 하되 참전하지는 않는다'는 원칙하에 참전을 유보하던 미국을 전쟁의 한복판으로 끌어들였다.

중일전쟁이 진행중인 상황에서 일본이 감당하기 어려운 양면 전쟁을 도발한 이유는 미국의 경제 제재와 석유 금수 조치였다. 중일전쟁에서 중국을 지원하던 미국은 중국 등의 해외에 주둔중인 일본군의 완전 철수를 요구하며, 이를 경제 제재와 연계시켰다. 미국은 일본의 불응을 빌미로 미일 통상 조약을 파기하는 대일본 경제 제재에 착수한 데 이어, 1941년에는 석유 금수 조치를 내렸다. 대부분의 석유를 미국과 인도에서 수입하던 일본으로선 치명적인 조치였다. 일본은 미국과의 직접 전쟁을 통해 미국의 대중국 지원을 차단하고 향후의 협상에서 유리한 고지를 차지할 목적으로 선제 공격을 결행했던 것이다.

태평양이라는 대양을 무대로 치러지는 전쟁이니 만큼 해전의 비중이 클 수밖에 없었다. 초반의 전세는 전쟁에 소극적이고 실전 경험이 일천했던 미군이 전투 경험이 많은 베테랑이 다수인 일본군에 밀리는 형국이었다. 미국이 반전의 기회를 잡은 것은 1942년의 미드웨이(Midway) 해전에서였다. 태평양 한복판 미드웨이섬은 미국과 아시아 사이에서 중간 기착지 역할을 하는 곳이었다. 그곳에는 미군의 대일본 최전방 기지가 자리잡고 있었다. 일본 해군 수뇌부는 예상되는 미국의 일본 본토 공격을 저지하기 위하여 이곳을 점령코자 대공세를 취했다.

6월 5일 전함 11척과 항공모함 8척 등 총 150여척으로 구성된 일본 항모 전단의 대전력이 미드웨이 해역으로 접근하고 있었다. 이에 맞서는 미태평양 함대의 전력은 함정수에서 1대3으로 열세였다. 그것도 전함은 진주만 기습 때 격침되어 한 척도 없었고 가용할 수 있는 항공모함은 4척에 불과했다. 다행히 미군은 일본군의 암호를 해독해 미드웨이 공격 작전을 사전에 알고 대비할 수 있었다. 양측은 서로 대면하지 않은 채 항공모함의 함재기만으로 전투를 치렀는데, 결과는 매복과 기습으로 선제공격을 펼친 미군의 승리였다. 이 전투에서 일본군은 주력 항공모함 4척과 항공기 300대를 잃는 등 궤멸에 가까운 대참패를 당했다. 화재에 취약했던 일본 항모 및 함재기의 시스템도 참패 원인 중 하나였다.

미군 입장에서 미드웨이 해전의 승리는 값진 것이었다. 태평양 제해권을 장악해 마음껏 병력과 물자를 수송할 수 있었고, 일본 해군을 사실상 무력화시켜 수세에서 공세로 전환할 수 있는 발판을 마련했다.

전쟁의 승패를 결정한 분수령은 1942년 8월 7일부터 1943년 2월 9일까지 남태평양 솔로몬제도 남부에서 벌어진 과달카날(Guadalcanal) 전투였다. 이 회전(會戰)은 미군을 주축으로 한 연합군이 최초로 취한 공세였는데, 승리한 연합군은 공세를 강화한 반면 패배한 일본군은 수세적 방어에 치중해야 했다.

1942년 8월 7일 연합군은 일본군이 비행장을 건설중인 과달카날섬을 비롯한 남솔로몬제도의 몇몇 전략 거점에 상륙 작전을 펼쳐 이를 점령했다. 이를 시발로 빼앗긴 거점을 탈환하려는 일본군과 연합군 사이의 교전이 육해공 전 부문에 걸쳐 치열하게 전개되었다. 3번의 주요 지상교전과 5번의 해전, 거의 매일 항공전이 이어졌다. 1943년 2월 9일 탈환을 포기한 일본군이 철수함으로써 회전(會戰)은 연합군의 승리로 막을 내렸다.

이후 미군의 진격은 1944년 제1차 세계대전 승리로 독일로부터 획득한 사이판(Saipan)섬, 1945년 초 메이지유신 이래로 일본 영토였던 이오섬(硫黃島)에 이르렀다. 일본이 설정한 최후 방어선인 '절대 국방권(絶對國防圈)' 은 무너지기 시작했고, 일본 인접 지역에 해상 항

오키나를 정찰중인 미군기.

공 기지를 확보한 미국은 급유 걱정 없이 일본 대도시에 대한 폭격 작전을 펼칠 수 있었다.

전선은 점점 더 일본 본토 가까이로 옮겨지고 있었다.

일본군 강요에 의한 사실상의 타살

자국 영토 안으로 밀고 들어오는 미군의 대공세에 직면한 일본군 수뇌부는 본토 사수를 위하여 오키나와를 최후의 보루로 삼기로 결정했다. 미군의 일본 본토 상륙을 최대한 지연시키기 위해 오키나와에서 지구전을 펼치기로 한 것이다. 바야흐로 '평화의 섬' 오키나와가 최초이자 최후의 일본 안 지상전 현장이 되어가고 있었다.

미군 상륙이 임박하자, 일본군은 오키나와 주민들을 총동원해 결사항전 태세를 갖췄다. '미군에게 잡히면 여자는 능욕당하고 남자는 사지가 찢겨 죽는다'는 흑색선전을 퍼트리며 주민들의 '옥쇄(玉碎)'를 강요했다. 주민들을 총알받이로 내세워 최대한 시간을 끌려는 속셈으로, 그 이면에는 오키나와인들에 대한 뿌리 깊은 편견과 차별 의식이 작용하고 있었다. 처음에는 17세부터 45세까지의 민간인 남자들을 소집해 방위대를 조직했지만, 나중에는 그 대상이 여성들과 노인, 청소년까지 확대되었다. 그야말로 '군관민 공생공사'의 총동원 체제였다.

오키나와 본섬 남서쪽의 도카시키(渡嘉敷)섬에서는 미군 상륙 일주일 전에 일본군 병기담당 하사관이 수십 명의 남자 공무원들 및 청년들에게 수류탄 2개씩을 건넸다. '한 발은 적을 만났을 때 던지고, 나머지 한 발로는 자결하라'는 말과 함께. 할복자살이 미덕처럼 칭송되는 일본에서지만, 군인도 아닌 민간인에게, 그것도 차별받는 '류큐진'에게 내려진 사실상의 자살 명령이었다.

1945년 3월말 미군 폭격과 함께 시작된 전투는 약 3개월에 걸쳐 오키나와 곳곳에서 치열하게 전개되었다. 전투는 6월 23일 일본 수비군 총사령관과 참모장이 할복 자결함으로써 끝이 났고, 전투 과정에서 숱한 인명 살상이 발생했다. 미군은 12,500여 명의 전사자를 포함해 5만여 명의 사상자를 냈고, 일본군은 66,000여 명의 사망자를 포함해 83,000여 명이 희생되었다. 미군의 사상자 수는 태평양전쟁 사상 최대였다. 그렇지만 이 중에서도 최대의 희생자는 오키나와 민간인들이었다. 전체 인구의 1/4인 12만 명이 목숨을 잃었다.

이 민간인 희생자들 가운데는 사실상의 강요와 극도의 공포감 속에 스스로 목숨을 던진 800여 명의 '민간인 집단자살자' 들도 포함되어 있다. 비극이 일어난 현장은 오키나와 본섬과 남서쪽 게라마(慶良間)제도의 자마미(座間味)섬, 도카시키섬 등의 마을이었다. 일본군이

일본군 시신 곁을 지나는 미군.

주둔하고 있는 마을이라는 공통점이 있었다.

3월 28일 일본 도카시키섬 한 동굴 안에는 600~800명이 옹기종기 모여 있었다. '북산에 집합하라' 는 일본군의 지시에 따라 모여든 사람들이었다. 마을 촌장이 '천황폐하 만세' 를 삼창한 것을 신호로 일부 사람들이 수류탄을 꺼내 들었지만, 불발탄이 대부분이었다. 그러자 사람들은 나뭇가지, 면도칼, 끈, 곤봉, 돌 등 온갖 것을 이용해 사랑하는 가족들을 죽였다. 그날 이 동굴에서만 미군에게 잡히면 끔찍한 보복을 당할 것이라 믿은 329명의 사람들이 서로가 서로를 죽이는 참극을 연출했다.

4월 1일 오키나와 본섬에서 미군이 가장 먼저 들이닥친 요미탄손(讀谷村) 마을에서는 주민 139명이 '치비치리 동굴' 로 피신했다가 미군에 의해 포위되었다. 죽창을 들고 동굴 밖을 경계하던 2명이 미군병사에 대항하다가 사살된 장면을 목격한 주민들은 패닉 상태에 빠져 들었다. 맨 먼저 '자신을 죽여 달라' 고 애원하던 18세의 딸을 주방용 칼로 죽인 어머니는 독극물이 든 주사기를 나머지 가족과 자신의 팔에 찔렀다. 가족을 낫으로 죽인 아버지는 이불에 불을 붙여 자신의 목숨을 끊었다. 부모가 어린 자식들을 먼저 죽이고 뒤를 따르는 동반자살 끝에, 치비치리 동굴에서는 두 시간 만에 82명이 목숨을 잃었다.

자마미섬에서는 약 130명의 주민이 자결을 선택했고, 오키나와 본섬에서는 최남단 기얀(喜屋武)곶까지 밀린 사람들이 바다로 투신자살하였다. 이 밖에도 종군 간호사로 동원된 오키나와 여고생들의 '히메유리(姬百合) 학도대' 200여 명이 부대를 해산당한 후 이리저리 떠돌다가 동굴에서 또는 절벽에서 스스로 목숨을 끊었다. 당시 이를 목

'우리는 곤두박질치는 각각의 카미카제를(…) 공포감 속에 바라보았다' 오키나와의 여고생으로 구성된 '히메유리 간호부대'의 추모탑.

격한 브로우(C. R. Brow) 해군 중장의 증언을 들어보자.

"우리들의 서양적인 관점과는 너무나 이질적이었던 그 광경에는 최면적인 매혹이 있었다. 우리는 곤두박질치는 각각의 카미카제를, 끔찍한 광경을 바라보는 목격자가 지니는 공포감을 가지고 바라보았다. 순간 우리들은 자신을 잊어버리고 절망적으로 저 위에 있는 사람에 대해 생각했다."

예외적으로 이성적인 설득이 주민들을 집단자살에서 구한 경우도 있었다. 비극의 현장인 요미탄손의 치비치리 동굴에서 1㎞쯤 떨어져 있는 시무쿠 동굴의 피난민들이 그런 경우였다. 그곳에는 1,000여 명이 피난해 있었는데, 그 중에는 상당 기간 하와이에서 살다가 귀향한 두 명의 오키나와인이 섞여 있었다. 두 사람은 미군은 절대 잔인하게 사람을 죽이지 않는다고 설득하여 주민들을 집단자살의 유혹에서 건져냈다.

"미군기지가 있는 한 전쟁은 끝난 게 아니다"

일본의 항복으로 전쟁은 끝났지만, 오키나와의 불행은 그것으로 끝이 아니었다. 이곳의 전략적 중요성을 모를 리 없는 승전국 미국이 오키나와를 자국의 기지촌으로 만들어 버렸기 때문이다. 오키나와 주민들의 재산권은 제한되고 일상은 파괴되었다. 1951년 '샌프란시스코 평화조약'과 '미일안전보장조약'으로 일본이 독립국 지위를 되찾은 이후에도, 오키나와에 대한 미군의 점령 상태는 그대로 유지되었다. 우여곡절 끝에 1972년 일본에 반환되기까지 오키나와는 '류큐 열도 미국민정부(USCAR)'라는 이름의 군정 정부 통치 아래 있었다.

미국은 점령 직후부터 오키나와 요소요소에 다수의 군사기지를 건설했다. 주민들의 토지를 수용해 기존의 일본군 기지를 확충하는 것은 물론이고, 곳곳에 신규 기지를 조성했다. 일례로 극동 최대 공군 기지인 가데나(嘉手納) 기지는 15개 마을을 수용해 일본군 나카(中) 비행장을 약 40배로 확장한 것이었다. 오키나와 본섬의 경우 전체의 20% 이상에 미국 군사 시설이 들어섰고, 주일미군 70% 이상이 오키나와 일대에 집중 배치되었다.

냉전이 격화되던 시절, 오키나와는 미국 동북아 전략의 핵심 거점이었다. 반경 2,000km 안에 한반도 전역과 홋카이도(北海道)를 제외한 일본 전체, 베이징(北京)과 상하이(上海), 홍콩을 잇는 중국의 중심 지역, 필리핀의 대부분이 들어 있었기에, 커버할 수 있는 영역도 그만큼 광대했다. 한국전쟁 시기에는 미군의 전진기지 역할을 톡톡히 수행했고, 베트남 전쟁 당시에 미군 폭격기가 폭탄을 싣고 출격한 곳도 이곳이었다. 바둑으로 치자면, 일본이 버린 사석을 미국이 요석으로 바꾼 셈이었다. 그러면서도 '주일미군 지위 협정' 에 의거해, 막대한 기지 유지비용의 일부를 일본에 분담시켰다. 평화헌법에 따라 정식 군대를 보유할 수 없는 일본의 안보를 대신 지켜준다는 논리에 입각해서였다.

반면에 오키나와 주민들의 입장에서 보면, 미군기지와 동거한 66년의 역사는 고통과 분노의 역사였다. 일상생활에 지장을 받는 것은 물론이고, 토지 이용에도 제한이 뒤따랐다. 오키나와가 일본에 반환된 1972년 이후에도 사정은 달라지지 않았다. 미군 기지를 그대로 존속시킨다는 조건이 딸려 있었기 때문이다.

오키나와 본섬 기노완(宜野灣)시의 경우는 미군기지 존재로 고통받는 오키나와인의 현주소를 적나라하게 보여주는 좋은 예다. 이곳에는 시 전체 면적의 26%를 차지하는 '후텐마(普天間)기지' 라는 미군 해병대 비행장이 버젓이 주택가 한가운데 자리잡고 있다. 이곳의 주민들은 수시로 이착륙하는 비행기 소음 때문에 생활이 곤란할 지경이다. 2004년에는 인근의 한 대학교에 헬기가 추락하는 대형 사고가 발생하기도 했다. 분노한 시민들이 미군기지 반대 운동을 펼쳤지만, 완전 철수 대신 같은 오키나와 본섬의 나고(名護)시 헤노코(邊野古) 마을로 기지를 이전하는 것으로 결론이 나고 말았다. 헤노코 주민들은 기지 이전 계획에 강력히 반발하며 3,000여일에 가까운 반대운동을 지속해 오고 있다. 주일미군들이 벌이는 강도·강간·폭행 같은 흉악 범죄도 끊이질 않아서 1972년부터 2008년까지의 미군 범죄의 누계는 559건에 달했다.

한 TV 프로그램에 출현했던 주민의 말은 오키나와인이 겪고 있는 고통의 현주소를 잘 함축하고 있다.

"오키나와에 미군기지가 없어지지 않는 한 전쟁은 끝난 게 아니다."

오에 겐자부로의 '오키나와 노트'를 둘러싼 공방

오키나와 주민 집단자살 문제는 2000년대 들어 다시 일본 사회에서 떠들썩한 쟁점으로 떠올랐다. 2005년 오키나와 전투 당시 일본군 장교였던 인물과 그 유족들이 이 사건을 다룬 한 책의 내용이 잘못됐다며 법원에 소송을 낸 것이 발단이 됐다. 오키나와 주민들의 희생을 '자발적인 선택에 의한 아름다운 죽음'으로 미화하려는 일본의 국수주의 단체들이 '집단자살이 일본군의 강요에 의한 것'이라고 서술한 역사 교과서의 내용을 수정하기 위해 벌이는 '오키나와 프로젝트'의 일환으로 지원하는 소송이었다.

문제가 됐던 책은 35년 전인 1970년에 이와나미(岩波)서점에서 출판된 《오키나와 노트(沖縄ノート)》였다. 저자는 1994년 노벨문학상 수상자이자 일본의 진보적인 대표적 지식인의 한 사람인 오에 겐자부로(大江健三郎). 그는 이 책에서 주민 증언 등을 토대로 당시 일본군이 '부대의 행동을 방해하지 않고 식량을 부대에 제공하기 위해 깨끗하게 자결하라'는 명령을 내렸다고 서술했다. 이에 대해 소송을 제기한 측은 '대장의 명령이라는 것은 유족이 전후에 보상을 타내기 위해 만들어낸 허구'라고 주장하며 소송을 제기했던 것이다.

재판이 진행되는 와중인 2007년 3월말, 일본 문부과학성이 고등학교 역사 교과서에서 오키나와 주민 집단자살 사건이 '일본군의 강요에 의한 것'이라고 서술한 부분의 삭제를 지시하는 검정 결과를 발표해 파장을 키웠다. 9월 29일 오키나와 기노완시에서 주민 11만 명이 참여한 초유의 규탄 집회가 개최되었다. 이날 집회에는 오키나와 41개 기초지방자치단체 의회와 이 지역 출신 여야 국회의원들이 빠짐없이 참석해, 주민 집단자살 사건이 오키나와인들에게 얼마나 광범위한 상처인가를 여실히 보여주었다. 이날 집회 참석자들은 역사 교과서 내용의 즉각적인 원상 회복을 요구하며, '집단자결이 일본군의 관여 없이는 일어날 수 없었던 것을 전하는 것은 우리의 책무' 라는 긴 제목의 결의문을 채택했다.

소송에 대한 오사카(大阪) 지방재판소의 1심 판결은 2008년 3월에 내려졌다. 주민 집단자살에 일본군이 관여했음을 인정하는 내용이었다. 후카미 도시마사(深見敏正) 재판장은 그 근거로 '자결용 수류탄이 배분되었으며 일본군이 주둔하지 않은 섬에서는 집단자결이 없었다' 는 점을 들었다. 같은 해 10월에 내려진 오사카 최고법원의 2심 판결에서도 원고 측은 패소했다. 그리고 2011년 4월 일본 대법원이 오키나와 집단자살 사건에 일본군의 개입이 있었다고 최종 판결함으로써, 이 사건을 둘러싼 법적 논란은 마무리되었다.

13

팔레스타인 난민

'아브라함의 자손들에게 약속된 땅' 팔레스타인

태초의 대홍수에서 살아남은 노아(Noah)의 10대손인 아브라함(Abraham)에게는 70세가 넘도록 후사가 없었다. 아내 사라(Sarah)의 불임 때문이었다. 야훼(Yahweh)는 아브라함의 자손이 백사장의 모래알만큼 많게 하겠다고 약속했지만, 고령의 아브라함은 이 약속이 미덥지가 않았다. 그래서 그는 여종 하갈(Hagar)을 첩으로 삼아 86살에 이스마엘(Ishmael)을 낳았다. 그렇지만 야훼는 당초의 약속을 지켰다. 아브라함이 100살이 되던 해에 본처 사라와의 사이에 아들을 허락하니, 그가 이삭(Isaac)이었다.

구약성서 창세기에 나오는 내용이다. 팔레스타인 지역에서 영토 분쟁을 벌이고 있는 유대인과 아랍인의 조상들에 관한 이야기이다.

형이지만 서자인 이스마엘이 아랍 민족, 동생이지만 적통을 이은 이삭이 유대 민족의 조상이다. 두 사람의 아버지인 아브라함은 유대교·기독교·이슬람교의 공통 조상으로, 말하자면 '유일신 신앙의 아버지' 인 셈이다.

이후 하갈과 이스마엘은 적서 차별 문제로 아브라함 곁을 떠나게 되는데, 이스라엘 건국으로 고향 땅을 등지는 팔레스타인의 아랍인들과 그 모습이 닮았다. 차이가 있다면 당시는 일정 몫의 재산을 떼어주어 내보냈겠지만, 이번에는 이도 저도 없이 무조건 내쫓고 말았다는 점일 것이다.

지중해 동안에서 요르단 강 사이의 팔레스타인 지역은 아시아와 유럽, 아프리카 대륙의 교착점에 위치한다. 따라서 지배 세력의 교체와 인구 이동이 빈번했던 곳 중의 하나였다. 고대 왕국을 꽃 피웠던 유대 민족이 로마제국 박해 등 자의반 타의반으로 세계 각지로 뿔뿔이 흩어진 이래, 2천년 동안 이 지역을 지키며 살아온 것은 아랍인들이었다. 수니파 무슬림이 대다수였다. 로마제국의 패퇴 이후 팔레스타인 지역은 이슬람 문화권에 편입되었고, 주요 지배 세력은 오스만제국 등의 이슬람 왕조였다. 그랬기에 팔레스타인의 아랍인들은 큰 굴곡 없이 자신들의 공동체를 유지하며 지낼 수 있었다. 소수의 기독교를 믿는 아랍인들과 유대인들이 섞여 있었지만, 종교의 차이가 문제가 되지는 않던 시절이었다.

팔레스타인의 평화가 깨지기 시작한 것은 20세기 들어 유럽의 유대인들이 이주해 오면서부터였다. 러시아 포그롬과 프랑스 드레퓌스 사건으로 대표되는 유대인 박해 및 추방이 유럽 각지에서 빈발하면서 생긴 일이었다. 유럽의 일부 유대인들 사이에서 '하느님이 아브라함과 그 자손들에게 약속한 시온(Zion)땅' 으로 돌아가자는 시오니즘 운동이 벌어졌다. 예루살렘의 시온산은 이들에게 팔레스타인으로의 귀환을 뜻하는 상징이었다.

이로부터 유대인들의 팔레스타인 이주가 시작되었다. 1905년 유대민족기금(Jewish National Fund)이 아랍인들로부터 땅을 사들이기 시작했고, 1910년대 1만 명의 유대인들이 팔레스타인에 정착했다. 이후 유대 이주민의 숫자는 계속 늘어났는데, 1920년대 8만 명, 1933년 25만 명, 1939년 50만 명에 이르렀다. 나치 독일의 유대인 대학살은 이런 유대인들의 팔레스타인 이주를 더욱 촉진시켰다.

시오니스트들의 목표는 팔레스타인 땅에 유대인들의 독립 국가를 세우는 것이었다. 그렇지만 그들이 신에게서 약속받은 땅이라고 주장하는 팔레스타인에는 이미 2천여 년 전부터 뿌리내리고 살아온 약 110만 명의 아랍인들이 있었다. 이 지역에서 유대 이주민 수가 늘어나고 인구 비중이 높아질수록, 유대인과 아랍인 사이의 대립과 갈등 요인은 쌓여갈 수밖에 없었다. 더구나 시오니스트들은 아랍인들을 배제한 '유대인들만의' 국가 수립을 추진했다. 두 민족간의 충돌이 임계점을 향해 치닫는 것은 불가피했다.

두 통의 편지가 뿌린 분쟁의 씨앗

"나는 여물통에 들어간 개가 그 안에서 아무리 오래 있었다 하더라도 여물통이 자기 것이라고 주장할 권리를 갖는다는 데 동의하지 않는다. 나는 그 권리를 인정하지 않는다. (중략) 나는 좀 더 현명한 인종이 들어와서 그 자리를 대신 차지했다고 해서 엄청난 잘못을 했다고는 생각하지 않는다."

—윈스턴 처칠

오랫동안 국제 사회에서 약자로 남아 있던 인종이나 민족이 새롭게 자신들만의 국가를 세우는 일은 그들의 의지만으로 되는 게 아니라는 것은 상식이다. 주변 국가들 사이에 걸린 이해관계가 첨예하기 때문이다. 약소민족이나 인종의 독립과 건국은 국제 사회의 지지나 지원, 특히 주변 열강들의 용인이나 도움 없이는 불가능하다. 이스라엘 건국도 예외는 아니었다.

제1차 세계대전 직후, 패전한 오스만 제국을 대신해 팔레스타인 일대의 패권을 장악한 것은 영국이었다. 그런데 영국은 이미 전쟁 중에 전쟁 승리와 전후 영향력 확대를 위해 팔레스타인의 장래에 대한 상반된 내용의 약속을 이해 당사자들에게 했던 터였다. 맥마흔 선언과 밸푸어 선언이 그것인데, 공교롭게도 두 선언은 모두 편지 형식으로 공표되었다. 전자는 영국의 고등 판무관 A. H. 맥마흔(McMahon)이 아랍 민족의 지도자인 후세인 빈 알리(Hussein bin Ali)에게 보낸 서한을 통해, 후자는 영국 외무장관 밸푸어(1st Earl of Balfour)가 영국 국적의 저명한 유대인 국제금융업자 로스차일드(M. A. Rothschild)에게 보낸 편지를 통해서였다.

영국이 먼저 손을 내민 측은 오스만 제국 치하에 있던 아랍인들이었다. 이집트에 주재하던 맥마흔은 1915년 10월 메카(Mecca)의 종교 지도자인 후세인에게 보낸 편지를 통해, 아랍인이 연합군으로 제1차 세계대전에 참전해 주면, 종전 후 아랍 지역의 독립을 지지하겠다고 약속했다. 시리아 서부 지역은 제외한다는 단서가 붙긴 했지만, 그

경계가 어디인지에 대한 명확한 규정은 없었다. 시리아 남쪽에 많은 영토가 있던 팔레스타인 지역은 당연히 대상에 포함되는 것으로 여겨졌다.

1915~1916년 사이 10여 차례 교환된 '후세인-맥마흔 편지'를 통해 영국은 이 약속을 거듭 확인했고, 이 약속을 믿은 아랍인들은 오스만 제국에 반기를 들고 반란을 일으켰다. 10만여 명에 이르는 아랍인 전사자의 희생에 힘입어, 결국 아랍 전역은 영국의 승리와 오스만의 패전으로 귀결되었다.

1917년 밸푸어 선언은 반대로 유대인의 지원을 겨냥한 것이었다. 영국이 팔레스타인에서 유대인들을 위한 민족 국가 수립을 인정한다는 내용이었는데, 이는 미국 내 유대인의 환심을 사 미국을 1차 대전에 끌어들이기 위한 조처였다. 이 선언에 고무된 시오니스트들은 독립 국가 건설을 현실로 받아들이기 시작했고, 팔레스타인으로 이주하는 유대인 인구는 급증했다.

영국은 아랍인들과 유대인들에 대해 양립할 수 없는 이중적 태도를 취하는 와중에서도 자국의 실리를 챙기기 위한 비밀 외교를 전개했다. 1916년 5월 영국 대표 마크 사이크스(Mark Sykes)와 프랑스 대표 조지 피코(Georges Picot)는 전후 오스만 치하의 아랍인 지역을 구획하는 '사이크스-피코협정'을 비밀리에 체결했다. 이 협정에 따르면 프랑스는 시리아·레바논을, 영국은 이라크·요르단을 세력 범위하에 두기로 했다. 예루살렘 일대 팔레스타인은 공동 관리로 하고, 러시아에 터키 동부지방을 할양하는 내용도 포함됐다.

이 비밀 협정 내용은 제정 러시아를 무너뜨린 볼셰비키 정권이 공산당 기관지 '프라우다'에 협정 전문을 공개하면서 세상에 알려졌다.

아랍인들과 참전국들의 반발이 뒤따르는 것은 당연했다. 결국 이탈리아는 제정 러시아가 받기로 했던 지역을 대신 차지했고, 전쟁기간 동안 연합국이 사용한 석유의 90% 이상을 지원했던 미국도 사우디아라비아 지역에 진출할 수 있는 교두보를 확보할 수 있었다.

종전 후 국제연맹의 위임 형식으로 팔레스타인 지역을 통치하게 된 영국은 위임 통치 규약에 밸푸어 선언의 이행 책임을 명시함으로써, 유대 국가 창설에 힘을 실어줬다. 또한 요르단강 동안의 고원지역을 팔레스타인에서 분리해 트랜스요르단(Transjordan)을 세우고

시오니스트들이 신에게서 약속받은 땅이라고 주장하는 팔레스타인에는 2천 년 전부터 뿌리내리고 살아온 아랍인들이 있었다. 팔레스타인 자치정부의 깃발을 들고 있는 레바논 소재 난민촌의 아이.

후세인의 둘째 아들 압둘라(Abdullah)를 지배자로 내세워, 오늘날까지 이어지는 팔레스타인과 요르단 분리의 원인을 제공했다.

상호 모순되는 두 선언의 균형추는 한쪽으로 쏠리고 있었다. 유대의 시오니스트들은 자신들의 국가 건설 목표에 한 걸음 더 다가설 수 있었던 반면, 팔레스타인의 아랍인들은 달면 삼키고 쓰면 뱉는 냉혹한 국제 정치의 논리에 배신감으로 치를 떨어야 했다.

중동분쟁의 와중에서 생겨난 대규모 난민

"이 나라에 두 민족이 살 공간이 없다는 점을 분명히 해야 한다. (…) 아랍인들이 떠난다면 이 나라는 우리가 살기에 넓고 여유 있는 장소가 될 것이다. (…) 유일한 해결책은 (…) 아랍인이 없는 나라 이스라엘이다. 여기에는 타협의 여지가 없다."

—이스라엘 건국 영웅 요세프 바이츠(Joseph Weitz)의 1940년 12월 20일자 일기

제2차 세계대전 종전 후, 양립하기 어려운 약속을 남발했던 영국은 골치 아픈 팔레스타인 문제를 새로 출범한 유엔에 넘겼다. 1947년 11월 29일 유엔 총회는 '유엔 결의안 181호'를 통해 팔레스타인을 아랍과 유대 두 개의 나라로 분할하는 권고안을 의결했다. 팔레스타인의 토지 87%, 인구의 68%를 차지하는 110만 명의 아랍인들이 영토의 42%를 할당받고, 토지의 6%, 인구의 30%를 차지하는 50만 명의 유대인들이 56%의 영토를 차지하는 내용이었다. 이 결의안대로라면 유대인들은 농업 지대의 80%, 아랍인 공장의 40%를 차지할 수 있게 된다. 유대인과 아랍인이 비슷하게 거주하는 20만 인구의 예루살렘 일대는

유엔 관리하의 국제도시로 둔다는 조항도 포함되어 있었다. 분할안의 내용은 아랍 측에 더 많은 희생을 요구하는 것이었다.

분할안을 받아들일 수 없었던 아랍인들은 파업과 봉기로 저항했다. 시오니스트들은 민병대를 동원해 아랍인을 추방하는 것으로 대응했다. 특히 시오니스트들은 1948년 3월의 '여호수아(Yehoshua) 계획'을 실행하면서 조직적인 아랍인 추방과 학살을 전개해 나갔다. 아랍인들의 보호 요청을 거절한 영국군은 충돌지역에서 철수함으로써 학살을 방관했다.

1948년 5월 14일, 텔아비브(Tel Aviv)를 수도로 한 이스라엘 건국이 선포됐다. 이후 네 번의 전쟁과 테러 및 대응 테러로 점철된 중동 분쟁이 시작되는 순간이었다. 팔레스타인인들에게는 '알-나크바(Al-Nakba)'라 불리는 대재앙의 출발이었다.

이스라엘 건국은 팔레스타인을 포함하는 중동 지역을 새로운 화약고로 만들었다. 이튿날인 15일 미국은 재빠르게 이스라엘을 승인했고, 16일에는 이집트·요르단·이라크·시리아·레바논의 아랍 연합군이 예루살렘을 향해 진격했다. 제1차 중동전쟁이 발발한 것이다. 전쟁은 외국에서 귀환하는 제2차 세계대전 참전 용사들로 계속 병력을 증강한 이스라엘군의 승리로 끝났다.

이 전쟁을 통해 신생 이스라엘은 유엔의 원래 분할안보다 50% 정도가 더 많은 팔레스타인 영토의 78%를 차지하는 전과를 올렸다. 또한 전쟁의 과정에서 팔레스타인 거주 아랍인의 80%(약 75만 명) 이상이 살던 땅에서 추방되어 인접 아랍국가들로 흘러들었다. 레바논 국경에서 가까운 곳에 살던 팔레스타인인은 레바논으로, 요르단강 서안(西岸)에 살던 사람들은 요르단으로, 가자지구에 살던 이들은 이집

'아랍인들이 떠난다면 팔레스타인은 우리 유대인들이 살기에 넉넉한 땅이 될 것이다' - 한 시오니스트의 말이다. 사진은 1949년 레바논의 트리폴리 인근의 나르 엘 바레드(Nahr el-Bared) 난민촌.

트로 뿔뿔이 흩어졌다. 팔레스타인인들의 고달픈 난민 생활이 시작된 것이다.

이스라엘과 이집트·시리아 사이에서 벌어진 1967년 제3차 중동전쟁은 팔레스타인인들에게 더욱 파괴적인 결과를 낳았다. '6월 전쟁' 또는 '6일 전쟁' 이라 불리는 이 전쟁에서 이스라엘은 가자(Gaza)지구와 서안지구마저 차지하게 되었다. 결국 이스라엘은 팔레스타인 전역을 확보했다. 나아가 이스라엘군은 이집트 시나이(Sinai)반도와 시리아 골란(Golan)고원까지 진격하였다. 전쟁의 결과, 제1차 중동전쟁 당시 가자와 서안으로 피난했던 19만 명과 두 지역의 원거주자 20만 명이 새로 난민의 대열에 합류했다. 거듭되는 전쟁과 박해의 와중에서 팔레스타인 난민의 누계는 300만 명에 이르게 되었다.

한편, 삶의 터전을 빼앗긴 팔레스타인인들은 1964년 이후 팔레스

이스라엘이 요르단강 서안에 설치한 '분리장벽'. 이 지역에 살고 있는 팔레스타인 주민들은 격리된 채 살아가고 있다.

타인해방기구(PLO)를 통일적 모체로 삼고 여러 게릴라 조직을 만들어 대이스라엘 투쟁에 돌입했다. 이스라엘 점령하의 팔레스타인인들도 1987년과 2000년의 두 차례의 인티파다(Intifada, 봉기)를 통해 이스라엘의 억압과 박해에 저항했다. 이 과정에서 수만 명이 체포되고 1,000 명 이상이 살해되는 '피의 악순환' 이 반복된 것은 물론이다.

팔레스타인의 무력 지배에 한계를 느낀 이스라엘은 국제 사회의 압력 속에 아랍과의 공존을 모색하기 시작했다. 먼저 1978년의 '캠프 데이비드(Camp David) 협정' 에서 시나이반도와 아랍국 최초의 국가 인정이라는 주고받기를 통해 이집트와 오랜 군사적 대립을 해소했다. 그리고 1993년 9월 PLO와 체결한 '오슬로(Oslo) 평화협정' 을 통해 팔레스타인인들의 제한적인 자치를 허용했다. '영토와 평화의 교환' 을 원칙으로 한 이 협정을 통해 1994년 7월 동쪽 서안지구와 서쪽 가자지구로 분리된 기형적인 영토를 가진 팔레스타인 자치정부가 수립되었다.

그러나 이마저도 이스라엘이 분배해주는 세금을 받아 운영하고 수시로 이스라엘군의 탱크가 밀고 들어와 간섭하는 불완전한 자치에 불과했다. 1997년 3월 이스라엘은 팔레스타인 거주 지역인 동예루살렘에서 유대인 정착촌 건설을 강행했다. 이어 2002년 6월부터는 동예루살렘과 서안지구 사이에 감시탑과 전기 철조망이 있는 8m 높이의 분리 장벽을 설치해, 팔레스타인인들의 거주 지역을 거대한 감옥으로 만들었다.

팔레스타인인의 4분의3이 난민

팔레스타인 자치정부 출범 이후, 살던 곳으로 되돌아간 팔레스타인인은 극소수에 불과했다. 절대 다수의 팔레스타인 난민들은 지금 이 순간에도 객지의 난민 캠프에서 기약 없는 떠돌이 생활을 계속하고 있다.

'국제연합 팔레스타인 난민구호사업기구(UNRWA)' 의 집계에 따르면, 거듭된 중동 분쟁 와중에서 고향을 떠나 난민 캠프에서 생활하고 있는 난민의 숫자는 2010년 1월 현재 470만 명을 넘는다. UNRWA는 제1차 중동 전쟁 직후인 1949년 12월 유엔 총회 결의로 설립된 팔레스타인 난민 지원 기구이다. 이 기구는 팔레스타인 자치 지구를 포함해 인접국인 요르단·레바논·시리아 등 5개 지역에서 58개의 난민 캠프를 조성해 운영중이다. 난민의 숫자가 가장 많은 지역은 요르단으로 200만 명에 육박하는 팔레스타인인들이 생활하는 10개의 캠프가 있다. 그 뒤를 110만 명이 수용된 가자지구의 8개 캠프가 잇고 있다. 캠프의 숫자가 많기로는 서안지구가 19개(80여만 명), 레바논이 12개(43만여 명)로 1, 2위를 차지하고 있다. 시리아에서는 9개 캠프에서 47만 명 정도가 생활하고 있다. 이 외에도 이집트, 이라크, 쿠웨이트 등에도 대규모 캠프가 존재했거나 비공식 캠프가 조성되어 있다.

팔레스타인인들의 더 큰 비극은 난민 캠프에서 생활하는 사람들이 난민의 전부가 아니라는 사실이다. 2005년을 기준으로 팔레스타인 자치 정부, 인접 아랍국가, 이스라엘에 거주하는 팔레스타인 인구는 970만 명 정도인데, 이 중 4분의 3인 약 720만 명이 원래 살던 곳에서 쫓겨난 난민들이다. 전체 난민 중 67%가 UNRWA의 난민 캠프에서 살고 있는 셈이다. 요르단의 경우 전체 인구의 절반 정도인 300만 명이 팔레스타인인이다.

난민촌에 거주하는 팔레스타인인들의 생활은 열악하기 짝이 없다. UNRWA에 따르면 난민의 60%가 빈곤선 이하에서 살고 있으며 난민촌의 실업률은 70%에 육박한다. 난민촌 규모는 초기의 '천막촌'에서 출발해 이제는 도시 수준으로 성장했지만, 자체의 행정력과 경찰력을 갖추지 못한 단순한 원호 기구인 UNRWA가 할 수 있는 일은 많지 않다. 그 지원은 교육·보건·복지·구급 등의 인도적 차원에 머물러 있다.

이들 난민촌은 이슬람 극단주의자를 양산하는 온상이 되고 있다.

1969년 레바논 정부와 PLO 사이의 '카이로(Cairo)협정' 에 의해 치외법권 지대가 된 레바논의 캠프들이 대표적이다. 난민 캠프가 집중된 남부 레바논은 이란의 지원을 받는 이슬람 시아파 정당이자 무장세력인 헤즈볼라(Hezbollah)의 본거지가 되었다. 이 지역에는 이스라엘군 침공과 이슬람 무장 세력간 교전이 끊이질 않고 있다.

장기간 이어지고 있는 난민촌의 존재는 해당 국가들에도 짐이 되고 있다. 팔레스타인 난민들은 '형제국' 아랍국가들에서도 찬밥 신세가 되기 일쑤이다. 쿠웨이트는 걸프전 와중에서 팔레스타인 지도

팔레스타인 난민촌은 이슬람 극단주의자를 양산하는 온상이 되고 있다. 레바논군과 캠프 내 파타 알 이슬람(Fatah al Islam) 민병대 사이의 전투로 파괴된 나르 엘 난민촌 재조성 공사(2009년).

부가 이라크의 사담 후세인(Saddam Hussein) 정권을 지지했다는 이유로 난민 25만 명을 추방했고, 2005년 이라크 거주 팔레스타인인 수만 명도 같은 이유로 쫓겨났다. 팔레스타인 난민들에 대해 관용적이었던 요르단마저도 이들의 시민권을 박탈하려는 움직임을 보이고 있다.

팔레스타인 난민들의 귀환 문제는 팔레스타인과 이스라엘의 협상에서 늘 초미의 관심사 중 하나이지만, 아직까지 이렇다 할 합의는 나오지 않고 있다.

추방과 유랑으로 점철된 팔레스타인 난민들의 삶과 꿈, 그리고 희망과 사랑, 좌절을 노래한 자브라 이브라힘 자브라(Jabra Ibrahim Jabra; 1919~1994)의 시 〈유배의 사막에서〉(1982년)를 소개한다.

유배의 사막에 봄 가고 또 봄 오네
우리는 우리의 사랑을 가지고 무엇을 하고 있다는 말인가
이제 우리 눈엔 모래먼지와 서리가 가득한데

우리의 팔레스타인 우리의 푸르른 땅
꽃들은 여인의 옷자락에 그린 그림같이 피어나고
3월은 언덕을 수놓는다
붉은 아네모네와 수선화
4월은 들판을 꽃송이들과 신부들로 넘쳐나게 한다
5월은 우리의 노래
한낮에 우리는 푸른 그늘에서 노래를 부른다
계곡의 올리브 나무들 사이에서

익어가는 들판에서 우리는 기다린다 7월의 약속과
수확의 계절에 손 맞잡고 함께 할 기쁨의 춤을

오! 우리의 땅, 그곳에서 우리의 어린 날들은
오렌지 그늘 아래서 꿈처럼 지나갔다
계곡의 편도나무들 사이에서

이제 우리를 기억해다오
사막의 가시덤불 속을 헤매는 우리를
바위산을 헤매는 우리를
이제 우리를 기억해다오
사막 넘어 바다 넘어 도시의 광풍 속에 빠진 우리를
우리를 기억해다오
끝없이 떠도느라 깨끗할 수 없는 흙먼지가 가득한 우리의 눈을
저들은 우리를 둘러싼 언덕의 꽃을 쓸어버리고
우리늘 머리 위의 집들을 파괴하고
우리의 시체를 흐트러뜨리고
우리를 사막으로 내몰아
주린 배를 뒤틀면서 계곡을 기어다니게 하였다
푸른 그늘은 갈라져 붉은 가시가 되어
독수리와 까마귀의 밥으로 남겨진 시체를 굽어본다

천사가 목동을 위해 노래를 부른 것은 너의 언덕으로부터가 아니었던가?

인류를 위한 평화와 기쁨의 노래를
그러나 지금은 죽음만이 웃고 있다
사람들의 갈비뼈 사이에서 짐승들의 창자와 사람들의 갈비뼈 사이에서
그리고 총알은 깔깔거리며
즐거운 원무를 추기 시작했다
통곡하는 여자들의 머리위로
우리의 땅은 에메랄드
그러나 유배의 사막에는
봄 가고 또 봄 와도
모래먼지만이 우리의 얼굴을 덮을 뿐
무엇이란 말인가, 무엇이란 말인가,
우리의 사랑을 가지고 우리가 하고 있는 일은,
우리들 눈과 입엔 모래먼지와 서리만이 가득한 채.

유대인의 국제 파워

"우리 유대 민족은 세계 어느 나라에서도 박해를 받고 있다. 그 중에서도 러시아의 박해가 가장 심하다. 나는 러시아가 우리 민족을 학살하는 것을 중지시키기 위해 백방으로 손을 썼다. 그러나 아직 효과가 없다. 일본은 러시아와 전쟁중이다. 만약 일본이 승리한다면 러시아 제정은 붕괴될 것이다. 아니 승리는 힘들더라도 전쟁이 계속된다면 러시아 내부의 모순으로 혁명이 일어날 것이다. 그렇게 되면 러시아에 있는 우리 동포들이 구원받게 된다."

1904년 4월 러일전쟁의 전비 조달차 영국을 방문한 일본은행 부총재 다카하시 고레키요(高橋是清)를 찾아온 미국 제2의 투자은행인 쿤로이프사(Kuhn, Loeb & Co) 사장 제이콥 헨리 시프(Jacob Henry Schiff)가 한 말이다. 당시 다카하시는 1,000만 파운드(1904년 일본 예산의 40%에 해당) 어치의 일본 국채를 팔기 위해 미국과 영국을 방문했으나, 일본의 전쟁 승리 가능성을 낮게 본 투자가들의 외면으로 절반밖에 소화하지 못한 상태였다. 헨리 시프는 남은 500만 파운드의 채권을 선뜻 사주며, 자신이 일본을 돕는 이유를 이렇게 설명했던 것이다. 일본이 러일전쟁에서 승리할 수 있었던 배경에는 거대 유대 자본의 지원도 한몫했다. 유대인의 세계적 영향력을 잘 보여주는 일화이다.

오늘날 전 세계에 퍼져 있는 유대인 인구는 1,600만 명 정도로 추정된다. 69억 명의 세계 인구에서 차지하는 비중은 아주 미미하다. 그렇다면 세계에서 유대인이 가장 많이 사는 나라는? 이스라엘일 것 같지만, 의외로 정답은 미국이다. 미국의 유대인 인구는 약 640만 명으로, 이는 이스라엘 거주 유대인의 수보다 100만 명 가까이 더 많은 수치이다. 포그롬이나 홀로코스트를 피해 미국으로 이주한 동구나 독일의 유대인들이 그만큼 많았기 때문이다.

미국 전체 인구의 2.1%에 불과할 뿐인 유대인이 미국 사회 전반에 미치는 영향력은 그 10배 이상이라는 것이 정설이다. 소수의 미국내 유대인이 미국과 세계를 실질적으로 지배한다고 믿는 음모론이 그럴 듯하게 들릴 정도이다. 일례로, 이스라엘의 최대 로비 단체인 '미이스라엘공공정책위원회(AIPAC)' 연례총회가 열리는 날에는 미국의 내로라 하는 유력 인사들이 총출동한다. 역사적으로 국제무대에서 미국은 이스라엘의 가장 든든한 후원자였다. 이스라엘 건국을 바로 다음날 승인했고, 세계 최대인 매년 평균 30억 달러(약 3조 원)의 원조를 이스라엘에 제공하고 있다.

유대인들이 미국을 움직이는 힘의 원천은 막강한 경제력과 탄탄한 인적 네트워크이다. 디아스포라 이후부터 그들에게 부와 국제적 연결망은 생존의 무기였다.

미국 주요 기업의 적지 않은 부분이 유대인들 수중에 있다. 대표적으로 세계 7대 메이저 석유회사 중 6개사와 미국 5개 은행 중 2개, 세계 5대 곡물 메이저 중 3개의 사주가 미국계 유대인이다. 또한 세계 4대 통신사와 미국 3대 방송 및 신문사 전부, 할리우드 7대 영화사 중 6개사가 유대인이 소유하고 있거나 설립한 회사이다. IT분야에선 전 세계 검색 사이트 중 랭킹 1위인 구글(Google)과 소셜 네트워크 서비스의 최강자인 페이스북(Facebook)이 신세대 유대 청년들에 의해 창업되었다. 미국 50대 기업 가운데 유대계가 세웠거나 현재 실질적으로 운영하는 기업이 17개에 이른다.

미국 사회의 중추를 장악한 유대인의 맨파워도 막강하다. 2007년 미국의 유명 월간지 《배니티 페어(Vanity Fair)》가 선정한 미국의 파워 엘리트 100인의 명단에는 51명의 유대인이 이름을 올렸다. 미국 고위 공직의 15%를 유대계가 차지하고 있다는 통계도 있다. 미국 명문대의 대명사인 아이비리그에서는 교수의 30~40%, 학생의 23.6%(2003년 기준)가 유대계인 것으로 집계되었다.

소수집단에 불과한 유대인들이 미국 주류 사회의 주요 포스트에서 막강한 영향력을 행사하고 있다는 사실은 그들의 저력을 입증하는 동시에, 그들이 미국과 세계를 조종하고 있을지 모른다는 의구심의 진원이 되고 있다.

14

매카시즘

결코 차갑지 않았던 '냉전'의 열기

"오늘날 발트해의 슈테틴(Stettin, 폴란드의 슈체친)에서 아드리아해의 트리에스테(Trieste)에 이르기까지 유럽 대륙을 가로질러 철의 장막이 내려앉았다."

—윈스턴 처칠이 1947년 3월 미국 미주리주 풀턴(Fulton)의 웨스트민스터대학교에서 행한 연설

"당신네들이 좋아하건 그렇지 않건, 역사는 우리의 편이다. 우리는 당신들을 (역사의 무덤에) 매장할 것이다."

—1956년 11월, 소련 공산당 서기장 흐루시쵸프(N. S. Khrushchyov)가 모스크바의 폴란드 대사관에서 서방 대사들에게 한 연설

제2차 세계대전에서 공동의 적인 파시즘에 대항해 손잡고 싸웠던

미국과 소련은 전쟁이 끝나자마자 대립 모드로 들어섰다. 세계는 미국을 중심으로 한 자본주의 진영과 소련을 주축으로 한 공산주의 진영의 '양극체제' 로 급속히 재편되어갔다. 전통의 강호 유럽은 전쟁의 폐허 위에서 허덕이고 있을 무렵이었다.

미국과 소련은 세계의 패권을 선점하기 위한 총성 없는 전쟁에 돌입했다. 체제의 명운을 건 대립과 갈등이 치열하게 전개되었지만, 두 나라가 직접 군사적으로 충돌하는 일만은 극구 피했다. 현대전의 가공할 파괴력을 경험한 제2차 세계대전의 교훈을 통해 두 나라의 정면충돌이 공멸을 초래하리란 사실을 서로 잘 알고 있었기 때문이다. 대신 양측은 동맹국을 통한 국지전, 핵무기 개발과 같은 군비 경쟁, 우주 진출 경쟁 등에서 불꽃 튀기는 각축을 벌였다. 양측 공히 상대방의 위협으로부터 체제를 수호하기 위함이라는 명분을 내세웠다. '열전(Hot War)' 을 대신한 '냉전(Cold War)' 의 시대가 열린 것이다.

선제 대응에 나선 것은 소련이었다. 제2차 세계대전 종전 당시 중부 유럽까지 진출했던 소련은 독일과의 전쟁에서 획득한 동유럽 지역을 자국의 영향권 아래로 편입했다. 국경을 접하고 있던 일부 지역은 소련의 영역 안으로 편입했고, 나머지 지역에는 공산 정부가 들어서도록 지원해 위성국으로 삼았다. 전쟁으로 취약해진 스탈린의 '일국사회주의' 를 수호하기 위해 서유럽과의 사이에 공산 블록을 형성한 것이다. 이 블록에 포함된 나라의 대다수는 1955년 군사동맹체인 '바르샤바조약기구(WTO)' 의 회원국으로 참여한다.

유럽에서의 소련 독주는 미국을 자극했다. 공산주의의 서유럽 확산을 막아야 했다. 미국은 황폐화된 유럽 경제를 재건하기 위해 '마셜 플랜(Marshall Plan)' 이라 불린 '유럽 부흥 계획' 을 세우고 1947년부터 1951년까지 4년간 총 130억 달러를 지원했다. 또한 1949년에는 서유럽 국가들과 함께 집단방위기구인 '북대서양 조약 기구(NATO)'를 발족시켜 공산권 침공에 대비했다.

냉전 초기 첫 충돌은 양측이 경계를 맞대고 있는 독일에서 일어났다. 제2차 세계대전 종전 후 독일 영토와 수도 베를린은 미국, 영국, 프랑스 그리고 소련이 분할해 관리해 오고 있었다. 1948년 초 미·영·프 3국이 자신들의 관리 지역을 통합해 버리자, 소련은 베를린 봉쇄를 단행했다. 당시 베를린은 소련의 관할 지구 안에 고립된 섬이었다. 미국과 영국, 프랑스는 서베를린에 생필품을 대규모로 공수하며 소련의 봉쇄에 대응했다. 전쟁의 먹구름을 다시 불러올 수도 있었던 양측의 대립은 이듬해 소련이 봉쇄를 철회함으로써 일단락됐다.

최초의 정면충돌 위기에서는 벗어났지만, 두 진영의 대립과 경쟁은 곳곳에서, 그리고 여러 방면에서 쉴 새 없이 이어졌다. 1949년 중국의 국공내전에서 공산당의 홍군이 미국의 지원을 받던 국민당군을 물리치자 소련은 즉각 신생 중화인민공화국과 동맹을 맺었고, 미국은 즉각적인 대공산권 봉쇄로 맞받아쳤다. 이듬해에 발발한 한국전쟁은 미국과 소련의 대리전 성격을 띠고 진행되었고, 1962년의 '쿠바 미사일 위기'는 전면전의 직전까지 치닫는 일촉즉발의 상황을 연출하기도 하였다. 1960년대를 관통하고 1970년 전반기까지 이어진 베트남전쟁에서는 미국이 직접 전쟁에 뛰어든 반면, 소련과 중국은 베트민(越盟)의 '베트남민주공화국'과 '남베트남민족자유전선(NLF)'을 간접 지원하면서 냉전 수위를 조절했다.

이렇게 세계 곳곳에서 양측의 팽팽한 군사적 대립이 이어지는 가운데, 핵무기 개발과 우주 진출에서 앞서가기 위한 양측의 경쟁도 가

속화되고 있었다. 미국이 원자폭탄 개발에 성공하면 소련은 대륙간 탄도미사일(ICBM) 개발로 맞서고, 소련이 먼저 인공위성을 쏘아 올리면 미국이 달 착륙을 선점하는 식이었다.

뜨겁게 달아올랐던 냉전의 열기는 1970년대 들어 경제대국 서독과 일본의 부상, 제3세계의 등장, 중소분쟁 등으로 미국과 소련 중심의 양극체제에 균열이 생기면서 다소 주춤해졌다. 브레이크 없는 무한 경쟁의 부작용을 의식한 양측은 '전략 무기 제한 협정' 을 체결하는 등 긴장 완화를 모색하기 시작했다. 그렇지만 냉전의 공식적인 종결은 소련이 몰락하는 1990년대 초까지 기다려야 했다. 그동안에도 양측은 크고 작은 대립과 갈등을 이어갔다.

미국의 조야를 휩쓴 '적색 공포'

"결코 자기기만에 빠져선 안 됩니다. 오늘날 우리는 냉전의 한복판에 있습니다. 적들은 곧 해외에서, 국내에서 모습을 드러낼 것입니다."

1947년 4월 16일, 사우스캐롤라이나(South Carolina)주 하원에서는 주가 배출한 걸출한 인물의 초상화를 제막하는 행사가 열리고 있었다. '월가의 외로운 늑대' 라 불리던 전설적인 투자자이자 유엔 원자력 위원회의 미국대표였던 버나드 바루크(Bernard Baruch)가 그 주인공이었다. 독일계 유대인인 그는 대공황 시기의 주가 대폭락 와중에서도 손해를 입지 않은 유일한 큰손이자, 우드로 윌슨부터 존 케네디까지 미국 대통령 8명의 정책보좌역을 지내 '숨은 대통령' 이라 불리는 인물이었다. '냉전' 이라는 용어는 이렇게 그의 입을 통해 처음으로 세상에 나왔다.

1950년대 전후 미국의 조야는 공산주의의 위협을 현실로 체감하고 있었다. 먼저 해외에서의 상황이 이런 분위기를 조장하고 있었다. 동유럽에 이어 '아시아의 지붕' 중국이 공산화되었고, 동맹국 한국에서는 북한의 공산 정권이 '남침 전쟁' 을 일으켰다. 게다가 1949년 8월 소련이 핵 실험에 성공함으로써 미국의 핵 독점이 깨졌고, 소련의 핵공격 가능성을 언급하는 우려의 목소리가 커졌다. 미국사회에서 반공주의가 강화된 것은 물론이고, 공산주의에 대한 두려움, 곧 '적색 공포' 가 고조되기 시작했다. 두 번에 걸친 세계대전으로 자식과 남편을 잃은 가정이 많던 시절이었다. 그래도 이때까지는 상식이 그 힘을 가지고 있었다. 연방정부 안의 공산주의자를 축출하기 위해 내통령령을 발동했던 트루먼조차 1950년 국내안전보장법에 대해서는 거부권을 행사했다. 이때 트루먼이 한 명언을 소개한다.

"자유국가에서는 사람이 지은 죄를 처벌하지, 절대 그들이 가진 의견을 이유로 처벌하지 않는다."

그러나 1950년 7월에 터진 '로젠버그 부부 스파이 사건' 은 미국인들 사이에서 '적색 공포' 를 대중화하는 데 크게 영향을 미쳤다. 이들 부부는 미국의 원자폭탄 관련 기밀을 소련에 넘겼다는 혐의를 받고 체포되었다. 이들이 빼돌렸다는 기밀이라는 것이 널리 알려진 내용에 불과하다는 전문가들의 지적이 있었지만, 이들 부부의 행위를 '세기의 범죄' 로 몰고 가는 여론의 질타를 막기에는 역부족이었다. 결국 미국 공산당원이었던 줄리어스 로젠버그(Julius Rosenberg)와 그의 부인 에델 그린글래스 로젠버그(Ethel Greenglass Rosenberg)는 법정에서 사형을 언도받고 형장의 이슬로 사라져야 할 운명이었다.

1947~1957년 사이, 미국에서는 '비미국적(un-American) 사상과 행위' 로부터 '진짜 미국인(real American)을 보호' 한다는 명분 아래 공산주의자 탄압을 당연시하는 집단 공포 히스테리가 기승을 부렸다. 사상의 자유를 보장한 수정헌법 조항도 '적색 공포' 의 집단 히스테리 앞에서는 무용지물이었다. 공산주의자들을 색출해 매장시키기 위한 블랙리스트가 작성되었고, 이렇다 할 혐의 없이 사상이 의심스럽다는 이유만으로 사회적 지위를 잃는 사람들이 속출하였다.

1947년 3월 해리 트루먼(Harry Truman) 대통령은 연방 정부 안의 공산주의자를 축출하기 위한 '대통령령 제9835호(Executive Order 9835)' 를 반포했다. 300여만 명에 이르는 연방 정부 공무원을 대상으로 '연방 피고용인 충성 프로그램' 을 마련하고 윤리위원회를 구성해, '비미국적(un-American)' 으로 여겨지는 사람들을 공직에서 추방하기 위한 조치였다. 의회에서는 임시위원회에서 상임위원회로 바뀐 '하원비미활동위원회(HUAC)' 가 반공의 기치 아래 숱한 사람들을 공개적으로 소환하고 신문해 사회적으로 매장시키는 '적색분자 토벌' 기관으로 맹활약하고 있었다. 헐리우드에서는 언론의 사주 아래 블랙리스트가 제작되어 공산주의에 동조했다고 의심을 받은 사람들이 생업에서 배제되었다.

'빨갱이 사냥' 의 불을 지핀 매카시

"국가를 부르는 동안 엉덩이를 긁적거린 사람은 모두 빨갱이 혐의를 받았다."

—미국의 유명 배우 험프리 보가트(Humphrey Bogart)의 말

1950년 2월 9일, 웨스트버지니아(West Virginia)주 북부에 위치한 오하이오(Ohio)강의 연안 도시 휠링(Wheeling)에서는 공화당 여성 당원 대회가 열리고 있었다. 초청 연사는 연방 상원의원 조지프 매카시(Joseph McCarthy)였다. 그는 공화당 내에서 입심 좋은 강경우파로 소문나긴 했지만, 아직은 위스콘신(Wisconsin)주의 초선 상원의원일

'미 국무성 안에 공산당원들이 암약하고 있다' 폭탄 발언으로 미국 전역을 '빨갱이 사냥'의 광풍으로 몰아넣은 매카시(사진 왼쪽). 변호사로서 그의 오른팔이었던 로이 콘(Roy Cohn)과 함께.

뿐이었다. 당시 그는 경력위조, 명예훼손, 금품 수수 등으로 재선은 기대하기 어렵고 정치 생명은 끝난 것이나 다름없는 신세였다. 상황을 반전시키자면 특단의 대책이 필요했다. 연단에 선 매카시는 비장한 어조로 입을 열었다.

"국무부 안에 205명의 공산당원이 암약하고 있다. 내가 그 명단을 갖고 있다."

미국의 대외정책을 담당하는 미국 정부 핵심 부서인 국무부가 '빨갱이 소굴' 이라는 폭탄 발언이었다. 매카시의 이 발언은 그 자신도 기대하지 못했던 엄청난 후폭풍을 몰고 왔다. AP통신은 조지프 매카시의 주장을 여과 없이 보도했고, 보도를 접한 미국은 충격과 경악에 휩싸였다. 휠링에서의 날개짓이 전 미국을 휩쓰는 거대한 태풍으로 발전한 것이다. 신출내기 정치인에 불과하던 매카시는 일약 전국적인 인물로 부상했다. 2년 뒤인 1952년 선거에서 어렵잖게 재선에 성공한 것은 물론이다.

사실 매카시가 갖고 있다고 주장한 명단은 허무맹랑한 것이었다. 언론의 관심이 집중되는 가운데 그는 얼마 후 자신이 알고 있다는 공산당원의 숫자를 57명으로 정정했다. 그리고 왜곡과 과장, 허위투성이인 명단을 발표했다. 명단에는 국무부 시험에 응시한 경험이 있을 뿐인 사람, 이미 퇴직한 사람, 국무부에 적을 두고 있기는 하지만 정책 수립과는 무관한 사람 등이 수두룩했다. 그도 그럴 것이 그가 발표한 명단이란 게, 이전의 FBI 조사에서 별 문제가 없는 것으로 판명난 사람들의 명단에 약간의 첨삭을 가한 것에 불과했기 때문이다. 예컨대 FBI의 명단에서 '사회주의자' 라고 기록된 것을 '공산당원' 으로, '가능성이 있다' 를 '확실하다' 로 바꿔치기 했다. 다시 매카시의 명단은 10명으로 줄었고, 결국엔 저명한 중국학자인 오언 래티모어 (Owen Lattimore) 한 사람만 남게 되었다. 그마저도 훗날 혐의가 없는 것으로 결론이 났고, 래티모어가 한때 일했던 곳도 국무부가 아니라 국방부였다. 매카시가 주장한 국무부 공산당원 명단은 애당초 존재하지 않았던 것이다.

그러나 '적색 공포' 의 히스테리가 지배하던 1950년대 전반의 미국에서 진실과 증거는 중요하지 않았다. 매카시의 폭로가 언론의 스포트라이트 속에 광범위한 여론의 지지를 받게 되면서 보수주의자들이 적극적으로 '빨갱이 사냥' 에 가세하기 시작했다. 매카시즘의 광기가 미국 사회를 지배하기 시작한 것이다.

수만 명의 무고한 시민들이 공산주의자이거나 공산주의 동조자로 고발당하여 하원의 HUAC 등 민관의 조사 기구에서 조사를 받고 심문을 당해야 했다. 이 과정에서 1만여 명에 이르는 사람들이 생업을 잃거나 사회적으로 매장당했다. 그 중 일부는 기소되거나 투옥되기도 했지만, 최종적으로 유죄 판결을 받은 사람은 한 명도 없었다.

매카시즘의 1차 타깃은 우파의 시각에서 좌편향의 혐의가 있다고 판단되는 미국의 주요정책과 관련된 인물들이었다. 중국정책이나 마셜플랜 같은 유화적 대외정책, 전임 대통령 시절의 '뉴딜(New Deal)' 이나 현직 대통령의 '페어딜(Fair Deal)' 과 같은 복지정책 등의 입안자들이나 집행자들이 소환되어 머릿속을 검사당했다. 이어 영화나 방송계의 진보적인 인물들, 연방 정부에 대한 충성서약을 거부한 교사, 노동조합 활동가 등이 줄줄이 소환되어 청문회에 세워졌다. 이런 과정에서 공산주의자로 낙인찍히거나 청문회에 비협조적인 사람들에게는 사회적인 매장이나 실업 같은 후속 조치가 잇따랐다. 사상

매카시가 지목한 단체나 인사는 어떠한 증거로도 공산주의자의 낙인을 지울 길이 없었다. 노동 운동가인 아치 브라운(Archie Brown)이 하원 반미활동조사위원회(HUAC)에 증인으로 출석해 강력한 항의성명을 발표한 후 체포되고 있다.(1960년, 샌프란시스코)

을 문제 삼아 인신 구속을 할 수 없도록 규정한 미국 헌법 때문에 보수주의자들이 선택한 공산주의자 제거 방법이었다.

마침내 1953년 상원에 조사소위원회가 구성되었고, 매카시는 직접 위원장을 맡아 국무부, 미국의 소리 방송, 미국의 해외 도서관, 육군 통신대 등 미국 주요 기관에 대한 빨갱이 사냥을 진두지휘했다. 조사소위 청문회에서 매카시는 재판장이자 검사이자 배심원이었다. 1년여에 걸친 매카시의 비공개 청문회에 소환된 인물은 395명이었는데, 이 중 자신이 요리하기 쉬운 214명을 다시 공개 청문회에 내세워 선전 효과를 극대화시켰다. 비공개 청문회 내용은 매카시의 입을 통해서만 언론에 전달되었으며, 이 뉴스는 어김없이 언론의 헤드라인을 장식했다. 매카시가 지목한 단체나 인사는 어떠한 주장이나 증거로도 공산주의자라는 낙인을 지울 길이 없었다.

물거품처럼 사라져 간 집단 광기

1950년대 전반기, 매카시는 미국 정가에서 가장 각광을 받는 존재였다. 비이성적인 매카시즘의 광풍 앞에서 유력 정치인들은 침묵하거나 매카시에 동조했고, 미국의 대외 정책도 필요 이상으로 과도한 반공노선을 취했다. 그 사이 미국 공화당은 20년에 걸친 민주당 집권에 종지부를 찍고 정권 탈환에 성공할 수 있었다.

거칠 것 없던 매카시의 공세는 점차 무리수를 노출하기 시작했다. 근거없이 계속되는 매카시즘의 광기에 미국의 조야가 피로감을 느끼기 시작한 가운데, 직전의 한국전쟁에서 공산주의자와 싸웠던 미 육군에 공세의 칼끝을 겨눈 것이 결정적인 실수였다. 분노한 아이젠하워 정부는 1954년 TV로 생중계되는 '육군-매카시 청문회' 실시를 결정했다. 이 청문회를 통해 저급한 폭로 공세를 일삼는 매카시의 실상이 고스란히 미국 국민들에게 전달되었고, 미국 국민들은 그동안 자신들이 철저하게 속았음을 실감할 수 있었다. 지난 4년간 수많은 사람들의 삶을 유린했던 매카시의 몰락은 이렇게 순식간에 찾아왔다.

이 TV 청문회가 성사되기까지는 한 언론인의 결정적인 역할이 있었다. CBS 간판 앵커 에드워드 머로(Edward R. Murrow)가 그 사람이었다. CBS TV 시사 프로그램 '씨 잇 나우(See it now)' 의 진행자였던 그는 매카시의 선동적인 주장에 최초로 검증과 비판의 칼날을 들이댄 언론인이었다. 이는 대부분의 언론들이 앵무새처럼 되뇌이던 당시의 언론 풍토에서는 상당한 용기를 필요로 하는 일이었다.

그와 제작자 프레드 프렌드리(Fred Friendly)가 매카시즘의 광기에 맞서 그 폐해를 처음으로 파헤친 것은 1953년 10월 20일의 '마일로

라둘로비치 사건' 보도였다. 공군 기상장교였던 마일로 라둘로비치(Milo Radulovich)는 그의 아버지가 동구의 신문을 읽었다는 이유로 임무에서 배제된 채, 공산주의자로 추정되는 아버지와 누이를 고발하라는 압력을 받았다. 이를 거부한 라둘로비치는 정식 재판 절차도 거치지 않고 전역을 당해야 했다. 라둘로비치 사건이 전파를 타자 머로와 그의 제작 팀을 공격하는 보수주의자들의 항의 전화가 빗발치기 시작했지만, 라둘로비치가 극적으로 복직되면서 상황은 반전되었다. 용기백배한 머로 팀의 다음 목표는 광기의 진원인 매카시였다.

매카시 주장의 허구를 밝힌 미국의 전설적인 언론인 에드워드 머로 기자의 동상. 노스캐롤라이나주 그린스보로(Greensboro)시의 역사박물관에 있다.

현직 국무장관도 두려움에 떨게 할 정도로 막강한 위세를 지닌 매카시를 직접 겨냥한 역사적인 보도는 1954년 3월 9일에 방송되었다. 객관적인 사실에 기초해 매카시의 주장을 조목조목 논리적으로 비판한 내용이었다. 매카시의 주장이 거짓에 불과하다는 명백한 사실이 만천하에 밝혀졌다. 방송의 파장은 컸다. 머로의 보도는 극단적인 반공주의의 공포 아래서 사상과 표현의 자유를 억압당해 온 미국인들에게 이성을 회복할 수 있는 계기를 제공했다. 아울러 매카시의 무책임하고 폭력적인 언동을 직접 목격할 수 있도록 한 TV 청문회 개최에도 영향을 미쳤다.

1954년 5~6월 36일 동안 TV로 생중계된 상원의 청문회는 아무런 근거없이 상대방을 '빨갱이'로 몰아붙이는 매카시의 수법을 있는 그대로 보여주었다. 4년에 걸친 매카시즘의 집단 광기는 급속히 진정되어 갔다. 이어 상원이 67대 22의 압도적인 비율로 매카시가 '상원의 전통에 위배되는' 행동을 했다고 견책을 결의함으로써, 매카시의 정치적 영향력도 순식간에 사라져 갔다. 냉전을 배경으로 '빨갱이 사냥'을 통해 미국 사회에 불신과 증오를 퍼트렸던 조지프 매카시는 결국 단 한 명의 공산당원도 색출하지 못한 채 대중의 관심에서 멀어져 갔다. 그리고 1957년 과도한 음주의 후유증으로 48세의 젊은 나이로 이 세상과도 이별했다.

할리우드와 매카시즘

1952년 9월 18일, 찰리 채플린(Charles Chaplin)은 자신의 고국 런던에서 개봉 예정인 자전적인 영화 〈라임라이트(Limelight, 1952년)〉 시사회에 참석차 영국행 배에 올랐다. 바로 그 이튿날, 트루먼 행정부의 법무장관 하워드 맥그라스(Howard McGrath)는 채플린의 재입국을 보장하지 않을 것이라고 공표했다. 매카시즘의 실행 기관인 하원의 '비미활동조사위원회(HUAC)' 가 그의 영화가 불온한 사회의식을 담고 있다고 문제를 삼고 있는 상황에서 내린 사실상의 추방 결정이었다. 이후 채플린은 1972년 아카데미 특별상을 수상하기 위해 다시 찾을 때까지 20년간 미국땅에 발을 들여놓지 못했다. 중립국 스위스에서 그는 공산주의자의 오명을 안고 망명 아닌 망명 생활을 해야 했다.

'적색 공포' 와 매카시즘이 극성을 부리던 시절, 할리우드는 극우 반공주의자들의 만만한 먹이감이었다. 인기스타들이 운집한 할리우드는 언론에 자극적인 기사거리를 제공하고 국민들의 경각심을 자극하는 데 더할 수 없이 좋은 소재였다. 세계적인 영화배우이자 영화제작자 찰리 채플린이 대표적인 희생자였다.

1947년 HUAC는 할리우드 종사자 43명을 위원회에 출두해 증언할 대상자로 발표했다. 할리우드판 '빨갱이 사냥' 이 시작된 것이다. 공산주의자 또는 그 후원자들이 공산주의에 대한 선전을 영화 내용 중

매카시즘이 극성을 부리던 시절, 할리우드는 극우 반공주의자들의 만만한 먹이감이었다. 매카시즘의 대표적 희생자 중의 한 사람인 찰리 채플린.

에 심었는지 여부를 조사해야 한다는 이유였다. 다수의 극작가를 포함해 배우나 감독, 제작자 등을 망라한 소환 대상자들은 할리우드에서 사회주의자로 알려지거나 합법정당인 미국 공산당의 당원일 가능성이 있는 인물들이었다. 소환 대상자의 명단은 그 자체로 할리우드 블랙리스트였다.

소환 대상자 중 19명은 미국의 수정헌법 제1조에 규정된 '언론·출판의 자유'를 근거로 증언 및 증거제출을 거부했다. 이들 중 베르톨트 브레히트(Bertolt Brecht) 등 11명이 HUAC의 청문회에 출석하도록 소환되었지만, 브레히트를 제외한 10명은 끝까지 소환에 응하지 않았다. 이들은 '할리우드 텐(The Hollywood Ten)' 이라 불리며 블랙리스트의 마지막을 장식했는데, 모두 의회모독죄로 기소되고 생업 전선에서 배제되었다. 영화제작사들의 모임인 미국 영화협회는 회장 명의로 '공산주의자로 알려진 어떤 인물도 고용하지 않을 것'을 공표함으로써 이들의 추방과 배제를 공식화했다. 후일 제40대 미국 대통령을 지낸 로널드 레이건(Ronald Reagan) 당시 배우조합 회장 역시 '영화산업에서 공산주의의 위협은 심각한 수준' 이라고 증언하며 매카시즘에 동조했다.

소환에 응한 사람들에게는 '증인은 공산당원인 사람을 알거나 알았던 적이 있는가?' 라는 공통의 질문이 쏟아졌다. 동료를 밀고하라는 요구였다. 할리우드에는 이런 요구에 적극적으로 부응하며 승승장구한 인물들도 적지 않았는데, 〈에덴의 동쪽〉 등으로 유명한 감독 엘리아 카잔(Elia Kazan)과 디즈니랜드를 설립한 월트 디즈니(Walt Disney)가 대표적이다.

15

킬링필드

앙코르와트의 나라 크메르제국

입헌군주국인 캄보디아의 현 국왕인 노로돔 시아모니(Norodom Sihamoni)는 독신이다. 당연히 후사가 있을 리 없다. 그렇다면 1세기의 푸난(Funan; 扶南)왕국에서부터 2천 년을 이어온 캄보디아 왕실의 맥이 끊기고 마는 걸까?

결론부터 이야기하자면, 그럴 가능성은 희박하다. 전임 노로돔 시아누크(Norodom Sihanouk) 국왕과 그의 여섯째 왕비와의 사이에서 태어난 그에게는 생존해 있는 이복형제 및 그 직계자손들이 즐비하다. 현 캄보디아의 실세 총리인 훈센(Hun Sen)과 권력을 반분하며 각축을 벌였던 노로돔 라나리드(Norodom Ranariddh)도 그의 이복형이다. 국왕 자리를 고사했던 라나리드처럼 직계 왕위 계승권자들이 실권 없는 자리라고 손사래를 쳐도 그 자리가 무자격자에게 돌아갈 가능성은 거의 없다. 노로돔가 말고도 캄보디아 왕위 계승 자격을 가진 방계 왕가가 둘 더 있기 때문이다. 앙둥(Ang Duong)가와 시소와트(Sisowath)가가 바로 그 가문인데, 두 가문의 30세 이상의 남자에게도 왕좌를 차지할 자격이 주어진다. 캄보디아가 헌법을 개정해 입헌군주제를 폐지하지 않는 한 후계자가 없어 왕조의 대가 끊기는 일은 없으리라 봐도 좋다.

오늘날 캄보디아 국왕은 실권 없는 상징적인 존재일 뿐이다. 그렇지만 시아모니 현 국왕의 부왕인 시아누크 시절만 해도 사정은 달랐다. 시아누크는 수십 년 동안 이 나라를 좌지우지해 온 인물 중의 하나였고, 많은 국민들이 그를 신적인 존재로 추앙했다. 심지어 크메르루주(Khmer Rouge)의 극좌 공산주의자들도 그 앞에서는 깍듯이 경의를 표할 정도였다.

뭐니 뭐니 해도 캄보디아 왕조의 전성기는 '세계 7대 불가사의'의 하나인 앙코르와트(Angkor Wat)를 세운 앙코르왕조의 크메르제국이었다. 9~15세기에 존속했던 앙코르왕조 황금시대는 자야바르만 7세(Jayavarman VII, 재위 1181~1219년) 때로, 이 시기 제국 영토는 오늘날의 타이, 미얀마, 라오스, 베트남 일부 지역까지 포함하는 동남아의 대제국이었다. 비옥한 메콩(Mekong)강 유역의 치수사업에 진력해 이뤄낸 농업생산의 발전이 뒷받침된 결과였다. 힌두교 또는 불교를 신봉했던 크메르제국은 왕이 곧 신의 화신으로 여겨지는 '신왕(神王)국가'였다. 앙코르와트와 같은 경이로운 건축물은 힌두교 또는 불교의 현신(顯神)인 국왕에게 바치는 생전의 사원이자 사후의 왕릉인 셈이었다. 최전성기 동남아 밀림 속의 수도 앙코르는 인구 100만의 세계 최대 도시였다. 영국 런던의 인구가 5만 남짓하던 시절이었다.

과도한 토목 공사 남발이 앙코르 왕조를 쇠락의 길로 들어서게 만든 직접적인 원인이었다. 자야바르만 7세 사후 내리막길을 걷던 앙코르 왕조는 15세기 타이계 신생 왕국인 아유타야(Ayuthaya)왕국의 침공을 받고, 앙코르를 버리고 프놈펜(Phnom Penh)으로 천도해야 했다. '캄푸치아(Kampuchea)' 라 불렸던 이후의 시기는 아유타야와 베트남 사이에 낀 약소국으로 전락해, 이리저리 치이며 근근이 왕조의 명맥을 유지하는 시기였다. 16세기 말에는 아유타야가 프놈펜을 점령해 왕을 폐위시키기도 했고, 17세기에는 베트남 구엔(阮)왕조의 지배를 받기도 했다.

19세기 들어 태국과 베트남의 거듭되는 침략에 지친 앙둥(Ang Duong)왕은 프랑스를 끌어들여 양국을 견제하려 시도했고, 그의 아들 노로돔(Norodom)왕 때인 1863년 프랑스 보호령이 되면서 프랑스의 내정간섭을 받기 시작했다. 1887년에는 베트남과 라오스를 함께 묶은 프랑스령 인도차이나에 강제 합병되면서, 정식으로 프랑스 식민지로 편입되었다. 이후 실질적으로 통치한 것은 하노이에서 파견된 총독부의 베트남인 관리들이었다.

비록 외세의 식민지로 전락한 처지였지만, 신왕국가의 전통이 강하게 남아 있던 캄보디아에서 국민들에게 끼치는 국왕의 영향력은 절대적이었다. 노로돔왕 사후 캄보디아 왕좌는 프랑스의 간섭 아래서 지그재그로 승계되는 파행을 겪었다. 노로돔의 장자를 제치고 방계의 시소와스(Sisowath)왕이 차지했는가 하면, 시소와스의 아들인 모니봉(Monivong)왕의 후계는 엉뚱하게도 모니봉의 외손자이자 노로돔의 증손인 노로돔 시아누크(Norodom Sihanouk)로 돌아갔다. 프랑스가 자국이 요리하기 쉬운 인물을 세우려다 보니 빚어진 일이었다.

내전으로 얼룩진 시아누크왕 시대

1941년 4월 시소와스 모니봉왕이 승하하자 왕립위원회가 후임으로 간택한 것은 예상외로 19세의 고등학생이던 시아누크 왕자였다. 그의 아버지는 노로돔왕의 손자인 수라마리트(Suramarit) 공이었고, 어머니는 모니봉왕의 딸인 코사막(Kossamak) 공주였다. 왕립위원회가 간택하는 형식을 갖추긴 했지만, 실질적으로는 프랑스 식민 당국이 선택한 인물이었다. 방탕하고 플레이보이 기질이 다분한 시아누크가 새 국왕이 된 것을 두고 말들이 많았다.

그런데 프랑스의 기대와는 달리, 청년왕 시아누크는 의외의 정치력을 발휘하기 시작했다. 이즈음 인도차이나에서는 새로 침공한 일본과 기존의 프랑스 세력이 각축을 벌이고 있었지만, 두 나라 모두 2차 대전에 휘말려 있는 상황이라 이 지역에 전력투구할 입장이 아니었다. 시아누크는 두 나라 사이에서 중립을 유지하며 독립의 기회를 노리고 있었다. 일본의 패퇴로 끝난 2차 대전 이후 시아누크는 헌법을 공포하고 프랑스령 인도차이나로부터 독립을 선포하는 등 지속적인 노력을 전개한 끝에, 마침내 1953년 프랑스로부터 군사·사법·외교권을 넘겨받아 실질적인 독립을 달성했다. 당시 프랑스는 베트남에 발이 묶여 캄보디아에 신경 쓸 겨를이 없었다. 캄보디아의 독립은 이듬해 열린 제네바 회의에서 국제적인 공인을 받았다.

1955년 시아누크는 직접 정치 일선에 나서기 위해 왕정 지지자 정당을 결성해 스스로 총재에 취임하고, 왕위는 아버지 노로돔 수라마리트에게 양위하였다. 그 해에 치러진 총선에서 그의 정당은 의석 전체를 독점하였고, 부왕 아래서 직접 총리 · 외무장관 등을 맡아 불교식 왕정사회주의와 대외 중립을 기조로 캄보디아를 이끌었다. 1960년 수라마리트왕이 별세하자, 국왕 자리는 비워둔 채 '주권 왕자' 라는 호칭의 국가원수로 취임하였다. 국내 정치에서는 좌 · 우 양쪽의 급진주의자를 통제하고자 노력했고, 베트남 전쟁에서 중립을 지키는 등 비동맹 외교 노선을 주도하였다.

그렇지만 1967년 공산당의 크메르 루주 세력이 베트민의 지원을 받아 무장봉기를 일으키면서, 시아누크의 노선은 우클릭하기 시작했다. 미국과의 국교를 재개해 원조를 받아들였고, 군부를 배경으로 한 우파 정치인 론놀(Lon Nol)이 수상으로 취임했다. 캄보디아는 급격히 친미 우경화정책으로 돌아섰고, 시아누크의 중립적 외교 노선은 사실상 철폐되었다. 그 사이 크메르 루주는 변방 지역에서 영향력을 넓혀가고 있었다.

1970년 3월 시아누크가 외유길에 오른 틈을 타 그의 심복 론놀이 쿠데타를 일으켜 비상대권을 장악했다. 시아누크가 은밀히 베트민을 지원하고 있다고 의심한 미국이 사주한 쿠데타였다. 의회가 소집되어 국가원수 시아누크의 하야를 만장일치로 가결했고, 입헌군주국을 대신한 '크메르 공화국' 이 선포되었다.

분개한 시아누크는 베이징에서 자신을 수반으로 옹립한 크메르 루주와 연합전선을 형성해, 국민들에게 론놀 정부에 대한 저항을 호소했다. 국왕이 자신이 탄압했던 크메르 루주에 대한 지지를 표명하면서부터, 크메르 루주의 무장 규모는 6천 명 수준에서 5만 명 수준으로 급격히 확대되었다. 국왕에 충성하는 소박한 농민들이 대거 가세하기 시작했던 것이다. 바야흐로 내전이 본격화된 것이다.

새롭게 출범한 론놀의 공화국은 대대적인 반정부 세력 토벌에 착수했다. 비밀리에 전개되던 미국 공군기의 공습은 정부 허가 아래 공공연하게 진행되었고, '남베트남 민족해방전선(NLF, 일명 베트콩)'과의 연계가 의심되는 자국내 베트남계 주민을 집단으로 학살하였다. 이에 50만 명에 이르던 캄보디아 거주 베트남인 중 20만 명이 1970년 한 해 동안 박해와 학살을 피해 베트남으로 집단 귀환하였다. 론놀의 무자비한 반정부 세력 소탕 작전은 크메르 루주가 국민들의 지지와 NLF와의 합작을 통해 세력을 더욱 확대시킬 수 있는 기반을 제공했다. 많은 지역들이 속속 반군의 수중에 떨어지고 있었다.

1972년 1월, 미국은 남베트남 파견군의 일부를 캄보디아로 진격시켜 론놀 정부를 지원했지만, 내전의 양상은 크게 바뀌지 않았다. 크메르 루주는 중국의 지원을 받으며 미군 및 정부군과의 전투를 계속해 나갔고, 1973년 미군이 베트남에서 철수하면서 전세는 돌이킬 수 없게 되었다. 미군이 남겨 놓은 무기로 연명하던 론놀은 결국 1975년 4월 미국으로 망명하였다. 이미 반군이 영토의 80%와 인구 740만 명 중 550만 명을 장악한 뒤였다.

1975년 4월 17일, 크메르 루주가 프놈펜에 입성하였고, 이듬해 벽두에는 '민주 캄푸치아'의 수립을 선포하였다. 연합전선의 수반 시아누크는 망명지 베이징에서 돌아왔지만, 그는 즉시 왕궁에 연금되었다. 그리고 무엇보다 중요한 사실은, 캄보디아 국민들에게 크메르 루주가 결코 해방자가 아니었다는 사실일 것이다.

극단적인 정치 실험으로 '죽음의 뜰'로 변한 캄보디아

크메르 루주의 지도자 폴 포트(Pol Pot)가 중국의 마오쩌둥을 방문했을 때의 일화가 있다. 철저한 마오쩌둥주의자인 그는 자신의 우상인 마오 앞에서 중국 문화대혁명에서 깊은 감명을 받았다면서 이렇게 물었다고 한다. '어째서 중국이 공산화된 지 20년이 다 되도록 농민천국을 건설하지 못했느냐?' 자신이 캄보디아를 해방시키고 나면 단시일에 농민천국을 건설할 것이라는 장담을 덧붙이면서 했다는 말

프놈펜에 입성한 크메르 루주는 캄보디아 국민들의 해방자가 아니었다. 프놈펜에서 자리를 함께 한 폴 포트(Pol Pot), 누옹 치아(Nuon Chea), 이엥 사리(Ieng Sary) 손 센(Son Sen) 등 크메르 루주 지도자들.

이다.

그의 장담은 현실이 됐다. 결과는 극과 극인 '국민 지옥' 이 되고 말았지만, 크메르 루주가 저지를 '킬링필드(Killing Field)' 의 비극이 어떻게 전개될지 예고하는 의미심장한 일화가 아닐 수 없다.

크메르 루주의 프놈펜 입성과 더불어 20세기 최악의 극단적인 사회주의 실험이 시작되었다. 그들의 목표는 마오쩌둥주의를 토대로 사회주의의 중간 단계를 생략한 완전 평등의 농업 공산사회를 캄보디아에 실현하는 것이었다. 일체의 자본주의적이고 도시적인 적폐를 제거한 '농민 천국' 이 그들이 달성하고자 하는 목표였다. '도시는 부패했고, 오직 농민만이 부패하지 않았다' 는 폴 포트의 말은 그들의 지향점이 원시 공산제 사회로의 회귀라는 것을 보여주었다. 그들은 이 길만이 '앙코르제국의 위대함' 을 현실에 실현하는 길이라 믿어 의심치 않았다. 이 극단적인 교리에 따라 화폐, 시상, 종교, 사유재산 등 일체의 자본주의적 요소는 철폐의 대상이 되었고, 교육은 공립학교에서 종료되었다. 또한 도시민들을 대대적으로 농촌으로 이주시켜 재배치하는 국가 개조 작업이 진행되었다.

크메르 루주는 이 모든 일을 최단시간 내에 해결하기 위해 걸림돌이 되는 세력들을 제거하기 시작했다. 먼저 캄보디아 국민들을 '구인민' 과 '신인민' 으로 구분하고, 그 중에서 처형과 재교육의 대상을 솎아냈다. 장기간 크메르 루주 지배 지역에서 거주하며 크메르 루주를 지지했던 사람들은 '구인민' 으로, 그렇지 않던 사람들은 '신인민' 으로 분류되었다. 전자는 농촌 지역의 주민이 많았고, 후자는 주로 프놈펜 등 대도시 지역 주민들이었다. 신인민은 다시 개조 가능한 부류와 개조 불가능한 부류로 분류되었는데, 후자는 숙청 대상으로 취급되었다.

이전 정부의 정치인, 고위 관료, 경찰관, 군인 등은 일차적인 처형 대상이었다. 그 다음 타깃은 기회주의의 상징인 지식인과 전문가 집단이었다. 안경을 썼다거나, 글을 쓸 줄 안다거나, 손등이 곱고 지문이 고스란히 남아 있는 사람들은 지식인으로 간주되어 처형되었다. 외국어를 할 줄 알거나 외국에서 귀국한 사람들, 국제경기에 출전 경력이 있는 운동선수 2,000명도 학살당했다. 크메르 루주는 캄보디아 의사 800명 중 760명, 판사 545명 중 541명을 살해하는 등 전문가들의 씨를 말렸다. 그렇지만 아직 이 단계까지는 인명 피해 규모로만 보면 학살과 처형의 서막에 불과했다.

본격적인 대규모 인명 피해는 주로 '신인민'을 대대적인 인구 이동을 통해 재배치하는 과정에서 발생했다. '도시 주민의 양식은 도시 주민 자신이 경작한다'라는 모토 아래 도시민을 지방의 집단 농장이나 토목 공사 현장으로 강제 이주시켰는데, 이 과정에서 식량부족으로 인한 아사와 극한 피로에 의한 과로사, 그리고 말라리아 등에 의한 병사자가 속출했다. 특히 장기간의 내전으로 식량 생산이 급감한 탓에, 초근목피로 연명하며 고된 노동에 시달리다 죽어가는 사람들이 많았다. 맨 마지막에 함락된 프놈펜의 경우 농촌 지역에 대한 미군의 융단 폭격을 피해 몰려든 사람들로 인구가 65만 명에서 서너 배로 늘어나 있었기에, 숙청 대상인 '신인민'의 수가 많을 수밖에 없었다. 크메르 루주는 미군의 폭격이 예정되어 있다는 이유로 2~3일 안으로 프놈펜 시민들을 시내에서 떠나도록 명령했다. 이렇게 쫓겨난 사람들이 굶주림과 과로로 죽어가거나 개조 불가능한 반혁명 분자로 취급되어 학살당하면서 최대 인명 피해가 발생했다.

이 밖에도 비밀 정치범수용소 S-21(지금의 투슬렝 박물관 자리)에서는 수용자 17,000명이 가혹한 고문을 받은 후 프놈펜 남부 12km 지점의 '킬링필드(Killing Field)' 로 끌려가, 온갖 무자비한 방법으로 학살당한 후 그 자리에 집단 매장되었다. 또한 크메르 루주 집권 말기에는 베트남 접경 마을에서 베트남계 주민과 크메르인을 구분하지 않은 집단 학살이 자행되기도 했고, 심지어 크메르 루주 내부의 반란 가능성이 있다고 여겨지는 인물들도 살해 대상이었다.

'민주 캄푸치아' 시기의 피해는 비단 대규모 인명 살상뿐이 아니었다. 가족의 파괴가 대표적인 예다. 폴 포트는 어린이는 국가가 키워야 한다는 확신 아래 아이들을 부모로부터 떼어놓고 집단생활을 시켰다. 이를 통해 아이들을 노동과 군역에 동원하는 한편, 자신의 반

'농민 천국' 을 건설하겠다는 크메르 루주의 목표는 '국민 지옥' 으로 귀결되었다. 집단학살의 현장에서 수습한 유골 사진.

얼핏 평범한 공터처럼 보이는 이곳이 대표적인 '킬링 필드'의 현장 청아익(Choeung Ek)이다. 크메르 루주의 몰락 이후 8,895명의 시신이 발굴된 장소이다.

자본주의·반도시 사상을 아이들에게 주입시켰다. 후에 가족들이 다시 만났을 때, 자녀들에게 부모는 더 이상 존경의 대상이 아니었다. 부모와 자식간에는 거대한 단절의 장벽이 생겨났고, 이 마음의 장벽은 쉽사리 치유되지 않았다.

크메르 루주의 집권 기간인 1975년 4월~1979년 1월 사이, 극단적인 정치 실험과 학살·처형으로 인한 희생자는 200만 명 안팎으로 추정된다. 전국민의 1/4이 동족의 이데올로기 실험의 희생양이 된 것이다. 그들이 꿈꾼 것은 유토피아가 아니라 디스토피아였던 셈이다.

연대와 반목을 거듭한 시아누크와 폴 포트

1978년 12월, 폴 포트 정권의 동족 대학살을 저지시킨다는 명분으로 베트남군이 캄보디아를 침공하였다. 앞장을 선 것은 '캄푸치아 구국 민족 통일전선(KNUFNS)' 이었다. KNUFNS는 반란이 의심된다는 이유로 숙청 위기에 몰렸던 베트남 접경 동부군 관할의 군민이 베트남 영지로 탈출해 베트남의 지원 아래 세운 반 폴 포트 조직이었다. 수반은 동부군 사령관 헹삼린(Heng Samrin). 1979년 1월 7일 프놈펜을 점령한 베트남군과 KNUFNS는 '캄푸치아 인민 공화국' 을 수립했다. 헹삼린이 대통령, 28세의 청년 훈센이 외무장관을 맡았지만, 베트남군이 실권을 장악한 사실상의 괴뢰 정부였다.

1979년 말과 1980년 초, 크메르 루주는 서부의 태국 접경 지역까지 밀려나 있었다. 이 지역에는 크메르 루주 세력말고도 수십만의 피난민들이 몰려와 있었고, 베트남을 견제하는 태국, 중국, 미국의 지원으로 피난민 수용소가 세워지고 있었다. 자연스럽게 이곳은 반베트남 저항단체들의 기지로 변해 갔다. 1982년 6월 폴 포트의 크메르 루주, 시아누크 추종 세력인 '캄보디아 국민전선(FUNCINPEC; 훈신펙당), 론놀 정권 마지막 수상을 지낸 손산(Son Sann)의 인민민족해방전선(FNLPK) 등 3개 정파는 시아누크를 대통령으로 하는 '민주캄푸치아 연합정부(CGDK)' 를 발족시켰다. 이들은 베트남군을 상대로 조직적인 반정부 게릴라전을 전개하기 시작했다. 크메르 루주는 10만 병력을 가진 CGDK 내의 최대 정파였다.

1989년 소련 및 동구권 몰락이라는 세계사적 전환에 맞춰, 캄보디아에서도 의미있는 변화가 일어나고 있었다. 프놈펜 정부의 집권 캄

캄보디아 국민의 1/4인 200여만 명이 극단적인 정치 실험의 희생양이 되었다. 청아익 학살현장에 세워진 위령 사리탑.

보디아인민당(CPP)은 선거에 의한 의회 구성과 사유재산 인정 등 탈공산화를 추진하였고, 베트남군이 캄보디아에서 철수하였다. CPP의 프놈펜 정부와 CGDK의 3개 정파는 1991년 10월 23일 파리 평화협정을 체결하고 CGDK 산하 정파의 무장해제와 선거를 통한 제헌의회 구성에 합의하였다. 이에 따라 1993년 5월의 총선을 통해 입헌군주제의 '캄보디아 왕국'을 출범시키고 신정부를 구성했다. 시아누크는 상징적 국가원수인 합헌군주로 즉위하였고, 총선 결과에 따라 훈신펙당의 노로돔 라나리드를 제1수상으로, CPP의 훈센을 제2수상으로 하여 중앙 및 지방의 모든 권력을 분점하는 독특한 연립정부가 출범했다. 막강한 군사력을 지닌 CPP의 훈센 제2총리가 사실상의 실권자였다.

크메르 루주는 캄보디아민족연합당(KRCNUP)을 결성해 선거에 대비하긴 했으나, 실익이 없다는 자체 판단에 따라 선거에 불참하고 무장해제도 하지 않고 버텼다. 1997년 정부군의 공세로 태국 국경쪽으로 밀려나는 과정에서 궤멸당했으며, 지도자 폴 포트는 부하들에게 체포되어 연금된 상태에서 1998년 사망하였다. 이후 크메르 루주는 활동할 명분과 공간도 잃고, 힘도 잃은 채 소멸의 길을 걸어갔다.

다음은 이후의 주목할 만한 장면들이다.

2004년: 시아누크 국왕은 훈센 총리의 권력 기반 강화에 반발해 해외로 출국한 뒤, 아들인 노로돔 시아모니(Norodom Sihamoni)에게 왕위를 물려주고 60여년에 걸친 정치현장에서 은퇴하였다.

현재: 경쟁당인 훈신펙당을 와해시키는 데 성공한 훈센은 1998년 이후 단독 총리 체제를 장기간 유지해 오고 있다.

#2011년 6월 27일: 프놈펜의 유엔 국제전범재판소(ECCC)는 크메르 루주 정권이 붕괴된 지 32년 만에 키우 삼판(Khieu Samphan) 등 '킬링필드' 의 최고위 전범 4명에 대한 때늦은 재판에 착수했다.

폴 포트와 크메르 루주

크메르 루주의 지도자를 가리키는 폴 포트(pol pot)는 사람 이름이 아닌 일종의 호칭이다. 정치적 배후 세력을 뜻하는 영어 'political potential'의 줄임말이다. 크메르 루주가 실각하기 전까지 그의 존재는 외부에 전혀 노출되지 않아서, 미국 정보기관들의 보고서에서 이렇게 지칭한 데서 유래해 그의 이름처럼 쓰이게 되었다고 한다. 크메르 루주 안에서조차 그의 얼굴을 아는 사람은 채 200명이 안 됐다고 하는데, 그 덕에 크메르 루주의 집권 시기에도 외국에서는 그 지도자를 키우 삼판(Khieu Samphan)으로 알았을 정도이다.

본명은 살로트 사(Saloth Sar). 1928년 캄보디아 제3의 도시 캄퐁톰(Kampong Thom)의 한 마을에서 태어나 평범한 학창 시절을 보냈다. 불교 국가의 관습에 따라 9살 때 프놈펜의 한 불교사원에서 1년 동안 행자승 노릇을 했다. 당시 캄보디아에서는 불교 사원이 초급 교육을 담당했다. 이어 프놈펜의 프랑스계 초등학교를 거쳐, 캄퐁참에 새로 개교한 노로돔 시아누크 중학교에 캄퐁톰주 대표로 입학하였다. 이때의 동창생 가운데 후님(Hu Nim)은 후일 폴 포트 정권의 공보부 장관을 지냈고, 1년 후배인 키우 삼판은 폴 포트 정권의 상징적 국가 원수를 지냈다.

이후 기술 고등학교인 에꼴 테끄니끄(Ecole Technigue)에 재학 하던 중, 24세 때인 1949년 정부 장학금으로 프랑스의 싸뜨(Cite)대학에 유학하게 되면서 인생의 전환점을 맞게 되었다. 1951년 '마르크스 클럽' 을 거쳐 프랑스 공산당에 입당하면서 사회주의 운동을 시작했다.

학업에 소홀했던 관계로 정부 장학금이 끊기자, 1953년 귀국했다. 귀국 후 베트남 공산당이 주도하는 베트남독립동맹(Viet Minh: 베트민)에 가입해 활동하는 한편, 고등학교에서 교편을 잡고 프랑스어 교사로 일했다. 1956년에는 파리에서 알게 된 큐 포나리(Khieu Ponnary)와 결혼했다. 베트민의 활동이 베트남 문제에 치중하는 것을 깨달은 이후에는 캄보디아 공산당인 크메르노동자당(KWP)으로 활동 영역을 옮겼다. 1960년대 들어 KWP의 중앙 상임위원·서기를 거쳤고, 1963년 프랑스 유학파가 주도한 학생 시위 당시 경찰의 의심을 받게 되면서 교사직을 사퇴하고 프놈펜을 떠나 지하로 잠적했다. KWP 서기장 토우 사모스(Tou Samouth)가 시아누크의 비밀경찰에 의해 실종되는 사건이 발생하자, 그를 대신해 중앙 위원회 서기장에 올랐다. 후일 KWP는 자주노선을 강화하면서 '캄푸치아 공산당(CPK)' 으로 개칭하게 되는데, 이 CPK의 무장 부대가 바로 크메르 루주였다.

크메르 루주(Khmer Rouge)는 '붉은 크메르' 라는 뜻이다. 1967년 CPK의 무장부대로 결성되었다. 론놀 정권과의 내전, 민주 캄푸치아 수립, 반베트남 게릴라 투쟁의 중심 부대였다. 폴 포트파라고도 불리며, 1991년 파리 협정 체결 이후 합법정당으로 전환하기 위해 '민주 캄푸치아당(PDK)' 으로 개명한 바 있다.

16

소웨토 항쟁

부시맨의 나라에 몰려온 유럽의 백인들

유럽인들이 이주해오기 전까지 남아프리카는 오랜 세월 부시맨(Bushmen) 또는 호텐토트(Hotentot)라 불리는 코이산(Khoisan)족의 삶의 터전이었다. 수렵과 채집으로 생활하는 코이산족은 뒤늦게 남하해온 반투(bantu)계 농경·유목 부족들과 함께 이 지역을 지켜온 원주민들이었다. 이들 앞에 첫 모습을 드러낸 유럽인은 15세기 후반 소수의 포르투갈인들이었다. 바르톨로뮤 디아스(Bartholomew Diaz)는 전설적인 기독교 국가 에티오피아를 찾아 나섰다가 서남단의 희망봉에 다다랐고, 바스코 다 가마(Vasco da Gama)는 인도 항로를 개척하기 위해 가는 길에 동부의 나탈(Natal)에 들렀다. 그렇지만 이들은 그저 스쳐 지나가는 손님일 뿐이었다.

1652년 네덜란드의 동인도회사가 인도 항로의 중간 정박기지를 세우기 위해 100여 명의 인력을 파견한 것이 유럽인 이주의 시초였다. 케이프타운(Capetown)에 처음으로 백인 정착촌이 만들어졌다. 1657년에는 최초의 자발적인 이주자들이 이곳으로 건너왔고, 1688~1689년에는 프랑스의 위그노(Huguenot) 200여 가족이 종교 탄압을 피해 이주해 왔다. 이후에도 네덜란드, 프랑스, 독일 등에서 오는 이주 행렬이 이어졌다. 백인 이주자들은 농업과 목축에 종사하면서 스스로를 '보어(Boer, 네덜란드어로 농부)'라 불렀는데, 케이프 일대에 이들의 아프리카너(Afrikaner) 사회가 형성되기 시작했다.

보어인들은 대규모 농원과 목장을 조성하며 차츰차츰 내륙으로 세력을 확대해 갔다. 그 과정에서 원주민의 토지를 약탈하는 등으로 원주민과의 충돌은 필연적이었다. 초기에 접촉한 원시 부족인 코이산족들은 비교적 쉽게 제압되었지만, 강력한 사회 소직을 갖춘 내륙의 반투계 흑인 부족들은 정복이 쉽지 않았다. 그 중 하나가 케이프 동부의 농경 유목 부족인 코사족(Xhosa)이었다. 백인들은 100년에 걸친 '케이프 프론티어(Cape Frontier) 전쟁'(1779~1879)을 통해서야 이들을 완전하게 제압할 수 있었다. 그리고 그 뒤로는 거대 부족인 줄루(Zulu)족이 자리잡고 있었다.

18세기 말, 유럽에서는 나폴레옹 전쟁이 일어나 네덜란드 왕정이 붕괴되었다. 그 틈을 노려 영국이 두 차례 케이프를 점령한 끝에, 1814년 정식으로 자국 식민지로 편입했다. 이때부터 보어인과 영국계 사이의 백백 갈등이 시작되었다. 케이프의 공용어는 영어로 바뀌었고, 1820년 영국 최초의 이민자가 케이프에 진입했다. 특히 1828년 흑인들의 통행증 지참을 의무화했던 '호텐토트 조례' 폐지와 1833년

대영제국 전역에서의 노예 제도 철폐는 노예노동에 의존해 대규모 농장을 경영했던 보어인들의 생존 기반을 위협했다.

영국인들의 통치에 반발한 보어인들은 케이프 식민지를 떠나 북방의 내륙지방으로 집단 이동하는 '그레이트 트렉(Great Trek; 대이주)'을 결행했다. 1836년 초부터 시작된 보어인들의 대대적인 이동은 여러 차례에 걸쳐, 몇 갈래로 나뉘어 진행되었다. 이들은 흑인 원주민들과 치열한 전투를 치르면서 전진한 끝에, 남아프리카 내륙에 자신들의 나라를 세울 수 있었다. 가장 먼저 나탈로 이동했던 보어인들이 강력한 왕국을 형성하고 있던 줄루족을 '피의 강(Blood River) 전투'에서 물리치고 1839년 '나탈 공화국'을 수립했다. 그렇지만 이 공화국은 채 자리를 잡기도 전인 1843년 영국에 점령되었고, 영국은 1879~1880년의 줄루전쟁을 통해서 줄루족의 저항마저 제압하고 '나탈 식민지'를 만들었다. 북쪽의 깊숙한 내륙으로 이동한 보어인들은 1852년에 '오렌지(Orange) 자유국'을, 1854년에 '트란스발(Transvaal) 공화국'을 세웠다. 이제 이 지역에는 4개의 백인 정부와 다수의 소규모 흑인 왕국이 공존하게 되었다.

1870년 영토 분쟁지역인 킴벌리(Kimberley)에서 다이아몬드가 발견되고 1886년 트란스발 지역에서 금광이 개발되면서, 영국은 이 지역의 지배권을 차지하기 위해 두 차례의 보어전쟁(1880~1881년, 1899~1902년)을 일으켰다. 전쟁에서 승리한 영국은 두 개의 식민지와 두 개의 보어 공화국을 묶어, 1910년 대영제국의 자치 식민지인 '남아프리카연방(남아연방)'을 출범시켰다.

새롭게 출범한 남아연방 정부의 최대 과제는 두 백인 집단 사이의 격차 해소였다. 부유하고 자유로운 영국계와 가난하고 보수적인 아프리카너로 나누어진 남아연방 백인 사회는 곳곳에서 파열음을 내고 있었다. 두 집단의 격차해소는 다수파인 아프리카너의 경제적 지위 향상을 통해 달성할 수밖에 없었고, 이는 절대 다수를 차지하는 흑인들의 희생을 전제로 하는 것이었다.

백인지상주의의 아파르트헤이트

남아연방 헌법은 국민의 79%를 차지하는 흑인을 비롯해 컬러드(Coloured; 혼혈인), 아시아인 등 비백인의 정치 참여는 배제하고 오로지 9.6%를 차지하는 백인의 지배를 강화하기 위한 장치에 불과했다. 백인지상주의 국가인 남아연방에서 백인 다수파는 영국계가 아니라 보어인 주축의 아프리카너들이었다. 유권자의 60%를 차지하는 이들은 강한 결집력을 바탕으로 각종 선거에서 늘 유리한 고지를 차지했다. 1911년의 첫 선거에서 승리한 남아프리카당(SAP)을 비롯, 1948년 이후 1994년까지 장기 집권한 국민당(NP)에 이르기까지 권력을 장악한 것은 늘 보어계 정당들이었다. 이들 사이에 차이가 있다면, 인종 차별에 대한 강온의 차이만이 있을 뿐이었다. 남아연방의 첫 정권을 장악한 SAP 정권은 영국계를 배려하는 비교적 유화적인 입장을 취했고, 이에 불만을 품은 강경파 보어인들은 SAP를 뛰쳐나와 1914년 국민당을 창당했다.

권력을 독점한 아프리카너들은 백인들의 정치·경제적 지배를 강화하기 위한 각종 입법 조치를 단행했다. 1913년 SAP 정권은 흑인들의 토지 소유를 전국토의 10%로 제한하는 '원주민 토지법'을 제정해 본격적인 흑백 차별 정책에 시동을 걸었다. 1924년에는 보어 강경파인 NP가 집권해 공용어를 네덜란드어에서 보어인들의 언어인 아프리칸스(Afrikaans)어로 변경했고(1925), 다른 인종간의 연애를 금지시킨 '풍기문란법'(1927)을 제정했다. 1933년에는 대공황의 여파 속에서 NP와 SAP가 연립 정권을 수립하자, 이에 불만을 품은 보어 강경파는 다시 '순수 NP' 를 창당했다. 연정을 구성했던 NP와 SAP는 이듬해 연합당(UP)으로 통합되었다.

1948년 인종차별정책 강화를 내걸고 집권에 성공한 NP는 흑백 분리를 목표로 한 '아파르트헤이트(Apartheid)' 정책의 실행에 착수했다. 이것은 흑인에 대한 단순한 차별을 넘어 전 부문에 걸쳐 흑인을 격리시키려는 정책이었다. 이를 위해 각종 제도적·법적 장치들이 강구되었는데, 전 국민을 인종별로 분류하는 '인구등록법' (1950), 인종에 따라 거주 지역을 강제로 지정한 '집단거주법' (1950), 인종별로 이용할 수 있는 공공시설을 구분한 '시설분리법' (1953)이 대표적인 예였다. 1958년에는 흑인들의 자유로운 이동을 제한하던 '통행법' 을 더욱 강화해 흑인들은 신분증명서 없이는 백인 지구 출입 및 체류, 도시 거주가 불가능하도록 만들었다. 또한 1951년부터 유색인종의 일반적 투표권을 박탈하는 인종별 분리 투표제를 추진해, 1956년 상원의 정원을 확충하는 편법으로 이를 통과시켰다.

국민당 정부의 아파르트헤이트 정책은 1960년대 들어 나라를 백인국가와 흑인국가로 분리하는 반투스탄(Bantustan) 또는 홈랜드(Home Land) 시스템으로 업그레이드 되었다. '분리에 의한 발전' 이라는 미명 아래 국토를 백인 지구(87%)와 흑인 지구(13%)로 양분해, 흑인들을 종족별로 비좁고 황량한 벽지로 몰아넣는 정책이었다. 이를 위해 반투 자치법이 제정되어 흑인들의 남아연방 국적을 박탈했

백인지상주의 국가인 남아연방에서 헌법은 10%가 안되는 백인의 지배를 강화하기 위한 장치에 불과했다. 사진은 요하네스버그 외곽의 흑인 거주 지구인 소웨토의 빈민가.

다. 트란스케이(Transkei, 1976), 보푸타츠와나(Bophuthatswana, 1977), 벤다(Venda, 1979), 시스케이(Ciskei, 1981) 등이 이렇게 만들어져 위장 독립한 흑인 국가였다.

한편, 국민당 정부의 야만적인 아파르트헤이트 정책에 대한 흑인들의 저항과 국제사회의 비난이 한층 고조되었다. '아프리카 민족회의(ANC)' 와 '범아프리카주의자 회의(PAC)' 등 흑인 저항 단체의 투쟁은 시위와 파업 등 적극적인 방식으로 전환되기 시작했다. 특히 1960년 3월 21일 트란스발 지방의 샤프빌(Sharpeville)에서 강화된 통행법을 규탄하는 시위대에 경찰이 발포해 69명이 사망하고 180명이 부상하는 참사가 발생하면서, 국제사회의 규탄과 비난이 국민당 정부에 집중되었다. 영국을 비롯한 영연방 국가들도 비판에 가세했고, 국제사회는 남아연방의 올림픽 참가 자격을 박탈했다.

이에 발끈한 헨드릭 페르부르트(Hendrik Verwoerd) 국민당 정부는 1961년 헌법을 개정해 국호를 입헌군주제의 '남아프리카연방' 에서 '남아프리카공화국(남아공)' 으로 바꿨다. 다음해에는 영국연방에서도 탈퇴했다. 페르부르트는 통행법을 완화해 흑인들의 불만을 무마하려 했지만, 그럼에도 흑인들의 시위는 끊이질 않았다. 그러자 계엄령을 선포하고 ANC와 PAC를 불법화하는 등 강경책으로 돌아섰다.

이에 대응해 ANC와 PAC는 무장 조직을 결성하고 테러 활동에 나서는 등 급진화하기 시작했다. 흑인인권운동의 상징인 넬슨 만델라(Nelson Mandela)가 체포되어 종신형을 받은 것도 이와 관련해서다.

한 장의 사진이 폭발시킨 흑인들의 울분

인구의 4/5를 차지하는 남아공 흑인들은 언어상으로나 문화적으로나 다양한 부족들의 집합이다. 부시맨과 같은 원시 부족이 있는가 하면, 줄루족과 같이 강력한 왕국을 세운 선진적인 부족도 있었다. 이처럼 다양한 부족의 대표들이 1912년 1월 8일 오렌지 자유주의 블룸폰테인(Bloemfontein)에서 황급히 모인 이유는 남아연방 백인 정부가 얼마 남지 않은 자신들의 생활공간마저 대폭 축소하는 내용의 '원주민 토지법' 을 제정하려 나섰기 때문이었다. ANC의 전신인 '남아프리카 원주민 전국회의(SANNC)' 가 결성되는 순간이었다. 1925년

ANC로 이름을 바꾼 원주민 조직은 백인 정부의 인종 차별과 인종 격리 정책에 맞서는 흑인 정치 조직의 중심이었다. 역설적으로 백인 정부의 흑인 탄압 정책이 다양한 흑인 집단의 정치적 통일에 기여한 셈이다.

초기 ANC의 활동은 나탈 지방에서 활약했던 인도인 간디의 비폭력주의 영향으로 청원·대표 파견·선전 등의 합법적인 수단에 의존했다. 1935년에는 아프리카너들의 연합 정권에 맞서 처음으로 인도인 및 유색인 대표들을 포함해 새로운 연합조직을 결성하기도 했다. 지도부의 온건 노선에 반발한 넬슨 만델라 등 일군의 청년들이 1944년 'ANC 청년동맹'을 결성해 시위와 파업 등의 적극적인 투쟁방식을 채택하기 시작했다.

1948년 집권한 국민당 정부가 아파르트헤이트 정책을 강행하면서, ANC의 노선도 급진화의 길을 걸어갔다. 1952년 6월에는 인도인 단체들과 연합하여 8,000여 명의 투옥자를 낸 사상 최대의 비백인 대규모 시위를 전개하였고, 1955년에는 일부 백인단체들까지 참여시켜 '모든 인종의 공존'을 표방한 '자유헌상'을 재택했다. 이를 계기로 순수 흑인운동을 주장하는 강경파 세력이 ANC를 이탈해, 1958년 로버트 소부퀘(Robert Sobukwe)를 중심으로 PAC을 결성했다. 샤프빌 시위도 PAC가 조직한 것이었다. 샤프빌 학살 이후 불법화된 ANC와 PAC의 지도부는 인근 국가로 망명해 무장 투쟁 조직을 결성하고 테러 활동을 전개하기 시작하였다. 넬슨 만델라가 1961년에 결성한 '민족의 창(Unmkhonto we Sizwe)' 도 그 중 하나였다.

1976년, 남아공 각급 학교에서는 학교 수업 절반을 보어계 백인들의 언어인 아프리칸스어로 진행하는 '아프리칸스어 중앙 법령' 시행이 예정되어 있었다. 아프리칸스어는 네덜란드어에서 유래되었으나 네덜란드 본국어와 단절된 채 남아프리카에서 각종 언어와 혼합되어 생겨난 말로, 백인 지배의 상징과도 같은 언어였다. 당장 생소한 말로 교육을 받아야 하는 흑인 학생들이 반발했다. 4월 30일, 남아공 최대의 도시 요하네스버그(Johannesburg) 외곽 흑인 거주 지구 소웨토(Soweto)의 한 초등학교 학생들이 등교를 거부했다. 등교 거부와 수업 보이콧 움직임은 이내 소웨토의 각 학교로 번졌다. 소웨토의 학생 대표들은 자신들의 목소리를 교육 당국이 들어주기를 바라며 시위를 벌이기로 결정했다.

1976년 6월 16일 수요일 아침, 소웨토의 중고교생들이 올란도 웨스트(Orlando West) 구역에 모여 웃고 떠들며 행진을 벌이고 있었다.

경찰의 총탄을 맞고 피 흘리는 13세 소년 헥터 피터슨의 시신을 옮기는 역사적 사진. 이 한 장의 사진이 남아공 흑인들의 울분을 폭발시켰다. 현장에 있던 프리랜서 사진기자 샘 은지마(Sam Nzima)가 찍은 사진이다.

손에 든 피켓에는 '아프리칸스어 꺼져라(Down with Afrikaans)' '반투 교육을 지옥으로(To Hell with Bantu Education)' 등 10대다운 재기발랄함이 넘쳐나고 있었다. 오전 9시경 경찰의 발포가 시작되었고, 총탄에 맞아 쓰러진 학생들 중에는 13살의 소년 헥터 피터슨(Hector Pieterson)이 포함되어 있었다. 피 흘리는 그의 시신을 든 학생과 뒤따르던 누이가 울부짖는 모습이 현장에 있던 한 프리랜서 사진기자(Sam Nzima)에 의해 포착되었다. 이 사진은 다음날 흑인 일간지 '더 월드(Thc World)' 에 게재되는 것을 시작으로, 전국 각지로 퍼지면서 남아공 흑인들의 울분을 폭발시켰다.

다음날에 들어서도 소웨토의 항쟁은 잦아들기는커녕, 오히려 주변 지역으로 확산되었다. 요하네스버그 템비사(Thembisa) 지역 학생들과 요하네스버그 서남쪽 크루거즈도르프(Krugersdorp)시 카기소(Kagiso) 지역 학생들이 항쟁에 동참해 행진을 벌였다. 나이 어린 학생들에 대한 총격은 심지어 백인 대학생마저 분노케 해, 요하네스버그 비트바테르스란트(Witwatersrand)대학 백인 학생 300명이 항의 시가행진을 벌였다. 흑인 노동자들은 파업을 벌이고 시위에 합류했다. 6월 25일까지 계속된 소웨토 일대의 항쟁은 경찰 추산으로 사망자 176명, 부상자 1,139명, 체포 1,298명에 이르는 희생자를 냈다. 희생자는 대부분이 10대 학생들이었다.

항쟁의 불길은 이후 15개월 동안 남아프리카 전지역 200여개 타운과 도시로 번져갔고, 이 과정에서 600명 이상의 흑인들이 군경의 총에 맞아 사망했다. 사태 악화를 우려한 UN 안전보장이사회는 남아공 정부 비판 결의안을 만장일치로 통과시켰고, 국민당의 백인 정부는 궁지에 몰렸다.

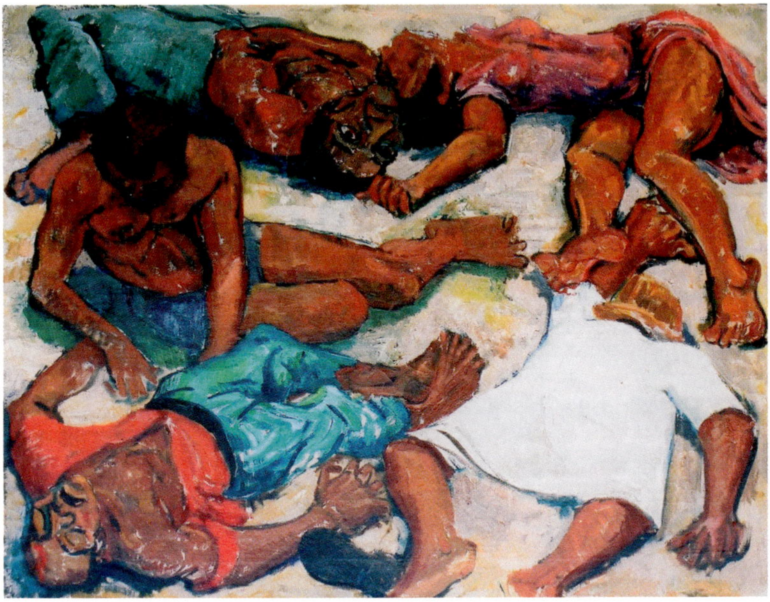

소웨토 항쟁에 앞서, 1960년에는 남아공 동북부 샤프빌(Sharpeville)에서 백인 정부의 '통행법' 에 항의하던 흑인 60명이 학살당하는 사건이 발생했다. 샤프빌 학살을 그린 고드프리 루벤스(Godfrey Rubens)의 작품(영국 런던의 남아공 영사관 소장).

'무지개의 나라' 로 다시 출범한 남아공

어린 학생들의 우발적 시위와 희생으로 촉발된 소웨토 항쟁은 견고한 아파르트헤이트 체제의 균열을 알리는 신호탄이었다. 남아공 전체에 큰 반향을 불러일으켜 많은 흑인들이 흑백 차별의 현실을 직시하기 시작했고, '민족의 창' 과 같은 무장 투쟁 조직에 합류하는 흑인들이 크게 늘었다. 일부 백인 시민들도 국민당 정부에 대한 반대 목소리를 내기 시작했다.

소웨토 항쟁 이후 집권한 P. W. 보타(Pieter Willem Botha) 정권은 유화책과 강경책 사이를 왔다 갔다 했다. 1984년에는 헌법을 개정해 총리 중심제를 대통령 중심제로 바꿔 자신이 대통령에 취임하는가 하면, 백인·혼혈인·아시아인이 별도로 의회를 구성하는 3인종 의회를 개설했다. 인구의 대다수인 흑인을 배제한 이러한 기만책은 흑인들의 불만을 잠재울 수 없었고, 아프리카너 보수 강경파는 보수당을 창당하고 보다 강력한 아파르트헤이트의 실행을 요구했다. 1985년에는 인종간 결혼금지 및 공공장소에서의 인종 차별을 철폐하는 등 유화책을 발표하는 한편으로, 잠비아·보츠와나·짐바브웨 등 인근 국가에 있는 남아프리카 흑인 무장 조직의 본거지를 습격했다. 이듬해 6월에는 강화된 비상계엄을 선포함으로써, 보타 정부는 투자와 교역금지 등 국제 사회의 경제 제재에 직면하게 되었다. 이런 조치는 남아공 경제를 크게 악화시켜 보타 정부를 곤경에 빠뜨렸고, 남아공의 백인들과 국민당 정부는 국제적으로 고립되었다.

1989년 보타가 병으로 쓰러진 후 드 클레르크(F. W. de Klerk)가 대통령직을 승계하면서 남아공 역사의 물꼬가 바뀌기 시작하였다. 드 클레르크는 전통적인 대결 노선을 대화 노선으로 선회했다. ANC 등의 반아파르트헤이트 조직을 합법화하고 흑인저항운동의 상징 만델라를 석방하였다. ANC는 무장 투쟁 중지 선언으로 이에 화답하였다. 1991년에는 집단거주법·원주민토지법·인구등록법 등 아파르트헤이트의 근간인 악법들이 폐지되었다.

긴 정치 협상 끝에, 1993년 4월 모든 인종이 투표에 참여하는 첫 보통선거가 실시되었다. 5% 이상의 표를 획득한 정당이 연정을 구성하도록 주요 정당들이 합의한 상태였다. 선거 결과, ANC가 62.5%를 획득해 제1당이 되었고, 드 클레르크의 NP가 20.4%, 나탈의 줄루족을 기반으로 한 '잉카타 자유당(Inkatha Freedom Party)' 이 10.5%를 획득

하였다. 만델라를 대통령, 드 클레르크와 ANC의 타보 음베키(Thabo Mbeki)를 부통령으로 한 남아공 최초의 다인종 연립 정부가 성립되었고, 이로써 악명 높은 아파르트헤이트 체제는 종말을 고했다.

만델라의 새 정부는 모든 인종이 화합하고 공존하는 '무지개의 나라' 를 모토로 내걸었다. 1996년 모든 차별을 금지하고 11개 언어를 공용어로 하는 새 헌법이 제정되었다. 만델라와 그 이후의 정부는 흑인들의 지위 향상을 통한 인종 간의 격차 해소를 위해 노력해 왔다. 그렇지만 오랜 아파르트헤이트 체제의 후유증 아래서 고용 사정이 악화되는 등 만만찮은 과제들이 산적해 있다.

새롭게 출범한 남아공 정부는 아파르트헤이트 철폐의 분기점이 된 소웨토 항쟁 발발 기념일(6월 16일)을 공휴일인 '청년의 날' 로 정해 국가적으로 기념하고 있다.

인종차별 역사의 상징, '호텐토트의 비너스'

2002년 8월 9일, 남아공 이스턴 케이프(Eastern Cape)주의 감투스(Gamtus)강가에 위치한 한 마을에서 200년 만에 고향땅으로 돌아온 한 흑인 여성의 유해 안장식이 성대하게 열렸다. 이 행사에는 타보 음베키 남아공 대통령과 넬슨 만델라 전 대통령을 비롯해 수천여 명이 참석해, 이 행사가 지닌 상징적 의미를 잘 보여주고 있었다. 안장된 여성은 '호텐토트의 비너스'라 불렸던 사라 바아트만(Sarah Baartman)이었다. 유럽인들이 '열등한 인종'이란 뜻으로 호텐토트라 불렀던 코이산족의 일파인 코이코이(Khoikhoin)족 출신으로, 비대한 엉덩이와 생식기를 가진 특이한 신체적 특징 때문에 생전에 유럽에서 '인간 전시물'이 되었던 여성이었다. 1974년까지 파리의 인류박물관에 전시됐던 그녀의 유해는 만델라 정부의 출범 이후 7년간의 협상 끝에 반환되어, 이날 비로소 고향땅에 안장되었던 것이다.

바아트만의 삶과 죽음은 유럽의 백인들이 남아프리카에서 자행한 인종차별의 역사를 상징한다. 1789년생인 바아트만은 어려서 백인들의 손에 부모를 잃고 케이프타운 인근 보어인 농장주의 집에서 노예로 일하다가, 21세인 1810년에 한 영국인 선박 의사에게 팔려 영국으로 건너왔다. 이 영국인 의사는 평균치의 두 배에 이르는 '특별히 튀어나온 엉덩이'와 비정상적인 생식기를 이용해, 그녀를 기형의 신체를 보여주고 돈을 받는 '괴물 쇼(freak show)'의 전시물로 내세웠다.

사실 바아트만이 가진 신체적 특징은 토이토이족 여성들의 일반적 특징이었고, 그녀의 것은 그들의 평균치보다 조금 더 크고 길었을 뿐이었다. 그녀는 '호텐토트의 비너스'라는 상품명 아래 철창에 갇힌 채 사실상 동물 취급을 받으며 런던의 곳곳에서 전시되었다. 주인인 의사는 그녀를 관람하는 대가로 사람들에게서 1실링씩을 받았다.

인간 전시물에 대한 노예 제도 반대론자들의 항의가 잇따르자, 의사는 그녀를 프랑스 동물 상인에게 팔아버렸다. 그녀는 파리에서도 똑같은 눈요깃감이 되었다. 사람들의 관심이 시들해지자, 바아트만은 알코올중독에 빠져 매춘에 종사하다가 1815년 연말에 숨을 거뒀다. 유럽으로 건너온 지 5년 만인 그녀의 나이 26살 때의 일이었다.

죽어서도 그녀의 고난은 끝나지 않았다. 죽은 지 스물네 시간 만에 그녀의 시신은 당시 나폴레옹의 주치의이자 유명한 해부학자인 조지 쿠비에(George Cuvier)에게 넘겨졌다. 그는 바아트만의 시신을 체계적으로 해부해 조사했는데, 그녀가 인간인지 아닌지를 알아내기 위함이었다고 한다. 쿠비에의 해부 보고서가 내린 결론은 그녀가 인간이라는 지극히 평범한 사실이었다. 그는 바아트만의 시신에서 뇌와 성기를 분리하여 포름알데히드 용액에 담아 별도로 보관하고, 인체의 뼈대는 밀랍으로 채운 표본으로 만들어 파리의 인류 박물관에 기증하였다. 그녀의 시신은 그런 상태로 1974년까지 일반에게 공개되었다.

비록 유럽의 식민주의자들에게서 짐승 취급을 받았을지언정, 살아생전 사리 바아트만은 지극히 정상적인 인간이었다. 노예 시절에 배운 네덜란드어를 유창하게 구사할 줄 알았고, 영국 법원이 그녀에게 고향으로 돌아가도 좋다는 판결을 내렸지만, 돌아갈 경우 다시 노예가 되거나 면역 상실로 죽을 수도 있다는 이유로 이를 거절할 정도로 분별력이 있었다. 결국 피부색과 남다른 신체적 특징이 그녀를 인종차별의 대표적 희생자로 만들었던 것이다.

17

더러운 전쟁

반공주의 비밀작전, '콘도르 작전'

아메리카 대륙에서 멕시코 이남을 지칭하는 '라틴 아메리카' 라는 용어는 단순한 지리적 영역 이상의 의미를 지니고 있다. '이베로 아메리카(Ibero America)' 라는 별칭에서 볼 수 있듯, 이 지역은 이베리아반도의 스페인과 포르투갈의 식민 지배를 받은 공통의 경험에서 연유한 역사적 · 문화적 동질성을 간직하고 있는 곳이다. 포르투갈의 식민지였던 브라질을 제외한 나머지 나라들이 스페인어를 국어로 쓰고 있고, 대부분의 주민들이 가톨릭을 신봉하고 있다. 광범위한 혼혈족 크리오요(criollo)의 존재도 공통의 특징 중 하나인데, 이는 다른 식민지 지역과는 뚜렷이 구분되는 점이다.

건국 이후 사정도 각국이 유사했다. 식민지 지배의 후유증으로 빈부 격차가 줄어들지 않아 만성적인 사회 불안의 요인이 됐고, 빈번한 군사 쿠데타로 상층 내부의 정권 쟁탈이 반복되어 정치적 불안정을 초래했다. 19세기 이후에 미국자본이 진출하여 주요 산업을 장악한 점도 크게 다르지 않다.

냉전이 진행되던 시절, 동유럽이 소련의 울타리였다면 중남미는 미국의 앞마당이었다. 2차 대전 이후 대부분의 중남미 국가에서는 미국의 간섭과 지원을 받는 친미 보수 정권이 득세하고 있었다. 그런 마당에 1959년 미국의 코앞 카리브해의 쿠바에서 일어난 사회주의 혁명의 성공은 미국과 중남미 보수 정권의 위기감을 고조시켰다. 쿠바에 대한 국제적 고립과 봉쇄가 진행되는 가운데, 자국내 좌파 세력을 제거하기 위한 각국의 반공주의 공세가 강화되었다. 1970년대 남미 정부들이 미국의 지원과 상호 협조 아래 은밀하게 진행한 '콘도르 작전(Operacion Condor)' 도 보수 정권이 저지른 반공 투쟁의 일환이었다. 반정부 무장 세력이 종식 목표였지만, 실제로는 정치적 반대자의 암살 및 제거에 활용되었다.

이 작전이 본격화된 것은 1975년 11월 칠레의 수도 산티아고(Santiago)에서 있은 아르헨티나·볼리비아·칠레·파라과이·우루과이의 군정보국 회합에서였다. 그렇지만 이는 말 그대로 공식적인 것일 뿐, 실질적인 준비와 실행은 이전부터 전개되고 있었다. 1960년 미국 주도로 발족한 '아메리카군사회의(CAA)' 가 그 산실이었다. 매년 또는 격년제로 개최되는 CAA를 통해 각국 군정보국을 연결하는 연락기구가 설립되고 일급 정보를 공유하는 군사 네트워크가 구축되었다. 1973년 9월의 CAA 10차 회의는 '각국에서의 국가 전복 요소를 통제하기 위해 필요한 경험 및 정보의 교환과 기술적인 지원' 을 결의했다. 이 지침에 따라 1974년 3월 칠레와 우루과이, 볼리비아 경찰 수뇌부들이 아르헨티나 경찰 책임자인 알베르토 빌라르(Alberto Vilar)를 만나, 아르헨티나로 피신한 망명객들의 처리에 관한 협력을 약속받았다. 그 해 8월 미중앙정보국(CIA) 요원이 이끄는 칠레의 게릴라 부대가 아르헨티나의 수도 부에노스 아이레스(Buenos Aires)에서 합법적인 인민전선 정부를 전복시킨 A. 피노체트(Augusto Pinochet)에 반대하던 C. 프라츠(Carlos Prats) 장군을 암살했다.

군사 쿠데타로 집권한 칠레의 피노체트는 비밀경찰 '칠레 국가정보이사회(DINA)' 에 막강한 권한을 부여해, 콘도르 작전을 주도하도록 했다. DINA는 프라츠 이외에도 해외에 망명중인 칠레 사회당의 C. 알태미라노(Carlos Altamirano), 공산당의 V. 테이텔보임(Volodia Teitelboim), 기독교민주당의 B. 레기그톤(Bernardo Legighton)을 외국인 협력자를 동원해 암살하려 했다. 급기야는 1976년 9월 워싱턴에서 O. 레뗄리에르(Olando Letelier) 칠레 전 외무장관을 살해하는 무리수를 저질러, 국제적인 비난 속에 조직이 해체되고 업무를 다른 조직에 넘겨주는 쓴맛을 봐야 했다.

콘도르 작전의 일각이 노출된 상황에서 아르헨티나가 선택한 방법은 '세계 반공산주의 동맹(WACL)' 의 지역 조직인 '라틴 아메리카 반공산주의 동맹(CAL)' 을 활용하는 것이었다. 우익 준군사 조직인 '아르헨티나 반공주의자 동맹(AAA 또는 Triple A)' 이 국가 조직을 대신해 암살단 임무를 맡았다. AAA는 후안 페론(Juan Peron) 정권의 실세이자 우익 페론주의자인 호세 로페스 레가(Jose Lopez Rega)와 경찰총수 비자르가 설립한 것으로 추측되는 조직이었다. 1977년 3월의 CAL 회담에서는 '반제르(Banzer) 계획' 이 채택되어 엘살바도르의 오스카 로메로(Oscar Romero) 대주교 등 많은 진보적 성직자들을 살해하였다.

콘도르 작전의 실체가 세상에 드러난 것은 1992년 12월 파라과이의 수도 아순시온(Asuncion) 교외의 한 경찰서에서 관련 기록이 발견되면서였다. 발견된 문서에는 라틴 아메리카 사람 수천 명이 각국의 정보기관에 납치되어 고문 및 살해를 당한 과정이 상세하게 기록되어 있었다. 이 문서에 따르면 5만여 명이 살해되고, 3만여 명이 행방불명되고, 40만 명이 투옥되었다.

작전은 1983년 아르헨티나 군사정권이 무너지면서 일단락되었다. 그렇지만 피노체트의 칠레나 반(反)산디니스타(Sandinist) 반군이 활동한 니카라과 등지에서 냉전이 끝나는 시기까지 부분적으로 지속되었다.

독립 이후의 정치 상황과 페론주의

1810년 5월 스페인 왕실의 페르디난도 7세(Ferdinando VII)가 나폴레옹에게 쫓겨난 사실이 확인되면서, 부에노스 아이레스 시민들은 대표자 회의 '훈타(Junta)'를 열어 '라플라타 합주국(United Provinces of the Rio de la Plata)' 수립을 선언하고 임시정부를 구성했다. 본국의 중상주의 정책과 정치 참여 배제 등으로 차별받던 이민자의 자손들인 크리오요들이 중심 세력이었다. 1814년~1817년 사이 왕당파와의 독립 전쟁을 승리로 이끈 사람은 호세 데 산 마르틴(Jose de San Martin)이었다. 산 마르틴의 해방군은 안데스산맥을 넘어 칠레와 페루까지 진격했고, 1816년 7월 9일 내륙의 투쿠만(Tucuman)

에서 의회가 소집되어 스페인으로부터 독립을 공식 선포했다. 이후 오늘날의 우루과이에 해당하는 시스플라티나(Cisplatina)의 독립을 둘러싼 '아르헨티나-브라질 전쟁'과 부에노스 아이레스 지사 후안 마누엘 데 로사스(Juan Manuel de Rosas)의 공포 정치 시기를 거쳐, 1853년 미국식 연방제 헌법이 통과되었다. 독립 선언 이후 아르헨티나에서는 강력한 단일 국가를 지향하는 중앙집권당(Unitarios)과 분권 및 지방자치를 중시하는 연방주의자(Federales) 사이의 치열한 대립이 1865년의 무력 충돌로 이어지기도 했지만, 이는 결국 국가 통합이 강화되는 결과로 나타났다.

19세기 말부터 해외 자본과 이민이 밀려들면서 아르헨티나는 농업의 근대적 발전과 농산물 수출로 20세기 초반에 이르러 세계 10대 부국으로 성장했다. 그 사이 인구는 5배로 늘었고, 경제는 15배로 확대되었다. 1850년대 중반부터 1930년대 초 사이 아르헨티나에 이주한 유럽계 이주민은 약 640만 명에 달했다.

아르헨티나의 정치는 1911~1912년 남성 보통 선거와 비밀 선거를 법제화한 선거법 개혁, 1916년 중앙집권론자 정당 '급진 시민 연맹(UCR)'의 집권을 거치면서 자유주의 시대를 구가했다. 농축산물 수출업자를 배경으로 한 연방주의자 정당 국민자치당(NAP)의 과두 지배를 종식시킨 UCR의 첫 집권이었다. UCR의 이폴리토 이리고옌(Hipolito Yrigoyen) 대통령은 사회 경제 개혁을 추진하고 가족농과 소상인 지원을 확대하면서 아르헨티나의 자유주의 시대를 열었다.

대공황 와중인 1930년 9월에 발생한 군부 쿠데타는 자유주의 정치 체제를 일거에 무너뜨렸을 뿐 아니라, 향후 50년 동안 끊임없이 지속되는 군부의 정치 개입의 시작이었다. 이후 1983년 민선 정부가 들어

서기까지 아르헨티나의 정치는 불안정이 상수가 되다시피 했는데, 선거나 쿠데타를 통해 대통령직에 오른 23명 중 법정 임기를 마친 인물은 단 두 명이었다. 또 다른 쿠데타가 일어나는 1943년까지 아르헨티나는 정치적 기만과 탄압으로 얼룩진 보수파의 권위주의 시대를 맞이했다. 다만 경제적으로는 제1차 세계대전에 이어 제2차 세계대전에서도 대체로 중립을 유지하며 연합국의 식량 공급처 역할을 하며 번영을 이어갈 수 있었다.

1943년 6월 민족주의 성향의 소장파 연합장교단이 일으킨 쿠데타는 그 이후 아르헨티나 역사에서 가장 큰 논란거리가 된 페론주의의 등장 무대였다. 장교단의 실세로서 노동부 장관을 자원한 후안 페론(Juan Peron)은 노동조합 설립을 지원하고 노동자들의 생활수준과 작업 환경을 개선하는 적극적인 조치를 통해 노조를 자신의 지지기반으로 만들었다. 이어 1946년 대선에 출마한 그는 노동자들의 전폭적인 지지에 힘입어 56%의 득표율을 기록하며 대통령에 당선되었다. 이와 함께 페론파 후보들은 의회에서 다수파를 차지한 것은 물론이고, 주지사 선거에서도 압승했다. 페론 정권 아래서 노동자들에게는 실질 임금이 30% 이상 상승하고 노조의 구성원 수가 30만(1943년)에서 500만(1950년)으로 폭증하는 등 각종 시혜적인 정책이 베풀어졌지만, 정작 파업권은 인정되지 않았다.

그의 곁에는 '페론과 대중을 이어주는 사랑의 교량' 을 자처하며 정열적인 빈민 구제 활동을 펼치며 폭발적 인기를 누리는 젊은 퍼스트레이디 에바 페론(Eva Peron)이 있었다. 페론은 헌법 개정을 통해 대통령의 권한을 대폭 강화한 1951년 대선에서 무난히 재선에 성공했지만, 6년 임기를 다 채우지는 못했다. 에바 페론의 병사 후 가톨릭교회를 억압하는 등 보수주의자들과 갈등을 빚다가, 1955년의 군사 쿠데타로 축출되어 스페인으로 망명한 것이다.

페론 축출 이후 아르헨티나 정국은 군부 집권과 민간 통치가 반복되는 극도의 불안한 상황을 드러냈다. 페론파 정당의 선거 참여는 금지됐지만, 국민들의 페론 부부에 대한 애정과 지지자들의 숭배 열기는 여전했다. 35~40%를 차지하는 페론(파)의 득표력은 다른 정당들로 하여금 어떤 식으로라도 페론파와 연대를 시도하도록 만들었고, 군부는 이를 단호히 거부하면서 수시로 국정에 개입했다. 망명중이던 페론도 지지자들을 원격조종하며 권토중래를 노렸다.

1973년 대선에서 좌파 페론주의자인 엑토르 호세 캄포라(Hector Jose Campora)가 당선되면서, 페론의 귀국길이 열렸다. 캄포라는 곧 사임했고, 이어진 선거에서 후안 페론과 그의 새 부인 이사벨 페론(Isabel Peron)이 러닝메이트로 정부통령으로 당선되었다. 18년의 공백기를 딛고 화려하게 복귀에 성공한 것이다. 페론은 '계급 화해'를 모토로 걸고 이전보다 우경화된 노선을 펼쳤지만, 그는 이미 고령의 노인이었다. 1974년 7월에 후안 페론이 사망하자, 부통령 이사벨 페론이 최초의 여성 대통령으로 남편의 뒤를 이었다. 이사벨 페론은 악화된 경제 사정과 좌우익의 정치 폭력에 시달리던 끝에, 1976년 3월의 군사 쿠데타로 축출되고 말았다.

그 사이 페론 지지자들도 좌우로 분열되어 있었다. 급진 페론주의자들은 노조로부터 이탈하여 몬토네로스(Montoneros)라는 도시 게릴라 조직을 만들어 투쟁에 나섰고, 극우 세력은 콘도르 작전에서 악명을 떨친 '아르헨티나 반공 동맹(AAA)'을 결성해 테러 활동을 벌였다. AAA 회원들 다수는 1976년 군사 독재가 시작되어 조직이 해체된 이후에도 사이드에서 군부를 위해 일한 것으로 알려졌다.

끌려갔다가 돌아오지 않는 사람들

"그들은 죽은 것도 살아있는 것도 아니다. 그냥 사라졌을 뿐이다."

—아르헨티나 군사 정권의 수장 호르헤 라파엘 비델라(Jorge Rafael Videla)

'불순분자' 로 지목되어 어느 날 어디론가 끌려갔다가 돌아오지 않는 사람들을 일컫는 '데사파레시도스(desaparecidos)', 곧 '행방불명자' 는 아르헨티나 군사독재 시절에 자행된 인권 탄압의 대명사였다. 생사조차 확인할 길이 없었던 '행불자' 대부분은 후일 비밀 수용소에서 모진 고문 끝에 살해된 것으로 드러났다. 1976~1983년 사이 이렇게 '강제 실종' 된 사람들은 최소 9,000명에서 최대 3만 명에 이르는 것으로 추정된다. 1979년 9월 '아메리카 인권위원회' 관계자들이 '더러운 전쟁' 의 피해 실태를 조사하기 위해 아르헨티나에 방문했을 때에는 증언을 하겠다는 사람 3,000여명이 장사진을 이룰 정도였다. 아르헨티나판 콘도르 작전인 '더러운 전쟁(dirty war)' 은 이렇게 법의 바깥에서 비밀스럽게 진행되었다.

1976년 3월 가톨릭교회의 암묵적인 지원을 등에 업고 쿠데타를 단행한 군부의 수장은 육군 총사령관 호르헤 라파엘 비델라(Jorge Rafael Videla) 장군이었다. 전권을 장악한 쿠데타군은 군사평의회를 설치하고, 이전의 쿠데타 세력과는 질적으로 다른 철권통치를 펼쳤다. 의회를 해산하고 정당 및 노동조합의 활동을 중지시켰으며, 법관의 70%를 교체해 사법부를 자신들의 통제 아래 두었다. 그리고 시작한 것이 '국가 재조직 과정' 이라고 이름 붙인 '더러운 전쟁' 이었다.

좌익 게릴라 소탕을 명분으로, 자신들의 기준에 어긋나는 모든 사람들을 대상으로 불법적인 납치·고문·암살·테러·재산 강탈을 자행했다. 비델라는 '총이나 폭탄을 갖고 있는 자만이 아니라 아르헨티나식 생활양식과 서구 기독교 문명에 반대하는 사상을 퍼뜨리는 자' 모두를 '불순 테러분자' 로 지목했다. 몬토네로스나 인민혁명군 같은 페론주의 혹은 사회주의를 추종하는 게릴라 조직원은 물론이고, 마르크스 사상에 접한 학생과 교사, 해방신학을 신봉하는 가톨릭 신자,

군사독재 시절, 아르헨티나에서는 어디론가 끌려갔다가 돌아오지 않는 사람들이 비일비재했다. '더러운 전쟁' 은 법의 바깥에서 비밀스럽게 진행되었다. 사진은 '더러운 전쟁' 의 행불자 일부.

'내부의 적' 으로 규정되어 비밀 수용소로 끌려간 사람들은 끔찍한 고문에 시달리다 죽음을 맞이해야 했다. 사진은 비밀 수용소의 하나였던 마르 델 쁠라따(Mar Del Plata)시의 공군기지 건물(1984년).

사회주의자, 페론주의자, 인권단체 활동가를 '내부의 적' 으로 규정해 척결 대상으로 삼았다. 심지어 그 가족에게까지 국가 폭력이 가해진 경우도 있었다. 이 과정에서 숨진 사람들은 비밀리에 처리되어 '행불자' 가 되었다. 아르헨티나의 고질병인 정치 불안과 사회 혼란을 근본적으로 치유하겠다는 목표를 가진 작전이었다.

이 작전을 수행하기 위해 군대·경찰·정보기관, 그리고 AAA와 같은 준군사 조직원이 동원되었고, 전국적으로 340여 곳의 비밀 수용소를 설치·운영했다. 수용소는 주로 변두리 지역의 학교나 체육관 등의 큰 건물을 개조해 사용했는데, 부에노스 아이레스 주변에만 이런 수용소가 한때 수십 개에 이르렀던 것으로 알려졌다.

비밀 수용소로 끌려간 사람들은 대부분 그곳에서 끔찍한 고문에 시달리다 죽음을 맞이해야 했다. 소수의 생존자 증언에 따르면, 수용자들에게는 전기 고문·물고문·성고문이 예외 없이 행해졌고, 수용자를 육체적·정신적으로 제압하기 위한 구타는 일상적으로 행해졌다. 땅에 목만 내놓고 파묻은 채 뜨거운 햇볕과 퍼붓는 폭우를 맞도록 하는 고문이 자행된 경우도 있었다. 눈이 가려진 채 다른 사람들과의 대화는 금지당했고, 굶주림과 모진 감금 상태에서 근근이 목숨을 이어가야 했다. 며칠간의 혹독한 고문에서 살아남은 사람은 나중에 대부분 살해당했다. 이렇게 죽어간 사람들은 외진 곳에 매장되었고 실종으로 처리됐다. 이들 수용소에서는 시신 처리 문제가 큰 골칫거리였는데, 나중에는 아예 체포한 사람들을 대서양으로 싣고 가 비행기 밖으로 떨어뜨리는 방법을 이용했다고 한다.

이 밖에도 임신중인 상태로 끌려갔다가 비밀 수용소 등에서 출산한 여성 수용자들의 신생아가 다른 가정에 불법 입양된 사례도 200~400여 건에 이르는 것으로 알려지고 있다. 납치나 고문 관련자들은 수감된 임산부가 출산한 영아나 납치된 부부의 어린 아이들을 일종의 '전리품'으로 보고, 자신들과 가까운 가정에 입양시켰던 것으로 알려졌다. 실제로 2008년 3월에는 이렇게 태어난 30세 여성이 입양 서류를 위조해 자신을 양육해온 양부모를 처벌해 달라는 고발장을 법원에 제출했고, 2010년 2월에는 1977년 7월에 감옥에서 태어난 남성이 유전자 검사를 통해 32년 만에 친부를 상봉하는 장면이 보도되기도 했다.

1982년 3월, 군사 정권의 L. 갈티에리(Galtieri) 대통령은 600%에 달하는 살인적인 인플레이션 등으로 팽배해진 국민적 불만을 밖으로 돌리기 위해 남대서양의 영국령 포클랜드(Falkland)제도를 점령하는 모험을 감행했다가 참패하고, 이에 대한 책임을 지고 사임하였다. 이로써 군사정권의 철권통치는 사실상 종결되고 그들이 벌인 '더러운 전쟁'도 마무리 절차에 들어가게 되었다.

험난한 과거사 청산 작업

'Nunca Mas(Never Again)'

군사 정권의 철권통치가 끝난 후인 1984년에 발표된 실종진상조사위원회의 보고서 제목이다. 신원이 확인된 실종자 9,000명에 대한 조사 결과를 담은 5만 쪽이 넘는 방대한 분량의 보고서였다. '결코 다시는' 있어서는 안 될 어두운 과거의 진상을 밝히고 책임자에 대한 단죄 근거를 마련하기 위한 작업이었지만, 단죄의 과정은 순탄하지 못했다.

먼저 민정 이양의 과도기를 담당한 군정의 마지막 대통령인 R. 비뇨네(Bignone) 장군은 '더러운 전쟁'의 불행한 과거를 청산하는 데 걸림돌이 되는 두 가지 결정적인 조치를 취하였다. 먼저 비밀 명령을 내려 '더러운 전쟁'으로 체포된 사람과 실종된 사람들의 관련 문서

아르헨티나 초기 민선 정부의 과거사 청산 작업은 정치적 타협과 사면 사이를 오락가락했다. 군사독재 정권의 범죄 행위 조사를 중지하기 위한 법 제정에 반대하는 포스터.

를 파괴하도록 했고, 두번째로 내외의 반발을 무릅쓰고 '더러운 전쟁' 에 관여된 모든 군인은 사면한다는 '자기 사면법(self amnesty law)' 을 제정했다.

1983년 이후 출범한 민선 정부의 과거사 청산 작업은 정치적 타협과 사면 사이를 오락가락했다. 라울 알폰신(Raul Alfonsin) 대통령의 첫 민선 정부는 1984년 비델라 등 군정 대통령 세 명과 장성·경찰 간부 등 370여 명의 군정 인사들을 내란·인권유린 등의 죄목으로 체포했지만, 군부의 반발과 쿠데타 위협 등으로 책임자 처벌은 제대로 진척되지 않았다. 비델라 등 최고위급 책임자의 재판을 군 법원에 맡겼고, 최고 군사 재판소는 "당시의 군 최고 지도자는 행방불명자 문제에 대해 '간접적인 책임' 만이 있을 뿐" 이라며 교묘하게 재판을 지연시켰다. 결국 연방 고등 재판소가 이 사건을 인계받아 85년 12월 비델라에게 종신형을 선고했지만, 알폰신의 후임인 페론주의당의 카를로스 메넴(Carlos Menem) 대통령이 1990년 그를 사면해 버렸다.

과거사 청산 작업이 재개된 것은 2003년 네스토르 키르츠네르(Nestor Kirchner) 대통령이 취임하면서부터였다. 아르헨티나 사법부가 '군부 정권에 의해 저질러진 잔혹한 민간인 학살행위는 반인륜적인 범죄행위로서 시효가 없으며, 군부 지도자들에게 내린 역대 대통령들의 사면령은 위헌' 이라는 판결을 내려 책임자 처벌을 재추진할 수 있는 법적 근거를 제공했다. 이에 따라 비델라에 대해서도 30건의 살인과 555건의 납치, 264건의 고문 행위에 연루된 혐의로 기소가 이뤄졌다. 비델라는 2010년 12월 아르헨티나 코르도바(Cordoba) 법원으로부터 납치·구금·살해의 책임을 인정받아 종신형을 선고받고 현재 복역중이다.

5월 광장 어머니회

"산 채로 돌려 달라(Aparicion con vida)!"

"죄를 범한 자 모두를 처벌하라(Castigo a todos los culpables)!"

아기 기저귀를 상징하는 흰 스카프를 두른 '5월 광장 어머니회' 의 어머니들. 이들은 '더러운 전쟁' 시기에 실종된 '행방불명자' 들의 가족이다. 이들이 외치는 구호는 자기 자식들의 희생을 개인의 문제가 아닌 사회 구조의 문제로 보는 이들의 현실 인식과 비타협적 투쟁 정신을 잘 보여준다. 자신들의 자식들이 꿈꿨던 그런 사회가 이뤄질 때까지 실종된 자식들의 어머니로 남아 있겠다는 의지의 표현이다. '더러운 전쟁' 기간의 야만적인 국가 폭력은 정치와는 거리가 멀었던 행불자들의 어머니들을 투쟁의 현장으로 이끌었다.

이들의 투쟁은 1977년 5월 초 행불자 어머니 14명이 부에노스 아이레스 시내의 심장부에 위치한 독립 기념 광장에서 자기 자식들의 이름을 부르며 '내 자녀들은 어디에 있는가?' 라고 절규하면서 시작되었다. 이곳저곳을 탐문하며 자식들을 찾아 헤맸지만, 관계 부서가 내놓는 대답은 늘 '아무런 정보가 없다' 는 천편일률적인 답변뿐이었고, 그리하여 모인 사람들이었다. 이들은 이때부터 대통령 집무실 앞에 위치한 이곳에서 30년간 지속되는 목요 집회를 가지며 행불자 문제를 여론화하기 시작했다. '더러운 전쟁' 이 한창인 시절이라 모두가 침묵할 때였지만, 그 어떤 독재의 폭압도 자식 잃은 어머니들의 모

아기 기저귀를 상징하는 흰 스카프를 쓴 5월 광장 어머니회의 시위.

성을 막지는 못했다.

이들은 1979년 8월 22일 정식으로 '5월 광장 어머니회'를 발족시켰다. 소수로 시작한 모임은 1980년 8월 2,000여명, 1982년 2,500여명으로 급속히 불어났다. 자녀의 실종이 가져온 개인적인 절망을 넘어선 어머니회의 투쟁은 군부 독재의 서슬에 숨죽이고 있던 다른 세력들이 저항할 수 있는 합법적 공간을 만들어내는 역할을 톡톡히 했다.

어머니회는 아르헨티나에 민선 정부가 들어선 이후에도 진상 규명과 보상에 관한 한 양보 없는 비타협적 태도로 일관하고 있다. 군부 독재의 폭압에 맞서 투쟁했던 것처럼, 민선 정부 이후에 벌어진 책임자들에 대한 사면과 정치적 타협에도 저항했다. 자식들의 영웅화나 금전적 보상 같은 유혹을 거부하고, 철저한 진상 규명과 책임자 처벌을 줄기차게 요구하고 있는 것이다. 이런 어머니회의 태도는 '산 채로 잡아간 내 자식, 산 채로 돌려 달라' 는 요구에 잘 함축되어 있다. 제대로 된 과거 청산이 이뤄지지 않고 있고, 자식들의 실종을 불러온 사회구조가 아직껏 그대로 남아 있다고 보는 것이다.

1986년 들어 어머니회는 지금까지의 비타협적 태도를 고수하는 다수파의 기존 어머니회와 민선 정부 이후 온건한 입장으로 돌아선 소수파의 '5월 광장 어머니회 설립자 노선' 으로 분화되어 활동하고 있다.

18

인민사원 집단자살

'하늘에는 천국이 없다'

"누구도 하늘에서 내려오지 않는다. 저 위에는 천국이 없다. 우리는 이곳에서 천국을 만들 것이다."

"여러분들이 믿어야 할 것은 여러분들이 볼 수 있는 것입니다. 여러분들이 나를 아버지로 본다면 나는 아버지가 없는 분들을 위한 아버지가 될 것입니다. 여러분들이 나를 당신의 구주(Savior)로 본다면 나는 당신의 구주가 될 것입니다. 여러분들이 저를 여러분의 신으로 본다면, 저는 당신들의 신이 될 것입니다."

기독교계 신흥 종교 인민사원(People's Temple) 교주 짐 존스(Jim

Jones). 그는 자신이 신으로 군림하는 천년 왕국을 지상에 세우고자 했다.

1950년대 미국 공산당 입당 경험이 있는 감리교회의 전도사였던 그는 흑인 신도를 거부하던 기성 교회의 방침에 반발해 교단을 탈퇴했다. 그리고는 애완동물을 팔아가며 자신의 교회를 설립할 자금을 모아 갔다. 1953년 미국 인디애나주 인디애나폴리스(Indianapolis)에 자신의 첫 예배당을 세우고, 1957년 '인민사원 가스펠 교회' 로 이름을 바꾸었다. 그의 교회는 흑인을 차별하지 않고 신도로 받아들이는 것으로 유명했다. 미 전역에서 흑인 민권 운동이 불붙고, 인디애나폴리스에서 흑인 인구가 급속하게 증가하던 시절이었다.

짐 존스는 백인 중심의 기성 교회를 비판하고 흑백 차별 철폐를 내세우는 등 개혁적 종교 활동가로 입지를 굳혀가며 교세를 확장해 나갔다. 그의 탁월한 설교 능력과 카리스마에 매료된 사람들이 몰려들었고, 인민사원은 성가대 규모만도 100명에 이르는 대형 교회로 성장했다. 신도들의 다수는 기성 교회로부터 차별받고 있던 흑인들이었다. 짐 존스는 위대한 설교자이자 예언자이며, 영험한 심령 치료사를 자처했다. 흑인 아이를 포함한 소수 민족 아이들을 입양해 인종 차별 없는 '무지개 가족' 을 만들어 나갔고, 가난한 흑인들에게 의식주와 일거리를 제공했다. 또한 인종차별 철폐를 호소하는 시위를 주도해 미디어의 주목을 받기도 했다. 1960년 그는 인디애나폴리스 시장으로부터 시 인권위원회 위원장으로 임명받았다. 매스컴에 출현할 기회를 잡은 짐 존스는 자신의 급진적인 사상을 마음껏 홍보했다.

1965년 짐 존스는 다가올 핵전쟁의 참화에서 안전한 장소라며 돌연 캘리포니아주 북부로 이주를 단행했다. 과도한 성령 치료 선전 등

'인민사원' 의 교주 짐 존스는 위대한 설교자이자 예언자이며, 영험한 심령 치료사를 자처했다. 1974년 가이아나 정글에서 신도들에게 둘러싸인 짐 존스(사진 가운데).

자금 축적의 의혹으로 시 당국의 내사가 시작된 시점이었다. 샌프란시스코 인근 유키아(Ukiah)로의 이주에는 100여명의 추종자들이 함께했다. 당시 진보운동의 본거지였던 캘리포니아에서 인민사원은 폭발적인 성장을 이룩했다. 아울러 흑인 등 사회적 약자를 대상으로 한 빈민 구제 활동을 펼쳤는데, 유키아·샌프란시스코 등지에서 무료 식당·탁아소·노인병원을 설립하고 성매매 여성들 및 마약중독자들을 위한 상담 프로그램을 운영했다.

1970년대에 접어들면서 짐 존스는 기독교를 '도망치는 종교(fly away religion)' 라 규정하고 성경을 여성과 흑인에 대한 억압을 정당화하는 도구로 여기면서 전통적인 기독교에서 이탈하기 시작했다. 그는 스스로를 예수, 부처, 레닌 등의 '신적인 존재(Divine)의 현신' 이라고 여겼고, 신도들은 그를 '구세주' 또는 '아버지(Dad)' 라 부르며 신격화했다. 이 시기부터 인민사원은 짐 존스의 카리스마, 기독교와 공산주의 사상이 뒤섞인 이단적 교리를 신봉하는 컬트 집단으로 변모하고 있었다. 그는 신도들에게 철저한 금욕을 강조하면서 신자간의 결혼을 저지하고 어린이들을 부모들과 격리시켜 가족의 유대를 약화시키고자 했다. 이를 통해 신자들의 모든 관심이 '인민사원'에 집중되도록 해, 맹목적인 추종과 재산 헌납을 유도하기 위함이었다. 이런 모든 작업들이 존스의 측근인 백인 간부들에 의해 통제되고 있었다.

1977년경부터 인민사원을 이탈한 소수의 신도들에 의해 실상이 폭로되기 시작하였다. 이들의 증언에 따르면, 존스의 기적의 성령 치료는 조작된 것이며 인민사원은 신도들에 대한 재산 탈취와 폭행·박해를 일삼고 남성간 변태 성행위가 자행되는 전형적인 사교 집단의 모습을 띠고 있었다. 관계당국과 언론, 정치권이 인민사원을 주목하기 시작한 것도 이때부터다.

종교와 죽음에 집착하던 아이가 핵전쟁 종말론자가 되기까지

인민사원 교주 짐 존스는 대공황 직후인 1931년 인디애나주의 농촌 마을 크리트(Crete)에서 제1차 세계대전 참전용사인 제임스 터먼 존스(James Turman Jones)와 어머니 리네타(Lynetta Putnam Jones)의 외아들로 태어났다. 대공황의 여파로 존스가는 1934년 인근 도시인 린(Lynn)으로 이주했다. 인종차별주의적 극우조직인 KKK단원이었던 아버지는 무직의 알코올 중독자였고, 생계를 도맡았던 어머니는 독실한 기독교 신자였다고 한다. 짐이 12살 때 아버지가 집을 나가면서 부모는 이혼했다.

주변의 증언에 따르면, 유년기의 짐 존스는 종교와 죽음에 집착하는 모습을 보였다고 한다. 어머니 손에 이끌려 어려서부터 교회에 다니기 시작했는데, 8세 때는 성서를 외고 12살 때에는 친구들에게 설교와 세례를 베풀기도 했다. 아들이 '날 때부터 성직자' 라고 주위에 자랑하던 어머니의 기대대로 짐은 진작부터 성직자의 길을 걷기 시작한 셈이었다. 또한 짐은 작은 짐승들을 죽이면서 노는 것을 즐겼다고 한다. 길에 버려진 고양이나 강아지를 집으로 데려와 죽이고 나서 나름대로 격식을 갖춰 장례식을 치러주는 모습이 목격되곤 했다.

청소년기의 짐 존스는 독서에 열중했다. 특히 스탈린, 마르크스, 간디, 아돌프 히틀러의 위인전과 저서를 탐독했던 것으로 알려졌다. 어머니는 이혼 후에 아들을 데리고 인디애나폴리스 서쪽 리치먼드(Richmond)로 이사했고, 짐 존스는 리치먼드 고등학교를 우수한 성적으로 졸업하였다. 고교 졸업 후 네 살 연상의 간호부 출신 마세린 볼드윈(Marceline Baldwin)을 만나 결혼하였고, 인디애나대학에 진학했다.

1951년 짐 존스는 인디아나폴리스로 이주해 버틀러(Butler)대학 야간부를 다니면서 미국 공산당에 입당하였다. 그렇지만 이 시기는 매카시즘의 광풍이 미국 조야를 휩쓸던 시절이었고, 그의 정치 실험은 좌절로 마무리되었다. 이후 그는 교회 활동에 매진하면서, 자신의 정치사상을 표출하는 도구로 삼았다. 1952년 감리교 청년부 전도사로 일하던 그는 흑인 신도를 받아들이는 문제로 교회가 갈등을 겪는 것을 보고 감리교단을 탈퇴하였다. 이 시기에 짐 존스는 '제7일 침례파(Seventh Day Baptist Church)' 교회에서 성령 치료를 목격하게 되었는데, 이 시절의 경험은 나중에 짐 존스가 자신의 목회를 시작하게 되었을 때 자금을 마련하고 신도를 확보하는 수단으로 성령 치료를 연출하는 것으로 연결된다. 짐 존스는 애완 원숭이를 방문판매하면서 마련한 자금으로 1953년 자신의 개척 교회를 세웠고, 이는 인민사원의 모체가 된다.

짐 존스가 목회자의 길을 걸어가던 무렵의 동서 냉전은 그의 종교 사상에도 중대한 영향을 미쳤다. 특히 미소간에 치열하게 전개되던 핵무기 개발 경쟁은 그의 교리를 핵전쟁 종말론으로 귀결시켰다. 핵전쟁으로 인한 세계의 멸망과 새로운 사회주의적 에덴동산의 도래를 설교한 그는 핵전쟁의 참화를 모면할 수 있는 안전한 장소를 직접 찾아 나섰다. 1962년에 방문한 남미 가이아나의 밀림과 1965년에 이주한 유키아도 그 중의 하나였다. 또한 중소간의 이념 분쟁은 그가 공산주의와 거리를 두는 계기로 작용했다.

가이아나의 밀림에서 벌어진 사교집단의 참극

1973년 남미 동북부 가이아나 서부의 정글에 외부와 단절된 짐 존스의 코뮌 '존스타운(Jonestown)'이 조성되기 시작했다. 1974년 소규모 이동이 이뤄졌고, 1977년 가이아나 정부의 허락 하에 대규모 이주가 이뤄졌다. 라디오로 전국 광고를 실시한 결과, 최종적으로 이주한 신도는 1,200여명에 이르렀다. 미국내 언론과 정치권에서 이상기류를 감지한 존스는 미리 가이아나의 정글 속으로 거점을 옮긴 것이다. 위기의 순간을 본능적으로 감지해 이를 회피하는 짐 존스의 순발력은 이번에도 유감없이 발휘되었다.

우편과 단파무선을 제외하고는 외부와 완전히 격리된 존스타운의 일상은 목가적인 풍경과는 거리가 멀었다. '바깥세상의 사악함이 존재하지 않는 열대의 낙원' 으로 선전되고 평화로운 전원의 신앙공동체를 꿈꾸던 이주자들의 기대가 절망으로 변하는 데는 오랜 시간이 걸리지 않았다. 존스타운은 짐 존스와 소수의 백인 측근이 지배하는 사실상의 강제 수용소였다. 대다수의 흑인 신자들은 작열하는 열대의 태양 아래서 새벽부터 저녁까지 노예와 다름없는 농사일에 종사해야 했다.

입소자들이 지켜야 할 규칙은 무수히 많았고, 위반시에는 가혹한 징벌이 뒤따랐다. 징벌 방법도 단순 구타에서 시작해서 나중에는 고문이라고 표현할 정도로 가혹하게 변해 갔다. 규칙을 어긴 아이들에게 전기 쇼크를 주는가 하면, 명령에 불복한 사람은 뜨거운 스팀이 들

남미의 가이아나 정글에 자리잡은 인민사원의 본거지 존스타운은 '바깥세상의 사악함이 존재하지 않는 열대 낙원' 으로 선전되었다. 신도들의 대규모 이주가 이뤄진 직후의 존스타운 전경(1978년의 항공사진).

어오는 나무상자 속에 며칠 동안 감금당하기도 했다. 여성 신자의 징벌은 공개 강제 성교 등의 성폭력으로 발전하기 일쑤였다. 남녀는 따로 거주하면서 금욕을 강요당했고, 아이들 또한 부모들과 떨어진 채 수용되어 갖은 질병에 시달려야 했다. 이곳을 탈출하면 독사와 원주민에게 죽임을 당할 것이라는 교주의 협박과 무장 경비병 때문에 아무도 탈출을 꿈꿀 수 없었다.

언제부터인가 존스타운에서는 집단자살 연습이 일상적으로 행해지곤 했다. 사방이 온통 자신의 적으로 둘러싸여 있다는 과대망상에 빠진 짐 존스는 신도들을 모아놓고 충성 테스트를 했다. 신경안정제가 섞인 음료수를 독이라 속여 신도들에게 마시게 한 것이다. 1978년 이런 연습은 무려 43회에 걸쳐 실시되었다. 그는 이를 '트랜슬레이션(Translation)' 이라는 교리로 합리화했는데, '함께 죽음으로, 그 이후에 다른 혹성에서 영원한 행복을 누리게 된다.' 는 논리였다. 그는 '신을 위해서 죽을 준비를 게을리 하지 말라!' 고 설교하며 신도들에게 순교를 강요했다. 집단자살에 소극적인 신자들은 일일이 공개석상에서 교주의 지탄을 받아야 했다.

존스타운의 실상에 대한 소문은 편지 등을 통해 조금씩 외부로 알려지기 시작했다. 1978년 11월 14일 존스타운에 친척이 있는 선거구 주민의 제보를 받은 미국 연방 하원의 레오 라이언(Leo Ryan)이 기자를 포함한 19명의 시찰단을 구성해 실태를 파악하고자 존스타운을 방문했다. 겉모습은 평화로웠다. 그렇지만 아침 산책길에 나선 기자 한 사람이 꼭꼭 잠긴 건물에 병에 걸린 노인들이 단체로 갇힌 것을 목격하고, 탈출을 희망하던 신자가 엄중한 감시를 뚫고 쪽지를 전하면서부터 호의적이던 인민사원측의 태도는 돌변했다. 11월 18일 시찰

존스타운의 실상이 조금씩 외부로 알려지기 시작하면서 미연방 하원 의원의 진상 조사단이 이곳을 방문했다. 엄중한 감시의 눈을 피해 탈출 의사를 전달하는 데 성공한 일부 거주자들이 떠나기 위해 길을 나서고 있다.

을 끝낸 라이언 의원이 귀국 희망자를 미국으로 데려갈 것을 제안하자, 짐 존스는 마지못해 승낙했다.

그런데 귀국 희망자를 포함한 30여명의 일행이 인근의 카투마(Kaittuma)공항에서 두 대의 소형 비행기에 탑승하려는 순간, 자동차를 타고 접근해온 인민사원 신자들이 자동소총을 쏘아댔다. 이 총격으로 라이언 의원을 포함한 5명이 즉사하였고, 중경상을 입은 11명은 가이아나군에 구출되기까지 하룻밤을 고통과 공포로 지내야 했다. 다행히 비행기 한 대는 가까스로 사지를 벗어났다.

이날 저녁, 짐 존스는 '최후의 밤'을 개시했다. 집합 사이렌 소리가 울려퍼졌고, 일렬로 선 신도들에게는 청산가리가 든 보랏빛 음료수가 건네졌다. 무장한 경비원들이 신도들을 둘러싸고 있었다. '이제

'함께 죽음으로, 다른 혹성에서 영원한 행복을 누리게 된다.' 는 논리로 일상적으로 행해지던 자살 연습은 그대로 현실이 되었다. 집단자살의 참상을 전한 《타임》과《뉴스위크》의 보도.

우리가 딴 세상에서 만날 순간이 왔다.' 는 교주의 영생 선언과 함께 어린이들이 먼저 독배를 들었고, 아이들의 죽음을 확인한 어른들이 뒤를 따랐다. 짐 존스는 마지막으로 권총으로 자살했다. 이렇게 존스타운에서 생활하던 신자의 약 90%인 914명이 독극물이나 타살로 사망했다. 이 가운데 267명은 18세 이하였다. 광란의 와중에서 목숨을 건진 사람은 167명이었다. 가이아나 군대가 존스타운에 도착했을 때는 이미 모든 일이 끝난 뒤였다.

존스타운의 집단 자살은 2001년 9.11 테러 이전에 전쟁이나 자연재해가 아닌 사건으로 미국 시민이 가장 많이 죽은 사건이었다. 또한 라이언 의원은 미국 역사상 유일하게 재임중에 살해당한 연방 하원의원으로 기록되고 있다.

무엇이 그들을 집단자살로 내몰았나

가이아나 인민사원 집단자살 사건은 사교집단의 광기를 극단까지 보여주었다는 점에서 많은 연구의 대상이 되었다.

먼저 교주의 카리스마에 지배되는 사교집단의 특성을 꼽는 종교적 분석이 있다. 교주에 절대적으로 의존하는 사교집단 특성상 현실에서의 죽음이 영생에 이르는 길이라는 종교적 세뇌가 교주의 말에 비교적 순순히 복종하도록 했다는 분석이다. 여기다가 거듭된 자살 연습도 별다른 저항 없이 독극물을 들이킬 수 있도록 만들었을 가능성이 있다. 고립된 정글이라는 낯선 환경이 남들을 따라하는 것이 최선의 행동이라는 자포자기 신드롬을 형성했을 것이라는 설명도 있다.

사회심리학적으로는 짐 존스의 사이코패스적(Psychopathy) 성향과 '인지적 부조화 이론' 을 적용하는 분석이 있다. 알코올 중독자이자 무직자인 아버지의 존재와 소년기에 겪은 부모의 이혼, 유년기의 종교와 죽음에 대한 집착 등이 그의 사이코패스적 성향을 초래했다는 것이다. 이 설명은 신도들을 집단자살로 내몬 교주 짐 존스의 심리 상태를 파악하는 데 초점이 맞춰져 있는데, 그것을 입증할 객관적 데이터가 없다는 한계가 있다. 반면에 '인지적 부조화 이론' 은 집단자살의 강요에 순순히 응한 존스타운 주민들의 심리 상태를 설명하는 이론이다. 이 이론의 창시자는 미국의 사회심리학자 리언 페스팅어(Leon Festinger)였는데, 그는 종말론을 주장하는 사이비 종교단체를 관찰한 결과, 교주가 예고한 종말일에 지구가 멸망하지 않았음에도 신도들은 자신들이 속은 것으로 받아들이지 않고 오히려 믿음이 더욱 깊어지는 현상을 발견했다. 이들은 자신들이 가진 모든 것을 다

버리고 교주에게 매달렸는데, 자신들이 잘못을 인정하면 그 심리적 고통을 감당하기 힘들기 때문에 자신의 믿음이 옳다는 쪽으로 입장을 바꿔 심리적 안정을 찾는 태도를 보였다. 마찬가지로 인민사원의 신도들도 존스타운이 지상낙원이 아니라는 사실을 일찍이 깨달았지만, 자신들의 재산과 사회적 지위를 포기하고 선택한 이 길의 마지막을 일종의 순교라고 생각하고 받아들였을 것이라는 분석이다.

역사적으로는 인민사원 사례를 기독교 역사에서 면면히 내려온 '천년왕국운동'의 일환으로 파악하는 분석이 있다. 움베르토 에코(Umberto Eco)가 대표적인데, 그는 '존스와 인민사원의 숭배는 기독교 원년부터 오늘에 이르기까지 서양사를 관통하는 천년 왕국 운동의 모든 특징을 드러낸 사건'이라고 보았다. 기독교 종말론의 한 형태인 '천년왕국론'은 '최후의 심판'에 앞서, 그리스도가 지상에 재림하여 천년 평화의 나라를 건설한다는 일종의 유토피아 사상이나. 다음은 이탈리아 시사 주간지 《레스프레소(L'espresso)》에 기고한 에코의 글이다.

"은퇴 이후 연금을 받아 생활하는 사람들과 학생들, 인종차별을 없애기 위해 노력하는 흑인들이 살기 좋은 캘리포니아를 버리고, 독사들이 우글대는 적도의 밀림 속으로 들어갔다는 것이 도저히 믿기지 않는다.

정말 믿기지 않는 미친 행위며, 과거에는 한 번도 들어 본 적이 없는 일이다. 정말 우리는 어떤 세상에 살고 있는가? 이 모든 것을 보면 이 세상은 어떤 종말을 향해 나아가고 있다고 보이기까지 한다."

종말론

인류 역사에서 종교가 탄생한 이래 지구의 종말에 대한 논의가 자취를 감춘 적은 없다. 모든 사물은 반드시 처음과 끝이 있기 마련이라는 평범한 진리에서 볼 때, 이 세계에도 종말이 있을 것이라는 사실은 의문의 여지가 없을 것이다. 그런데 그 시기를 구체적으로 적시했을 때, 이는 숱한 논란의 대상이 될 수밖에 없다.

종말론의 원조는 배화교(拜火敎)라 불리는 고대 페르시아의 조로아스터(Zoroaster)교이다. 이 종교는 세계를 선신 아후라 마즈다(Ahura Mazda)와 악신 아리만(Ahriman)과의 투쟁으로 파악하고, 최후에는 아후라 마즈다가 승리하고 모든 혼은 불로써 깨끗이 씻겨져서 새로운 유토피아가 도래한다고 믿었다. 이런 조로아스터교의 종말관은 유대교, 기독교, 이슬람교로 이어지는 유일신 계통의 여러 종교에 영향을 끼쳤다. 종말론의 대표격인 기독교에서는 신약성서 마지막 책인 《요한계시록》의 서술과 해석에 입각해 주로 서양에서 다양한 형태의 '천년왕국' 운동의 변주로 이어졌다. 동양의 종교에도 직접적인 형태의 종말론이라고는 할 수 없으나, 불교에는 미래 시대에 대한 미륵불 신앙이 있고, 세계의 변화를 생성소멸의 순환 과정으로 파악하는 《주역》의 사상도 있다.

오늘날에도 온갖 형태의 종말론이 유포되고 있는데, 대표적인 것이 2012년 종말론이다. 같은 이름의 영화를 노이즈 마케팅하는 데 활용되고 있기도 한 이 종말론은 현대 버전으로 각색되어 꽤나 그럴싸한 근거를 내세우고 있다. 그 중 몇 가지만 소개하자면 다음과 같다.

첫번째가 마야 장기력(長期曆)의 계산이다. 마야 문명은 지구가 5,125년을 대주기로 운행되고 있다고 믿었는데, 이는 다시 약 394년 주기의 '박툰(baktun)'으로 세분된다. 이 장기력의 시작일은 기원전 3114년 8월 13일이며 이로부터 13번째 박툰이 끝나는 날이 바로 2012년 12월 21일이다. 1960년대 멕시코 남부의 고속도로 건설 공사 현장에서 발견된 마야의 비석에 13번째 박툰이 끝나는 날 모종의 사건이 발생한다고 기록되어 있는데, 이를 종말론자들은 인류의 종말로 해석하고 있다. 그러나 마야 문명 연구 전문가들은 이 비석의 마지막 글자는 훼손되어 해석 자체가 불가능하고, 비석의 내용도 예언이 아니라 7세기 실존했던 마야왕의 업적을 기리는 것이라고 반박한다.

두 번째는 1982년 로마 국립 중앙도서관에서 발견된 《노스트라다무스의 그림 예언》이란 책이 2012년 지구 멸망을 예언했다는 주장이다. 이 책에는 80장의 그림이 마치 암호처럼 그려져 있는데, 그 중 어린 양의 그림이 말세를, 3개의 달과 1개의 태양 그림이 각각 세 번의 월식과 한 번의 일식을 의미한다고 종말론자들은 해석하고 있다. 세 번의 월식과 한 번의 일식을 천문학적으로 계산하면 2012년이 된다는 주장이다. 이에 대해 전문가들은 이 그림책이 노스트라다무스의 직접 저술이 아닐 가능성이 높고, 1999년 종말을 예언한 것으로 알려진 노스트라다무스의 예언서도 그가 죽은 후에 4행시가 덧붙여진 것이라 밝히고 있다.

세 번째가 미국의 주역 연구가 테렌스 매케나(Terence McKenna)가 《주역》을 수리적으로 분석해 그래프로 표시한 '타임 웨이브 제로(time wave zero)' 의 예언이다. 이 그래프는 4천년에 걸친 인류사의 변화와 정확하게 일치하는데, 이 그래프가 0이 되는 시점이 바로 2012년 12월 21일이라는 주장이다. 이에 대해 전문가들은 '타임 웨이브는 시작에서 끝이라는 세계관이고, 주역의 세계관은 끝나면 다시 시작한다는 세계관' 이라면서 전제 자체가 잘못되었다고 지적한다.

네 번째는 미국의 주가를 예측하기 위하여 만들어진 슈퍼컴퓨터 웹봇(Webbot)의 예언이다. 그동안 주식시장의 큰 흐름을 모두 예측해 왔던 웹봇이 2012년 12월 21일 이후의 분석을 거부하고 있다고 한다. 또, 웹봇이 분석한 그래프는 타임 웨이브 제로와 상당부분 일치한다고 알려져 있는데, 이것이 무엇을 의미하는지는 아직 정확히 밝혀진 바가 없다.

마지막으로, 미국의 심령술사 낸시 라이더(Nancy Lieder)가 주장한 미지의 '행성 X' 와의 충돌설이다. 그는 3600년 주기로 움직이고 지구보다 4배가 크며 45도 기울어진 상태인 '행성 X' 가 지구를 향해 다가오고 있다고 주장했다. 그가 말하는 '행성 X' 의 궤도는 고대 수메르(Sumer) 신화에 나오는 행성 '니비루(nibiru)' 와 비슷하다. 사실 미지의 행성을 뜻하는 태양계의 12번째 행성 '행성 X' 의 존재는 천문학계에서 가설로 존재해 왔는데, 아직까지는 어디에서도 관측되었다는 공식 보고가 없는 상태다.

19

보팔 가스 참사

국제적인 조롱거리가 된 미국의 공해수출업체

2004년 12월 3일 오전, 영국 BBC 방송의 '월드 뉴스'가 프랑스 파리에 설치한 특설 스튜디오에 미국의 종합화학 회사인 다우 케미컬(Dow Chemicals)의 대변인 주드 피니스테라(Jude Finisterra)라는 인물이 등장했다. 이 날은 인도 보팔(Bhopal)에서 초대형 가스 누출 사건이 일어난 지 꼭 20년 되던 해였고, 다우 케미컬은 사고를 일으킨 유니언 카바이드(Union Carbide)사를 1999년에 인수한 회사였다. 역사상 최악의 산업재해가 발생한 지 오랜 세월이 흘렀지만, 책임자 처벌과 피해 보상이 제대로 이뤄지지 않고 있던 시점이었다. 생방송으로 진행된 인터뷰에서 피니스테라는 "우리 다우사는 보팔 참사의 책임을 통감하고 사죄하며, 120억 달러 규모의 기금을 조성해 의료 지원이 필요한 12만 명을 포함한 모든 피해자들에게 보상을 하도록 하겠습니다. 아울러, 오염 현장을 즉각 복구하겠습니다."라고 성명을 발표했다. 이 새로운 뉴스는 즉각 전 세계로 타전되었고, 다우 케미컬사의 주가는 23분 만에 4.2%나 폭락해 20억 달러 상당의 주식 가치가 증발했다.

그러나 다우 케미컬사의 주가는 3시간이 지나면서 거짓말처럼 원상으로 돌아왔다. 이 회사 대변인 자격으로 생방송 인터뷰에 응한 피니스테라가 가짜인이 밝혀졌기 때문이다. 다우 케미컬의 가짜 대변인 역할을 한 사람은 '예스맨'이라는 반세계화 활동 그룹의 리더 앤디 비클바움(Andy Bichlbaum)이었다. '예스맨'은 자신들이 반대하는 조직이나 회사의 패러디 홈페이지를 만들어 놓고 그들의 대변인으로 행세하면서 자신들의 주장을 펼치곤 했는데, 보팔 가스 참사 20주년을 맞아 다우 케미컬사의 무책임을 통쾌하게 폭로했던 것이다. 그들이 내세운 피니스테라(Jude Finisterra)라는 인물의 이름은 Jude(예수의 제자 유다)와 Finisterra(지구의 종말)를 조합한 것이었다.

역사상 최악의 산업재해로 꼽히는 가스 누출 참사는 인도 중부 중소도시 보팔의 이름을 세계에 널리 알리는 계기가 되었다. 지금의 마드야 프라데시(Madhya Pradesh)주 주도인 보팔을 건설한 것은 11세기 인도 중부를 지배했던 파라마라(Paramara)왕조의 철인왕(哲人王) 라자 보자(Raja Bhoja)였다. 보팔이라는 지명도 그의 이름을 딴 보자팔(Bhojapal)에서 비롯된 것이다. 영국 식민지 시대에는 대영제국 영토에서 두번째로 큰 이슬람 제후국의 심장부였다. 18세기 초 무굴제국 영주였던 모하메드 칸(Dost Mohammed Khan)이 무굴제국의 쇠

선진국에 의해 자행된 공해수출의 피해는 고스란히 저개발 공해 수입국에 전가된다. 사고가 난 지 30여년이 되도록 그대로 방치된 독가스 공장 잔해.

퇴기를 틈타 보팔왕국을 세웠다. 모하메드는 보팔을 오늘날의 모습과 같은 호수를 낀 현대적인 도시로 조성하였다. 인도의 독립 이후에도 별도의 번왕국(藩王國)으로 남아 있다가 1949년 인도연방에 가입하였다. 보팔은 힌두교의 나라 인도에서 무슬림 인구가 많은 도시에 속한다. 오늘날 180만 명의 인구 중 25%가 수니파 무슬림이다.

오늘날 보팔은 마스크를 쓰고 다녀야 할 정도로 공해가 심한 지역 중의 하나로 꼽힌다. 굴뚝산업으로 불리는 각종 제조 공장이 운집한 도시로 발전한 덕분인데, 그 중에는 선진국의 공해수출업체도 일각을 차지하고 있다. 1970년대 이후 미국, 유럽, 일본 등 선진국들은 환경 유해 산업에 대한 규제를 강화해 왔는데, 다국적 기업들은 비교적 규제가 약한 아시아, 아프리카 등지로 공장을 옮겨 강화된 규제를 피해 갔다. 인도에도 많은 다국적기업들의 공해 공장들이 몰려들었고,

보팔에 진출한 유니언 카바이드사의 화학 공장도 그 중 하나였다.

유독 가스 누출이 불러온 전대미문의 대참사

1984년 12월 3일 0시 30분경 보팔의 구시가지 공업지구에 자리잡은 유니언 카바이드사의 인도 공장에서 메틸이소시안(Methyl isocyanate; MIC)이라는 화학 물질을 저장한 탱크가 터지는 사고가 발생했다. 농약(살충제)의 원료로 쓰이는 MIC는 극소량으로도 일거에 호흡기 장애, 중추신경 장애, 면역체계 이상, 실명 등을 일으키는 무색무취의 맹독성 가스였다. 누출이 시작된 지 2시간 만에 탱크에 보관중이던 42톤 중 85%인 36톤의 MIC가스가 인근 주택가로 퍼지면서 전대미문의 산업재해를 야기했다.

사고 당일 2,800여 명의 인근 주민이 사망한 것을 비롯, 가스에 노

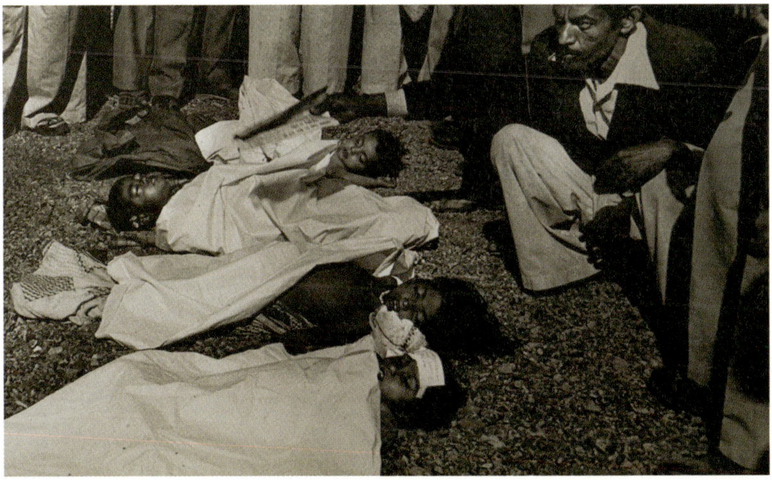

환경과 안전은 뒷전이고 이윤 극대화만이 최악의 산업 재해를 일으킨 업체의 유일한 관심사였다. 당시의 참상을 전하는 사진.

출된 20만 명 이상이 각종 질환으로 고통받게 되는 대참사였다. 토양과 지하수를 오염시키는 등 자연생태계의 훼손도 수반되었다. 인명 피해는 사고 당일에 그치지 않았다. 인도 정부 산하 인도의학연구위원회(ICMR) 추산에 따르면 사고 이후 3일간 8,000~1만 명이 숨지는 등 1994년까지 약 25,000명이 사고 후유증 등으로 목숨을 잃었다. 또한 5만 명이 영구 장애자가 되었고, 12만 명이 실명과 호흡곤란과 위장장애 등 만성질환을 앓아야 했다. 피해는 사고 당시 가스에 노출된 부모에게서 태어난 어린이들에게까지 전이되었다. 사고 이후 가스 누출과 관련한 질병으로 사망하는 사람 수는 한 달 평균 30명에 달했다. 또한 MIC가 일으키는 유전자 변이로 인해 암환자가 급증하고 기형아가 태어날 가능성도 예고되었다. 피해 보상을 청구한 인원만 583,000여 명에 이르렀다.

생태계 훼손도 심각했다. 유니언 카바이드사의 공장부지에서는 기준치보다 2만~600만 배에 이르는 수은이 검출되었고, 보팔 사람들의 식수에서는 12가지 유독 물질이 미국 환경보호국이 정한 안전 기준치보다 600배나 더 많이 검출되었다. 뿐만 아니라 방치된 공장의 창고 등에는 아직도 425톤이 넘는 유독성 폐기물들이 쌓여 있다.

사고 원인은 어이없게도 하루 40달러가 소요되는 전기세를 아끼기 위해 저장 탱크의 냉각장치를 꺼놓은 데 있었다. MIC 저장 탱크는 섭씨 0도에 가깝게 유지되어야 했는데, 냉각장치를 꺼놓은 탓에 탱크 온도가 상승하면서 내부 압력이 증가해 탱크 밸브가 터졌던 것이다. 뿐만이 아니라 가스 저장탱크는 용량 초과상태였다. 안전관리 시스템을 보면, 총체적 부실의 전형이었다. 안전장치가 제대로 설치되어 있지 않은 것은 물론이고 조기 경보 체제가 작동하지 않았다. 누출 사고에 대비한 보수 자재는 확보되어 있지 않았고, 안전관리 직원 숫자와 교육을 줄여온 터라 보수 인력 또한 턱없이 부족했다. 여기다가 저장탱크에 스며들어간 물이 엄청난 화학반응을 일으키면서 대재앙을 초래했다.

공장입지 선정과 설계 과정도 문제점 투성이인 것으로 드러났는데, 공해수출의 실상을 적나라하게 보여주는 과정이었다. 인구 밀집 지역의 한복판에 농약 공장을 설립한 것은 자사 전문가들의 충고마저 무시한 처사였고, 그런 공장 안에 대량의 MIC를 저장한 것은 미국의 안전기준을 위반한 것이었다. 또한 시공비용 절감을 위해 검증되지 않은 설계 방식을 도입해 저장 탱크의 안전성이 입증되지 않은 상황이었다. 압력 지시계와 온도 조절 기능 등이 갖춰져 있지 않았고, 이 밖에도 세척 장치와 유사시에 대비한 긴급 방출 장치의 설계가 잘못되어 있었다. 한 마디로 환경과 안전은 뒷전이고 이윤 극대화만이 해당 업체의 유일한 관심사였다.

예고된 인재였다는 표현이 보팔 가스참사처럼 딱 들어맞는 경우도 찾기 쉽지 않을 것이다.

'500달러는 인도인들이 만져보기 힘든 큰돈이다'

1985년 4월 인도 정부는 사고를 일으킨 유니언 카바이드사를 미국의 지방법원에 제소하였고 이듬해 인도의 법원에 관할권이 있다는 판결이 남으로써, 책임자 처벌과 피해 보상에 관한 판단은 인도 법원의 몫이 되었다. 3년여의 소송 끝에 내려진 인도 대법원의 판결은 대단히 관용적이었다. 배상 청구액 33억 달러 중 4억 7000만 달러만이 인정되었고, 앤더슨(Warren Anderson)을 비롯한 유니언 카바이드사의 경영진 7인에 대한 형사 처벌 요청은 기각되었다. 이로써 피해자들이 별도로 피해보상을 청구할 수 있는 길은 사실상 막혀버렸고, 유니언 카바이드사의 모든 민사 책임을 인도 정부가 떠안게 됐다. 1989

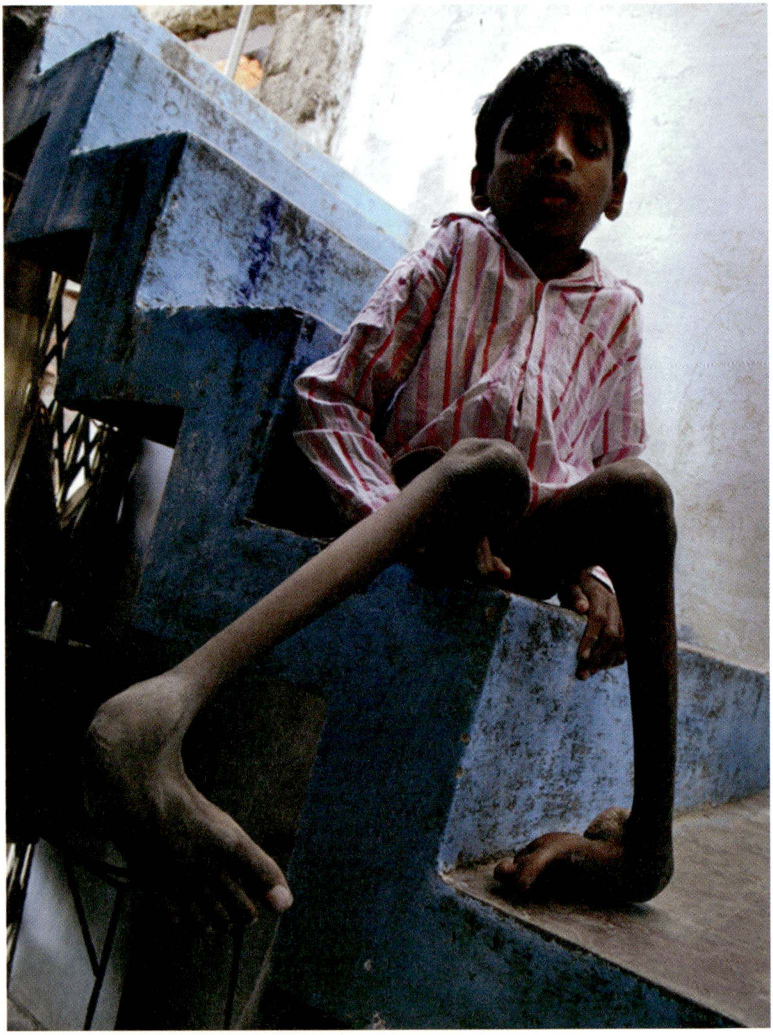

독가스 누출 사고의 후유증은 당대에 그치지 않고 있다.

년 말에 성립한 중도 성향의 V. P. 싱(Singh) 정권은 이 판결의 무효화를 선언하고 잠정 조치로 피해자 50만 명에 대해 36억 루피(rupee)의 구제금을 방출했다. 그렇지만 유니언 카바이드사와의 재협상은 이뤄지지 않았다.

사고에 대한 책임자 처벌과 피해 보상이 진척되지 않는 가운데 1999년 유니언 카바이드사는 다우 케미컬에 합병되었고, 다우 케미컬은 사고의 책임은 인도 현지 법인인 '유니언 카바이드 인디아(UCIL)' 에 있다는 논리로 책임 승계를 거부했다. 2001년 2월 사고 희생자들이 보팔 공장 내부와 주변에 방치된 채 지하수와 토양을 오염시키는 폐기물의 청소를 요구했을 때도, 모든 법적 채무는 인도 대법원이 판결한 보상금 지급으로 해결되었으며 공장부지의 청소 또한 그 보상금으로 이루어져야 한다고 주장했다.

그동안 산발적으로 진행되던 보상금 분배는 사고 발생 20년 만인 2004년에 들어서야 본격적으로 이뤄졌다. 이 해 9월까지도 전체 보상액 4억 7천만 달러 중 70%인 3억 3,000만 달러가 인도중앙은행에 예치되어 있었다. 보상을 신청한 566,786건의 절대 다수인 95%가 최소 금액인 500달러를 지급받는 것으로 낙찰되었다. 이 금액은 1989년 엑슨 모빌(Exxon Mobill)의 알래스카 기름 유출사고 당시 해달 한 마리당 940달러로 추정된 피해 액수에도 훨씬 못 미치는 액수였다. 이에 대해 다우 케미컬의 홍보 책임자는 "500달러면 인도인들에게 남아돌 만큼 충분한 돈이다. 그들이 어디서 그런 거액을 만져볼 수 있겠나?" 며 망언에 가까운 촌평을 했다.

그나마 나은 2,000~3,000 달러의 보상금을 받은 경우는 신청자의 1%에 불과했다. 가스 사고로 인한 사망자는 전체 신청 건수 22,149건

가운데 15,100건만이 인정되었다. 이마저도 신청자 전부가 보상을 받은 것도 아니어서, 2004년 국제사면위원회(엠네스티) 보고서는 인도 정부가 전체 피해 보상 청구 건수의 30%를 기각한 것으로 기록하고 있다. 환경오염과 유전으로 인한 간접 피해도 속출하여, 피해 보상을 청구한 누적 인원수는 2007년 1,029,517명에 이르렀다. 이 중 455,213명에게는 보상금 지급이 거절되었다.

2010년 12월, 인도 정부는 추가 피해가 드러났다는 이유로 기존의 피해 보상금을 두 배 이상인 500억 루피로 늘려 줄 것을 요구하는 소송을 인도 대법원에 냈다. 이해 6월 인도의 보팔 지방 법원이 뒤늦게 UCIL의 경영진 7명에게 징역 2년과 벌금 10만 루피(한화로 약 265만원)를 선고하는 솜방망이 처벌을 내리고 이에 대한 인도 국민들의 분노가 비등하면서 내려진 조치였다. 이에 따라 인도 대법원은 2011년 2월 보팔 사건에 대한 재심리를 결정했지만, 최종 판결이 언제 내려질지는 예측하기 어렵다.

2009년 12월에 발표된 한 보고서에 따르면 방치된 유니언 카바이드 공장의 독성물질이 반경 3km 지역 내의 수원(水源)에 흘러든 것으로 확인되었다. 또한 인근 지역에서는 신생아 25명 중 1명꼴로 기형아들이 출생하고 있는 것으로 집계되었다. '보팔에 정의를!' 하고 외치는 피해 주민들의 투쟁이 현재 진행형인 이유이다.

아직도 끝나지 않은 책임자 처벌

보팔 가스 참사의 책임자에 대한 법적 처벌이 이뤄진 것은 사건 발생 26년이 지난 2010년에 들어서였다. 6월 7일 인도 보팔 치안법원은 칠순의 노인이 된 유니언 카바이드 인도 지사의 경영진 7명에 대해 과실치사 혐의를 적용하여 각각 징역 2년과 벌금 10만루피(한화로 약 265만원)를 선고하였고, 판결이 내려진 지 2시간도 채 지나지 않아 UCIL의 경영진은 모두 보석으로 풀려났다. 7명의 피고 중 유일한 외국인이자 최고 책임자였던 유니언 카바이드사의 전 회장 워런 앤더슨은 법정에 출석조차 하지 않은 상태로 내려진 판결이었다. 인도 언론은 지나친 솜방망이 처벌이라는 비판의 기사를 쏟아냈고, 인도 국민들은 분노했다. 사반세기를 이어온 피해자들의 법정 투쟁은 이렇게 자국 법원에 의해 허무한 결론으로 귀결되었다. 피고인 7명은 모두 항소했고, 재판 진행이 더디기로 유명한 인도 법원의 관행상 대법원의 최종 확정 판결이 나오기까지는 10년 가까이 걸릴 수 있다는 관측이 나오고 있다.

법원 판결이 이렇게 늦어진 것은 1989년 인도 대법원이 책임자에 대한 형사 처벌 요청을 기각한 것과, 사건의 총책임자 워런 앤더슨의 법정 불출석, 더딘 인도 법원의 재판 관행이 복합적으로 작용한 결과였다. 1992년 재개된 재판에서 담당 판사는 앤더슨의 살인죄 적용을 결정하고 미국에 체류중인 그의 송환 절차를 진행하라고 판시했다. 2003년에는 그에 대한 체포영장이 발부되었다. 1984년 사건 발생 뒤 잠깐 구금되었다가 풀려나 미국에 체류중이던 앤더슨은 인도 법원의 출두 명령에 불응해 왔고 미국 정부 또한 그가 인도의 재판 관할권에 속하지 않는다는 이유로 그의 신병 인도를 거부했다.

그 사이 인도의 핵심 수사기관인 중앙수사국(CBI)은 앤더슨에 적용된 혐의를 최소한 10년 이상을 감옥에서 보내야 하는 중과실에서 앤더슨이 법정에 출석하지 않아도 되는 단순과실로 경감해 달라는 탄원서를 인도 대법원에 제출했다. 미국의 압력과 투자 감소를 우려한 인도 정부가 취한 조치였다. 결국 2010년 UCIL의 경영진에 대한 인도 법원의 판결은 단순과실 혐의를 적용한 것이었고, 앤더슨에 대한 언급은 아예 빠져 있었다.

'독극물에 찌들은 나날들' 보팔 주민들의 투쟁은 4반세기가 넘은 오늘날까지 이어지고 있다.

최근에는 사고 발생 직후 앤더슨이 어떻게 인도를 빠져나갈 수 있었는지를 둘러싸고 정치적 공방이 벌어지기도 했다. 당시 앤더슨의 구속 결정을 내린 것은 마드야 프라데시 주 총리 아르준 씽(Arjun Singh)이었는데, 그는 당시 라지브 간디(Rajiv Gandhi) 총리의 사촌이자 권력 실세인 아룬 네루(Arun Nehru)로부터 '레이건(Reagan) 대통령이 총리에게 전화를 해 앤더슨을 즉시 풀어주라고 요청했다' 는 전화를 받았다. 앤더슨은 연금 하루 만에 풀려나 개인 비행기를 이용해 보팔에서 델리(Delhi)로 이동했고, 델리에서 국제선 비행기를 타고 미국으로 출국했다. 당시 미국 언론은 "앤더슨이 2,000달러의 보석금을 내고 석방됐으며 '인도에 머무는 것이 바람직하지 않으므로 가능하면 빨리 떠나라' 는 마드야 프라데시 주정부의 요청을 받았다." 고 보도했다.

결국 앤더슨의 출국을 허용한 최고 결정자가 누구였느냐를 두고 인도의 정치권에서 공방이 벌어졌다. 인도 언론들은 이를 두고 레이건이 직접 전화를 한 것이 사실이라면, 그 결정자는 당연히 라지브 간디 총리였을 가능성이 크다는 분석을 내놓았다. 반면에 당시 권력 실세였던 아룬 네루가 아르준 싱을 압박하기 위해 양국 정상을 '팔았을' 가능성도 없지 않은 것으로 알려졌다.

어쨌거나 무사히 인도를 벗어난 워런 앤더슨은 구순이 된 2011년 현재까지 뉴욕의 롱아일랜드(Long Island)에서 호사를 누리며 살고 있는 것으로 알려졌다.

'예스맨 프로젝트'

앤디 비클바움과 그의 동료 마이크 보나노(Mike Bonanno)가 다우케미컬의 대변인을 빙자해 벌인 2004년의 이벤트는 20년의 세월 속에 세계인들의 관심에서 멀어져 가던 보팔 가스 사건을 다시 세계 여론의 주목을 받도록 만들었다. 미국에서만 600여 언론에 보팔 사건이 재등장했다. 두 사람이 보팔 현지를 방문하자 절망에 빠져 있던 피해 주민들은 거짓말을 했다는 원망이 아니라 잠시나마 꿈을 꿀 수 있게 해주어 고마웠다는 인사를 전했다. '예스맨' 들의 활동은 이처럼 세계를 무대로 한 '유쾌한 도발' 로 여론의 주목을 받곤 했다.

'예스맨' 이란, 본명이 자크 서빈(Jacque Servin)인 앤디 비클바움을 비롯해 마이크 보나노, 밥 스펀크마이어(Bob Spunkmeyer) 등 재기 발랄하고 컴퓨터에 능한 미국인 청년들로 구성된 반세계화·반신자유주의 행동 그룹의 명칭이다. '예스맨' 이란 그룹명은 신자유주의, 세계화, 환경파괴 등에 대한 아무런 반성 없이 '예스' 만을 외치는 사람들을 풍자하기 위해 지어졌다. 1999년부터 활동을 시작한 이들의 활동 공간은 거리가 아니라 인터넷과 엄숙한 국제회의장, 언론의 브리핑 룸 또는 생방송 스튜디오였다. 이들은 자신들이 목표로 삼은 단체나 회사의 낚시성 홈페이지를 만들어 놓고 입질이 오면 이들 조직의 관계자 자격으로 언론에 등장하거나 각종 행사에 참석한다. 그리고는 그 조직들이 마땅히 해야 할 바를 대신 발표하거나 이들 조직의 실체를 통렬한 풍자의 형식으로 폭로한다. 예를 들면 엑손의 대변인을 자처하며 인간의 시신을 재활용한 친환경 양초를 개발했다고 발표한다든지, 다우에서 만들었다는 '인명 피해 대비 수익률 계산 프로그램'을 공개하는 식이다.

'예스맨'의 활동이 유명해진 계기는 세계무역기구(WTO) 관계자 사칭 사건이다. 이들은 WTO가 포괄하는 '관세 및 무역에 관한 일반협정(GATT)'의 웹사이트로 오인될 만한 'GATT.org' 사이트를 개설해 놓고, WTO 관계자가 되어 세계 각지의 각종 행사에 초청되어 연설을 하고 생방송 토론에 참석했다. 2002년 5월 호주의 시드니 회계사협회 오찬 강연에서는 WTO 해체와 '무역규제기구(RTO)'의 탄생을 공표하기도 했다. 그리고 2008년에는 '이라크전 끝나다', '석유 국유화를 통해 기후 변화에 대비하는 자금을 마련하다' 등의 밝은 기사가 실린 11월 12일자 가짜 뉴욕타임스를 10만부 찍어 배포하는 활동을 벌이기도 했다.

'예스맨'은 자신들의 행동을 부정적인 '명의도용'이 아니라 긍정적인 '명의보정(Identity Correction)'이라고 주장한다. 목표가 된 조직이나 인물의 잘못을 바로잡아준다는 의미이다.

"미국 상공회의소는 하루 홍보비로 50만 달러를 씁니다. 그 돈으로 의회와 언론에 로비를 하고, 온갖 거짓말로 점철된 광고를 합니다.

이것이야말로 진짜 거짓말이죠. 우리의 행동은 '하얀 거짓말' 입니다."

이들의 활동을 그린 다큐멘터리 〈예스맨 프로젝트〉와 같은 제목의 책을 홍보하기 위해 2010년 3월 내한했던 비클바움이 국내의 한 언론에서 말한 내용이다. 이들의 활동을 기록한 '예스맨 프로젝트' 와 '예스맨이 세상을 망친다(The Yes Men Fix The World)' 라는 다큐멘터리는 이들의 활동과 구호를 상징하는 말이 되었다.

20

케미컬 알리

갈갈이 찢겨진 '살라딘'의 땅 쿠르디스탄

서양사에서 제3차 십자군전쟁(1187~1192)은 기독교와 이슬람 세계의 두 전설적 영웅이 활약을 펼친 것으로 유명하다. 중세 기사도를 상징하는 '사자왕' 영국의 리처드 1세(Richard I)와 이슬람 세계의 구원자로 추앙받는 아이유브(Ayyūbid) 왕조의 살라흐 알-딘(Sahah al-Din), 일명 '살라딘'이 두 주인공이다. 아이유브 왕조는 카이로에 수도를 두고 이집트, 시리아, 팔레스타인, 예멘 지역을 다스렸던 당시 이슬람 세계의 패자로, 살라딘은 그 시조였다. 그와 그의 왕조는 1187년 십자군에 빼앗겼던 예루살렘을 탈환했을 뿐만 아니라, 제5~7차에 이르는 십자군의 공세를 성공적으로 막아냄으로써 이슬람 세계의 자존심을 지켜냈다.

살라딘의 왕조는 제대로 된 독립 국가를 가져본 적이 없어 '중동의 집시'로 불리던 쿠르드(Kurd)족이 세운 왕조였다. 그러나 아이유브 왕조조차도 쿠르드족이 그들의 땅에 세운 나라는 아니었다. 쿠르드족 전래의 터전은 오늘날의 터키, 이란, 이라크 등의 접경지대에 걸쳐 있는 '쿠르디스탄(Kurdistan)'이라 불리는 고산 지대였다. 아이유브 왕조는 쿠르디스탄 밖에 세워진 쿠르드족 가문의 왕조였을 뿐이다. '쿠르드족의 땅'을 뜻하는 쿠르디스탄은 터키 동남부 · 이란 서북부 · 이라크 북부에 이르는 산악 고원 지역을 포함하며, 총 면적은 한반도 전체 면적보다 조금 작은 191,600평방km 정도이다. 쿠르디스탄은 주변의 5개국으로 쪼개졌는데, 각 나라가 차지한 비율은 터키 43%, 이란 31%, 이라크 18%, 시리아 6%, 구소련 2%에 이른다. 이 중 이라크 북부 지역 3개주 83,000㎢의 면적에 쿠르디스탄 자치 정부가 들어섰다.

쿠르드족은 독립 국가를 가지지 못한 민족으로서는 세계 최대의 민족이다. 2,500만~3,000만 명으로 추정되는 쿠르드족 인구는 중동에서 아랍인, 터키인, 이란인 다음으로 많은 숫자이다. 최근의 한 통계에 따르면, 각국에 거주하는 쿠르드족 인구는 터키 약 1,400만 명, 이란이 약 600만 명, 이라크 약 410만 명, 시리아 약 100만 명, 구소련 지역 약 100만 명 등의 순이다. 각 나라별 전체 인구 대비 쿠르드족 비율은 이라크와 터키가 22~23% 안팎으로 비슷하고 이란은 11%, 시리아는 8% 정도이다.

4천여 년 전부터 쿠르디스탄에 살아온 이들은 이란계의 백인 혈통이며 이란어와 같은 계열의 독자적인 언어를 사용한다. 대다수가 이슬람 수니파를 신봉하며, 구약성서에 메데족(the Medes)이라 기록된

쿠르디스탄과 주변지역 지도. 지도에서 밝은 부분이 쿠르디스탄이다.

종족의 후손으로 추정된다. 쿠르드족들은 다시 150개 이상의 작은 부족으로 나뉘는데, 근대에 이르기까지 산악 고원 지역에서 부족이나 부족연합 단위로 독립된 공동체를 이루면서 목축이나 유목에 종사해 왔다. 중세 때 아랍 민족의 통치를 받다가, 16세기 초엽에 오스만 제국에게 정복되었다. 17세기에 오스만 제국과 이란 왕조 간의 조약에 의해 영토가 오스만 제국과 이란 양국으로 분할되었다. 20세기 들어 이라크가 오스만 제국으로부터 분리됨에 따라 이라크령으로도 편입되면서, 쿠르디스탄은 오늘날과 같은 모습으로 분할되었다. 주변국들이 이 지역을 국경 분쟁의 완충 지대로 삼는 데 이해가 일치했기 때문이었다.

유구한 역사의 쿠르드족이 오랫동안 독립 국가를 이루지 못했던 것은 평균 고도가 3,500미터에 이르는 폐쇄적이고 고립적인 산악 환경도 한몫했다. 극심한 연교차와 겨울철 폭설이라는 기후 조건은 대

산악 부족 특유의 용맹함과 호전성으로 유명한 쿠르드족은 독립 국가를 가지지 못한 세계 최대의 민족이다.
www.flickr.com/photos/kurdistan4all/

다수 부족들로 하여금 여름 목초지와 겨울 목초지를 오가며 생활하도록 만들었다. 이런 부족별 유목 경제는 혈연에 기초한 정치·사회적 공동체를 형성했고, 부족장 아가(Agha)가 강력한 지도력을 행사하는 봉건사회의 토대가 되었다. 공동체 내에서 아가의 권위는 절대적이어서, 지리적으로 고립된 부족적 자치소국(自治小國)들이 쿠르드인들의 실질적인 정치 단위였다. 쿠르드인들이 통일된 정치체제 아래 있었던 때는 셀주크투르크와 오스만의 직접통치 시대뿐이었다.

쿠르드족이 이슬람 세계에서 차지하는 위상은 독특하다. 산악 부족 특유의 용맹함과 호전성을 갖춘 쿠르드 용병은 많은 나라에서 환영받는 존재였는데, 살라딘은 그 용맹함을 상징하는 인물이었다. 또한 쿠르드족들은 전통적으로 일부일처제를 유지하고 자유연애와 여성권익이 보장된다는 점에서 다른 이슬람 사회와 차이를 보이고 있다.

쿠르드인들은 주변의 강대국들이 일방적으로 정한 국경선에 큰 의미를 두지 않는다. 그들에게는 어느 나라의 쿠르디스탄이든 수시로 오갈 수 있는 삶의 터전일 뿐이었다. 최근 들어 척박하기만 했던 쿠르디스탄에서 잇따라 유전이 발견되면서 세계의 이목이 집중되고 있는데, 이라크의 키르쿠크(Kirkuk)와 카나킨(Khanaqin), 터키의 바트만(Batman)과 실반(Silvan), 시리아의 루메이란(Rumeylan) 등이 그런 곳이다. 가뜩이나 '제2의 팔레스타인' 이라 불리는 이 지역에 주변국 상호간에, 주변국과 쿠르드족 사이에, 쿠르드족과 쿠르드족 사이에 갈등과 대립을 유발시킬 수 있는 요소가 하나 더 추가된 셈이다.

살라딘의 후예들, 민족주의에 눈 뜨다

오스만과 이란으로 갈라진 쿠르드족들이 두 국가의 지배에 반기를 들기 시작한 것은 19세기 들어서였다. 본격화되는 서구의 침략에 맞서 이들 국가들이 중앙 정부의 권한을 강화하기 위해 쿠르디스탄 지역의 자치를 침범하면서부터였다. 중동 지역의 민족주의 발흥이 쿠르드인들에게도 민족주의적 자각의 장을 마련해준 셈이었다. 이에 따라 오스만 제국과 그 뒤를 이은 터키에서는 19세기 초반 이후 1938년까지 25차례에 걸친 크고 작은 쿠르드인들의 봉기가 이어졌다. 이 중에서도 규모가 컸던 것은 1880년의 쿠르드 민족 국가 설립 시도와 1925년의 세이크 사이드(Sheikh Saeed)의 봉기였다.

1880년 쿠르드의 족장 셰이크 우베이둘라(Sheikh Ubaidullah)가 쿠르드 민족 국가 건설을 목표로 8만명의 군대를 이끌고 이란을 침공했다. 비록 실패로 끝나고 말았지만, 이 사건은 쿠르드족 독립 국가 수립의 가능성을 보여준 최초의 사건이었다. 1925년 2월에는 이슬람 신비주의 종단이 주축이 된 셰이크 사이드(Sheikh Saeed)의 반란이 일어났는데, 15,000여 명의 쿠르드인이 여기에 참여했다. 이 무장 봉기는 쿠르디스탄의 독립이나 자치보다는 '술탄(Sultan)제 부활'을 요구하는 이슬람 종교운동의 성격이 강했다. 터키 정부는 대규모 정규군과 전투기를 동원해 반란을 진압했는데, 52명의 쿠르드 지도자들을 처형하고 15,200여 명의 쿠르드인을 학살했다. 이후 터키 정부는 '쿠르드족 이민법'을 제정해 쿠르드족을 강제 분산시키고, 쿠르드인 거주 지역에 군대를 주둔시켰다.

그 사이 제1차 세계대전의 승전국들은 1920년의 세브르(Sevres) 조약에서 쿠르드의 자치를 명시했으나, 1923년의 로잔(Lausanne)조약에서는 이를 뒤집고 약속을 무산시켰다. 터키의 반발 때문이었다. 터키 건국의 아버지인 무스타파 케말(Mustafa Kemal)은 케말이즘(Kemalism)으로 불리는 강력한 터키 동화 정책을 펼치면서 쿠르드족의 주권을 인정하지 않았다. 쿠르드인들은 '산악 터키인' 이라 불리며 민족 정체성을 부정당했고, 1991년까지 쿠르드어는 철저하게 사용이 금지되었다. 이런 과정을 통해 많은 터키 쿠르드인들이 터키 민족에 동화되어 갔고, 터키 내 쿠르드인들의 초기 저항 운동은 자취를 감췄다. 터키 내 쿠르드족 저항운동이 재점화된 것은 1974년 청년 지식층을 중심으로 사회주의에 입각한 쿠르드족 민족 국가 건설을 목표로 한 쿠르디스탄노동자당(PKK)이 결성되면서부터였다. 합법정당으로 출발했던 PKK는 1980년 이후 터키 정부의 강경 탄압에 맞서 지도자 압둘라 오잘란(Abdullah Ocalan)을 중심으로 국경 지대에서 게릴라 활동을 펼치며 터키 정부와 내전을 벌여 나갔다.

이란의 쿠르드족은 수니파 무슬림이라는 종교적 공통점에 입각해 역사적으로 오스만 제국을 지지해 왔다. 이는 혈연적, 언어적으로 밀접한 관계인 이란이 시아파 무슬림의 본거지가 되었기 때문이다. 이런 덕택으로 이란의 쿠르드족은 한때 오스만 제국의 영향 아래 이란에서 아르달란(Ardalan)과 무크리얀(Mukriyan) 공국을 세우고 자치를 누리기도 했다. 오스만 제국 안에는 쿠르드 족장이 통치하는 크고 작은 쿠르드 자치 공국이 16개가 있었다.

20세기 초반 이란 쿠르드족의 지도자는 1918~1922년 우르미아(Urmia) 호수 서남부 전 지역을 장악했던 부족장 심코(Ismail Agha Simko)였다. 국경 지대의 심코 부족이 마하바드(Mahabad)에 이어 우

서구의 침략에 맞서는 중동 지역 민족주의의 발흥은 쿠르드족의 민족적 자각을 일깨웠다. 사진은 쿠르드족 무장대원.

르미아 서안까지 진격하자, 이란 정부는 토벌에 착수했나. 터키로 작전상 후퇴했다가 다시 돌아온 심코는 1930년 전사할 때까지 이란 내 쿠르드 저항운동을 이끌었다.

제2차 세계대전 후 소련이 쿠르디스탄 일부 지역을 점령하면서, 쿠르드족은 소련의 비호 아래 1946년 이란의 마하바드에서 공화국을 수립했다. 여기에는 이라크 쿠르드족의 전설적 지도자인 무스타파 바르자니(Mustapha Barzani)도 무장 세력을 이끌고 참여했다. 마하바드공화국은 이란 쿠르드민주당(KDP)의 지도자 카지 무하마드(Qazi Muhamad)를 대통령으로, 무스타파 바르자니를 종교 지도자로 하여 출범했으나, 후견자인 소련군이 철수하면서 그해 연말에 붕괴되었다. 1년 동안의 단명 국가였지만, 쿠르드족 독립 국가의 건설 가능성을 보여준 상징적 사례였다.

터키 집권 세력이 '하나의 터키'를 주창하며 쿠르드족의 민족적 실체를 인정하지 않았던 것처럼, 1979년 이슬람 혁명으로 등장한 이란의 이슬람 근본주의 정부는 '평등한 무슬림 형제' 라는 논리 아래 쿠르드족을 이슬람주의 틀 안으로 동화시켜 나가고 있다. 이에 맞서 이란에서 쿠르드인의 민족적 정체성을 지키려는 노력은 전통 노선의 이란 KDP와 좌파 노선의 코말라(Komala)에 의해 주도되었다.

이에 비해 이라크의 쿠르드족은 상대적으로 이른 시기부터 부분적인 자치를 인정받았다. 이런 결과를 이끌어낸 것은 마하바드공화국의 수립에 기여했던 무스타파 바르자니 가문이었다. 그의 가문은 1919년 이래로 이라크 중앙정부가 쿠르드 지역에 대한 통제를 강화하면서 전통적인 부족의 영역을 간섭해 오자 저항운동에 돌입했다. 무스타파의 형인 셰이크 아흐마드(Sheikh Ahmad)는 1932년 쿠르드족의 봉기를 주도했고, 그는 1946년 8월 이란 마하바드에 체류하면서 이라크 KDP를 조직했다.

소련에서 게릴라 교육을 받기도 했던 그는 KDP를 기반으로 꾸준한 저항운동을 펼친 끝에, 1970년 3월 바트(Ba'ath)당의 중앙 정부와 평화협정을 통해 북동부의 아르빌(Arbil)주, 도훅(Dohuk)주, 술라이마니야(Sulaymaniyah)주에서 독립된 군대와 경찰 병력을 유지하는 등 사실상 자치를 허용받았다. 이라크 북부 최대 도시인 모술(Mosul)과 이라크 최대의 유전 지대인 키르쿠크(Kirkuk)를 포함한 —다른 쿠르디스탄주들이 빠지긴 했지만— 쿠르드족 역사에서 흔치 않은 승리의 결실이었다. 이 협정을 통해 13,000개 이상의 쿠르드족 가문이 정부로부터 피해보상을 받았고, 1975년 5월의 쿠르드 대사면령으로 14만 명의 이라크 쿠르드족이 이란에서 귀환했다.

1976년 무스타파 바르자니가 암 치료를 위해 미국으로 출국한 이후 KDP는 그의 아들인 마수드 바르자니(Masoud Barzani, 현 쿠르드 자치 정부 대통령)가 이끌었고, 무스타파는 1979년 미국에서 암으로 사망했다. 이외에도 KDP 대외 교섭 창구였던 잘랄 탈라바니(Jalal Talabani, 현 이라크 대통령)가 1975년 도시의 사회주의적 성향 지식층을 중심으로 쿠르드애국동맹(PUK)을 조직해, 무스타파 이후 쿠르드족 저항운동을 사실상 주도했다. KDP와 PUK는 때로는 협력하고 때로는 대립하면서 이라크 쿠르드 자치정부의 양대 세력으로 자리잡아가고 있었지만, 쿠르드족의 비극은 끝난 것이 아니었다.

'케미컬 알리'의 '안팔 작전'

1979년 쿠르디스탄 남부에서 국경을 맞대고 있는 이란과 이라크에서 5개월의 시차를 두고 중대한 정치적 변화가 일어났다. 이 해 2월 이란에서는 아야톨라 호메이니(Ayatollah Khomeini)가 이끄는 이슬람 혁명이 일어나 서구화·세속화를 추진하던 팔레비(Pahlevi) 왕조의 독재 체제를 종식시키고 정교일치의 이란이슬람공화국이 수립되었다. 7월에는 이라크에서 쿠데타로 집권했던 바트당 정권의 2인자였던 사담 후세인(Saddam Hussein)이 대통령으로 취임하였다. 아랍민족주의와 아랍사회주의에 기반한 범아랍권 국가 창설을 목표로 한 세속 정당 바트당의 이라크는 이슬람 원리주의에 입각한 신정일치의 이란이슬람공화국과 이데올로기적으로 대립하는 입장이었다. 여기다가 국민의 절대 다수인 시아파의 지지를 받고 있는 이란의 집권 세력과 소수파인 수니파를 기반으로 장기집권하고 있는 이라크 바트당 정권은 종교적으로도 상이했다. 인종적으로도 이라크는 셈족

(Semites)계 아랍 민족, 이란은 인도유럽계의 페르시아인이 다수였다.

1980년 9월 이라크가 혁명의 후유증으로 어수선한 이란에 대해 선제 공격을 가함으로써 이란-이라크전쟁이 발발하였다. 표면적인 이유는 페르시아만 일대에서 생산된 석유의 주요 수송 통로인 샤트 알 아랍(Shatt al-Arab)수로와 호르무즈(Hormoz)해협의 3개 도시를 둘러싼 영유권 갈등이었지만, 보다 본질적으로는 1979년의 새로운 정치질서가 반영된 정치적·종교적·인종적 대립이 내재된 충돌이었다. 이라크가 혁명의 와중에서 정규군의 전력이 약화된 이란을 단기간에 제압하리라는 일반의 예상을 깨고, 호메이니의 강력한 카리스마 아래 혁명수비대·정규군·민병대를 총동원한 이란의 반격으로 전쟁은 8년에 걸친 장기전으로 치달았다.

전쟁 과정에서 양측은 상대방의 후방을 교란하기 위해 상대방의 반정부 세력을 적극 이용했다. 이란은 이라크의 PUK 게릴라들을 지원했고, 이라크는 자국에 근거지를 둔 이란의 반정부 무장 게릴라 조직 '무자헤딘 할크(Mojahedin Khalq)'를 지원하였다. 또한 후세인은 쿠르드족의 사막 주민에게 대사면령을 내려 이란과의 사막 국경 지역을 지키도록 했다.

자치 확대를 꿈꾸던 이라크 쿠르드족들로서는 주변국의 정치적 혼란은 자신들의 세력을 확대할 수 있는 좋은 기회였다. 전쟁이 확대되면서 이라크 북부지역은 사실상 이라크 정부의 영향력 아래에서 벗어난 상태였고, 쿠르드족의 저항 운동은 정점을 찍고 있었다. 1985년 PUK는 키르쿠크와 술라이마니야 지역을 장악했고, 상대적으로 열세였던 KDP는 본거지인 티그리스(Tigris)강 상류의 바르잔(Barzan) 지

'안팔 작전' 최고 책임자 사담 후세인 전 이라크 대통령

'케미컬 알리' 로 악명 높은 알리 하산 알 마지드(Ali Hassan al-Majid)

역을 탈환하고 시리아 국경지역까지 세력을 확대했다. 2년 전인 1983년, 바르자니 부족은 이라크 정부에 의해 수천 명이 학살당하고 고향 땅인 바르잔에서 추방되어 전력이 크게 약화된 상태였다. 1987년 전쟁 막바지에 이르러 PUK와 KDP는 다른 군소 쿠르드 세력을 규합해 쿠르드연합전선(IKF)을 결성하고, 후세인 정권에 조직적으로 대항할 태세를 갖췄다. 이어 IKF는 이란군의 지원을 받으며 술라이마니야 동쪽의 전략 요충지역을 장악했는데, 이는 이라크 저항 운동의 중대한 분기점이 되는 사건이었다. 후세인은 쿠르드족이 이란과 손잡고 이적 행위를 한 것에 격분해서, 방치했던 쿠르디스탄 지역을 회복할 것을 최측근인 알리 하산 알 마지드(Ali Hassan al-Majid)에게 지시했다.

후세인의 사촌으로서 이라크 군대와 정보기관의 총책임자였던 알리는 화근덩어리인 쿠르디스탄을 초토화시킬 작전을 짜고 《코란(Koran)》에 나오는 '전리품' 이란 뜻의 '알 안팔(al-Anfal)' 에서 따온 이름을 붙였다. 쿠르드족 거주 지역에 대한 대대적인 폭격이 주요 내용이었는데, 그 속에는 화학 무기 사용도 포함되어 있었다. 그가 '케미컬(Chemical) 알리' 라는 오명을 얻게 된 것은 이 '안팔 작전' 에서 대량으로 화학 무기를 사용했기 때문이었다. 알리는 1987년 3월 쿠르디스탄의 자치구를 '금지 구역' 으로 선포하는 것을 시작으로 이 지역에 사는 모든 주민을 이란에 협조하는 내통 세력으로 간주하고 강제 소개시키기 위한 초토화 작전을 개시했다. 1987년~1989년 사이에 총 여덟 차례에 걸쳐 진행된 이 작전으로 약 182,000여 명의 쿠르드인이 사망했고 쿠르드족 마을 3,000여 곳이 파괴되었다. 또한 수백만 명이 살던 곳에서 쫓겨나 난민으로 떠돌았다.

유엔 조사에 따르면 1987년 4월~11월 사이에만 30개 이상의 쿠르

이라크의 후세인 정권은 화근덩어리인 쿠르디스탄을 초토화시킬 목적으로 생화학 무기를 사용했다. 바르잔(Barzan) 지역에서 수거된 생화학 무기 사용의 증거.

드 마을에서 화학무기에 의한 희생자가 발생했다. 화학무기 공격의 대표적인 사례는 1988년 3월 발생한 할라브자(Halabja) 학살 사건이다. 주민들의 반후세인 시위가 있은 다음날, 이라크 공군기는 이 마을에 사린(Sarin)과 VX 등의 독가스가 든 포탄을 투하했다. 어린이와 여성 3,500여명을 포함한 전 주민 5,000명이 단 5분만에 대부분 즉사했다. PUK가 마을을 장악했다는 명분으로, 작은 산골 마을을 전멸시킨 가공할 참사였다.

미국이 2003년 사담 후세인 정권을 축출하기 위해 이라크전쟁을 발발할 당시, 조지 부시(George Bush) 정부가 내세운 명분은 이라크의 대량살상무기(WMD) 개발 의혹이었다. 그런데 WMD 개발 의혹의 근거에 대한 반론이 잇달아 제기되자, 대신 내세운 명분이 '쿠르드족 학살 등의 반인도 범죄' 였다. 그렇지만 미국은 정작 안팔 작전에 의해 쿠르드족 학살이 진행되는 동안에는 침묵했다. 후세인의 독재정권이 그것보다 더 위험한 이란의 반미·반서방 이슬람원리주의 정권과 전쟁중이었기 때문이다.

마침내 자치정부 수립에 성공한 쿠르드족

"이라크 국민 스스로가 사담 후세인을 몰아내야 한다."

이라크의 쿠웨이트 침공으로 야기된 걸프전이 종결된 직후인 1991년, 미국의 제41대 대통령 조지 부시(아버지 부시)의 발언은 이라크 북부의 쿠르드족과 남부 시아파를 겨냥한 것이었다. 명시적인 언급은 없었지만, 적극적인 지원 의지가 행간에 읽히는 발언이었다.

늘 외세의 탄압만 받아오던 쿠르드 쪽에서는 기대하지도 않았던 미국의 지원 약속에 고무되어 즉각적인 반응을 보였다. PUK는 '쿠르드 인민의 소리' 방송을 통해 쿠르드 전사들의 무장과 후세인 정권에 대한 봉기를 촉구했다. 이란 지역으로 넘어갔던 KDP 병사들도 귀환해 봉기에 합세했다. KDP와 PUK 게릴라들은 사소한 차이를 극복하고 강력한 연대를 형성해 곳곳을 누비며 반후세인 활동을 펼쳤고, 봉기는 3주 만에 쿠르드 전지역으로 확산됐다. 머지않아 쿠르드 독립국가의 수립이 이어질 듯한 분위기였다. 남부 시아파 주민들도 부시 발언에 호응해 봉기했다. 그렇지만 기대했던 미국의 지원은 없었다. 쿠르드 무장 세력은 한달 만에 학살 위협과 의석 할당 약속을 병행하며 압박하던 이라크 정부에 항복했다. 남부에서는 봉기를 '미국의 사주를 받은 스파이들의 선동'으로 규정하고 탱크와 불도저를 앞세운 '케미컬 알리'의 진압으로 시아파 주민 10여만 명이 희생되었다. 미국이 내심 원했던 것은 쿠르드족이나 남부 시아파의 권력 장악이 아니라, 수니파 정권 내부의 군부 쿠데타에 의한 수평적 권력 이동이었던 것이다.

봉기 실패 이후 이라크 내 쿠르디스탄에서는 예상되는 후세인 정권의 보복을 피하려는 대규모 엑소더스(Exodus)가 진행되었다. 결국 250만 명에 이르는 쿠르드족들이 터키와 이란 지역으로 피난길에 올랐다. 이런 가운데 자국 내 쿠르드족 때문에 골치를 앓고 있는 터키 정부가 국경을 폐쇄해, 이라크 쿠르드족의 자국 진입을 막았다. 눈 덮인 고산 지대에서 추위와 굶주림으로 하루에 1,000여 명씩 죽어나가는 참상이 연일 외신을 타자, 부시 대통령은 해병대를 파견해 이라크군의 접근을 막고 쿠르드족의 소개를 지원했다. 아울러 북위 36도 이북을 '비행금지구역'으로 선포해, 이라크 공군기의 진입을 막았다. 주권 침해라며 반발하던 이라크도 빗발치는 국제 여론의 비난 앞에 마지못해 이를 수용하였다.

걸프전 패배와 비행금지구역 설정으로 후세인 정권이 약화된 이후, 이라크 북부 쿠르드자치구는 사실상 독립국이나 다름없는 자치를 누릴 수 있었다. 그렇지만 오랜만의 평화는 잠재되어 있던 KDP와 PUK 사이의 노선 갈등을 부추겨 무력충돌을 야기하기도 했다. 쿠르드족의 전통을 중시하는 KDP와 사회주의적 개혁을 추구하는 PUK 사이의 노선 차이 때문이었다. 그렇지만 두 당은 2003년의 이라크전쟁으로 후세인이 축출된 이후 다시 손을 잡았다. 이라크 제헌의회 선거에서 연합 공천을 실시한 결과, 수니파 정당을 누르고 시아파 정당에 이어 제2당으로 부상할 수 있었다. PUK의 잘랄 탈라바니가 이라크의 대통령이 되었고, KDP의 마수드 바르자니와 그의 조카인 네차르반 바르자니((Nechirvan Barzani)는 대통령과 총리로서 쿠르드 자치정부를 이끌고 있다. 아르빌 및 도훅을 기반으로 하는 KDP와 술라이마니야를 근거지로 하는 PUK는 자치정부 구성에서부터 철저한 5:5 배분 비율을 유지하고 있다. 두 당은 주변국가들의 반대로 쿠르드 국가의 독립은 현실적으로 불가능하다고 보고, 실질적인 자치를 보장받을 수 있는 연방제를 선호하고 있다.

한편, 쿠르드족 학살의 명령자와 집행자였던 후세인과 알리 하산 알 마지드(케미컬 알리)는 전범 재판을 통해 각각 2006년과 2010년에 처형되었다.

쿠르디스탄의 주요 정당

쿠르드민주당(Kurdish Democratic Party; KDP) : 이라크 쿠르드 자치구의 양대 정당 중 하나. 단명했던 마하바드공화국 시절, 이라크 바르자니 부족의 전설적 지도자 물라 무스타파(Mullah Mustapha Barzani)가 1946년 이란 KDP에 자극받아 창당했다. 이라크 농촌과 부족 등 전통적인 쿠르드 사회가 기반이다. 무스타파가 암으로 사망한 1979년 이후, 그의 아들인 마수드 바르자니(Massoud Barzani, 현 쿠르드 자치정부 대통령)가 이끌고 있다. 비교적 쿠르드 전 지역에서 고른 지지를 받고 있으나, 주요 정치적 기반은 이라크 북서부의 아르빌(Arbil)주와 도훅(Dohuk)주이다. 이라크의 연방국가화를 지지하며, 페시메르가(Peshmerga; '죽음 앞의 그들')라고 불리는 약 4만 명의 민병대를 보유하고 있다. 쿠르드 자치정부의 총리인 네차르반 바르자니(Nechirvan Barzani)도 일원이다.

쿠르드애국연합(Patriotic Union of Kurdistan; PUK) : KDP 대외교섭 창구이자 중앙위원이었던 잘랄 탈라바니(Jalal Talabani, 현 이라크 대통령)가 1975년 3월 사회주의적 성향의 도시 인텔리겐차를 기반으로 창당했다. 술라이마니야(Sulaymaniyah), 키르쿠크 등 이라크 북동부지역에 거점을 두고 있으며, 코말라(Komala) 등 쿠르드 사회주의 운동조직을 흡수하였다. 쿠르드 독립국가 창설을 지향하고 있으며, 약 15만 명의 당원을 보유하고 있다.

쿠르디스탄 노동자당(Partiya Karkeren Kurdistan; PKK) : 1974년 터키의 쿠르드 청년 지식층을 중심으로 마르크스-레닌주의 혁명과 쿠르드족 해방 이념에 입각한 합법정당으로 출발했다. 목표는 쿠르디스탄 전 지역을 포괄하는 쿠르디스탄에 사회주의 쿠르드 국가를 세우는 것이다. 터키의 동화 정책에 따른 탄압으로 1980년대 이후 테러 전술로 전환했다. 지도자 압둘라 오잘란(Abdullah Ocalan)이 체포된 이후 세력이 약화되어 이라크와의 국경 지대에서 3,000명 정도가 명맥을 유지하고 있다.

코말라(Komala) : 1969년 이란의 쿠르드 대학생들이 사회주의 이념으로 무장한 지하혁명조직 코말라를 조직했다. 이란 KDP와 함께 현재 이란의 대표적인 쿠르드 저항세력이다.

21

인종청소

발칸 반도의 남슬라브족 국가, 유고슬라비아

2008년 영국 옥스퍼드대학 출판부가 발간한 《Oxford Advanced Learner's English-Korean Dictionary》에는 'Balkanize' 라는 단어가 등재되어 있다. '(서로 적대시하는) 여러 작은 지역으로 분열시키다' 는 뜻이다. '세계의 화약고' 발칸(Balkan) 반도의 현대사를 압축하는 신조어이다. 제1차 세계대전 직전에 일어났던 발칸전쟁(1912~1913년)과 유고슬라비아내전(1991년~2000년)의 현장이었고, 제1차 세계대전의 발단이 된 오스트리아 황태자 암살도 이곳에 위치한 사라예보(Sarajevo)에서 발생한 사건이었다.

역사적으로 발칸 반도는 오스트리아 제국의 가톨릭 세력과 러시아의 동방정교회 세력, 그리고 오스만 제국의 이슬람 세력이 만나는 치열한 각축의 현장이었다. 고대 이래로 이 지역에 자리잡은 것은 러시아의 볼가(Volga)강 유역에서 남하한 슬라브족의 한 지파였다. 발칸 반도의 서북부에 위치했던 옛 유고 연방을 구성한 나라들의 주민 다수는 인종적으로 남슬라브족이라는 같은 혈통을 가진 사람들이다. 유고슬라비아라는 국명 자체가 '남슬라브족의 나라' 라는 뜻이었다. 2008년 독립을 선언한 세르비아의 자치주 코소보 주민의 대다수와 마케도니아 인구의 25%가 알바니아계로 뿌리가 다를 뿐이다.

발칸 반도 북서부의 남슬라브인들이 종교적으로 분열된 것은 동서로마 분리의 결과였다. 오늘날의 보스니아-헤르체고비나(이하 보스니아) 지역을 중심으로 서북부인 슬로베니아와 크로아티아 지역은 가톨릭의 서로마제국에, 동남부의 세르비아와 마케도니아, 몬테네그로 지역은 동방정교회의 동로마제국에 편입되었다. 보스니아는 그 접점이자 완충지대였다. 14세기 말 이후 이슬람의 오스만 제국이 발칸반도를 석권하면서부터는 보스니아, 마케도니아, 몬테네그로 등지에서 이슬람으로 개종하는 사람들이 생겨났다. 17세기 말에는 북쪽의 오스트리아가 남하해 크로아티아에서 오스만을 밀어내고 보스니아의 접경 지역인 크라이나(Krajina)에 세르비아인들을 이주시켰다.

1878년 러시아-오스만 전쟁에서 오스만이 패하면서 500여 년에 걸친 오스만의 발칸 지배는 종말을 고하였다. 세르비아와 몬테네그로는 다시 독립하였고, 보스니아는 오스트리아 지배 아래로 들어갔다. 제1차 세계대전 이전까지 발칸 반도의 옛 유고 연방 지역은 오스트리아 제국 지배하의 슬로베니아·크로아티아·보스니아·보이보디나(Vojvodina, 현 세르비아의 자치주) 등과 독립국인 세르비아와 몬테네그로, 그리고 오스만 제국 치하의 마케도니아 지역으로 나뉘어져 있었다.

제1차 세계대전 결과 오스트리아와 오스만이 패전국이 되면서, 발칸 서북부의 남슬라브족에게 독립 국가를 수립할 절호의 기회가 찾아왔다. 1918년 몬테네그로와 보스니아를 포함한 '세르비아-크로아티아-슬로베니아 왕국'이 건국되었고, 1929년 국명을 '유고슬라비아 왕국'으로 바꿨다. 당시 마케도니아는 '남부 세르비아'로 명명되어 세르비아의 일부로 간주되고 있었다. 이 왕국은 2차 대전의 와중인 1941년 4월 독일과 이탈리아에 점령되면서 소멸되었다. 왕국을 구성했던 지역 중 크로아티아는 '크로아티아 독립국'이라는 이름으로 제2차 세계대전 종전시까지 추축국의 일원으로 독일 및 이탈리아와 함께했다. 우스타샤(ustaša)라는 크로아티아 극우 무장 조직에 의해 세르비아인 학살이 자행된 것이 이 시기였다.

제2차 세계대전 종전 후, 옛 유고 왕국 영지는 레지스탕스 운동을 이끌었던 파르티잔 지도자 요시프 티토(Josip Tito)의 지도하에 '유고슬라비아 사회주의 연방(유고 연방)'으로 재탄생했다. 크로아티아 출신인 그는 특유의 카리스마로 다민족·다인종 국가인 유고 연방의 내부 갈등 요소를 잠재우고 장기 집권했다. 1974년 군사 및 외교 등을 제외한 대부분의 권한을 연방을 구성한 6개 공화국에 넘겼음에도, 유고슬라비아에는 별다른 균열의 조짐이 보이지 않았다.

티토 사후에 시작된 유고 연방의 균열

티토 시대의 유고슬라비아는 다양한 민족과 종교, 언어로 구성된 무지개 공화국이었다. 세르비아, 몬테네그로, 슬로베니아, 크로아티아, 마케도니아, 보스니아의 6개 공화국과 세르비아 내의 코소보와 보이보디나의 2개 자치주가 사회주의 연방을 구성했다. 공산당이 집권한 사회주의 국가였지만 소련의 위성국임을 거부하고 자주노선을 걸었고, 각 지역은 티토의 카리스마 아래 상호의존적으로 편성된 경제 체제를 유지하면서 공존했다. 연방 안의 가장 큰 세력은 세르비아계로 총 인구의 36%를 차지했고, 그 뒤를 총인구의 20%를 차지한 크로아티아계가 이었다. 이슬람교도는 유고 연방의 제3세력이었다.

그러나 1980년 절대 권력자 티토가 사망하면서, 연방을 구성하던 다양한 민족과 종교 사이에 잠복해 왔던 갈등 요소들이 수면 위로 떠오르기 시작했다. 대표적인 것이 연방을 구성하는 국가들 간의 경제 격차였다. 공업지대와 관광 거점인 북부의 슬로베니아와 크로아티아는 부유했지만, 나머지 지역은 가난했다. 북부 지역은 북부 지역대로 자신들이 피땀 흘린 대가가 다른 지역으로 흘러들어가는 데 대한 불만이 많았다. 티토 시대의 상호의존적이던 경제 구조는 이제 지역이 기주의 도구로 변질되면서 균열의 조짐이 나타나기 시작했다. 특히 1989년 소련 해체와 동구의 탈사회주의화 바람은 그대로 유고 연방에도 밀어닥쳤다. 연방 구성 국가들의 분리 독립 움직임이 구체화되기 시작한 것이다.

이러한 배경 아래 1989년 등장한 세르비아의 슬로보단 밀로셰비치(Slobodan Milosevic) 정부가 '대세르비아주의'를 주창하면서 연방의 분열을 최소화하려 했다. '대세르비아주의'는 유고 연방을 삼분해 온 크로아티아계와 이슬람교도들과의 충돌을 의미했다. 세르비아 정부의 유고 연방군은 분리 독립을 선언한 지역 정부를 공격했고, 해당 지역 안에 사는 세르비아인들은 지역 정부에서 이탈해 무장투쟁

발칸반도는 가톨릭 세력, 동방정교회 세력, 이슬람 세력이 치열한 각축을 벌이는 '세계의 화약고'였다. 사진은 유고연방군에 의해 폐허가 된 크로아티아 동부의 부코바르(Vukovar)(1991년).

을 벌여 나갔다. 슬로베니아 침공에서 코소보 내전으로 이어지는 20세기 마지막 10년의 유고슬로비아 전쟁이 시작되는 순간이었다.

1991년 6월 26일 가장 먼저 슬로베니아가 독립을 선언하고 바로 뒤이어 크로아티아가 연방을 이탈했다. 두 나라 모두 북부의 가톨릭 문화권에 속한 지역이었다. 슬로베니아가 독립을 선언한 바로 다음날 세르비아 중심의 유고 연방군이 크로아티아를 가로질러 슬로베니아를 침공했다. 세르비아의 침공은 10일이라는 짧은 시간 안에 끝났고, 당초 슬로베니아 영토를 지배할 생각은 없었던 세르비아가 철수함으로써 슬로베니아의 독립은 유지됐다. 크로아티아의 독립 선언 이후 세르비아인 거주 지역에서 폭동이 일어나고 연방군이 투입되면서, 초기의 유고 내전은 세르비아 민족주의와 크로아티아 민족주의의 대결 양상을 띠고 진행되었다. 밀로세비치의 대세르비아주의에 대해 크로아티아의 프라뇨 투지만(Franjo Tuđman) 대통령은 대크로아티아주의로 맞섰다. 두 민족 사이에는 2차 대전 중 극우 조직 '우스타샤'를 둘러싸고 학살과 보복 학살을 주고받은 구원이 있었다. 같은 해 9월 남부의 마케도니아도 독립해 연방을 이탈했고, 이제 유고 연방에는 세르비아와 몬테네그로, 그리고 보스니아만 남게 되었다. 이 중 분리 독립을 추진하던 보스니아를 제외한 세르비아와 몬테네그로는 신유고연방을 결성하였고, 이는 2003년에 보다 느슨한 형태의 '세르비아-몬테네그로 연합'으로 바뀐다.

1992년 발발한 보스니아 내전은 대세르비아주의와 대크로아티아주의 사이의 충돌에, 이슬람 세력이 가세한 전쟁이었다. 세르비아와 크로아티아의 사이에 낀 이 지역은 다민족 다종교 국가인 유고 연방의 축소판이었다. 가톨릭과 동방정교, 이슬람교의 접점인 이곳에는 1991년 현재 인구의 44%에 이르는 이슬람교도 보스니아인, 31%의

유고슬라비아가 해체되는 과정에서 숱한 학살과 보복이 뒤따랐다. 보스니아전쟁 막바지에 쑥대밭이 된 보스니아 수도인 사라예보의 그르바비차(Grbavica) 마을.

세르비아인, 17%의 크로아티아인이 공존하고 있었다.

독립의 가부를 묻는 국민투표를 통해 1992년 3월 3일 보스니아-헤르체고비나가 독립을 선포했다. 독립 선거를 주도한 세력은 무슬림 보스니아인과 그들과 손잡은 크로아티아인이었고, 지역 정부의 연방 잔류를 요구하던 세르비아인들은 선거에 불참하였다. 이에 앞서 지역 정부의 의회가 중요한 안건에 대해서는 세 민족이 합의하도록 한 관례를 깨고 독립 선거를 강행하자, 세르비아계는 지역 정부에서 이탈해 별도의 의회를 구성했다. 1992년 1월 세르비아인들은 별도의 나라를 수립했는데, 얼마 후에 이 나라는 스르프스카(Srpska) 공화국으로 불리게 된다.

이로써 세 인종이 공존하던 보스니아-헤르체고비나는 양분되었고, 유고 연방의 해체와 '인종청소'를 야기하고 500개 마을의 소각과 25만 명의 사망자, 300만 이상의 난민이 발생한 보스니아 내전의 막이 올랐다.

'인종 청소'와 '스레브레니차 학살사건'

1992년 내전이 진행중인 보스니아에서 찍힌 한 장의 사진이 세계인들을 경악시켰다. 한 노년의 여성이 이슬람계 주민의 시신을 밟은 채 군복을 입은 중년 남성의 볼에 입맞춤하는 사진이었다. 사진 속의 두 주인공은 스르프스카 공화국의 부통령인 빌랴나 플라브시치(Biljana Plavšić)와 '인간 도살자'로 불리던 세르비아 민병대 '타이거스'의 지도자 젤리코 라즈나토비치(Željko Ražnatović, 일명 아르칸)였다. 보스니아 내전에서 광범위하게 진행된 '인종청소'를 증거하는 사진이었다. 두 사람 모두 보스니아 내전이 끝난 뒤 국제전범 재판소에 의해 주요 전범으로 기소되었다.

주로 세르비아계에 의해 무슬림 및 크로아티아인들에게 자행된 '인종청소'의 무대가 된 보스니아 내전의 방아쇠가 당겨진 것은 4월 초였다. 사라예보의 한 호텔에서 세르비아 저격수가 비무장 시위대에 발포하면서 세르비아계의 공세가 시작되었다. 4월 5일 수도 사라예보를 봉쇄해 공격하는 등 세르비아계는 내전 초기 5만여 명에 이르는 연방군의 지원을 받으면서 보스니아 영토의 약 70%를 순식간에 장악했다. 세르비아인들의 초기 목표는 세르비아와 접경한 보스니아 동부와 서부의 세르비아인 집단 거주지를 연결하는 300km 통로를 확보하는 것이었다. 이를 위해 세르비아계는 보스니아 동부와 북부의 무슬림들을 강제로 소개시켰다. 불응하는 자는 사살했고, 이들이 돌아오지 못하도록 마을을 불살랐다. 사라예보에서는 내선 기간 동안 12,000명이 살해되었다. 이른바 '인종청소'가 시작된 것이다. 이 말은 남슬라브어의 'etničko čišćenje'를 영어로 'ethnic cleansing'이라 옮긴 것이었다.

보스니아 사태가 위험 수위를 치닫자 같은 해 5월 유엔은 신유고연방에 대한 강력한 경제 제재에 착수했고, 이에 굴복한 신유고연방은 휴전에 동의했다. 그렇지만 스르프스카 공화국은 휴전에 동의하지 않은 채 인종청소를 계속 진행해 나갔다. 마침내 6월 유엔은 3만여 명의 평화유지군을 파견해 직접 군사적으로 개입했다. 그렇지만 평화유지군은 전쟁을 종식시키기에는 역부족이었고, 보스니아에서는 휴전과 전투 재개가 되풀이되는 악순환이 거듭되고 있었다.

이런 가운데 1995년 3월, 스르프스카 공화국 대통령 라도반 카라지

치(Radovan Karadzic)는 인종청소의 정점을 찍는 '명령 7호'를 스르프스카군(VRS)에게 하달했다. 기존의 보스니아 정부로부터 분리되어 고립되어 있는 중부의 스레브레니차(Srebrenica)를 서둘러 장악하라는 내용이었다. 이를 위해 VRS는 주변 지역을 청소해 가며, 그해 7월 초 스레브레니차로 진격해 들어갔다. 라트코 믈라디치(Ratko Mladić)가 지휘하는 VRS와 세르비아 민병대는 25,000~30,000명이 모여 있던 스레브레니차에서 '거주민들에게 생존의 희망도 느낄 수 없을 정도의 불안한 상황을 제공'하기 위해 인간 사냥을 자행했다. 이 지역은 1993년 이래 유엔이 보호하는 안전 지역으로 선포되어 400여 명의 네덜란드 국적의 평화유지군이 주둔중이었지만, 학살을 막기에는 한계가 있었다. 학살은 주로 적군일 가능성이 있는 성인 남성들을 중심으로 이뤄졌지만, 희생자 중에는 약 500명의 18세 미만 청소년과 수십 명의 여자들도 포함되어 있었다. 사체들은 불도저로 집단 매장되었다.

2004년 6월에 발표된 학살 조사위원회의 보고서는 7,800명 이상이 스레브레니차에서 살해당한 것으로 결론지었다. 제2차 세계대전 이후로 유럽에서 일어난 최악의 학살 사건이었다. 학살 사건 피해자 가운데 최근까지 6,500여 명의 신원이 확인되었고, 3,600여 명이 스레브레니차 학살 기념 센터에 안장되었다.

◀ '거주민들에게 생존의 희망도 느낄 수 없을 정도로 불안한 상황을 제공' 하려는 목적으로 자행된 '인종청소'. 1995년 보스니아 스레브레니차(Srebrenica)의 변두리 마을에서 자행된 '인종청소'의 유해 발굴 현장.

'1연방 2국가 3정부' 의 새로운 보스니아 탄생

"만일 미국인들이 히로시마와 나가사키, 베트남, 캄보디아, 파나마에서 저지른 전쟁범죄로 기소된다면, 그때 가서 나도 법정에 스스로 걸어가겠다."

보스니아 내전과 뒤이은 코소보 내전에서 세르비아 민병대를 이끌고 무차별 살륙, 강간, 학살로 악명을 떨친 아르칸(젤리코 라즈나토비치)이 자신을 기소한 헤이그 전범 재판소에 대해 보인 반응이었다. 그는 갱스터로 출발해 내전의 와중에서 인종청소를 자행하며 세르비아인들로부터 영웅 대접을 받은 인물로, 스스로를 정치적 순교자로 포장하기를 주저하지 않았다. 1992년에는 코소보에서 국회의원에 당선되기도 했다. 1990년 '타이거스 민병대' 를 창설한 이후 크로아디아의 부코바르(Vukovar)와 보스니아 비제르지나(Bijeljina) 등지에서 2,000여 명을 학살한 혐의로 기소되었다. 그러나 전범재판이 진행되기 전인 2000년 1월 15일 세르비아의 수도 베오그라드의 한 호텔에서 저격을 받고 사망했는데, 그의 추종자들은 밀로셰비치가 비밀을 많이 알고 있는 그의 입을 막기 위해 사주한 것이라 믿었다.

출구가 보이지 않던 보스니아 내전은 1995년 3월 세르비아계를 암묵적으로 지원하던 러시아가 새로운 중재안을 내놓으면서 전기를 맞이하게 되었다. 세르비아 공화국이 보스니아의 이슬람 정부와 크로아티아 정부를 승인하고 대가로, 유엔이 세르비아에 대한 제재를 해제하자는 내용이었다. 보스니아, 세르비아, 크로아티아 등 내전 당사자들의 동의 아래 미국 주도로 협상을 진행한 끝에, 그해 12월 '데이튼(Dayton) 평화협정' 이 체결되면서 5년여를 끈 보스니아 내전은 끝

보스니아 내전을 끝내기 위해 데이턴 평화협정에 서명하는 밀로셰비치 유고연방 대통령, 이제뜨베고비치 보스니아 헤르체고비나 대통령, 투지만 크로아티아 대통령(가운데 좌로부터, 1995년 파리)

을 맺었다.

이 협정에 따라, 보스니아 지역은 보스니아인과 크로아티아인 중심의 '보스니아-헤르체고비나 연방'(전영토의 51%)과 세르비아인 중심의 스르프스카 공화국(49%)으로 사실상 양분되었고, 대외적으로는 두 나라가 국가연합 형태의 '보스니아-헤르체고비나 공화국'을 구성하는 기이한 연방 국가로 재탄생하게 되었다. 이 중에서 '보스니아-헤르체고비나 연방'은 다시 독자적인 행정부와 의회를 갖는 이슬람 정부와 크로아티아 정부로 나뉘어진다. 우리가 흔히 보스니아로 알고 있는 '보스니아-헤르체고비나 공화국'은 사실상 3개의 독립 정부를 갖는 '1연방 2국가 3정부'의 기형 구조를 가진 나라이다. 세 정부의 대통령이 번갈아 가며 '보스니아-헤르체고비나 공화국'의 대통령을 맡는다.

보스니아 내전의 결과로 보스니아의 독립이 국제적으로 공인됨에 따라, 신유고연방에는 세르비아와 몬테네그로 두 나라와 세르비아 안의 두 자치주만이 잔류하게 되었다. 이후 2003년 신유고연방의 이름이 '세르비아-몬테네그로'로 바뀜에 따라 유고슬라비아라는 이름이 지도에서 사라졌다. 2006년 5월에는 '몬테네그로' 또한 국민투표를 통해 연방으로부터 이탈을 결정함에 따라 발칸반도의 서북부에 자리잡았던 남슬라브족의 연방 국가는 영원히 자취를 감추게 되었다. 2008년 2월에는 세르비아의 자치주 코소보가 세르비아로부터 분리 독립을 선언하였는데, 국제 사회의 대세는 독립국으로 인정하지 않는 분위기이다. 결과적으로 보스니아 내전은 대세르비아주의 좌절과 유고 연방 해체를 대내외적으로 확인하는 장이 되었던 셈이다.

보스니아 내전이 끝나면서, 전쟁과 인종청소를 이끌었던 주요 인물들도 부침을 겪었다. 1989년 이래 세르비아 대통령과 신유고연방 대통령을 잇달아 맡으면서 20여 년간 권좌를 지켰던 밀로셰비치는 2000년 집권 연장을 위해 부정선거를 획책하다 반정부 시위로 자리에서 물러났다. 국제사법재판소에 의해 기소된 그는 2001년 4월 세르비아 경찰에 체포되어 네덜란드 헤이그에서 전범 재판을 받던 중 2006년 3월 감옥에서 심장병으로 사망했다. 보스니아 내전 시기 스르프스카 공화국의 대통령이었던 라도반 카라지치는 13년의 도피생활 끝에 2008년 7월 전격 체포되어 전범 재판을 받고 있다. 이 밖에도 '스레브니차 학살'을 실행한 VRS 참모총장 라트코 믈라디치(Ratko Mladic)와 크로아티아 세르비아계 지도자 고란 하지치(Goran Hadžić)도 2011년 뒤늦게 체포되어 전범 재판을 받고 있다.

코소보 내전

'발칸의 히틀러' 라 불리는 밀로셰비치를 권좌로 이끈 것은 '세르비아인들의 성지' 코소보였다. 1987년 코소보를 첫 방문한 세르비아 사회주의당(SPS)의 정치가 밀로셰비치는 코소보의 소수파 주민인 세르비아인들을 향해 '그 누구도 여러분을 함부로 건드리지 못한다' 는 선동적인 연설을 함으로써, 대중적인 인기를 얻고 일약 정치 스타로 떠올랐다. 이를 밑천 삼아 그는 SPS의 당권을 장악하고 1989년 선거에서 세르비아의 대통령으로 선출되었다. 그가 대통령으로 당선된 이 해는 1387년 세르비아를 중심으로 한 기독교의 10만 '발칸연합군' 이 코소보 평원의 전투에서 오스만 제국의 침략군에 맞서 장렬히 전사한 지 600주년이 되는 해였다. 코소보의 전투 현장에서 열린 600주년 기념식에서 밀로셰비치는 '코소보의 영웅주의여 영원하라! 세르비아여 영원하라!' 라고 외치며 격정적으로 세르비아 민족주의를 자극했다.

알바니아 접경의 코소보는 '세계의 화약고' 발칸반도에서 '판도라의 상자' 에 비유되는 지역이다. 코소보 문제가 이렇게 민감한 이유는 그만큼 분쟁의 뿌리가 깊은 데다 발칸반도 및 주변 국가 대부분이 안고 있는 소수 이민족 문제의 바로미터가 되기 때문이다. 반면에 세르비아인들의 입장에서 코소보는 '뜨거운 심장' 이자 종교적 성지였다. 세르비아인들의 첫 중세 왕조인 네마냐(Nemanja) 왕조의 중심지이자 그들의 정신적 구심점인 세르비아 정교회의 첫 교구가 세워진 곳이 바로 코소보였다. 그리고 이들의 민족적 대서사시의 소재가 된 '검은 새의 들판 전투'의 역사적 현장이기도 했다. 이 지역을 점령한 오스만 제국이 세르비아계 기독교도를 추방하고 알바니아계 이슬람교도를 정착시키면서 민족과 종교, 언어가 다른 두 인종의 갈등이 배태되기 시작했다.

유고 연방이 성립된 후 코소보는 자치주 지위를 부여받았고, 1970년대 중반 자치권은 더욱 확대되었다. 세르비아 중앙정부의 통제권이 약화되면서 코소보 전체 인구의 23.6%(1961년)를 차지했던 세르비아 인구는 13.2%(1981년)로 줄어들었다. 코소보의 세르비아인들이 코소보를 떠난 때문이었다. 그러자 '대세르비아의 건설'을 외치며 출범한 밀로셰비치 정부는 1989년 3월 코소보의 사법권과 경찰권을 박탈하기에 이르렀다.

1992년 코소보의 알바니아계는 알바니아와의 합병을 주장하면서 자체 총선을 실시하는 등 분리 독립운동을 전개했지만, 보스니아 내전에 가려 국제 사회의 이슈가 되지 못했다. 1995년의 '데이튼 평화협상'에서 코소보 문제가 다뤄지지 않은 것에 실망한 하심 타치(Hašim Tači, 코소보 초대 총리) 등 젊은 분리주의자들은 코소보해방군(KLA)을 결성해 무장투쟁을 전개했다.

1998년 2월 세르비아 보안군이 KLA의 테러에 대한 보복으로 알바니아계 주민 58명을 무참히 학살한 사건을 계기로 코소보 내전이 본격적으로 점화되었다. 세르비아는 1998년 5월 대규모 소탕작전을 전개하여 수십 명의 알바니아계 반군을 사살하였고, 알바니아계 주민

코소보 사태는 불똥이 어디로 튈지 모르는 '판도라의 상자'로 불린다. 사진은 알바니아의 쿠커스(Kukes)에 있는 코소보 난민 캠프.

들은 체포와 학살을 피해 외딴 산속이나 코소보 밖으로 탈출하기 시작했다. 이듬해 3월까지 약 1년에 걸친 세르비아군의 소탕 작전 과정에서 1,000여 명의 사망자와 30만~40만 명의 난민이 발생했다.

코소보 사태가 발생하자 국제 사회는 군사개입 및 경제제재 가능성을 강력히 경고하면서 당사자간 대화를 통한 평화적 해결을 촉구하고 나섰다. 그러나 밀로셰비치의 신유고연방은 순수한 국내 문제라며 국제 사회의 개입을 거부했다. 중국과 러시아가 반대하는 가운데, 미국은 유엔 결의를 거치지 않고 북대서양조약기구(NATO)를 동원한 공습을 1999년 3월 24일부터 6월 11일 사이에 진행했다. 세르비아 무장세력을 위축시키기 위함이었지만, 상황은 NATO의 예상과는 정반대로 전개되었다. 지상군 파견없는 NATO의 공격은 세르비아의 인종청소를 더욱 강화시켰다. 더욱이 이번에는 일명 '타이거스 민병대'로 알려진 '세르비아 의용경비대(Serb Volunteer Guard; SDG)'까지 가세해 조직적인 인종 청소 작업을 펼쳤다. 그 결과 1만여 명의 사망자와 86만 명의 해외 난민, 59만 명의 지역내 난민이 발생했다. 세르비아계를 확산시킨다는 명분으로 알바니아계 여성들을 강간하라는 명령이 떨어지기도 했다.

내전은 1999년 5월 서방 7개국과 러시아가 합의한 '코소보 평화안'을 신유고연방 정부가 수용하고, 6월 나토와 유고가 유고군의 철군에 대한 실무 절차에 합의함으로써 종결되었다. 이후 평화유지군이 코소보에 파견되었고, 유엔에서 코소보의 지위를 둘러싼 협상이 진척을 보지 못하는 가운데, 2008년 2월 17일 신생 코소보의 하심 타치 정부는 일방적으로 독립을 선언했다. 이에 대해 세르비아는 민족의 종교적, 역사적 성지인 코소보의 독립은 절대 수용할 수 없다는 강경 입장을 고수하고 있다.

코소보 사태는 아직도 불똥이 어디로 튈지 모르는 '판도라의 상자'와 같은 상태이다.

22

르완다 사태

벨기에의 부족 분리 식민 정책

아프리카 중동부의 내륙국 르완다는 언덕과 호수의 나라이다. 아프리카의 대호수 지역에 둘러싸여 있는 이 나라는 끊임없이 이어지는 구릉지대와 그 사이사이에 자리잡은 호수가 빚어내는 초록의 자연 경관을 자랑한다. 그래서 붙은 별칭이 '아프리카의 스위스' 또는 '천 개의 언덕을 가진 나라' 이다. 적도 바로 아래에 위치해 있지만, 국토 대부분이 해발 1,500m 이상의 고원지대라 평균기온 20℃ 안팎의 선선한 날씨가 이어진다. 남한 면적의 1/4 정도에 불과한 작은 나라이다.

이 나라의 주민은 겉모습으로 구분할 수 있는 후투(Hutu)족과 투치(Tutsi)족이다. 나일 원주민의 후손으로 추정되는 투치족이 키가 크고 피부색이 엷은 반면, 후투족은 상대적으로 키가 작고 피부색이 짙은 편이다. 투치족은 유목에 종사하고 후투족은 농경 부족이다. 이런 차이에도 불구하고 두 부족은 역사와 문화의 동질성을 간직하고 있다. 반투(Bantu)어계의 같은 언어(키냐르완다어)를 사용하고, 공통의 사회구조와 신앙을 유지한다. 아프리카 부족들 가운데는 드물게 부족 간 통혼도 자유로운 편이었다. 숫자상으로는 후투족이 총인구의 약 85~90%, 투치족이 약 9~14%를 차지해 왔다. 이 밖에 선주민인 피그미 계통의 트와(Twa)족이 1% 정도 남아 있다. 전 국민의 2/3가 가톨릭을 신봉하고, 아프리카에서 인구 밀도가 가장 높은 나라이다.

사하라 이남의 대호수 지역 중 르완다와 부룬디, 콩고민주공화국(구 자이르) 동부 지역은 14세기 이래로 북쪽에서 남하한 소수의 투치족이 다수인 후투족을 지배하는 역사적 과정을 밟아왔다. 소를 방목하면서 남쪽으로 이주해온 투치족은 후투족을 병합하여 왕국을 세우기 시작해, 16세기부터 이 지역의 지배층을 형성했다. 전통적인 르완다 사회는 최고 통치자 므와미(mwami)를 정점으로 투치족이 지주와 소 사육자로서 귀족계급을 이루고, 후투족은 그 밑에 종속되어 영세농을 이루거나 소떼를 돌보는 구조였다. 투치족 추장들과 군사 지도자들은 므와미의 책봉을 받아 교대로 후투족의 지역 농업 집단을 지배했는데, 이런 지배 구조는 식민지 시대까지 온존되었다.

19세기 말에 이 일대를 식민지로 개척한 것은 독일이었다. 독일은 1895년부터 르완다와 부룬디, 탄자니아를 묶어 독일령 동아프리카로 식민 통치해 왔는데, 제1차 세계대전 패배로 탄자니아는 영국에, 르완다와 부룬디는 벨기에에 넘겨줘야 했다. 르완다와 부룬디를 접수한 벨기에는 다수의 후투족을 고립시키고 소수의 투치족을 우대하는 부족별 분리 정책을 실시하였다. 국왕과 추장에 의한 전통적 지배 체제를 법제화하고, 투치족을 식민 통치의 말단 관료 집단으로 삼았다. 1930년대부터는 두 부족의 분리를 고착화시키기 위해 출신 부족을 명기한 신분증을 소지하도록 했다. 장기간 진행된 두 부족의 통혼으로 부족의 경계가 모호해졌던 시절이라, 식민 당국은 소 10마리를 기준으로 그 이상은 투치족으로, 그 미만은 후투족으로 분류해 부족 분리를 강행했다.

1946년 르완다와 부룬디는 벨기에의 '위임통치령' 에서 '신탁통치령' 으로 지위가 변경되었다. 제2차 세계대전 직후 아프리카에서 독립 국가들이 속출하면서, 벨기에가 식민 통치의 외형을 변화시킨 것이었다. 1950년대 들어 투치족이 주도하는 독립 움직임이 포착되자, 벨기에는 종전의 투치족 지원 정책을 후투족 지원 정책으로 전환하였다. 1954년 투치족의 므와미 무타라 3세(Mutara III)는 벨기에에 르완다의 독립을 요구했고, 1957년 후투족은 벨기에 총독의 지원 아래 발표한 '후투 선언' 을 통해 자신들이 정권을 장악해야 한다고 주장했다. 1956년에는 식민지 선거 제도가 도입되어 지방 평의회가 설치되었는데, 선거 제도는 인구가 많은 후투족에게 절대 유리할 수밖에 없는 제도였다.

1959년 들어 르완다-부룬디에는 기존의 지배 체제에 지각변동을 일으킨 두 사건이 발생했다. 7월에는 무타라 3세가 의문의 죽음을 당했다. 그의 이복동생인 키게리 5세(Kigeli V)가 므와미직을 승계했지만, 사실상 므와미 체제의 붕괴를 알리는 사건이었다. 또한 11월에는 후투족 교사들과 투치족 군인들간의 토지소유권 분쟁이 발단이 되어 후투족의 대규모 봉기가 발생했다. 이 과정에서 수만 명이 넘는 투치족 사상자가 발생하고 10만 명 이상이 추방되는 참사가 연출되었다. 후투족과 투치족이 상호간에 학살과 추방을 주고받는 르완다 내전의 개막을 알리는 신호탄이었다.

후투족 정부와 투치족 반군의 혈투

"이 분쟁은 좋은 녀석들(good guys)과 나쁜 녀석들(bad guys) 사이의 싸움이 아니다. 똑같이 나쁜 녀석들의 싸움이다."

르완다 독립을 전후해 시작되어 최근까지 이어진 후투족과 투치족의 분쟁을 두고 벨기에의 한 학자가 했다는 말이다. 비극의 바탕에 깔린 식민 지배의 망령은 간과하고 그저 미개한 아프리카 부족 사이의 동족상잔의 비극쯤으로 치부하는 인종주의적 발언이었다. 식민 지배의 편의를 위해 해체되어 가던 부족차별 제도를 온존시키고 강화시켜 분쟁의 원인을 제공한 것은 바로 그 자신의 나라 벨기에의 제국주의였다.

1961년 후투족의 쿠데타가 일어나 군주제를 폐지하고 공화제를 선언하였다. 이 해 6월 유엔의 감시 아래 실시된 주민투표에서 그레고이레 카이반다(Gregoire Kayibanda)가 이끄는 후투족 정당 후투해방운동당(PARMEHUTU, 1969년에 공화민주운동으로 개명)이 압승하여 자치정부를 수립하였다. 유엔의 신탁통치가 끝난 이듬해에 치러진 선거에서도 다시 카이반다가 승리하여, 7월 1일 르완다 공화국의 정식 출범과 함께 초대 대통령으로 취임하였다. 이날 부룬디도 투치족 므와미가 통치하는 왕국 형태로 르완다와 분리되어 공식적으로 독립했다.

후투족 출신의 르완다 대통령 주베날 하바리마나. 그가 탄 전용기가 미사일 공격으로 추락하면서 르완다 대학살의 뇌관이 폭발했다.

카이반다의 후투족 정부는 투치족을 박해하는 반투치 정책을 펼쳤다. 1963년 추방된 투치족이 르완다 정부를 공격하는 사건이 발생하면서 투치족에 대한 학살과 추방이 재연되었고 두 부족의 갈등은 심화되었다. 1972년에는 이웃 부룬디에서 투치족의 부룬디군이 후투족 20여만 명에 대한 인종청소를 자행하면서 부룬디의 후투족이 르완다로 탈출하는 사태가 벌어지기도 했다. 투치족 억압 정책은 1973년 군부 쿠데타로 카이반다 정권을 축출한 후투족 장군 주베날 하뱌리마나(Juvenal Habyarimana) 정권에서도 이어졌다. 하뱌리마나는 자신이 창당한 국가발전혁명운동당(MRND)을 제외한 모든 정당을 불법으로 규정하도록 헌법을 개정하고 형식적인 선거를 통해 연임하면서 후투족의 독재 정치를 이어갔다. 의회의 기능은 국가발전혁명운동당(MRND)의 추천을 받은 국가개발심의회가 대행하였다.

한편, 해외로 탈출한 투치족들은 1979년 폴 카가메(Paul Kagame,

현 르완다 대통령)를 중심으로 르완다민족통일동맹(RANU)을 결성해, 후투족 정부에 대항했다. 1986년 르완다민족통일동맹(RANU)은 르완다애국전선(RPF)으로 개칭한 뒤, 우간다에서 5,000명 규모의 반군을 조직하였고, 1990년 10월부터 국경을 넘어 르완다를 공격하면서 내전을 개시했다. 이에 따라 프랑스와 벨기에, 자이르군이 르완다에 파견되어 후투족 르완다군과 함께 RPF군을 국경 밖으로 밀어냈다.

우간다와 탄자니아를 거점으로 한 RPF 반군의 공격이 계속되자, 1991년 하뱌리마나 정부는 헌법을 개정하여 다당제를 도입하였다. 그리고 국제 사회의 압력 속에 1993년 8월 탄자니아의 아루샤(Arusha)에서 RPF와 과도 거국 내각 구성, 르완다의 후투 정부군과 RPF의 통합 등을 규정한 평화협정을 맺었다. 이 협정에 따라 RPF는 르완다에 상주하게 되었고, 10월에는 평화협정 이행을 감시하기 위한 2,500명의 유엔 평화유지군(UNAMIR)이 파견되었다.

그렇지만 후투족 강경파 지도자들이 투치족에 대한 권력배분을 거부하면서 과도정부 수립이 난항을 겪는 가운데, 그해 10월에 발생한 부룬디 내전의 불똥이 르완다로 튀었다. 최초의 민주적 선거로 선출된 후투족의 멜키오르 은다다예(Melchior Ndadaye, 1953~1993) 대통령이 투치족 군부에 의해 암살되면서 부룬디에서 내전이 발발했다. 이 과정에서 후투족과 투치족 수만 명이 희생되었고, 르완다에서도 양 부족의 적개심과 증오심이 고조되었다.

과도 정부 구성이 무산될 것에 대비해, 후투족 강경파는 1993년부터 민병대 인터아함웨(Interahamwe)를 조직해 산악 지대에서 훈련에 들어갔다. 1994년 1월에는 하뱌리마나가 아루샤 협정에 따라 과도정부 총리직에 투치족을 임명하기로 한 약속을 깨고, 후투족의 파우스틴 트와기라뭉구(Faustin Twagiramungu)를 총리에 선임하였다. 이에 반발한 RPF는 과도내각 참여를 거부하였고, 바야흐로 르완다 정세는 비등점을 향해 치닫고 있었다.

100일 동안 이뤄진 100만 학살

1994년 4월 6일 르완다의 주베랄 하바리마나 대통령과 역시 같은 후투족 출신인 부룬디의 시프리엔 은타리아미라(Cyprien Ntaryamira) 임시 대통령이 탄 전용기가 키갈리(Kigali) 공항에 착륙하던 중 미사일을 맞고 격추되었다. 두 사람은 탄자니아에서 열린 내전종식을 위한 평화회담에 참석했다가 돌아오던 길이었다. 아프리카 최대 재앙으로 불리는 르완다 대학살의 뇌관이 폭발하는 순간이었다. 사건을 일으킨 것은 대통령 경호대로 추정되었는데, 평화협상에서 투치족에 너무 많은 것을 양보한 것에 대한 후투 극단파의 불만을 대변한 것이라 여겨졌다.

르완다 국영 방송은 즉각 아무런 근거 없이 투치족 게릴라들을 암살범으로 지목하는 방송을 내보냈고, 이는 후투족의 반투치족 행동을 선동하는 것이나 다름없었다. 먼저 대통령 경호대가 4월 7일 대통령 권한 대행인 투치족 출신 아가테 우윌링이마나(Agathe Uwilingiyimana) 총리를 비롯한 각료 3명과 벨기에 평화유지군(UNAMIR) 11명을 살해하는 것을 시작으로 투치족과 온건파 후투족에 대한 인간 사냥이 전개되었다.

후투족이 장 캄반다(Jean Kambanda)를 중심으로 새 정부를 구성한 이후, 르완다 정부군과 대통령 경호대, 후투족 민병대 '인터아함웨(Interahamwe)'로 이뤄진 학살 부대가 키갈리에서부터 무차별 살육을 전개하였다. 4월 9일~11일까지 3일간에만 2만여 명이 학살되었다. 4월 12일 북부에 주둔하고 있던 2만 명의 RPF 반군이 수도 키갈리(Kigali) 인근까지 진격하자, 후투족 정부군은 키갈리를 버리고 남쪽으로 이동하면서 이 달이 다 가기도 전에 남동부 주요 도시와 국경지대에서 투치족 주민 및 온건파 후투족 주민 20만~25만여 명을 광범위하게 학살했다. 투치족 주민 60만 명은 후투 정부군 세력의 학살을 피해 부룬디, 우간다, 탄자니아, 자이르 등 이웃 나라로 탈출하였다. 키갈리와 북부의 국경 지대에 주둔하던 유엔평화유지군(UNAMIR)은 거의 아무런 역할도 하지 못한 채 4월 30일 병력의 90%를 철수시켰다.

민간인 학살에 소련제 AK 소총이 사용되는 경우는 드물었다. '마세테(Machete)'라고 불리는 벌채용 칼이 주로 사용되었는데, 이 밖에도 못이 박힌 곤봉과 창 등이 살해 도구로 동원되었다. 투치족 여성들에게는 집단 강간이 일상사처럼 자행되었다. 1996년의 유엔 보고서는 르완다 내전 과정에서 약 25만~50만 명의 여성이 강간을 당하고 이 중 70%가 에이즈에 감염됐을 것으로 추산했다. 보스니아 내전 이후 국제 사회는 강간을 주요 전쟁 범죄 리스트에 올렸는데, 이와 같은 에이즈 대량 전염 사태를 경계했기 때문이었다.

르완다 사태가 최악의 상황을 맞이하면서 유엔은 UNAMIR을 5,500명으로 증원하는 방안을 추진했지만, 이권을 기대하기 힘든 나라의 전쟁에 개입하려는 나라는 드물었다. 할 수 없이 그해 6월에 프랑스군 2,500명과 미군 800명 등 총 3,300명의 UNAMIR이 긴급 투입되었

5,000명이 살해당한 교회 내부. 아직도 뼈, 신발, 스카프 등의 학살 흔적이 고스란히 남아 있다.

다. 그러나 역할은 제한적이었고, 나중에는 학살을 방관했다는 비난까지 들어야 했다.

6월 들어 부족간 내전은 RPF 반군의 승리로 기울어져 가고 있었다. RPF 반군은 르완다 북부와 동부, 남부를 점령한 데 이어, 7월 4일에는 수도 키갈리를 함락시켰다. 캄반다의 후투족 정권은 서부 자이르와의 국경 지대로 쫓겨났다. 이웃 나라로 탈출했던 투치족 난민들이 속속 귀환하는 가운데, 이번에는 투치족의 보복 학살을 두려워한 후투족의 탈출이 시작되었다. RPF의 점령으로 키갈리에 고립된 6만 명의 후투족이 필사의 엑소더스를 시작했고, RPF의 진격이 르완다 제2의 도시인 부타레(Butare), 후투족 최후 거점인 기세니이(Gisenyi)에 이르면서 300만 명에 가까운 후투족의 대탈주가 전개되었다.

후투족 강경파의 인종청소로 시작된 내전은 7월말 전 국토를 장악한 RPF가 신정부를 수립하고 전투 중지를 선언함으로써 일단락되었다. 약 100일이라는 짧은 기간 동안 100만 명 안팎(유엔 추산 80만 명, 르완다 신정부 추산 1,174,000명)의 무고한 양민들이 잔인한 인종청소의 제물로 사라졌다. 1994년 초 740만 명이던 르완다 인구는 그해 8월엔 500만 명 이하로 줄었다. 인구의 13% 이상이 이 세상 사람이 아니었고, 250만~300만 명이 인접국에서 난민으로 떠돌고 있었

벨기에의 부족별 분리 식민 정책은 소수 투치족과 다수 후투족의 갈등 구조를 온존시켜 상호 학살과 추방의 배경이 되었다. 멍석과 담요 등에 싸인 채 길가에 쌓여 있는 르완다 난민의 시신.

다. 또한 이 기간 동안 약 40만 명의 고아가 생겨났다. 나치의 유대인 대학살 이후 캄보디아의 킬링필드에 버금가는 또 하나의 대참사였다.

한편, 이 해 11월 후투족 구정부 주요 인사와 구정부군 3만 명이 자이르(지금의 콩고민주공화국) 동부의 고마(Goma) 난민촌에서 망명정부를 세웠다. 이후 강경 후투파 세력은 주변국에 흩어진 난민촌을 근거지로 삼아 르완다 신정부군에 대항했다. 이런 난민촌은 1995년 1월을 기준으로 자이르 125만 명, 탄자니아 591,000명, 부룬디 275,000명, 우간다 4,000명, 르완다 남서부 안전지대 3만 명 등에 이르렀다. 난민촌의 환경은 열악하기 짝이 없어서, 일례로 고마 난민촌에서는 1994년 7월 1개월 동안에만 기아 및 질병으로 43,000명이 사망한 것으로 알려졌다.

'투치도 없고 후투도 없다' 내전에서 승리한 르완다 신정부는 국민 통합에 매진하고 있다. 사진은 르완다 난민 구호를 위해 파견된 다국적군 병사가 공항 주변에 철조망을 치고 있는 모습.

르완다 난민의 대량 유입은 피난국 정세에도 큰 영향을 끼쳤다. 자이르와 부룬디에서는 후투족 난민이 유입되면서 자국의 내전이 격화되자, 두 나라 정부는 난민촌을 폐쇄하고 난민들을 축출하는 것으로 대응했다. 난민들의 피난 및 귀환 과정에서 대량 학살이 자행되기도 했는데, 1997년 자이르에서 귀환중이던 난민 20만 명이 행방불명된 사태가 대표적인 예였다. 르완다 신정부군에 의한 후투족 보복 학살도 끊이질 않았다. 르완다 남부의 유엔 안전 지대에 위치한 키베호(Kibeho) 난민촌에서는 수천 명의 후투족이 학살되었고, 키갈리 인근의 은야숑가(Nyacyonga) 난민촌은 신정부군의 포격으로 폐허가 되었다.

'투치도 없고 후투도 없고, 오직 르완다인만 있을 뿐'

#장면 1

2010년 미국의 경제 전문지 《포브스(Forbes)》가 발표한 '세계 주요 10대 지명 수배자' 명단에는 2011년 미국에 의해 사살된 빈 라덴 등과 함께 르완다 후투족 출신의 백만장자 펠리시엔 카부가(Felicien Kabuga)가 포함되어 있다. 그는 르완다 대학살의 배후로 꼽히는 인물로, 1994년 당시 투치족 살해를 촉구했던 르완다의 후투족계 라디오 방송국에 자금을 지원하고 후투족 민병대원들에게 무기를 제공한 혐의를 받고 있다.

#장면 2

2006년 11월, 프랑스 법원은 인종 대학살의 원인이 된 1994년 4월 후투족 하뱌리마나 대통령 전용기 추락 사건이 르완다 현 정부의 집권 세력인 RPF 소행이라고 판시했다. RPF는 관련 사실을 부인했다. 프랑스에서 이 재판이 열린 이유는 당시 전용기를 몰다 숨진 기장과 부기장 등이 프랑스인이었기 때문이다. 프랑스 법원이 카가메 현 르완다 대통령의 측근인 육군참모총장 등에게 체포영장을 발부하자, 르완다는 프랑스와 단교했다.

내전 이후 출범한 르완다 정부의 양대 과제는 부족 융화와 학살 책임자 처벌을 통한 과거사 청산이었다.

1994년 7월 권력을 장악한 투치족 중심의 RPF는 부족간 융화정책을 표방하고 후투 온건파인 파스퇴르 비지뭉구(Pasteur Bizimungu)를 대통령으로, 트와기라뭉구를 총리로 전면에 내세웠다. 물론 실권은 부통령이자 국방장관인 카가메에게 있었다. RPF의 신정부는 이후 자이르와 부룬디 내전에 개입해 구정부군 잔당을 공격하는 한편으로, 인접국과 협상을 벌여 후투족 난민들의 귀환을 추진했다. 후투 난민들에게도 귀국해 국가 발전에 동참할 것을 요구했다. 이런 적극적인 노력 끝에 외국으로 탈출했던 일반 난민들의 귀환은 2003년 9월경에 이르러 마무리되었다. 그렇지만 아직도 콩고민주공화국(구 자이르)과 르완다 북서부의 국경지대에는 르완다민주해방군(FDLR)의 게릴라 수천 명이 잔존하고 있는데, 이들은 학살 책임에 대한 사면 조치 없이는 르완다로 돌아갈 수도 없는 입장이다. 르완다민주해방군(FDLR)은 후투족 구정부군과 후투족 민병대 인터아함웨가 통합한 무장 세력의 명칭이다.

학살 책임자에 대한 처벌은 르완다 신정부와 1994년 연말에 설립된 국제르완다형사재판소(ICTR)에 의해서 진행되었다. 르완다 정부는 1999년까지 12만 명을 검거해, 이 중 중범 수천 명을 국내 법정에서 사법 처리했다. 1998년 4월에는 사형 판결을 받은 22명에 대한 사형을 집행하기도 했다. 이 해 9월에는 국제르완다형사재판소가 후투족의 전 총리 장 캄반다에게 최고형인 종신형을 선고하고, 탄자니아 아루샤에 있는 유엔감옥에 수감했다. ICTR는 학살을 결정하거나 지시하거나 주도한 주요 인물들을 체포해 법정에 세웠는데, 르완다 구정부의 군대 및 경찰 책임자, 각료, 민병대 지도자, 군 장교 등이 그 대상이었다.

한 가지 놀라운 사실은 인종 학살에 가담해 처벌을 받은 사람들 중에는 가톨릭이나 개신교 성직자들도 일부 포함되어 있다는 것이다. ICTR는 투치족 학살에 관련된 일부 가톨릭 신부들과 재림교회 목사에 대한 재판을 진행중이거나 마쳤고, 르완다 국내 법원은 병원에 근무하면서 투치족 분리에 협조해 투치족이 살해되도록 한 수녀에게 30년형을 선고했다. 또한 벨기에 법원도 2001년 수도원에 숨어 있던 투치족을 내쫓아 7,000명이 살해되도록 방조한 두 명의 수녀에게 15년형을 선고했다.

무엇보다 르완다의 과거사 청산 과정에서 화제와 논란이 된 것은 마을 단위에서 주민들이 직접 진행한 '가차차(Gacaca) 법정' 이었다. 아프리카의 전통적 재판 제도를 차용한 '가차차 법정' 은 일종의 마을 재판으로, 이 법정에서 내린 판결은 일반 법정의 판결과 동일한 효력을 갖는다. 재판 대상자가 너무 많다는 현실적 이유로 도입된 이 재판에서는 판사가 아닌 마을의 명망 있는 사람이 재판관 역할을 하는데, 2008년까지 대부분의 재판이 마무리되었다. 더러는 이 재판이 유족이나 생존자들의 보복 살인을 야기하는 경우가 있어서, 인권 유린을 초래한다는 비판을 받기도 하였다.

일각에서는 규모의 차이는 있을지언정 르완다의 현 집권 세력도 종족 학살에서 자유로울 수 없다는 주장이 제기되고 있다. 르완다판 '쉰들러 리스트(Schindler's List)'로 불리는 《호텔 르완다(Hotel Rwanda)》의 저자 폴 루세사바기나(Paul Rusesabagina)가 대표적인데, 그는 RPF의 지도자이자 현 대통령인 폴 카가메도 학살 책임자로 법정에 세울 것을 주장하고 있다. 후투족인 루세사바기나는 2004년 제작된 동명 미국 영화의 실제 주인공으로, 1994년 내전 당시 자신이 운영하던 키갈리의 호텔에 1,268명의 후투족과 투치족 난민들을 숨겨주어 목숨을 구한 인물이다.

현 르완다 정부는 "투치도 없고 후투도 없고, 오직 르완다인만 있을 뿐이다."라는 모토 아래 국민 통합에 매진하고 있다. 후투족도 권력에 참여하고 있고, 후투족 반군의 공세는 소강상태에 접어들었다. 모든 분야에서 빠르게 안정을 찾아 가고 있는 것으로 보이지만, 내전의 응어리가 워낙 크고 깊은 탓에 사태의 추이에 따라서는 부족 갈등이 재연될 소지가 없지 않다.

콩고 내전

서구 제국주의가 자신들의 필요에 따라 멋대로 그은 국경선만 아니라면, 르완다와 부룬디, 콩고민주공화국(구 자이르, 아프리카 서부의 콩고와 구분하기 위해 약칭으로 DR콩고라 부른다)의 동부 지역은 같은 인종 구성과 사회 구성체를 가진 후투족과 투치족의 영역이었다. 이들 세 나라는 동일한 역사적 과정을 겪었기 때문에, 이 중 한 나라의 안정과 불안은 다른 나라의 안정과 불안과도 바로 연결된다. 이를 극명하게 보여준 사례가 두 차례로 나뉘어 진행된 콩고내전이다.

1994년 르완다 내전 당시 자이르는 군사 쿠데타로 집권한 모부투 세세 세코(Mobutu Sese Seko)의 독재가 30년째 이어지고 있었다. 그는 국고와 천연자원을 사적으로 착복해서 국가경제를 망치는 '도둑정치(kleptocracy)'를 펼치고 있었지만, 냉전 시대 서방 진영은 자이르를 아프리카의 반공주의 방어 기지로 삼기 위해 모부투에 대한 지원을 아끼지 않았다. 르완다와 부룬디의 접경 지역인 동부 산악 지대에는 로랑 카빌라(Laurent Kabila)의 마르크스주의 정당 인민혁명당(PRP)이 활동하고 있었다. 인민혁명당(PRP)의 활동 지역에는 르완다 출신으로 자이르 국적인 바냐물렝게(Banyamulenge)족 30만~40만 명이 거주하고 있었다. 이들은 식민지 시절이던 18세기 말 플랜테이션 경작을 위해 이주한 투치족의 일원이었다. 이들은 250개 부족으로 구성되어 다양한 분열주의 세력에 시달리던 자이르의 중앙정부로부터 일체의 주권을 박탈당한 채 이방인 취급을 받으며 살아가고 있었다.

1994년 권력을 장악한 투치족의 보복을 피해 르완다의 후투족 난민이 대거 자이르 동부로 밀려오면서 자이르의 불안을 증폭시켰다. 냉전 해체 이후 서방 강대국들의 압력으로 자이르에 다당제가 도입되면서, 이미 모부투 1인 독재의 권력 기반은 많이 약화된 상태였다. 르완다의 후투족들이 자이르 동부의 난민촌을 거점으로 반군 활동을 펼치면서 르완다 신정부군의 월경과 양국 정부군의 충돌이 잦아졌다. 결국 부족 분쟁의 불똥이 자국으로 튈 것을 우려한 자이르 정부는 1996년 40개에 이르는 자국내 후투족 난민 캠프의 단계적인 폐쇄 및 난민의 본국 송환을 결정하고 이를 진행하기 시작했다.

자이르에 유입된 르완다 구정부군과 민병대의 존재 때문에 바냐물렝게족의 위기감이 고조된 가운데, 인민혁명당(PRP)의 카빌라는 바냐물렝게족과 연대해 '콩고-자이르민주해방연합군(ADFL)'을 결성하여 지도자 자리에 올랐다. 이어 카빌라는 르완다 신정부의 RPF와 동맹을 맺었다. 르완다 RPF군이 후투족 인터아함웨 민병대를 공격하기 위해 자이르 국경을 넘은 가운데, 1994년 11월 카빌라의 ADFL이 르완다 후투족의 구정부군과 연합한 자이르 정부군을 공격하면서 제1차 콩고 내전이 발발했다. RPF의 우군인 우간다군도 참전해 ADFL

을 지원했다. 모부투의 30년 독재에 저항하던 반군 세력이 결집되면서, 1997년 5월 카빌라의 반군은 어렵잖게 모부투를 축출하고 자이르의 권력을 장악했다. 이 과정에서 내전을 피해 본국으로 귀환하던 르완다 난민 20만 명이 전투 지역에 방치되면서 대규모 인명 피해가 발생하였다. 내전에서 승리한 카빌라는 자이르의 대통령에 취임하고

르완다 난민의 주변국 유입은 주변국의 정세에도 큰 영향을 끼쳤다. 자이르에 있는 르완다 난민 캠프에 식수를 공급하는 다국적군.

국명을 콩고민주공화국으로 바꿨다.

제2차 콩고 내전은 1998년 7월 카빌라가 자신의 집권을 도운 르완다 정부군과 우간다군의 철수를 요구하면서 일어났는데, 2003년까지 카빌라에 반대하는 국가들과 카빌라를 지지하는 국가들이 대거 개입하여 '아프리카의 제1차 세계대전'이라 불리며 진행되었다.

23

동티모르의 비극

포르투갈의 400년 식민 지배와 인도네시아의 강제 합병

'티모르섬의 산들은 백단향(白檀香)으로 덮여 있다.'

15세기 중국 명조의 사서 기록이다.

백단향은 가구와 악기, 각종 장식품을 만드는 고급 목재이기도 했지만, 짙은 향이 나는 뿌리 부분은 16세기 향료 무역의 으뜸 상품이었다. 동남아로 진출한 서구 열강이 아시아와 오세아니아 접경에 위치한 티모르(Timor)섬에 눈독을 들인 이유는 바로 백단향의 주요 산지였기 때문이다.

티모르섬은 말레이제도 남부 소순다(Lesser Sunda)열도에서 가장 큰 섬으로, 지리적으로는 오세아니아에 속하지만 정치·경제·문화적으로는 아시아의 일부로 보는 특이한 지정학적 위치를 점하고 있는 곳이다. 말레이어로 '티모르' 는 동쪽을 뜻하는데, 숲으로 뒤덮인 산과 넓은 구릉이 줄지어 선 열대 사바나 지역의 전형이다.

16세기에 이 섬을 최초로 점령한 나라는 포르투갈이었고, 17세기에 들어서는 네덜란드인들이 상륙해 섬의 서부를 차지했다. 인도네시아 전역을 자국의 동인도회사에 복속시킨 네덜란드가 18세기부터 티모르섬 공략에 나서면서 포르투갈과 마찰을 빚었고, 이후 두 나라 사이에서 체결된 조약에 따라 섬은 포르투갈령의 동티모르와 네덜란드령의 서티모르로 양분되었다. 1913년에 확정된 식민지 시대의 경계는 그대로 오늘날의 인도네시아와 동티모르의 국경선으로 굳어졌다. 서티모르는 1949년 인도네시아가 네덜란드로부터 완전 독립하면서 인도네시아령으로 귀속되었고, 동티모르는 1975년까지 포르투갈의 식민 지배를 받았다.

현지어로 '티모르 레스테(Timor Leste)' 라 불리는 동티모르는 남한의 1/7에 해당하는 면적(1.5만㎢)을 차지하는 작은 나라이다. 1998년을 기준으로 인구는 88만 명인데, 인구의 40%를 차지하는 테툼(Tetum)족을 비롯 부낙(Bunaq)족, 케막(Kemak)족 등 36개 종족으로 구성되어 있다. 말레이-폴리네시아(Malayo- Polynesian)어계의 티모르어를 사용하는 주민이 주류이고, 주민의 90% 이상이 가톨릭교도이지만 70% 이상이 토속 신앙을 함께 신봉한다.

좌파 청년 장교들이 주도한 1974년 4월의 '카네이션 혁명' 으로 탄생한 포르투갈의 민주 정부가 해외 식민지 포기를 선언하자, 동티모르인들은 400여 년 만에 독립의 기회를 맞이했다. 포르투갈혁명 직후 동티모르에는 독립의 방법과 시기 및 내용을 달리하는 3개의 정당이 출현하였다. 인도네시아와 합병을 주장한 티모르대중민주협회

(APODETI), 포르투갈과의 연방 구성 및 점진적인 독립을 주장한 티모르민주동맹(UDT), 즉각적인 독립을 주장한 가톨릭계의 동티모르 독립혁명전선(FRETILIN)이 그것이었다.

1975년 11월 28일, 대중들의 지지를 받는 데 성공한 동티모르독립혁명전선(FRETILIN)은 '동티모르 민주공화국' 수립을 선포하였다. 그러자 12월 7일 티모르대중민주협회(APODETI)의 지원 요청에 응하는 형식으로 인도네시아군이 침공해 동티모르를 점령했다. 그리고는 동티모르를 자국의 27번째 주로 편입시켜 버렸다. 동티모르인들은 FRETILIN을 중심으로 인도네시아군에 맞서 싸웠으나 병력이나 무기 등 모든 면에서 절대 열세를 면할 수 없었다. FRETILIN은 산악 지대로 후퇴해 장기전에 대비했다.

인도네시아군은 17,000~35,000명 병력을 현지에 주둔시키며 저항세력 진압 및 마을 초토화, 주민 강제 이주 등을 통해 동티모르인들을 대량으로 학살했다. 당시 68만 명의 인구 가운데 10만 명에 가까운 동티모르인들이 이 과정에서 희생당했다. 인도네시아 정부는 동티모르를 영구 지배하기 위해 동티모르 주민의 80%를 집단 수용 시설에 이주시켜 재교육시키는 한편, 인도네시아인들의 동티모르 이주를 적극 장려했다. 이주해온 인도네시아인들은 대부분 군인과 관료, 교사, 전문직 등에 종사하면서 실질적인 지배층으로 군림했다.

동티모르 문제를 부각시킨 '산타 크루즈 대학살' 보도

인도네시아 정부는 동티모르의 강제 합병을 '동티모르인들의 자결권 행사'라고 주장하며 일체의 외부 간섭과 개입을 불허해 왔다. 강대국들은 비동맹 운동을 주도하는 인도네시아 정부와의 관계를 고려해 불법 침략을 크게 문제 삼지 않았고, 인도네시아 정부는 국제 인권 단체나 외국 언론인들의 동티모르 접근을 철저히 봉쇄했다. 동티모르인들의 고통은 국제 사회의 외면을 받고 점점 잊혀져 가고 있었다.

이런 가운데 1980년대 들어 동티모르 내외에서 의미있는 변화가 생겨나기 시작했다. 동티모르 내부에서는 FRETILIN의 새 지도자 사나나 구스마오(Xanana Gusmao)가 동티모르 저항 운동의 새로운 지평을 열고 있었다. 그는 동티모르 저항 조직을 군사·외교·정치적 연계망을 갖춘 조직으로 재편해 체계적인 독립 운동을 펼쳐 나갔다. 군사적으로는 기동 유격 전술로 인도네시아군에게 적지 않은 피해를 입혔고, 준정부 조직인 국민저항회의(CNRT)를 창설해 전국적인 조직망을 갖췄다. 외교적으로는 호세 라모스 오르타(Jose Ramos-Horta) 등 해외 망명 인사들과 연계해 자신들의 투쟁을 국제 사회에 알리고 지원을 호소했다. 이와는 별도로 카를로스 벨로(Carlos Belo) 주교의 가톨릭교회도 인권 침해와 정치적 탄압 등의 사건이 발생할 때마다 교회 조직을 통해 이를 외부에 알렸다. 국제 사회에서는 식민 모국이던 포르투갈의 안토니오 이아네스(Antonio Eanes) 대통령이 동티모르 문제를 외교무대에서 적극 제기하면서 인도네시아 정부를 압박했다.

이런 가운데 인도네시아 정부는 1989년부터 외부인의 동티모르 방문을 부분적으로 허용했다. 이에 따라 교황 요한 바오로 2세(Joannes Paulus II)와 인도네시아 주재 미국 대사의 동티모르 방문이 성사되었다. 1991년 10월에는 포르투갈 의원단의 입국을 둘러싸고 인도네시아 측과 포르투갈 사이에 신경전이 벌어지는 와중에서, 동티모르의

동티모르에 대한 국제사회의 무관심을 일거에 뒤집은 '산타크루즈 묘지 대학살'(1991년 11월 12일)의 시발점이 된 세바스티앙 고메스의 묘.

독립파 청년 세바스티앙 고메스(Sebastiao Gomes)가 인도네시아군에게 살해되는 사건이 발생했다. 인도네시아 측이 의원단의 수행 기자 한 사람의 입국을 거부하자 의원단이 예정됐던 방문을 취소하는 발표를 한 다음날인 10월 28일, 인도네시아군이 동티모르 저항 운동가들이 자주 모이던 딜리(Dili)시의 모타엘(Motael)교회를 급습하면서 발생한 사건이었다.

동티모르의 관습에 따라 고메스가 죽은 지 2주일 만인 11월 12일 그가 묻힌 산타 크루즈(Santa Cruz) 묘지에서 추모식이 열렸다. 추모식에 참석하려는 3,500여 명의 사람들이 독립을 요구하는 평화행진을 벌이면서 묘역에 도착했을 때, 인도네시아군이 아무런 사전 경고 없이 시위대에 무차별 총격을 퍼부었다. 사망 273명, 실종 255명, 부상 376명의 인명 피해를 낸 '산타 크루즈 대학살' 또는 '딜리 대학살' 이라 불리는 만행이 자행된 것이다. 이 학살의 현장은 때마침 포르투갈 의원단의 방문을 취재하기 위해 와있던 미국인 기자 에이미 굿먼(Amy Goodman)과 앨런 네이른(Allan Nairn), 영국의 카메라맨 맥스 스톨(Max Stahl)에 의해 고스란히 기록되었다. 특히 스톨이 촬영한 생생한 영상물은 두 미국 기자의 위험을 무릅쓴 반출 작전으로 네덜란드의 한 방송국에 전달되어 세상에 알려질 수 있었다.

'산타 크루즈 대학살' 사건은 잊혀져 가던 동티모르 문제를 다시 국제적 이슈로 부각시키는 전환점이 되었다. 그동안 인도네시아를 지원해 오던 미국 등이 입장을 바꿨고, 1993년에는 인도네시아를 규탄하는 결의안이 10년 만에 다시 유엔인권위원회(UNCHR)에서 통과되고 동티모르 문제 특별조사단이 구성되었다. 또한 동티모르 문제를 다루기 위한 인도네시아와 포르투갈 간 회담이 성사됐고, '동티모르 행동연대(ETAN)' 와 같은 비정부기구들이 결성되어 동티모르인들의 저항운동을 측면 지원했다.

1996년 노르웨이 노벨평화상위원회는 그해 수상자로 국제 사회에서 동티모르의 대변자로 활동하던 호세 라모스 오르타와 동티모르의 정신적 지도자인 카를로스 벨로 주교를 선정했다. 동티모르 문제는 다시 한 번 국제적 조명을 받게 되었고, 동티모르를 강점한 인도네시아에 대한 규탄의 목소리도 그만큼 커져갔다.

독립에 반대하는 자치파 민병대의 학살과 방화

"매일 동티모르에서는 살육이 자행되고 있습니다. 매시간 잔인하고도 야만스러운 살인이 일어나고 있으며, 학교, 의료시설, 교회, 수도회가 지속적으로 파괴되고 있다는 소식이 들려오고 있습니다. 이 참혹한 현실을 표현할 수 있는 말이 없습니다. … 우리 주교단은 통곡하고 있습니다."

—1999년 9월 뉴질랜드 가톨릭 주교단의 성명서

1998년 5월 인도네시아를 30년 이상 통치해 오던 수하르토(Suharto)의 철옹성이 IMF 경제 위기와 대규모 반정부 시위로 무너지고, 하비비(Habibie) 과도 정부가 출범하면서 동티모르 문제는 새로운 국면을 맞이하게 되었다. 그해 10월부터 인도네시아와 포르투갈의 동티모르 자치 협상이 시작되었고, 국제 사회는 외환위기에 처해 있는 하비비 정부에 다각도로 동티모르의 독립을 허용하라는 압력을 행사했다. 1999년 5월 하비비 정부가 주민투표에 의한 동티모르 독립 허용이라는 유엔 방식에 전격 동의함으로써, 유엔 주도하에 '자치냐, 분리 독립이냐' 를 묻는 주민 투표 날짜가 8월 8일로 결정되었다.

그렇지만 8월 8일 투표는 동티모르가 인도네시아 자치령으로 남기를 원하는 친인도네시아 자치파 민병대들이 조직적으로 조성한 공포 분위기 때문에 8월 22일로 연기되었다. 이마저도 독립파와 자치파의 충돌로 다시 8월 30일로 연기되었고, 마침내 이날 국내외에 거주하는 만 17세 이상의 동티모르인 유권자에 의해 역사적인 투표가 진행되었다. 거듭된 혼란의 와중에서도 인도네시아 거주자 7,000명과 해외 거주자 14,500명을 포함하여 유권자의 98.6%(451,793명)가 참여하는 기록적인 투표율을 기록한 가운데, 투표자의 78.5%(344,580명)가 분리 독립을 지지했다.

대다수 동티모르인들의 독립 희망이 담긴 투표 결과가 발표되면서, 독립에 반대하는 자치파 민병대원들의 만행이 시작되었다. 치밀하게 계획되고 준비된 학살과 테러, 방화와 파괴가 인도네시아 정부의 지원 아래 공공연하게 자행되었다. 민병대원들의 구성원은 인도네시아 정부의 특혜 아래 동티모르 지배층이 된 소수의 티모르인과 인도네시아 대도시 주변의 부랑자였다가 군부에 의해서 강제 이주당한 다수의 외래 인도네시아인들이 주축을 이루고 있었다. 이들을 훈련시키고 무장시킨 것은 동티모르 주둔 인도네시아군이었다.

약 20만 명의 주민이 학살을 피해 오지의 밀림으로 숨어들었고, 약 25만여 명은 서티모르로 강제 소개되거나 탈출하였다. 이 와중에서 1,400여 명의 주민이 살해되었고, 수만 채의 주택과 산업 시설의 90% 이상이 파괴되었다. 수도 딜리시는 '움직이는 것은 모두 살해되었고, 움직이지 않는 것은 파괴되거나 방화된 유령의 도시' 로 변했다. 가톨

인도네시아로부터의 독립을 요구하는 동티모르인의 시위(1999년 9월).

릭교회도 주요 공격 목표가 되어 주교좌 성당을 비롯하여 많은 교회 및 교회 운영 시설이 공격받고 사제 10여 명을 포함한 다수의 신도들이 살해되었다.

친인도네시아 민병대의 동티모르 주민 학살이 극에 달하자, 유엔은 민병대를 진압하기 위해 1999년 9월 7,500명 규모의 다국적군 및 평화유지군을 파견하기로 결정했다. 한국의 '상록수부대' 등 13개 유엔 회원국이 참여한 다국적군의 주력은 호주군이었다. 9월말 군병력 8,950명, 군사고문단 200명, 경찰 1,640명 등으로 구성된 다국적군이 딜리에 입성해 치안 확보에 나서면서 사태는 차츰 안정되었다. 한국의 '상록수부대'는 다국적군의 일원으로 1999년 10월에 파병되었는데, 2000년 2월부터 평화유지군 지위로 전환되었다. 상록수부대는 건국 이래 국제 평화 유지 활동에 파병된 최초의 한국군 보병 부대였다.

1999년 9월부터 인도네시아군이 철수하기 시작했고, 10월에는 인도네시아 의회가 동티모르의 독립 투표 결과를 인정해 합병 포기를 의결하였다. 이로써 동티모르는 공식적으로 강점 24년 만에 인도네시아의 속박에서 완전히 벗어나게 되었다.

인도네시아령 서티모르와의 경계에 위치한 국경 초소.

21세기 최초의 독립국, 동티모르

인도네시아의 속박에서 벗어난 동티모르의 국제법상 지위는 당분간 유엔 관리하의 비자치 지역이 되었다. 유엔은 1999년 10월 동티모르의 독립 준비를 담당할 '유엔 동티모르 과도행정기구(UNTAET)'를 설립하고, 그 수반에 세르지오 비에이라 드 멜로(Sergio Vieira de Mello) 인도주의 지원담당 유엔 사무차장을 임명했다. 유엔 동티모르 과도행정기구(UNTAET)는 동티모르의 독립 정부가 들어서기까지 3권을 행사하는 잠정 정부로서 동티모르의 독립 절차를 밟아나갔는데, 동티모르의 대표적 독립운동 단체인 국민저항회의(CNRT)와의 협조 아래 제반 정치 일정은 순조롭게 진행되었다.

2001년 8월에는 제헌의회 선거가 치러져 총 88명의 의원을 선출했다. 사나나 구스마오의 동티모르독립혁명전선(FRETILIN)이 55석을 차지해 다수당이 되었다. 2002년 4월에 실시된 대통령 선거에서는 사나나 구스마오가 82.7%의 압도적인 지지로 초대 대통령에 선출되었다. 그리고 마침내 5월 20일 대내외에 '동티모르민주공화국' 수립을 선포함으로써 오랜 식민주의의 족쇄를 끊고 대망의 독립을 달성할 수 있었다. 그런데 동티모르 헌법상 독립 기념일은 이 날이 아니다. 1975년에 포르투갈로부터 독립을 선언했던 11월 28일을 독립 기념일로 삼고 있는 것이다. 2002년 9월에는 21세기 최초의 독립국으로서 유엔의 191번째 회원국이 되었다. 한편, 독립 이후 UNTAET는 유엔동티모르지원단(UNMISET)으로 확대 개편되어 동티모르의 국가 건설을 지원하다가 2004년 6월 임무를 마치고 철수했다.

2002년 독립과 함께 서티모르로 넘어갔던 난민 25만 명에 대한 국경 이동이 허용되어, 약 234,000여명이 동티모르로 귀환했다. 돌아오지 않은 24,000여 명은 대부분 독립을 반대하는 자치파 민병대에 속했던 사람들이다. 돌아갈 경우 처벌을 감수해야 하는 이들은 서티모르 국경 지대에 형성된 난민촌에서 가족과 떨어져 생활할 수밖에 없는 처지다.

한편, 인도네시아와 동티모르 양국은 독립 투표 당시 발생한 폭력 사태와 인권침해 사례에 대한 진상을 규명하고 책임자 처벌을 위해 2005년 공동으로 '진실과 우정위원회(CTF)' 를 설립해 운영했다. 양국에서 각각 5명의 위원을 선임해 구성된 CTF는 일종의 조사위원회이면서 특별 법정의 성격을 지닌 기구였다. CTF는 2008년 7월에 그동안의 조사 결과를 담은 300쪽 분량의 보고서를 양국 대통령에게 제출했다. 보고서에서는 인도네시아 군인과 경찰, 정부기관이 동티모르 독립 지지자들에 대해 갖가지 유형의 조직적인 폭력을 행사했음을 밝히고 인도네시아 측이 참회를 통해 과거의 상처를 치유하는 데 앞장서야 한다고 강조했다. 그런데 정작 책임자 처벌 측면에서는 동티모르 민병대 지도자 한 명만 처벌했을 뿐, '몸통' 이랄 수 있는 인도네시아 군과 경찰 책임자들에 대한 처벌은 이뤄지지 않고 있어 비난을 자초하고 있다.

아시아와 오세아니아의 변방에 위치한 동티모르라는 작은 나라가 국제적 고립을 딛고 거대 강국인 인도네시아로부터 독립을 쟁취해낸 것은 어찌 보면 기적에 가까운 일이다. 숱한 희생과 고난으로 얼룩진 투쟁의 역사가 뒷받침된 것은 물론이고, 외교적 수단을 적절히 배합하는 유연한 전술도 돋보였다. 여기다가 무장 투쟁을 지속하되, 일체의 테러 전술을 채택하지 않은 점도 서방의 지원을 이끌어내는 데는

동티모르의 독립운동가이자 초대 대통령이 된 사나나 구스마오(Xanana Gusmao).

브라질의 룰라 다 실바 대통령과 함께 한 동티모르의 독립운동가이자 1996년도 노벨평화상 수상자인 호세 라모스 오르타(Jose Ramos-Horta, 오른쪽).

유리하게 작용했다. 동티모르 사태는 선과 악의 구분이 너무나 명확했다. 그랬기에 인도네시아의 눈치를 보던 나라들조차 인권의 가치를 내세워 인도네시아의 양보를 요구할 수 있었다.

동티모르와 아체

인도네시아를 수식할 수 있는 말은 많다. 약 2억 4500만 명의 인구를 가진 세계 4위의 인구대국이자 이슬람 세계의 최대 국가이다. 또한 지리적으로는 17,508개의 도서 지역을 보유한 세계 최대의 군도 대국이자, 국제정치의 측면에서는 비동맹 운동의 지도국이다. 다양한 인종과 민족, 언어와 종교를 품고 있는 대국이니 만큼, 다양한 형태의 분리주의 움직임이 없을 수 없다. 대표적인 지역이 독립 이전의 동티모르와 서부 수마트라(Sumatra) 섬 북단의 아체(Aceh) 지역이었다.

1945년 8월 네덜란드로부터 독립을 선언한 인도네시아는 식민지 회복을 노리는 네덜란드의 공세에 맞서 투쟁한 끝에, 1949년부터는 동남아시아 도서 지역의 네덜란드 동인도회사 영토 전부를 통치하게 되었다. 이때 인도네시아 건국의 아버지이자 초대 대통령인 수카르노(Sukarno)가 내세운 것은 '판차실라(Pancasila)' 였다. 불교의 오계에 상응하는 인도네시아 건국의 5대 원칙으로 유일신, 인도주의, 민족주의, 국민 주권, 사회 정의였다. 다양한 민족과 인종을 하나의 국가 안에 포용하고자 하는 고민의 소산이었다. 1966년 쿠데타로 노령의 수카르노로부터 권력을 이양받은 후 30년 이상 권좌를 지켜왔던 수하르토(Suharto)는 '신질서(New Order)' 를 표방하면서 강압적인 국가 통합과 중앙 집권화를 추진했다. 1975년 포르투갈에서 독립한 동티모르를 '티모르티무르' 라는 이름의 27번째 주로 통합한 것도 그 일환이었다.

인도네시아에서 가장 오랜 분리주의 운동의 역사를 가진 지역은 바로 아체 지역이었다. 수마트라섬 4대 종족 중의 하나인 아체족은 일찍부터 독립 왕국을 이룰 정도로 독립 성향이 강했고, 1873년부터 1942년까지 네덜란드의 식민통치에 맞서 치열한 무장 항쟁을 벌인 종족이기도 하다. 아체는 이슬람 국가인 인도네시아에서도 '동남아 이슬람의 메카' 로 불리는 곳이다. 인도네시아 안에서 가장 먼저 이슬람을 받아들인 곳으로, 정교일치(政教一致)의 이슬람 국가 수립을 지향하는 원리주의 세력이 강한 지역이다. 1950년대부터 이슬람국가를 지향하는 '다룰 이슬람(Darul Islam) 운동' 이 시작되어 독립투쟁으로 비화되었고, 1970년대 중반부터는 '아체 메르데카(Aceh Merdeka)' 라는 무장 게릴라 조직이 출현해 활동하기 시작했다. 결국 인도네시아 정부는 1959년부터 아체를 '특별 자치 지역' 으로 선포해 비정치적, 비경제적 분야에 한해 자치권을 인정했고, 2001년부터는 자체의 경제권과 이슬람법 시행을 인정한 자치가 시행되고 있다.

인도네시아 중앙정부 입장에서 볼 때 동티모르와 아체는 경우가 아주 다르다. 이렇다 할 경제적 가치도 없고 종교적으로도 이질적인 '계륵' 동티모르와는 달리, 아체는 같은 이슬람 문화권인데다 인도네시아 경제에서는 빼놓을 수 없는 지역이다. 무엇보다 아체 지역은 인도네시아 경제의 중추를 이루는 원유 및 액화천연가스(LNG) 생산 지대이다. 이곳의 아룬(Arun) 유전에서 나오는 수익금은 인도네시아 연간 예산의 13% 안팎을 차지할 정도로 막대하다. 한마디로 '아체 없는 인도네시아는 상상할 수 없다' 는 것이 인도네시아 중앙정부의 입장이다. 이에 비해 아체 분리 운동 세력은 유전 지대 수익금 전부의 귀속과 이슬람법에 의한 통치를 주장하며 대립하고 있다.

24

다르푸르 사태

영국의 분할 통치가 뿌린 분단의 씨앗

2011년 7월 9일 아프리카에서 가장 넓은 나라였던 동북부의 수단이 둘로 쪼개졌다. 수단 영토의 1/4에 해당하는 남부 지역이 이날 '남수단공화국'으로 정식 분리 독립을 선포했던 것이다. 수단 남부 지역은 반세기를 넘는 기간 동안 북부의 중앙 정부와 대립하며 갈등을 빚어 왔던 곳이다. 특히 이날의 남수단 독립 선포식에는 오랜 내전의 상대였던 수단의 오마르 알 바시르(Omar al-Bashir) 대통령이 직접 참석해 남수단의 독립을 축하하는 이례적인 모습을 연출했다.

분리 이전, 수단은 아프리카 대륙에서 북부의 아랍 문명과 사하라 이남의 아프리카 문명의 경계지대에 위치했던 나라였다. 그랬기에 아랍계의 북부와 아프리카계의 남부가 한 나라 안에 공존했다. 역사적으로는 아프리카의 오랜 문명국이라 할 수 있는 이집트와 에티오피아 사이에 끼어 있어, 두 나라의 직간접적인 영향 아래 있었다. 고대에는 이집트 남부의 나일강 유역 일부를 포함하는 북동부의 누비아(Nubia) 지역에 강력한 쿠시(Kush) 왕국이 장기간 존속했다. 북부 지역에 아랍인들의 이민이 시작되면서부터 이슬람교가 전파되기 시작해, 13~15세기에 이르러 지배적인 종교로 자리잡았다.

북부의 이주 아랍인들이 원주민들과 뒤섞이면서 아랍어를 쓰는 무슬림 수단인 집단을 형성했다. 이에 비해 남부 지역은 사하라 사막이 가로놓여 있는 지리적인 조건상 기독교와 애니미즘을 신봉하는 아프리카계 원주민이 대다수를 차지하고 있었다. 전통적으로 북부의 아랍계 주민들은 유목에 종사했고, 나일강 상류 지역인 남부에 사는 아프리카계 원주민들은 농경 사회를 형성하고 있었다.

비록 이렇게 북부와 남부가 종교적·인종적으로 구별되어 있긴 했지만, 두 집단의 관계는 대립적이기보다는 상호 보완적이었다. 동물들의 사료가 부족해지는 건기가 되면, 북부 유목민들은 남부 농경지대로 목초지와 물을 찾아 이동했다. 거기서 가축들을 먹이고 곡식이나 다른 농업 생산품을 구입했다. 심한 가뭄이 들어 물 부족이 심각해지는 경우를 제외하곤, 두 종족은 대체로 평화적인 교류를 이어갔다.

제국주의 침략이 본격화되는 19세기 이래 수단 지역은 복잡한 외세 지배의 과정을 겪게 된다. 오스만 제국 치하에 있던 이집트의 점령, 이집트를 점령한 영국의 식민 통치, 이집트가 독립한 이후의 이집트-영국의 공동통치 등등. 이런 외세의 침략에 맞서 1881년 이슬람 지도자 무함마드 아흐메드(Muhammad Ahmed)가 이끄는 대규모 봉기가 일어나, 한때 수도 카르툼(Khartoum)을 점령하고 수단 최초의 독립 정부를 수립하기도 했다.

'영국령 이집트-수단'의 일부로서 영국의 식민 통치를 받던 1914년부터 오늘의 남북 분단을 야기한 씨앗이 뿌려졌다. 영국은 수단 지역을 효과적으로 지배하기 위해 전통적인 분할통치를 시행했는데, 북부는 이집트와 비슷한 문명 세계의 일원으로 취급한 반면, 남부는 미개한 아프리카 지역으로 대접했다. '남부 주들은 현대적 세계에 노출될 준비가 안 되었다'는 것이 그 이유였다. 1946년 이후 북부의 요구에 따라 두 지역을 통합하긴 했지만, 북부를 우대하고 남부를 홀대하는 통치 기조는 바뀌지 않았다.

이집트 왕정을 종식시킨 이집트 혁명이 일어나면서 1954년 수단에 자치정부가 수립되었고, 1956년 1월 1일 독립 수단공화국이 출범했다. 독립 이후에도 북부 아랍인들의 권력 독점은 계속되었고, 무슬림 집권자들은 예외없이 이슬람 율법을 통치 근간으로 삼는 이슬람 국가화 정책을 강행하면서 비이슬람교도인 남부인들과 갈등을 일으켰다. 1955년 수단 중앙정부가 연방제를 도입하겠다는 약속을 폐기한 것에 반발해 남부인들이 무장 봉기를 일으키면서 신생 수단공화국은 독립 과정이 채 마무리되기도 전에 제1차 내전에 휩싸였다. 17년을 끈 1차 내전은 1972년 중앙정부가 남부의 광범위한 자치에 합의하면서 일단락되었지만, 유혈 충돌 과정에서 50만~100만 명이 목숨을 잃었다. 그중 직접 전투에 참여한 사람은 20% 남짓에 불과했다.

제1차 내전과 독립 이후 시기에 수단은 세 번의 짧은 민정과 네 번의 군정이 반복되는 심한 정치적 불안정에 시달렸다. 대부분의 시기 동안 수단을 통치한 것은 쿠데타를 일으킨 군사정권이었다. 그중에서도 1969년에 집권한 가파르 니메이리(Gaafar Nimeiri) 정권과 1989

년 이후의 오마르 바시르 정권이 대표적인 경우였다.

북부 엘리트들의 이슬람화 정책과 제2차 남북내전

민군을 불문하고 수단의 권력을 장악한 북부 엘리트들은 이슬람 국가화를 지향함으로써, 남북간 갈등을 심화시켰다. 1983년 니메이리 정권은 남부 자치 정부를 전격 해산하고 이슬람 율법인 샤리아(sharia)를 포괄적 헌법으로 공포한 이슬람 국가화 정책을 단행했다. 이슬람 원리주의 세력인 무슬림형제단을 기반으로 흔들리는 자신의 권력을 강화하기 위한 조치였다. 이에 따라 기존 헌법이나 법률의 기능이 정지되고, 이슬람을 믿지 않는 지역이나 국민들에게도 절도를 하면 손목을 자르거나 술을 소지한 사람에게 채찍질을 가하는 등의 이슬람 율법이 강요되었다. 분노한 남부 주민들이 무장 봉기를 일으키면서 수단에서는 제2차 내전이 폭발했다.

남부의 비아랍계 주민들은 이웃 에티오피아에 근거지를 둔 수단인민해방군(SPLA)을 결성하고 새로운 민주정부 수립 및 남부의 자치권 확대 등을 요구하며 무장 투쟁에 돌입했다. 수단인민해방군(SPLA)은 미국에서 경제학을 공부한 존 가랑(John Garang)과 현 남수단 대통령인 살바 키르 마야르디트(Salva Kiir Mayardit) 등 수단 남부에 주둔한 수단군의 반란 장교들이 결성한 무장 단체였다. 처음 500여 명으로 출발한 반군의 병력은 남부 출신 군인들과 지식인들이 속속 합류하면서 1985년에는 2만여 명 규모로 그 세력이 확대되었다.

니메이리 정권의 과거 회귀 정책은 집권당 내부와 북부의 주류 이슬람 종파에서도 반발을 사, 결국 1985년 4월 니메이리가 권좌에서 축출되었다. 새로 들어선 사디크 알 마흐디(Sadiq al-Mahdi)의 민선 연립 정부는 수단인민해방군(SPLA)과 평화 협상을 시작하였고, 1989년 3월 마흐디는 군부의 압력 속에 연정 파트너인 국민이슬람전선(NIF)의 강력한 반발을 뿌리치고 이슬람 법령 폐지와 제헌의회 구성 등을 골자로 한 평화협상안을 수용했다. 그렇지만 중앙정부와 SPLA의 평화 협상은 샤리아 폐지 결정 몇 시간 전에 단행된 바시르의 쿠데타가 성공하면서 없던 일이 되어 버렸다.

쿠데타 세력은 헌법 효력을 중지시키고 의회를 해산한 후 과격하고 극단적인 이슬람정책을 추진했다. 죄인의 신체를 절단하거나 돌로 쳐 죽이는 형벌을 포함한 새 형법이 발효되었고, 정권의 걸림돌이 될 수 있는 군·경찰·정부 공무원 78,000명을 숙청했다.

1989년 7월 바시르 준장의 쿠데타 직후, 수단에서는 희대의 위장 수감극이 벌어졌다. 이슬람 원리주의 정당인 '국민이슬람전선(NIF)' 의 지도자 하산 알 투라비(Hasan al-Turabi)가 쿠데타군에 의해 체포되어 감옥에 수감되었다. 그런데 그는 4개월간 감옥에 수감되어 있으면서 밤이면 밖으로 나와 각종 회의에 참석하며 정부의 이슬람화 정책 입안에 개입했다. 쿠데타 주도 세력의 정치적 색깔을 감춰 경쟁 이슬람 조직의 의구심을 불식시키고 권력을 안착시키기 위한 위장 수감이었다. 바시르의 쿠데타는 국민이슬람전선(NIF)의 사주 아래 단행된 것이었고, 바시르는 투라비가 지도하는 무슬림형제단의 동지였다. 이런 이슬람화 정책을 추진하는 핵심 세력은 배후에 있는 군-민 출신으로 구성된 40인 위원회(Council of Forty)였고, 투라비가 그 대표였다.

바시르가 국가원수 및 행정수반으로 전면에 나서긴 했지만, 직업

군인인 바시르의 배후에서 실제 권력을 좌우하는 것은 NIF의 투라비였다. 이슬람 원리주의에 입각한 폭압 통치가 남북내전을 격화시키고 정권의 국제적 고립을 심화시키자, 1999년 바시르는 투라비와 결별하고 그를 정권에서 축출했다. 권력 투쟁에서 패배한 투라비가 서부 다르푸르(Darfur)를 자신의 세력을 만회하고 바시르에 대항할 정치적 기반으로 선택하면서, 남북 내전과는 또 다른 분쟁의 불씨가 지펴지고 있었다.

투라비를 축출한 이후, 바시르는 극단적인 이슬람 정책을 완화하고 2002년 10월부터 SPLA와의 평화 협상을 시작했다. 협상이 진행되는 도중에 다르푸르 사태가 새로 발생하면서 난항을 겪기도 했지만, 양자는 2005년 1월 9일 케냐 나이로비에서 평화협정 체결에 성공했다. 양측이 함께 참여한 6개월의 과도정부와 6년의 임시정부 기간을 거쳐 남부지방에서 독립의 가부를 묻는 선거를 실시한다는 내용이었다. 이로써 남북간 제2차 내전은 형식적으로 종식되었다.

사막화가 배경이 된 무슬림 유목민과 농경민의 피의 살육

한편, 기상이변으로 인한 자연 재해가 내전에 휩싸인 수단의 고통을 배가시키고 있었다. 1966년~1973년 사이, 수단이 포함된 사하라 이남 사헬(Sahel) 지대에는 오랜 가뭄으로 사하라 사막이 100㎞나 남하하는 초유의 사태가 벌어졌다. 무리한 방목과 남벌, 약탈농업으로 땅을 혹사한 결과였다. 이 일대의 인구 폭증도 이런 현상을 야기한 주범 중의 하나였다. 농경지와 목초지가 줄어들고 식량 생산이 급감하면서 약 20여만 명의 사람들과 수백만 마리의 가축이 아사하는 재앙이 벌어졌다. 1979년 이후 다시 엄습한 가뭄은 내륙의 사막화를 더욱 촉진시켰고, 그 결과 1984~1985년 대기근이 서부 다르푸르, 중부 코르도판(Kordofan) 및 동부 베자(Beja) 지역 등을 휩쓸었다.

북부 유목민들이 사막의 남하를 피해 남부 농경민 영역을 침범하면서 두 종족의 충돌이 잦아졌다. 유목민들은 목초지와 물을 찾아 더 남쪽으로 이동해야 했고, 남부 농경민들은 자신들의 농경지를 지키기 위해 울타리를 치고 유목민들의 가축이 진입하는 것을 막았다. 예기치 못한 자연 재해 앞에서 오랫동안 유지되던 두 종족간의 평화는

사막화의 진행은 수단 내전의 또 다른 원인이었다. 내전의 와중에서 황폐화된 마을과 토지.

깨지기 시작했다. 다르푸르는 수단 안에서도 이런 갈등이 가장 두드러지게 나타나는 지역이었다.

'푸르(fur)족의 땅' 이라는 뜻을 가진 서부 내륙의 다르푸르는 수단 내에서조차 변방이자 오지였다. 이슬람교가 전파된 14세기 이래 이슬람 세계의 정치 지도자인 술탄(Sultan)의 지배 아래 있다가 1874년 이집트에 병합되었다. 건조한 사하라 사막에서 열대 아프리카로 옮아가는 경계 지대로, 사막지대인 북부, 산악 지대인 중부, 초원 또는 늪지대인 남부로 구분된다. 중부의 마라(Marra) 산자락에 대부분의 농토와 촌락이 밀집해 있다. 원래는 한 개 주였으나, 1994년 중앙 정부가 미로에 가까운 경계선을 긋고 3개 주로 분할했다. 아프리카계 토착 부족의 경작지를 축소하기 위함이었는데, 이는 부족간 갈등과 자체 무장의 원인이 되었다. 북부와 남동부 지역에는 자가와(Zaghawa)족과 바가라(Baggara)족 등 유목 부족이, 중부와 서부에는 프루족과 마살리트(Masalit)족 등 농경 부족이 자리잡았다. 오랫동안 진행된 부족간 통혼으로 다르푸르에서 아프리카계와 아랍계의 구분은 사실상 불가능해졌고, 부족에 상관없이 주민의 대부분은 수니파 무슬림이었다.

사하라 사막의 남하와 대기근 사태 등으로 악화일로를 걷던 다르푸르 지역의 부족간 갈등을 내전 수준으로 비화시킨 것은 수단 중앙 정부였다. 마흐디 정부는 1986년 다르푸르의 아랍계 유목민 몇 개 집단을 무장시켜 남부 반군과 대적토록 했는데, 이들이 총부리를 아프리카계 농장으로 돌리면서 두 종족간 충돌은 이전까지와는 다른 국면으로 전개되었다. 1999~2000년 서다르푸르와 북다르푸르의 소요 사태에 직면한 바시르 정부는 군대를 파견해 아랍계를 중심으로 민병대를 조직해 진압 작전에 동원했다. 학살과 방화, 강간을 일삼는 아랍계 민병대들을 아프리카계는 '말등에 탄 악마' 라는 뜻의 '잔자위드(Janjaweed)' 라 불렀는데, '낙타를 몰거나(Abbala) 소를 모는(Baggara)' 유목민들이 중심이었다. 여기다가 바시르와의 권력 투쟁에서 패배한 투라비가 다르푸르를 자신의 근거지로 삼으면서 상황을 더욱 악화시켰다.

다르푸르의 아프리카계 부족들은 이에 맞서 2001년 '다르푸르해방전선(DLF)' 을 결성해 대정부 무장 투쟁을 벌여나가기 시작했고, 투라비를 지지하는 세력들은 별도로 '정의평등운동(JEM)' 을 조직해 반군에 가담했다. 이 중 DLF는 2003년에 남부반군인 수단인민해방군(SPLA)을 모방해 수단해방군(SLA)으로 이름을 바꿨다. 두 조직은 SPLA 등의 지원을 받으며 무장하고 훈련했다. 2003년 2월 SLA의 300

3만 4000여 명의 난민이 살고 있는 엘 파셰르(El Fasher)의 북쪽 끝 아부 쇽(Abu Shouk) 난민촌. 척박한 사막 한가운데 자리잡고 있다.

물을 긷기 위해 기다리는 물통의 장사진(아부 쇽 난민촌).

여 병력이 정부군 기지를 습격하여 약 200명의 정부군을 사살하면서 본격적인 다르푸르 내전이 점화되었다. 4월에는 SLA와 정의평등운동(JEM)이 합동으로 주도 알 파시르(Al Fashir) 공항에 주둔중인 정부군 부대를 공격하면서 반군의 존재가 세상에 알려졌다. 반군의 주요 목표는 정부군 기지나 정부 시설이었다.

이에 비해 수단 정부군은 진자위드 민병대를 앞세워 민간인 학살을 서슴치 않았다. 남부 반군과 정권의 명운을 건 남북 내전을 진행중인 수단 정부로서는 다르푸르에 전력투구할 입장이 못 되었기에, 진자위드를 6개 연대 병력으로 대거 확충해 진압 작전에 대신 내세웠다. 작전은 먼저 정부군 폭격기나 헬기가 아프리카계 마을을 공습하고 나면, 진자위드가 뒤따라 들어가 학살과 방화, 추방을 자행하는 방식으로 진행되었다. 특히 진자위드는 민간인을 산 채로 불태우는가 하면, '아랍계 피를 아프리카에 퍼뜨린다' 며 공공연한 강간을 자행했다. 이렇게 2003년 여름부터 다르푸르 전 지역이 광란의 살육장으로 변해 갔다. 어느 순간부터는 진자위드에 대한 수단 정부의 통제도 통하지 않고 있었다.

진자위드 민병대와 아프리카계 반군 사이에 진행된 내전으로 2006년 현재까지 20만 명 이상의 희생자와 250만 명의 난민이 발생했다. 난민의 숫자는 전체 다르푸르 인구 600만 명의 절반에 육박하는 수치이다. 난민 생활 와중에서 질병으로 사망한 사람의 수도 학살 희생자 숫자와 맞먹을 것으로 추정된다. 1,600여 마을이 피해를 입거나 초토화되었고 십만 채 이상의 주택과 건물이 파괴되었다. 난민 대부분은 서쪽 차드 국경과 인접한 난민 캠프에서 생활하고 있는데, 캠프 밖으로 나갈 경우 진자위드의 공격을 받고 강간당하는 사례가 빈발하고 있다. 이런 강간 사건은 하루에 10건 정도 일어나는 것으로 전해지고 있다.

현재 다르푸르에는 26,000명 규모의 유엔-아프리카연합 평화유지군이 배치되어 반군과 민병대의 완충 작용을 하고 있지만, 사태가 완전히 종식된 것은 아니다. 그동안 수단 정부와 다르푸르 반군은 국제사회의 중재 속에 몇 차례의 평화 회담을 진행한 바 있지만 그때마다 반군의 대표성 문제와 내분으로 이렇다 할 결론을 내린 적이 없었다. 한편, 다르푸르 내전의 다른 당사자인 수단의 바시르 대통령은 전쟁 범죄 및 인종 학살 혐의로 국제형사재판소에 기소되어 체포영장이 발부돼 있는 상태다.

다르푸르의 참상을 증언하는 사진.

수단 내분을 둘러싼 몇 가지 풍경

수단(남수단 포함)은 독립 이후 아프리카의 많은 나라들이 겪고 있는 종교, 부족, 자원, 군벌 문제를 한꺼번에 겪고 있는 분쟁의 종합판이다. 이 분쟁들은 외형상 종결되었거나 종결의 과정에 있지만, 분쟁의 요소가 완전히 해소되기까지는 얼마나 더 고비를 넘어야 할지 아무도 모른다. 덧붙여 남북내전과 다르푸르를 둘러싼 동서내전말고도, 수단은 수단대로 남수단은 남수단대로 복잡한 내부 갈등의 요소를 껴안고 있다. 이 모든 갈등 요소가 현실화하고 무력 충돌로 비화되기까지는 그 무엇보다도 그 자신들의 권력 유지에만 골몰했던 중앙정부 집권자들의 무능이 있었음은 부인할 수 없는 사실이다.

다음은 아직도 해소되고 있지 않은 수단 내분의 실상을 보여주는 에피소드들이다.

#풍경 1

2007년 10월 27일 리비아 시르테(Sirte)에서 열린 다르푸르 사태 해결을 위한 평화회담 개회식에서 수단 정부 대표는 일방적으로 휴전을 선언했다. 그렇지만 이를 다르푸르 사태의 종식으로 보는 전문가는 아무도 없었다. 분쟁 당사자인 최대 반군 조직 정의평화운동(JEM)의 대표와 수단해방군(SLA) 주요 분파 지도자들이 회담에 불참했기 때문이었다. 이에 앞서 2006년 5월 나이지리아의 수도 아부자(Abuja)에서 열린 회담에서는 SLA의 한 분파만 참석해 수단 정부와 평화 협정을 체결했지만, 다른 반군 조직들이 이를 인정하지 않아 오히려 사태를 악화시켰다는 평가를 받았다. 현재는 카타르의 중재 아래 반군 최대 조직인 JEM과 수단 정부 사이에 2010년 2월 체결된 기본 평화협상에 입각한 협정이행 협상을 계속하고 있지만, 거듭되는 반군의 내분과 무력 대결로 전도를 예측하기 힘든 상황이다. 다양한 부족 세력으로 구성되어 사실상의 독립부대들로 이뤄진 다르푸르 반군 조직의 현주소를 보여주는 사례이다.

#풍경 2

2005년 8월 2일 수단 남북내전의 남부 반군(SPLA) 지도자 존 가랑이 우간다를 방문한 후 헬기를 타고 수단 남부로 돌아오던 중 의문의 사고로 추락사했다. 남북 평화협정에 의거해 그가 중앙 임시정부 부통령으로 취임한 지 3주 만에 일어난 참사였다. 남부인들은 이 사고가 북부 정부가 남부 반군의 지도자를 제거하기 위해 벌인 일이라며 중앙 수도 카르툼 및 남부 수도 주바(Juba) 등지에서 3일간 대규모 폭동을 일으켰다. 이 과정에서 수천 명이 구속되고 84명의 사망자가 발생했다. 사고 헬기는 우간다의 요웨리 무세베니(Yoweri Kaguta Museveni) 대통령 전용 헬기였는데, 무세베니도 야간 및 악천후에도 비행할 수 있는 장비를 갖춘 자신의 헬기가 추락한 사실에 의구심을 표시했다. 그 후 유엔과 관련국들로 구성된 사고조사위원회에서 사고의 원인은 악천후였던 것으로 결론 내려졌다. 수단과 남수단 간의 평화가 얼마나 살얼음판 위에 구축된 것인지를 보여주는 에피소드이다.

#풍경 3

1996년 4월, 투라비가 수단의 국회의장에 선출됨으로써 바시르와의 공동 쿠데타 이후 처음으로 공식적인 요직을 맡게 되었다. 표면에 등장한 이후 투라비는 수단을 이란과 같은 신정 국가로 만들 것을 표명하면서 자신의 정치적 색채를 거침없이 내보였다. 음지에서 오사마 빈 라덴(Osama bin Laden)을 자국에 피신시키고 하마스(Hamas)나 헤즈볼라(Hezbollah) 같은 해외의 이슬람 급진파를 적극 지지하는 입장의 연장선상이었다. 수단이 서방 세계, 특히 미국의 눈엣가시가 되는 것은 당연했다.

1998년 8월 케냐와 탄자니아 주재 미국 대사관이 대규모 폭탄 공격을 받자, 미국은 자국이 테러 지원국으로 선정한 아프가니스탄과 수단에 크루즈 미사일 79기를 발사했다. 하르툼 소재의 엘-쉬파(El-

Shifa) 제약공장도 그 표적 가운데 하나였다. 그 공장에서 오사마 빈 라덴이 독가스를 생산할 수도 있다는 추측이 공격 이유였다. 그렇지만 엘-쉬파는 일반 제약회사로, 제대로 된 보안 장치 하나 없이 공장 가동을 며칠 앞둔 상태였음이 곧 드러났다. 훗날 미국 정부는 과오를 인정하고 공장 소유주에게 손실을 배상해야 했다.

수단은 이슬람 원리주의와 미국의 반테러 전략이 충돌하는 지점의 하나이기도 했다.

#풍경 4

1979년 미국의 세브런(Chevron)사는 남부 코르도판(Kordofan)주의 므그라드(Muglad)와 상부 나일(Upper Nile)주의 벤티우(Bentiu)에서 유전을 발견했다. 제2차 수단 내전이 발발해 수단인민해방군(SPLA)이 사실상 남부를 장악하자, 미국은 SPLA를 은밀히 지원했다. 1996년 4월 미국에서는 반테러법이 발효되었다. 이 법에 따라 미국 기업과 테러 지원국 사이의 모든 금융 거래가 금지되었는데, 테러 지원국의 명단에는 수단도 올라 있었다. 그렇지만 4개월 후 수단의 이름은 그 목록에서 슬그머니 제외되었고, 미국의 대형 석유 회사 한 곳이 수단 정부와 대규모 탐사를 위한 계약 협상에 나서게 되었다. 1999년 8월 남부의 유전 지대와 수단 유일의 항구 도시인 북부의 포트 수단(Port Sudan)을 연결하는 긴 파이프라인이 개통되었다. 이를 기점으로 미국은 수단인민해방군(SPLA)에 대한 지원을 중단했다.

수단의 내분이 확대된 데에는 석유 이권을 둘러싼 열강의 개입에도 책임이 있음을 보여주는 대목이다.

환경 난민

"과거 수단에서는 목축에 종사하던 북부 아랍계와 농사를 짓던 남부 흑인들이 평화롭게 살았다. 당시에는 식수와 식량이 넉넉해 남부 농민들은 북부 목동들이 가축을 몰고 와 물과 풀을 먹이는 일을 너그럽게 봐줬다. 그러나 가뭄이 심해지면서 사정이 달라졌다. 남부 농민들은 북부 아랍계가 식수와 곡물을 축낸다고 비난하면서 양측 간 대립이 시작됐던 것이다. 이런 반목이 점차 거세져 2003년부터 본격적인 내전이 벌어졌다.

사하라 이남의 가뭄은 인류가 책임져야 할 지구 온난화에서 비롯됐다고 할 수 있다."

—반기문 유엔 사무총장, '다르푸르에서의 기후 범인(A Climate Culprit in Darfur)', 《워싱턴 포스트》 2006년 6월 16일자

다르푸르에서 부족간 갈등의 배경이 된 것은 사하라 사막의 남진에 따른 토지 분쟁이었다. 이처럼 자연 환경의 악화에 따라 생활의 기반을 잃는 사람들이 늘어나면서, '환경 난민(environmental refugee)' 이라는 신조어가 생겨났다. '기후 난민(climate refugee)' 또는 보다 포괄적인 의미로 '생태학적 난민(ecological refugee)' 이라고도 한다. UNEP(유엔환경계획) 등에서 쓰기 시작한 이 말은 '전쟁 난민' 에 대비되는 개념인데, 전쟁이 끝나면 돌아갈 곳이 있는 전쟁 난민과는 달

리 환경 난민은 돌아갈 곳이 없다는 데 문제의 심각성이 있다. 결국 돌아갈 곳이 없어진 환경 난민들이 다른 집단의 영역을 침범해 들어가게 되면, 다르푸르에서와 같은 분쟁을 피할 길이 없다. 독일 본에 위치한 국제연합대학(UNU)은 기후 변화에 따른 해수면 상승, 사막화 등으로 인해 2010년까지 5,000만 명의 환경 난민이 발생할 것으로 예측한 바 있다.

환경 난민을 유발하는 주범은 인간의 무분별한 개발이다. 1966~1973년 사하라 사막의 남진을 야기한 대규모 한발도, 조사 결과 건조한 토양을 농경이나 방목으로 혹사했기 때문인 것으로 밝혀졌다. 과거 사헬지대 유목민들은 한 지역에 장기간 머무르지 않고 이동을 하였으므로 스텝 지대 초원이 자연적으로 복구될 수 있었지만, 1960년대 이후 인구 급증에 따른 과다한 방목이 진행되면서 사정이 달라졌다. 여기다가 매년 불어오던 고온다습한 열대성 몬순마저 실종되면서 이 지역의 지난 20년간 강수량은 40% 이상 격감했고, 이에 따라 급속한 사막화가 진행되었던 것이다. 인도양 상공에서 만들어지던 열대성 몬순이 사라지게 한 것은 인간이 양산해낸 온실 가스였다.

마구잡이식 산림 훼손도 심각한 후유증을 유발했다. 주민들이 땔감으로 쓰기 위한 소규모 채취를 하는 단계에서는 별다른 문제가 생기지 않았지만, 상업적 판매를 위한 대규모 남벌이 진행되면서 사정을 악화시켰다. 현재까지 환경 난민은 주로 아프리카 지역에서 발생했는데, 이는 대부분 삼림 파괴에 따른 사막화와 관련이 있는 것으로 알려졌다. 그리고 베트남 전쟁에서 드러난 것과 같이 전쟁이 최대의 자연 파괴를 유발한다는 사실은 말할 것도 없다.

기후변화에 관한 정부간 패널(IPCC)에 따르면, 2050년에는 지구 온난화로 인한 환경 난민이 1억 5,000만 명에 이를 것으로 예상돼, 이에 대한 대책 마련을 서둘러야 할 것으로 보인다.

25

에이즈

현대 의학을 뛰어넘는 신종 질병의 출현

1969년 미국 공중위생국(PHS)의 대표 윌리엄 스튜어트(William H. Stewart)는 '전염병의 시대는 갔다' 고 공언했다. 이어 1980년에 세계보건기구(WHO)는 '지구촌에서 천연두가 사라졌다' 고 선포했다. 비약적인 현대 의학의 발전에 힘입어 인류의 생존을 위협하는 전염병과의 오랜 싸움에서 승기를 잡았다는 자신감의 표현이었다. 물리학, 화학, 미생물학 등의 눈부신 발전이 현대 의학으로 하여금 전염병의 발생 장소 및 원인균을 밝혀내고 그에 대한 정확한 진단과 치료를 가능하도록 만들었다고 믿은 상징적인 선언이었다.

이 믿음이 섣부른 것이었다는 사실을 확인하는 데는 오랜 시간이 필요치 않았다. 1973년 이후 지금까지 40여 종의 새로운 전염병이 발견되었고, 에이즈·조류독감·광우병·구제역 등 발병 원인과 전파 경로 등이 정확히 밝혀지지 않은 질병들이 지금 이 순간에도 인간 주변을 어슬렁거리고 있다. 현대 의학의 숨가쁜 발전에도 불구하고, 인류 역사와 함께 시작된 질병과의 싸움에서 인류가 근근이 현상유지를 하고 있을 뿐이라는 평가가 없지 않다.

유사 이래 대부분의 기간 동안 인간은 전염병과의 싸움에서 늘 수세적 입장에 처해 있었다. 어느 날 갑자기 원인 모르는 괴질이 창궐하기 시작해 숱한 인명을 살상하고는 또 어느 날 갑자기 자취를 감춰버렸다. 그 사이에 인간이 할 수 있는 것이라고는 전염병이 발생한 지역을 봉쇄하거나 격리해 피해를 최소화하는 방법밖에 없었다. 이 시기에 인류는 전염병을 '신의 징벌' 이나 '자연의 저주' 로 여기며 그저 사태가 가라앉기만을 애타게 기원하였다.

인류 역사상 헤아릴 수 없이 많은 전염병이 창궐했지만, 대부분은 특정 국가나 특정 지역에 한정되어 집중적인 피해를 초래하는 경우였다. 드물게 국경이나 대륙을 넘나드는 대규모 재앙으로 연결되는 경우도 없지 않았다. 중세 유럽 인구의 1/3을 죽음으로 몰고 갔던 흑사병이나 20세기 초반 최소 2,000만 명의 목숨을 앗아간 스페인 독감이 대표적이었다. 또한 유럽 식민주의자들에게 정복된 북아메리카 신대륙에서는 2세기가 채 안 되는 기간 안에 전 인구 2,000여만 명의 95%가 각종 전염병으로 목숨을 잃은 것으로 추정되었다. 식민주의자들을 따라 들어온 천연두, 발진티푸스, 말라리아 등 각종 전염병이 재앙의 근원이었다. 외부 세계와 단절되어 살아온 인디언들에게는 이런 질병들에 노출된 경험도, 그에 따른 인체의 면역력이나 유전적 저항력이 형성될 기회도 없었던 것이다.

에이즈의 사례에서 보듯, '전염병의 시대는 갔다' 고 믿은 인류의 단정은 섣부른 것이었다. 남아프리카공화국의 항구 도시 더반 (Durban) 에 있는 에이즈 심볼 조형물.

질병의 원인인 병원체의 정체가 밝혀지고 그 치료 방법이 개발된 현대에 들어서도, 에이즈와 같은 신종 전염병이 출현하면서 끊임없이 인간의 생명을 위협하고 있다. 각종 치료제의 발전에 발맞춰 세균이나 바이러스가 끊임없이 진화한 결과였다. 치료 목적이나 산업상 필요에 따른 항생제 남용은 인체 안에서 병원체에 대항할 수 있는 유익한 세균들마저 없앰으로써, 진화한 신종 병원체들이 활개칠 수 있는 무대를 제공했다. 신종 병원체를 억제하거나 제거하는 새로운 항생제가 개발되면, 이에 대한 내성을 지닌 새로운 병원체들이 또 다시 출현했다. 첨단 문명을 이룩한 인간과 눈에 보이지도 않는 미세한 병원체 사이에는 이렇게 생존을 위한 진화 경쟁이 끊임없이 되풀이 되고 있다. 밀집화되고 이동이 손쉬워진 현대의 인간 생활 또한 신종 전염병이 창궐하는 데 편리한 환경을 제공하고 있다. 이전 같으면 자연의 경계에 막히고 말았을 각종 전염성 질환들이 이제는 현대화된 운송수단을 타고 오대양 육대주로 신속하게 전파되면서 대규모 질병으로 발전하고 있다.

인류는 국제적인 공조 속에 현대 의학을 총동원해 신종 전염병 창궐에 대응하고 있지만, 관료화되고 자본주의화된 의료 체계가 질병 정복의 발목을 잡는 경우도 적지 않다. '현대의 흑사병' 이라 불리는 에이즈가 대표적이다. 에이즈는 서구 지역에서는 당뇨병처럼 관리가 가능한 만성 질환으로 변해 가고 있는 중이지만, 수천만 명의 감염자가 밀집한 아프리카 등지에서는 여전히 숱한 목숨을 앗아가는 미증유의 재앙으로 남아 있다. 에이즈 치료에 필요한 약값이 개인은 물론이고 이들 나라의 예산으로 감당할 수 없을 정도로 턱없이 비싸기 때문이다. 결국 빈부의 격차가 에이즈 치료의 양극화를 초래해, 질병 극복의 걸림돌이 되고 있다.

3,000만 명의 목숨을 앗아간 에이즈 바이러스

1981년 6월 5일 미국 질병통제예방센터(CDC)는 로스앤젤레스에 거주하는 동성애자 남성 5명에게서 이전에 보고된 바 없는 괴질이 발생했다고 발표했다. 폐렴 증세를 보이던 환자들은 면역력이 떨어지면서 몸엔 붉은 반점이 생겼고, 의사들이 미처 손을 써보기도 전에 사망했다. 같은 시기에 뉴욕이나 샌프란시스코에서도 비슷한 질환이 마약 중독자, 남성 동성애자, 혈우병 환자들에게서 유행하고 있었는데, 나중에 밝혀진 바에 따르면 인간의 면역 체계를 파괴하는 바이러스인 HIV가 원인이었다. '후천성 면역 결핍증'이라 불리는 에이즈(AIDS)가 세상에 모습을 드러내는 순간이었다.

발견 초기에는 동성애자나 마약 중독자 같은 소수 집단에 감염자가 집중되면서 성병의 일종으로 취급되기도 했으나, 나중에는 이성간 접촉이나 수혈 등을 통해서도 전염되는 사실이 밝혀지는 등 누구도 안녕을 장담할 수 없는 일반 감염 질환으로 확인되었다. 감염이 주로 혈액이나 정액을 통해 이뤄지기 때문에, 파트너를 자주 바꾸는 동성애자들이나 주사기를 사용하는 마약중독자들의 초기 감염 확률이 상대적으로 높았을 뿐이다.

미국 몇몇 대도시의 소수 집단에서 처음으로 확인된 괴질은 현대 의학이 미처 그 정체를 확인하기도 전에 급속도로 세계 각지로 퍼져갔다. 그리고 꼭 미국을 통해서만 전파된 것만도 아니었다. CDC는 공식적으로 에이즈 환자를 확인하기 직전인 1970년대에 이미 전 세계에 10만~30만 명의 에이즈 감염자가 있었을 것으로 추정했다. 다만 그게 에이즈였는지 몰랐을 뿐이었다. 학계에서는 보존 혈청을 조사한 결과를 토대로 HIV가 1950년대 중앙아프리카 사바나 지역의 침팬지나 초록원숭이에서 유래해 미국이나 유럽으로 전파된 것으로 추정한다. 이들 원숭이류가 보유하고 있는 면역 결핍 바이러스가 원주민과의 접촉 과정에서 HIV로 변모해 아프리카의 일부 마을을 전염시켰고, 현대적인 운송수단-대도시-프리섹스가 연결 고리를 이루어

에이즈가 남긴 비극의 상처(남아공).

전 세계로 퍼졌다고 보는 것이다.

특히 에이즈는 1990년대 들어 기하급수적인 확산 양상을 보였는데, 1999년에 집계된 총 감염자 수는 2,620만 명에 이르렀다. 자칫 에이즈가 1910년대의 스페인 독감을 뛰어넘는 인류 최대의 질병 재앙이 될 조짐까지 보였다. 에이즈가 학계에 첫 보고된 지 30주년이 되는 2011년까지, 전 세계적으로 약 6,000만 명이 HIV에 감염되고 그중 절반인 약 3,000만 명이 목숨을 잃은 것으로 추정된다. 유엔의 에이즈 전담기구인 유엔에이즈계획(UNAIDS)의 통계에 따르면, 2011년 현재 전 세계적으로 3,400만의 감염자가 존재하고, 이 중 65% 가량이 사하라 이남의 남아프리카에 집중되어 있다. 다행히 유엔이나 각국 차원의 예방 활동이나 치료 지원 활동에 힘입어 사망자나 신규 감염자의 숫자는 감소하는 추세에 있다.

에이즈란 HIV가 증식하여 각종 감염과 종양 등이 나타난 상태를 의미하는데, HIV가 직접 사인이 되는 것은 아니다. 이 바이러스에 감염되면, 인체의 면역을 관장하는 세포를 파괴하여 인체의 면역력을 극도로 저하시킨다. 이에 따라 인체는 각종 질병에 취약해지고 각종 감염 질환과 종양 등의 합병증을 유발해 죽음에 이르게 되는 것이다. HIV에 감염됐다고 해서 바로 증세가 나타나는 것도 아니고, 평균 3~12년에 이르는 긴 잠복 기간을 거치기 때문에 감염자가 감염 사실을 제때 인지하는 경우가 많지 않다. 그러다가 본격적인 에이즈 증세가 나타나기 시작할 때에는 이미 신체 면역 체계가 약화될 대로 약화된 상태라서, 제대로 치료를 받지 않으면 평균 10개월 이내에 사망하게 된다. 감염에서 사망에 이르는 기간은 2~5년이 보통이지만, 실제 경과는 감염자의 생활 환경이나 영양 상태 등에 따라 천차만별이다. 짧으면 2주 만에 사망에 이르기도 하고, 길게는 20년까지 생존하는 경우도 없지 않다. HIV 감염자라고 해서 반드시 에이즈 환자가 되는 것은 아니라는 얘기다.

아직까지 에이즈의 근원 치료는 불가능한 것으로 여겨지고 있다. 쉽게 유전자 변이를 일으키는 HIV 특성상 백신을 개발하지 못했기 때문이다. 다만 HIV 항생제를 통해 인체의 면역 체계를 유지하고 합병증 유발을 막고 있는데, 만만찮은 약값 때문에 감염자 전체가 혜택을 보고 있지는 못하다. 또한 HIV 감염 세포뿐만 아니라 정상 세포를 파괴하는 등 치료제의 부작용도 문제가 되고 있다.

에이즈 극복을 위한 인류의 노력

에이즈라는 신종 괴질의 출현에 직면한 인류의 대응은 과거 어느 때보다 신속했다. 미생물학, 세균학, 분자생물학 등 관련 학문의 발전 성과에 힘입어 괴질이 보고된 지 2년 만에 발병 원인균이 밝혀졌다. 1983년 5월 프랑스의 뤽 몽타니에(Luc Montagnier)와 프랑수아즈 바레 시누시(Francoise Barre Sinoussi) 등은 에이즈 환자의 몸에서 새로운 바이러스를 추출해 이를 HIV(Human Immunodeficiency Virus)라고 명명했다. 이어 미국립암연구소의 로버트 갈로(Robert Gallo)는 HIV 검사기구를 개발했다. 1985년에는 미국에서 제1회 에이즈 연구회의가 개최되어 에이즈에 관한 의학적 지식을 체계화하기 시작했다.

1987년 3월, HIV를 직접적으로 공격하는 지도부딘(Zidovudine, AZT)이라는 항HIV 약제가 미국 식품의약청의 첫 공인을 받았다. 이후 수십 종의 치료제가 등장했는데, 대부분 AZT와 같이 바이러스 증식을 억제해 합병증의 발병을 막고 병의 진전을 늦추는 간접 치료제이다. 이런 치료제를 통해 HIV 감염자를 잘만 관리하면 정상인의 수준까지 생명을 연장하는 것이 가능해졌다. 전염병이 발생한 이래, 10년 안팎 사이에 이 정도로 관리가 가능해진 질병은 없었다.

1995년부터는 치료제 2~4가지를 혼합해 사용하는 '칵테일 요법'이 일반적인 치료법으로 자리잡았는데, 바이러스의 증식에 필요한 효소 반응을 여러 단계에서 억제하는 것이 핵심이다. 이런 과정을 통해 인체 면역 기능을 회복시켜 에이즈 발병을 막기는 하지만, 약 복용을 중단하면 다시 바이러스가 활동하는 부작용이 있다. 2010년에는 3년 전인 2007년 희귀 면역 유전자를 가진 줄기세포를 이식받은 한 미국 HIV 감염인에게서 HIV가 완전히 사라진 완치 사례가 알려지기도 했지만, 일반화하기도 어렵고 위험 부담이 높은 치료 방법을 거친 것으로 알려졌다.

'교육은 에이즈의 유일한 백신' 이라는 말이 있을 정도로 에이즈 예방 교육의 중요성은 크다. 에이즈 고아 및 과부들을 지원하고 교육하기 위한 아프리카의 한 시설. 은퇴한 교사 부부가 운영중이다.

국제 사회는 1990년대 들어 에이즈 확산이 심각한 양상을 보이자 각국의 에이즈 관리 및 예방 사업을 지원하기 위해 유엔 산하 에이즈 전담 기구를 설립했다. 1996년 1월 창설된 UNAIDS가 그것인데, WHO를 비롯해 유니세프(UNICEF), 유네스코(UNESCO), 세계은행, 국제노동기구(ILO) 등 총 9개 유엔 산하 기구가 공동 후원 기관으로 참여하고 있다. 1999년 첫 에이즈 관련 통계를 발표하였고, 에이즈 관련 사업 촉진 역할과 조정 역할을 주로 담당하고 있다.

각국은 국가적 차원에서 에이즈 예방 교육과 치료제에 대한 재정 지원을 늘리면서 에이즈 확산 저지를 위해 노력하고 있다. 사실 에이즈는 약 96% 정도가 HIV 감염자와의 지속적인 성관계를 통해서 전염되기 때문에, 콘돔 사용을 생활화하면 충분히 예방할 수 있는 것으로 알려졌다. 이에 따라 국가 차원의 에이즈 예방 교육의 중요성이 커졌고, '교육은 에이즈의 유일한 백신' 이라는 말까지 나왔다.

또한 값비싼 에이즈 치료제 문제를 해결하기 위해 각국의 정부와 NGO들은 해당 약품을 독점 공급하는 다국적 제약회사에 지속적인 압력을 행사해 왔다. 가장 유력한 수단이 의약품 강제 실시권의 발동이었다. 2000년 남아프리카공화국은 에이즈 치료제 보급을 위해 강제 실시권을 발동했다. 다국적 제약회사들은 집단으로 남아공화국 정부를 세계무역기구(WTO)에 제소했지만, 국제 사회의 압력에 밀려 제소를 취하했다. 2007년 태국 정부는 미국계 애보트(Abbott)사가 생산하는 에이즈 치료제 '칼레트라(Kaletra)' 에 대한 강제 실시권을 발동해, 이를 계기로 애보트사가 중저개발국들에 공급하는 칼레트라의 판매 가격을 절반 이하로 내리도록 했다.

인류 사회가 다각적인 노력을 벌인 결과, 다행히도 에이즈는 점차 감소 추세를 보이고 있다. 2007년 270만 명, 2009년 250만 명에 이르던 신규 감염자 수는 점차 줄어들고 있고, 2015년에는 100만 명 수준으로 떨어질 것으로 전망된다. 에이즈로 인한 사망자 수도 2005년 210만 명에서 2009년엔 180만 명으로 크게 줄었다. 전 세계 3,400만의 감염자 중 500만 명을 넘는 인원이 예상 사망 시기를 훨씬 넘어 살아가고 있다. 창궐 30년 만에 HIV 감염이 '만성질환' 수준으로 극복 가능해진 것이다.

'검은 아프리카'의 에이즈 문제

2007년 UNAIDS의 조사 결과에 따르면, 아프리카 국가들의 에이즈 환자들 가운데 12개월 동안 치료를 받고도 차도가 없는 환자의 비율이 모잠비크 98%, 카메룬 96%, 나이지리아 95%, 짐바브웨 93%, 르완다 91%, 우간다 97%, 보스와나 87%, 에티오피아 70% 등에 이르는 것으로 나타났다. 환자들의 몸에서 국제 사회가 보내준 값싼 에이즈 치료제에 대한 내성이 생긴 것이 주요 원인이었다. 이런 약마저도 필요할 때 지속적으로 공급되지 못하다 보니 있을 때 먹고 없으면 못 먹는 악순환이 계속되었고, 그러는 사이에 HIV가 이 치료제에 대한 내성을 갖추고 활동을 재개하는 결과를 가져왔던 것이다. 아프리카가 지닌 에이즈 문제의 현주소를 고스란히 보여주는 사례가 아닐 수 없다.

전세계적으로 에이즈 발병과 감염이 줄어드는 긍정적인 추세에도 불구하고, 아프리카 국가들, 그것도 사하라 이남의 '검은 아프리카' 국가들에서는 에이즈 문제가 여전히 심각한 현안으로 남아 있다. 2009년 말 현재 3,340만 명의 HIV 감염자 가운데 2/3인 2,240만명이

'검은 아프리카' 의 에이즈 문제는 단순한 질병 문제를 넘어선다. 에이즈에 감염된 아프리카 여성(1988년 우간다).

빈부의 격차는 에이즈 치료의 양극화를 초래하고 있다. 1980년대 후반 에이즈로 큰 타격을 받은 우간다 서부 라카이(Rakai)의 에이즈 고아들.

'검은 아프리카'에 집중되어 있다. 그 뒤를 잇는 380만 명의 남아시아 및 동남아시아, 200만 명의 라틴 아메리카에 비해서도 현격한 차이를 보이는 수치이다. 이처럼 아프리카를 비롯한 제3세계 중저개발국에 HIV 감염자의 절대 다수가 분포하는 현실은 에이즈 문제가 단순한 질병 문제를 넘어서고 있음을 입증한다.

사하라 이남 아프리카 국가들의 HIV 감염자 수치는 충격적이다. 중앙 및 서부 아프리카 국가들 가운데에는 전체 인구의 10% 이상이 에이즈에 감염되었고, 특히 이 중에서 짐바브웨와 보츠와나는 인구의 1/4이 감염자이다. 남부 아프리카의 경우 스와질랜드, 레소토에서 성인 4명 중 1명이 HIV 감염자이고, 남아공, 잠비아, 나미비아에서는 감염자의 비율이 성인 5명 중 1명꼴이다. 에이즈 사망자 비율도 사하라 이남 지역이 약 70%를 차지하는데, 이에 따라 이들 나라의 평균 수명이 급격히 감소하는 현상이 나타났다. 2000년대 중반 짐바브웨의 평균 수명은 65세에서 39세로 줄었고, 말라위의 평균 수명도 37세로 떨어졌다.

에이즈 문제가 남부 아프리카에 끼치는 파국적인 영향의 하나는 노동력 상실로 인한 경제적 손실이다. 성인 4명 중 1명이 감염된 국가들의 경우 이들 중 상당수가 한창 일할 나이인 청장년층이었다. 피해가 가장 극심한 남부 아프리카에서는 국내 총생산이나 지역 경제 전체에서 17~40%에 이르는 막대한 경제적 손실을 감수해야 했다.

남부 아프리카 국가들을 포함해 에이즈 문제가 심각한 나라들이 공통적으로 안고 있는 또 하나의 문제는 에이즈 고아 문제와 어린이 감염자 문제이다. 15세가 되기 전 어머니가 에이즈로 사망한 어린이를 지칭하는 에이즈 고아는 전 세계적으로 약 1,500만 명이 존재하는

데, 이 중 1,200만 명 정도가 사하라 이남의 남부 아프리카에 분포한다. 에이즈 감염자인 부모에게서 태어나 에이즈 감염자로 살아가는 어린이도 210만 명 정도가 존재한다. 태중이나 출산중, 수유를 통해 감염되어 천형을 안고 살아가야 하는 경우다. 90%가 사하라 이남에 분포하는데, 사실상 가족의 품을 떠난 이들 어린이들을 부양하고 치료해야 하는 것 또한 해당 국가들의 짐이 되고 있다.

다행히 전 세계적인 에이즈 감염자 및 사망자의 감소 추세는 아프리카 지역에서도 확인되고 있다. UNAIDS 보고서에 따르면, 2001~2009년 에이즈 감염자가 가장 많은 나라인 인도와 남아공에서 신규 감염자 수가 각각 50%와 35% 감소했다. 저소득 및 중간소득 국가군에서 에이즈 바이러스를 억제하는 약물 치료를 받고 있는 감염자 수는 2010년 말 현재 660만 명으로, 10년 전에 비해 22배나 늘어난 수치이다. 또한 생존 기간 연장을 위한 치료를 받고 있는 에이즈 감염자는 140만 명에 이르고 있고, 이 중 어린이는 약 42만 명이다.

에이즈는 남부 아프리카를 포함한 제3세계 국가에서 단순한 질병 문제를 넘어 사회적 기반을 흔드는 파국으로 작용하고 있다. 저렴하면서도 효과적인 치료제의 보급은 물론이고, 에이즈 창궐의 배경이 되는 열악한 생활 환경과 경제 사정의 개선에도 국제 사회가 눈을 돌려야 하는 이유이다.

'에이즈는 없다?'

질병관리본부 에이즈 담당자에게 문의를 한 적이 있다. "양성인이 자살해도 에이즈 사망입니까?" 그의 답변은 걸작이었다. "네." 또 물었다. "양성인이 교통사고로 사망해도 에이즈 사망입니까?" 당연하다는 듯이 답변했다. "네." 이유를 물었다. "HIV가 선행 사인이기 때문입니다."

"여기서(아프리카)는 누군가 죽었을 때 그냥 에이즈로 죽었다고 해요."

두 인용문 모두 미국의 의학 전문 기자 실리아 파버(Celia Farber)가 쓴 《Serious Adverse Events : An Uncensored History of Aids》라는 책에 실려 있는 내용이다. 에이즈 관련 통계에 허실이 많을 수 있음을 보여주는 대목이다. 이 책은 국내에서도 《아주 중요한 거짓말》이라고 번역되어 출판된 바 있다. 사실 아프리카에서 HIV 감염 판정은 HIV 테스트를 거치지 않고 만성설사, 고열, 체중감소, 무기력증 같은 몇 가지의 증상만을 가지고 이뤄지는 경우가 많았는데, 이런 증상은 동시에 영양실조, 말라리아, 기생충 감염을 비롯한 다른 질병들의 증상이기도 했다. 이럴 수밖에 없었던 이유는 가난한 아프리카인들의 입장에서는 HIV 테스트 비용이 너무 비쌌기 때문이다.

에이즈에 대한 이견과 의문은 비단 에이즈 관련 통계에 대해서뿐만 아니라 그 원인을 둘러싸고도 꾸준히 제기되어 왔다. 대표적인 것으로 HIV가 에이즈의 원인균이 아니거나 유일한 원인이 아니라는 주장이다.

전자를 주장하는 대표적인 학자는 미국 버클리의 캘리포니아대 분자생물학 교수 피터 듀스버그(Peter Duesberg)이다. 그는 HIV가 인체에 실질적인 해를 끼치지 못하는 약한 바이러스이며, 설사 인체에 침투하여 면역 세포를 파괴한다고 하더라도 그 양은 면도하다가 베인 정도에 불과하다고 주장했다. 그리고 그는 자신의 주장을 입증하기 위해 기존의 과학논문들을 꼼꼼히 분석한 끝에, HIV나 HIV 항체의 흔적을 전혀 찾아볼 수 없는 4,000여 건의 에이즈 사례를 찾아냈다.

후자를 주장하는 인물 중에는 의외로 HIV의 최초 발견자인 뤽 몽타니에가 포함되어 있다. 그 공로로 2008년도 노벨 생리의학상을 수상하기도 한 그는 아프리카인들의 경우 HIV에 감염되기 전부터 영양 결핍 등으로 이미 신체의 면역 체계가 제대로 작동하지 않는 상태에서 HIV에 노출된 것으로 파악했다. 따라서 치료 방법도 백신만이 만능이 아니라 깨끗한 식수의 공급과 충분한 영양의 제공, 생활 환경의 개선 등을 통해서도 효과를 볼 수 있다고 주장했다.

후유증이 심한 에이즈 치료제의 부작용이 오히려 에이즈 환자의 건강을 파괴할 수 있다는 주장도 제기되고 있다. 실제 첫 개발된 에이즈 치료제인 AZT의 경우 암 치료제로 개발되었다가 독성이 너무 강하고 생산비가 너무 든다는 이유로 폐기되었던 것이다. 그러다 에이즈 치료라는 명목으로 되살아났는데 식품의약국의 승인을 받기 위해 데이터 조작을 하기도 했던 것으로 알려졌다.

26

가라앉는 섬나라

화석 연료 남용이 초래한 지구 온난화

여기 한 장의 사진이 있다. 사진이 찍힌 장소는 인도 동북부 벵골(Bengal)만 순데르반스(Sunderbans; 또는 순도르본) 지역의 바닷가. 일견 평범해 보이는 이 사진의 풍경은 평화적인 모습과는 거리가 멀다. 2007년 로빈 하몬드(Robin Hammond)가 찍은 사진의 현장은 고라마라(Ghoramara)섬으로, 사진 속 인물이 서 있는 곳이 바로 그 사람의 집이 있던 곳이다. 기후 변화에 따른 해수면 상승으로 인간의 삶의 터전이 유린되고 있음을 실감나게 보여주는 사진이다. 100개가 넘는 섬이 있던 벵골만 지역에서는 21세기 들어서만 '뉴 무어(New Moore)섬' 등 3개의 섬이 완전히 수몰되었고, 고라마라섬을 포함한 2개의 섬이 완전 수몰을 앞두고 있다. 유네스코 세계 자연 유산으로

지정된 아름다운 맹그로브(mangrove) 숲을 자랑하던 순데르반스 일대 35,000헥타르의 땅에는 이제 새우 양식장이 들어섰다. 이런 변화를 불러온 원인은 다름 아닌 지구 온난화이다.

물론 '환경의 역습' 또는 '기후의 반란' 이라 불려지는 지구 온난화가 순데르반스 지역만의 문제일 수는 없다. 지구 온난화는 전 지구적 규모의 생태적 변화를 초래하고 있다. 홍수, 폭염, 사막화, 태풍과 같은 이상 기후가 빈발하고 있고, 극지방 빙하가 녹으면서 해수면 상승을 초래해 고도가 낮은 섬이나 해안 지역을 수몰 위기로 몰아넣고 있다. 그 중에서도 사하라 이남의 아프리카에서는 급격한 사막화가 진행되고 있고, 남태평양의 투발루, 키리바시와 인도양의 몰디브 등은 아에 나라 전체가 통째로 수몰될 위험에 처해 있다. 뿐만 아니라 급작스런 생태계의 변화는 농업 생산의 변동을 유발하는 것은 기본이고, 부수적으로 신종 질병이 창궐할 수 있는 환경을 만들어내기도 한다.

유엔 '기후변화에 관한 정부간 패널(IPCC)'의 2007년 보고서에 따르면, 지난 100년간 상승한 지구 표면 온도는 섭씨 0.74도였고, 앞으로 2100년까지 지구 표면 온도가 섭씨 1.8~4.0도 상승할 것이라고 예측된다. 지구의 평균 기온이 1℃만 상승해도 우리가 상상하는 것 이상의 자연 생태계 변화를 초래한다. 킬리만자로와 알프스 같은 고산지대의 만년설이 사라지고 미국 서부 지역 등에 가뭄이 닥친다. 바다에서는 해수 온도가 상승하면서 극지방 빙하가 녹고 수몰 위기에 처하는 섬들이 늘어난다. 또한 양서류가 멸종되는 등 전지구 생물종의 20~30%가 생존의 위험에 처한다. 마지막 빙하기였던 18,000년 전 지구의 기온은 지금보다 섭씨 6도가 낮았을 뿐이다.

지구 온난화의 주범은 과다 배출되는 온실가스이다. 온실가스는 지구를 따뜻하게 유지해주는 역할을 하는 대기권의 기체를 말하는데, 산업혁명 이후 공업화 과정에서 각종 온실가스가 과도하게 배출되면서 문제가 생기기 시작했다. 이로 인한 지구 기후 시스템의 파괴가 자연적인 기온 변동을 뛰어넘는 급속한 지구 온난화를 유발하고 있는 것이다. IPCC는 이산화탄소(CO_2), 메탄(CH_4), 아산화질소(N_2O), 수소화불화탄소(HFC), 과불화탄소(PFC), 육불화황(SF_6)을 지구 온난화를 촉진시키는 6대 온실가스로 규정하고 있다. 이 중에서도 원흉은 이산화탄소이다.

여러 종류의 온실가스 가운데 대기 중에서 가장 큰 비중을 차지하고 있는 것은 수증기이다. 수증기의 온실 효과에 대한 기여도는 약 60%를 차지하는데, 눈과 비로 내리고 증발하는 순환구조를 통해 대기 중에서 일정한 함량을 유지하기 때문에 지구 온난화에 별다른 영향을 끼치지 못한다. 반면에 온실 효과 기여도가 약 25%에 이르는 이산화탄소는 산업혁명 이전 260~280ppm으로 일정하게 유지되던 대기 중의 함량이 1958년 315ppm, 2000년 367ppm, 2005년 379ppm으로 계속 증가해 왔다. 뿐만 아니라 인위적으로 배출되는 전체 온실가스 중에서 이산화탄소가 차지하는 비중이 80%에 이른다. 사실상 지구 온난화를 주도하는 원흉은 이산화탄소였던 것이다.

이산화탄소 과다 배출은 산업용 또는 생활용으로 석유, 석탄 등의 화석 연료를 무분별하게 사용한 결과였다. 인간에 의한 이산화탄소 배출량은 전체 배출량의 90%에 육박하는데, 각종 생산 시설과 발전소, 자동차와 비행기 등에서 내뿜는 이산화탄소가 포함된 배기가스가 대부분이다. 이 중에서도 7~8억 대에 달하는 자동차가 내뿜는 이산화탄소는 지구 온난화의 원흉 중의 원흉이라 할 수 있을 것이다. 이 밖에도 축산 분뇨나 쓰레기 매립장 등에서 발생하는 메탄가스나 냉장고, 에어컨 등의 냉매로 쓰이면서 오존층을 파괴하는 프레온가스 등도 지구 온난화에 주요한 영향을 미치는 온실가스이다.

현재 추세대로 진행된다면, 2100년까지 대기 중 이산화탄소 함량은 1,550ppm, 그에 따른 지구의 평균기온 상승효과는 섭씨1.1~6.4도에 이를 것으로 예측되고 있다. 공멸의 위기를 피하기 위해 국제 사회는 1992년 '리우(Rio) 환경 협약'과 1997년 '교토(Kyoto)의정서' 등을 통해 이산화탄소의 대기 중 농도를 앞으로 550ppm 이하로 억제하는 목표를 설정했다. 이를 위해 온실가스 배출량을 줄이기 위한 공동 실천에 착수했다. 그렇지만 전세계 온실가스의 약 23%를 배출하는 미국과 역시 상위 배출국인 오스트레일리아 등이 자국 산업의 보호를 목적으로 이탈하면서 목표 달성에 차질을 빚고 있다. 결국 선진국들이 악화시킨 지구 온난화의 피해를 온실가스 배출과는 거리가 먼 사하라 사막 이남의 아프리카인들과 태평양이나 인도양 상의 작은 섬나라가 고스란히 떠안고 있는 셈이다.

가속화되는 해수면 상승

미국과 러시아 등 북극 주변 8개국으로 구성된 '북극 감시 및 평가 프로그램(AMAP)' 의 2011년도 보고서는 지구 온난화에 따른 해수면 상승에 대한 기존 예상치를 대폭 상향 조정했다. 이 보고서에 따르면 그린란드를 포함한 북극 얼음층이 녹아내리면서 2100년 전세계 해수면은 0.9~1.6m까지 상승할 것으로 전망했다. 이는 IPCC의 2007년 보고서가 예측한 18~59cm의 2.7배에서 5배에 이르는 수치이다. 이 예상이 현실화할 경우 대양의 저지대 섬 국가들이 지도상에서 사라지는 것은 물론, 미국 플로리다주와 방글라데시와 같은 연안 지역과 런던, 상하이, 뉴욕 등 거대 연안 도시들이 침수되면서 6억 명 이상이 피해를 입는 대재앙이 된다.

지구 온난화가 일으키는 피해 중에서도 해수면 상승이 가장 심각한 위협으로 거론되는 이유는 무엇보다도 천문학적인 피해 규모 때문이다. 홍수나 폭염, 사막화, 태풍 등의 기상 이변은 간헐적으로 일어나고 국지적인 피해를 입히는 데 그치지만, 해수면 상승의 피해는 오대양 육대주에 걸쳐 빠짐없이 발생하고 지속적으로 진행된다. 또한 사막화와 같은 육지에서의 기후 변화는 산술적인 진행 과정을 거치는 반면, 해수면 상승은 최근 몇 세기간 거의 기하급수적인 진행 양상을 보여 왔다. 과거 2000년간 안정적이었던 해수면은 18세기 2cm, 19세기 6cm 상승하였고, 20세기 들어 그 수치는 19cm로 수직 상승하였다. 그리고 2003~2008년 사이에 전 지구적으로 해수면 상승이 연간 평균 3mm로 관측되었는데, 그 속도에 가속이 붙고 있어 금세기 말의 예상치가 0.9~1.6m에 이르고 있는 것이다.

이처럼 가속화되고 있는 해수면 상승의 가장 큰 원인은 지구 온난화의 진전에 따른 북극권 빙하와 고산지대 만년설의 해빙이다. 사실 북극권 빙하는 대부분 바다 위에 떠 있는 얼음층이기 때문에 그 자체로 해수면 상승에 끼치는 영향은 미미한 편이다. 이는 고체로 변하면서 부피가 커지는 물 특유의 성질 때문인데, 물컵에 얼음을 띄워도 실제 늘어나는 물의 양은 얼마 되지 않는 원리와 같은 것이다. 그렇지만 육지 위의 빙하와 만년설은 경우가 다르다. 해빙되는 물의 양이 고스란히 바다로 유입되면서, 그만큼 해수량을 증대시킨다. 그리고 북극권 등의 빙하 해빙이 미치는 영향은 단순히 바다로 유입되는 수량이 늘어나는 것에 한정되지 않는다. 이는 얼음과 눈처럼 햇빛을 반사하는 지역이 줄어들고, 물이나 흙처럼 햇빛을 흡수하는 지역이 늘어나는 것을 의미한다. 이는 다시 기온 상승을 초래하고, 상승된 기온은 빙하의 해빙을 더욱더 촉진시킨다.

지구의 70%를 차지하고 평균 깊이 약 3,700m에 이르는 바다의 입장에서는 바다 위 빙하와 육지의 영구 동토대나 만년설 해빙으로 유입되는 수량은 상대적으로 큰 문제가 아닐 수도 있다. 더 큰 문제는 이로 인해 일어나는 해수 온도 상승이다. 북극 빙하가 녹거나 육지에서 새로 유입되는 따뜻한 물은 얼마간이라도 해수 온도 상승에 영향을 미치게 되고, 이는 해수가 열팽창을 일으키는 조건이 된다. 해수 온도가 올라간 만큼 바다가 열팽창을 일으키면서 스스로의 부피를 증대시키는 것이다. 이렇게 되면 새로 유입된 물의 양을 뛰어넘는 해수면 상승으로 귀결될 수밖에 없다. 또한 이 과정은 상호 상승 작용을 일으키면서 지구 온난화를 더욱 부채질하게 될 것이다. 대다수 주거지가 해발 몇 미터 안팎에 존재하는 인류로서는 최악의 시나리오가 아닐 수 없다.

뿐만 아니라 전문가들은 북극지방 해빙이 여러 가지 자연 환경 변화를 수반할 것으로 예상하고 있다. 한 가지 예를 들면, 북극의 해빙은 필연적으로 해류의 순환에 영향을 미칠 것으로 예상되고, 이는 바다의 생태계는 물론이고 육지의 기후와 생태계에도 예측하기 힘든 변화를 초래하는 것을 의미한다. 또한 MIT의 환경학 교수인 론 G 프린(Ron G. Prinn)은 만일 북극 툰드라의 영구 동토가 해빙된다면 현재 연간 방출량의 80배 이상의 메탄이 대기 중에 방출될 것이고, 이에 따라 지구 평균 기온이 섭씨 4도 상승하고 해수면이 5m 상승하는 파멸적인 상황이 도래할 것이라 경고했다.

가라앉는 섬나라, 투발루, 키리바시, 몰디브

"우리는 우리의 삶과 터전을 (지구 온난화의 대가로) 지불하고 있습니다. 누군가가 우리에게 보상을 해줘야 합니다."

—키리바시의 아노트 통(Anote Tong) 대통령

"난 세계 최대의 공해유발 국가인 미국을 법정에 세울 것입니다. 이것은 사느냐 죽느냐의 문제입니다."

—투발루의 콜로아 타라케(Koloa Talake) 전 총리

국토 수몰이라는 공동위기에 처한 태평양 중앙 적도 인근의 섬나라 투발루(Tuvalu)와 키리바시(Kiribati)는 1916~1975년 사이의 약60년간 영국령 '길버트-엘리스(Gilbert -Ellice)제도' 로서 공동 운명체였다. 1975년 엘리스 제도의 투발루가 영국 국왕을 국가 원수로 하는 영연방의 입헌군주국으로 독립하면서, 길버트 제도는 1979년 미국의 핵 실험장이었던 피닉스(Phoenix) 제도와 라인(Line) 제도를 묶어서 독립 민주공화국으로 출범했다. 드넓은 태평양 상에서 인접해 있는 두 나라지만, 지리적인 소속은 엄연히 다르다. 투발라는 서경 이동의 태평양 지역을 지칭하는 폴리네시아(Polynesia)에 속하고, 키리바시는 날짜 변경선 이서 지역 중 적도 위쪽의 북반구 지역을 뜻하는 미크로네시아(Micronesia) 소속이다. 주민 구성도 폴리네시아인과 미크로네시아인으로 다르다.

인구 1만 명 미만과 면적 26km²의 투발루는 인구 순으로는 바티칸시국과 나우루에 이은 세 번째, 면적상으로는 바티칸, 모나코, 나우루에 이은 네 번째인 소국이다. 1999년 영국의 《옵서버》지에 의하여 세계 최고의 인권선진국으로 선정되기도 한 평화로운 나라 투발루의 국토는 엘리스제도에 속한 9개의 산호섬이다. 국토의 평균 해발고도가 3m에 불과하고, 가장 높은 곳도 해발 4.5m이다. 전세계의 2배 수준인 연간 5.5mm(1993~2007년)의 해수면 상승으로 이미 국토의 상당 부분이 물에 잠긴 상태이고, 수십 년 안에 전국토가 물에 잠길 것

해수면 상승으로 수몰될 위기에 처한 투발루의 수도 푸나푸티(Funafuti) 섬. 지금도 바닷물의 침범이 일상적으로 일어난다.

으로 예상된다. 이미 1999년에 사라진 테푸카 사빌리빌리섬을 비롯한 두 개의 무인도가 지도에서 사라졌다.

인구 절반이 모여 사는 가늘고 긴 푸나푸티(Funafuti) 섬에는 주택들이 일렬로 늘어서 있고, 수시로 태평양 파도가 집 앞까지 들이친다. 특히 매년 11월부터 다음 해 2월까지는 조수 간만의 차이로 발생하는 강력한 파도인 킹 타이드(King tide) 때문에 집안까지 바닷물이 차오르기도 한다. 최악의 사태는 2007년 2월에 발생했는데, 해수면이 투발루 기상 관측사상 최고치인 3.48m를 기록했다. 섬의 최고점인 3.70m와 단 한 뼘 밑에까지 바닷물이 차 올랐다. 해변 주민들은 원두막 형식의 집을 지어 바다의 침범에 대처하고 있다. 농작물과 코코넛 나무가 죽어가는 사례가 늘었고, 소금기가 많이 섞인 지하수가 나오면서 식수를 구하는 일이 점점 어려워지고 있다.

국토의 침몰에 대응해 투발루는 지난 2001년 국토 포기를 선언하고 이민 쿼터제에 의거해 매년 75명씩 국민들을 뉴질랜드로 이주시키고 있다. 이렇게 금세기 안에 9,000명 인구 모두를 철수시킨다는 계획이다. 이와는 별도로 국외에 연고를 둔 주민들이 빠져 나가면서 한때 10,600명에 이르던 국민수는 9,000여 명 수준으로 급감했다. 뉴질랜드에 거주하는 투발루인은 2001년의 1,960명에서 2006년에는 2,625명으로 급격하게 늘었는데, 대부분 뉴질랜드 북섬의 오클랜드(Auckland) 지역에 모여 살면서 포도 양조장이나 농장에서 품을 판다.

국토를 사수하려는 투발루 국민들의 노력은 필사적이다. 이산화탄소를 줄이기 위해 자동차나 오토바이 이용은 최대한 자제하고, 돼지우리에서 발생하는 메탄가스를 줄이기 위해 돼지 분뇨를 가정용 연료로 전환하는 사업을 진행중이다. 투발루의 연간 1인당 이산화탄소 배출량은 0.5톤 이내이다. 이는 이산화탄소 최대 배출국 미국의 1인당 배출량 17.7톤(2011년)의 3%에 못 미치는 수치이다.

지구에서 가장 먼저 해가 뜨는 곳으로 유명한 키리바시는 면적이 811㎢에 인구가 약 11만 명(2008년)으로 투발루에 비하면 제법 큰 나라이다. 국민의 85%가 길버트제도에 살고, 중심지인 타라와(Tarawa)는 남북 29km, 최대 너비 21km의 얕은 산호 해안을 둘러싸고 있는 24개의 산호섬으로 구성된다. 타라와는 중부 태평양을 통해서 필리핀으로 가는 관문에 위치한 전략적 요충지로서, 제2차 세계대전 중 미군과 일본군이 4일간 치열한 전투를 벌인 현장이기도 하다. 이 전

1943년 타라와전투(the Battle of Tarawa)에서 일본군 진지를 공격하는 미해병대. 타라와는 지금의 키리바시에 속한 섬이다.

투에서 징용자를 포함해 일본측 전사자가 총 4,713명에 이르렀는데, 이 중에는 조선인 징용자가 1,400여 명이 포함되어 있었다. 현지에는 한국 희생자 위령비가 일본 희생자 위령비와 나란히 세워져 있기도 하다.

해수면 상승으로 수몰 위기에 처한 사정은 투발루와 대동소이하다. 가장 높은 곳이 해발 몇 미터에 불과한 이 나라 또한 수몰이 진행 중에 있고, 금세기 안에 전체가 바다에 잠길 전망도 같다. 특히 타라와에는 만조 때마다 물에 잠기는 지역인 아바라오(Abarao)가 있는데, 이곳은 바닷물 침범으로 말라죽어가는 코코넛나무 무덤이다. 현재 키리바시에서는 해수면 상승에 대비한 예방책의 하나로 짠 바닷물에서도 살 수 있는 염생 식물인 맹그로브 나무를 해안가에 심고 있다. 언젠가는 크게 자라 제2의 방파제 구실을 해줄 수 있을 것이라 기대하면서. 미국을 비롯한 선진국이 저지른 환경오염의 대가를 엉뚱하게 수천km 떨어진 곳의 작은 섬나라 사람들이 치르고 있는 셈이다.

인도양 중북부에 위치한 몰디브는 깨끗한 자연 환경과 다양한 자연 생태계를 지닌 국제적인 관광지이다. 산호충의 번식 상태에 따라 수시로 숫자가 변하는 1,200여 개의 산호섬으로 이뤄진 섬나라로, 사람이 사는 유인도는 평균 1㎢ 남짓한 220여 개 정도다. 국토 면적은 298㎢, 인구는 386,000명(2007년 현재), 수도는 몰디브 제도에서 가장 큰 섬인 말레(Male)이다. 고대 시대부터 인도나 스리랑카에서 주민들이 이주했으며 12세기에 이슬람교가 전래되었고, 영국의 식민 통치를 거쳐 1965년 독립했다. 주민의 99%가 수니파 무슬림을 믿는 이슬람 공화국이다. 국토의 대부분이 해발 2m 이내에 위치해 세계에서 가장 낮은 지형으로 꼽히는 나라이다. 말레의 경우 1.9㎢의 면적에

쟁반 위의 섬처럼 보이는 몰디브의 수도 말레. 수몰 위기에 처한 몰디브는 새로운 국토 매입을 추진중이다.

하얀색 현대식 건물이 빼곡히 들어선 모습이 마치 쟁반 위의 도시처럼 보인다.

2008년 30년 만의 정권 교체를 이루고 출범한 모하메드 나시드(Mohamed Nasheed) 대통령 정부는 국토의 수몰 위기에 대처해 새로운 국토를 매입하는 방안을 추진중이다. 몰디브와 기후조건이 크게 다르지 않은 인도, 스리랑카가 최우선적으로 검토되고 있으며 땅이 넓은 호주도 고려 대상에 포함된다. 지구 온난화의 최대 피해국인 만큼 교토 의정서의 첫 서명국이 되었고, 기후변화 관련 교섭에 어느 나라보다 앞장서는 나라이다.

지구 온난화로 가라앉고 있는 섬들은 이상에서 열거한 세 나라에 그치지 않는다. 현재 세계 각지의 18개 섬이 해수면 상승에 따라 무인도로 변했고, 40여개 국가의 섬들에서 주민 이주가 진행되고 있다. 이 중에는 뉴헤브리디스(New Hebrides)제도의 나라 바누아투(Vanuatu), 뉴질랜드의 자치령인 토켈라우(Tokelau) 등 남태평양 상의 섬나라들이 포함되어 있다.

온실가스를 줄이기 위한 실천

"우리가 엄청나게 느리다는 걸 깨달아야 합니다."

—라젠드라 파차우리(Rajendra K Pachauri) IPCC 의장

"얼마 지나지 않아 인류는 기후로 인해 '더 잘 살기 위해서'가 아니라 오로지 '살아남기 위해서' 몸부림치게 될 것이다."

—팀 플래너리(Tim Flannery), 《기후 창조자; 어떻게 기후 변화에 대처할 것인가(The Weather Makers ; How Man Is Changing the Climate)》중에서

주요 에너지 소비국 28개국으로 구성된 경제협력개발기구(OECD) 산하의 국제에너지기구(IEA)는 2005년부터 2050년까지 산업혁명 이전을 기준으로 섭씨 2도의 온도 상승을 유지하기 위한 로드맵인 블루맵 시나리오를 발표한 바 있다. 이산화탄소 배출량을 예상 발생치의 50%로 억제하는 것이 핵심이다. 이 블루맵에 따르면 이산화탄소 배출 억제 방안은 네 가지로 구분된다.

첫 번째로, 신재생 에너지를 개발하는 것이다. 먼저 자연의 힘을 이용하는 수력, 조력, 풍력, 지열, 태양 에너지를 이용하는 방법이 있다. 이 방법은 이산화탄소의 배출을 원천적으로 배제한다는 점에서 장점이 있지만, 아직까지는 발전 효율이 낮기 때문에 일반화하기에는 무리가 있다. 또 한 가지 방법으로 물 분해를 통해 수소 에너지를 생산하는 방법이 있는데, 이것은 원자력 발전을 이용해 수소 기체를 분해하는 방법을 채택하지 않는 한 실효성 있는 온실가스 감축을 기대하기 힘들다.

두 번째 방법으로는 이산화탄소를 발생시키지 않는 원자력 에너지의 사용을 늘리는 방법이다. 그렇지만 1986년의 체르노빌(Chernobyl) 원자력 사고나 2011년 일본 대지진에 의한 후쿠시마(福島) 원전 사고처럼 대규모 방사선 노출의 위험이 있음을 고려해야 한다.

세 번째로는 절약을 생활화하고 에너지효율을 높이는 기술을 개발하는 것이다. 사용하는 에너지 자체를 줄이거나 에너지를 적게 소비하는 상품을 만드는 방법이다. 자동차 산업의 경우는 내연기관이 작동할 때 배출되는 이산화탄소의 양을 줄이는 기술을 개발하는 것이 시급하다.

네 번째로는 최근 주목받고 있는 이산화탄소 포집 및 저장(CCS) 기술의 개발 및 상용화이다. 주로 발전소나 제철소와 같은 대규모 이산화탄소 발생 시설에서 이산화탄소를 직접 포집하여 지하 1,000m 이하의 지하수층인 대염수층 등에 압축·저장하는 방법이다. 현재 기술개발이 진행중에 있는데, 2020년 이후 상용화가 가능할 것으로 예상하고 있다.

이 밖에도 메탄가스의 주요 배출원인 축산업 분뇨와 쓰레기 매립지에서 직접 메탄을 포획하여 연료나 화학 원료로 사용하는 방법이 있을 수 있다. 이 방법은 온실 효과가 상대적으로 큰 메탄을 이산화탄소로 바꿈으로써 온실가스 감축에 기여할 수 있는 방법이다.

오래된 교통 표어 중에 '5분 먼저 가려다 50년 먼저 간다' 는 표어가 있다. 지구 온난화 문제에도 적용될 수 있는 말이다. 작은 생활의 편리만을 추구하다가 아예 생활공간 자체를 없애 버리는 잘못을 우리 스스로 범하고 있지는 않은지 자문해 볼 일이다. 국가, 기업, 가정의 각급 경제 주체뿐만 아니라 개인 차원의 인식 전환과 적극적인 실천이 반드시 수반되어야 할 것이다.

사라져 가는 아랄해와 차드호

바다에 가라앉는 섬나라 투발루와 키리바시, 몰디브가 있다면, 내륙에는 사라져 가는 아랄(Aral)해와 차드(Chad)호가 비슷한 운명에 처해 있다. 차이가 있다면, 육지쪽의 경우가 복구를 시도해 볼 수 있는 여지라도 남아 있어 그나마 사정이 나은 편이라는 것이다.

중앙아시아의 카자흐스탄 남부와 우즈베키스탄 북부에 걸쳐 있는 아랄해는 세계 4위의 내해이자 염호였다. 끝이 안 보인 까닭에 주민들은 아랄 호수가 아닌 아랄 바다라고 불렀다. 남북 길이 약 430km, 동서 너비 약 290km, 평균수심은 16m 정도의 거대 호수였다. 1960년 수면 면적은 남한 면적의 약 2/3인 68,000㎢에 이르렀다.

구(舊)소련 시절인 20세기 중반 이후 무분별한 수자원 남용으로 물이 고갈되면서 아랄해는 카자흐스탄 쪽 북(北)아랄해와 우즈베키스탄 쪽 남(南)아랄해로 두 쪽이 났다. 2000년에는 수면 면적이 1960년의 1/3인 22,400㎢로 줄어들었고, 같은 기간 10%였던 염분 농도는 50%로 5배 증가했다. 40년 만에 점점이 박힌 1,000개 이상의 '섬들의 바다' 였던 거대 호수가 인간이 만들어낸 대표적인 환경 재앙 현장의 하나로 변한 것이다. 그 후로도 수량의 감소가 계속되어 90% 이상의 수면이 사라지면서 대부분의 유역이 소금 사막으로 변해 갔다. 특히 유역의 4분의 3을 관할하는 우즈베키스탄 쪽의 피해가 극심했다.

원인은 '자연개조계획' 의 일환으로 1940년대부터 실시한 관개 공

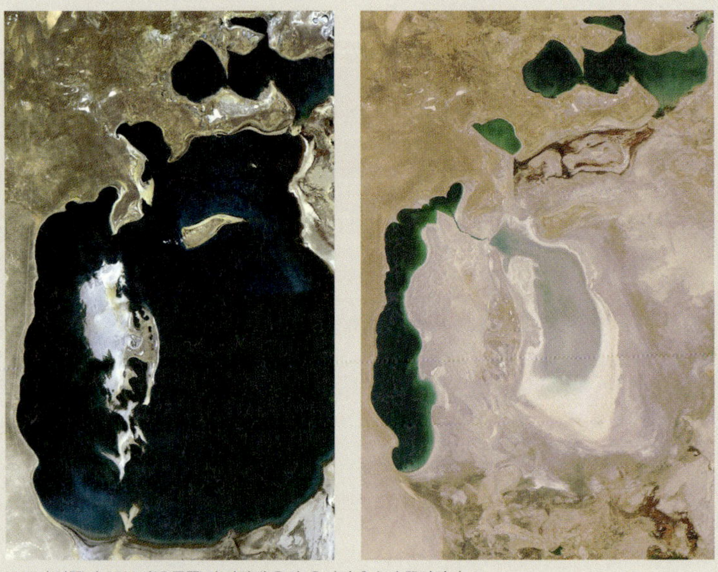

1989년(왼쪽)과 2008년(오른쪽)의 아랄해 유역. 유역의 축소가 뚜렷하다.

사와 운하 건설에 있었다. 특히 1960년대 이후 파미르(Pamir)고원과 텐산(天山)산맥에서 흘러들던 물줄기를 인근 면화 재배지로 돌린 것이 결정타였다. 덕분에 한때 면화 생산량은 3배 이상 늘었지만, 활발하던 연안 어업은 폐업 상태가 되었고, 한서의 차가 커지고 강수량이 적어지면서 작물의 생산량도 현저하게 감소했다. 노출된 해저 바닥에서 휘몰아치는 소금 바람 때문에 주민들은 호흡기 질환에 시달렸고, 먼지 폭풍은 500㎞나 날아가 한때 인근 지역의 유아와 산모 사망률이 구소련에서 가장 높은 수치를 기록하기도 했다.

다행히 카자흐스탄 쪽의 북아랄해는 2001년부터 시행한 호수 복원 프로젝트로 호수가 조금씩 살아나기 시작한 것으로 전해졌다. 시르다리야(Syr Dar' ya)강의 물줄기를 돌리고 자그마한 댐을 건설해 물을 가둔 게 비결이었다. 향후 6년 정도면, 물이 빠져 항구 역할을 포기했던 아랄스크(Aralsk)까지 물길이 연결될 것으로 예상되고 있다.

아프리카 대륙 중앙부에 위치한 차드호는 나이지리아, 니제르, 차드, 카메룬의 4개국 300만 명의 식수원이자 호수 일부가 람사르 협약에 등록된 중요 습지였다. 1963년에는 25,000㎢이던 유역이 2004년에는 불과 1,600㎢로 줄어들었다. 유역의 93%가 사라진 것이다. 예전부터 건기와 우기의 수량 격차가 커서, 1908년과 1984년에 2번에 걸쳐 완잔히 말라붙은 적도 있었다. 현재의 평균 수심은 1.5m로 이대로 가면 21세기 중반에는 완전히 소멸될 것으로 예상되고 있다.

수원인 샤리(Chari)강, 로고누(Logone)강의 대규모 관개 사업에 따른 수량 감소와 늘어나는 목초지로 인한 목축업 성행으로 사막화의 위기에 처하게 되었다. 상황이 심각해지면서 주변국들은 '차드호 유역 위원회' 를 구성해 공동 관리에 들어갔고, 주변 지역에 나무와 풀을 대대적으로 심은 끝에 2007년에는 2,600㎢의 유역을 확보하는 성과를 거두어 호수의 일부가 회복되었다.

현대사의 비극들

—잊혀진 자를 위한 기록

초판1쇄 찍은날 / 2011년 10월 15일
초판1쇄 펴낸날 / 2011년 10월 19일

지은이 / 노영민
펴낸이 / 이복주
펴낸곳 / 도서출판 장백
등록번호 / 제 9-302호(1992. 3. 18)
있는곳 / 서울 영등포구 신길3동 347-260 301호
전화 / 02)832-0121
팩스 / 0505-115-6287

ⓒ 노영민, 2011
ISBN 978-89-7957-223-0 03900
※ 잘못된 책은 구입하신 곳에서 바꿔 드립니다.